历史的德性

从盘古到战国

路凌霄 —— 著

国际文化出版公司
· 北京 ·

图书在版编目（CIP）数据

历史的德性：从盘古到战国 / 路凌霄著. –– 北京：
国际文化出版公司, 2023.4
ISBN 978-7-5125-1473-7

Ⅰ.①历… Ⅱ.①路… Ⅲ.①中国历史－古代史－研
究 Ⅳ.①K220.7

中国国家版本馆CIP数据核字(2022)第217668号

历史的德性：从盘古到战国

作　　者	路凌霄
责任编辑	潘建农
选题策划	品　雅
出版发行	国际文化出版公司
经　　销	全国新华书店
印　　刷	固安县保利达印务有限公司
开　　本	710毫米×960毫米　　　　16开
	22印张　　　　　　　　　359千字
版　　次	2023年4月第1版
	2023年4月第1次印刷
书　　号	ISBN 978-7-5125-1473-7
定　　价	56.00元

国际文化出版公司
北京朝阳区东土城路乙9号　　　　　邮编：100013
总编室：（010）64270995　　　　传真：（010）64270995
销售热线：（010）64271187
传真：（010）64271187-800
E-mail：icpc@95777.sina.net

历史的德性 从盘古到战国

包培之

全书时间框架表及说明

年代	时间范围	主要代表人物
混沌期	——（据《三五历纪》记载盘古的孕育期是"万八千岁"；盘古的身高随着天地越来越长的时期也是"万八千岁"，然而正如书中所述，这一时间为虚指，故无法明确具体时间范围）	盘古
开辟期	自盘古开天地至伏羲时代（无明确时间范围）	伏羲与女娲
远古时期	自伏羲以后至有巢氏及燧人氏时代	有巢氏、燧人氏等
近古时期（意为接近于古代的时期）	自燧人氏以后	炎帝、黄帝等
上古时期（古代时期的初期）	自尧舜时代以后	尧、舜、禹
古代时期	夏、商、周（包括东周的春秋战国）时期	夏启、商汤、周文王等

混沌期、开辟期为传统说法，应无争议；远古时期，根据文明发展的程度而言，本书设定为"距离古代时期尚为久远的时期"，即以采集、狩猎、畜牧、建造房屋、自主掌握用火技能等若干人类生存的必备条件为标准。自炎黄时代及以后断为"近古时期"，根本原因是此期的人类已经相对脱离以家庭或个人为单位的独立生存状态，进入氏族联盟阶段的初期，社会形态的重大变化就是划分近古时代的重要依据。近古时代由于社会的发展，资源占有的不平等和社会成员身份的分化开始出现，这为之后上古时期的尧、舜、禹的权力争夺及大禹"家天下"的专制方式提供了最为必要、也最为重要的物质基础和社会形态基础。尧、舜、禹时期为上古时期是传统文献的既有观念，例如《礼记·中庸》称"祖述尧舜"；《易·系辞》："《易》之兴，其于中古乎？然则伏羲为上古，文王为中古，孔子为下古。"可见《易》认为在周文王之前的时期都是上古。另据元·李治《敬斋古今黈》卷五："自羲、农至尧、舜，为上古。"

目 录

第二章　夏商时代

推荐序 1

恙中撰序，旨在荐书。

辛丑年仲夏，倏然收到路凌霄先生发来一部书稿——《历史的德性》，邀我作序。阅毕书稿，我亦感受到多方启迪。

路先生的作品不仅能够将考古新发掘成果与历史文献相结合，且能将中华文明史演进结合加以系统研究，乃一件极有意义之事。此前并不多见。对于青年学者而言，这种治学态度和求索精神颇值得肯定。

我之所以肯为他作序，完全出于深感如今青年人著书且出版不易，尤其在当今物欲横流的年代，能够潜心历史和文化研究，实在难能可贵。忆昔数十年前，我发奋"续写溥仪后半生"，一个二十多岁的小伙子所遇重重艰难可想而知。每当我忆起用十多年如同大海捞针般寻访溥仪身边三百多位晚清以来的历史见证者，甚至后来惨遭剽窃状告无门，孤独地行走在全国政协的大街上时，往事历历如昨。岂料，侵权者居然反过来诬告我，状告结果当然以失败告终。此著作权案被写入大学和中学教科书。每当我忆及最初孤立无援的尴尬往事，便不由发誓要无条件地扶助毫无背景的年轻人。

在二三十岁期间，我的主要研究领域是先秦和远古文化，最早发表的文章也是关于考证辨析郭沫若甲骨文等研究。此外还有在《人民日报》发表的关于井田制的文章。鉴此，看到路先生在这部书中，对上古史和文明史的源流发展作出一个系统梳理和阐释，我甚感兴趣。恰逢当时我刚刚从仰韶文化遗址考察回来。因为我个人认为在先秦历史方面的研究，最好能够刨根讲透，文物是历史无声的见证者和记录者。历史研究，最终还是要靠典籍尤其新发现的出土文物来佐证。

近年，随着考古发掘的持续推进，越来越多新出土的文物和文献史料不断刷新世人的历史认知。许多出土文物上的铭文记载和刻画符号，正在挑战人们早已熟知或广泛接受的历史事实和传统历史知识。不可避免的是，在阅读路先生的《历史的德性》时，在思维认知方面难免会受到挑战甚至颠覆。正如路先生所说："我们以往所接受的那种看兴衰、观成败的思维方式，以及大众传媒中乃至主流文献中强加的那些固化认知，可以适当反思一下。"

王国维先生曾提出二重证据法，提倡"幸于纸上之材料外，更得地下之新材料……据以补正纸上之材料，亦得证明古书之某部分全为实录，即百家不雅训之言亦不无表示一面之事实"。后人在王国维的理论基础上又提出过三重证据法。至于三重证据法的具体内容则各家自有论述，不一而足。我在此指出两点：一是，希望世人对现在历史学研究的突破性进展背景力求再深一步；二是，希望读者在阅读此书时能够以多元化历史思维分析品评。正如路先生所言：真理并非绝对一元化，学术研究的根本目的并不是向读者提供唯一的正确答案和标准答案，而是在此书的启发下让我们主动去寻找更多的可能和不同的解答。

我历来主张，吃别人嚼过的馍没有味道，尤其是青年历史学者。在学术研究上，青年学者要敢于走出自己的新路，在充分的考古依据暨新发现的史籍依据下勇于创新。这既是学问的本源精神之所在，也是中华民族和中华文明历久弥新、历久弥坚的勃勃生机之所在。

兹为序。

贾英华[1]

辛丑年冬于京

---

[1] 贾英华：中国中央电视台《百家讲坛》主讲人，著名晚清研究学者。其代表作《末代皇帝的后半生》，成功续补了溥仪《我的前半生》。他还著有《末代太监孙耀庭》《末代皇弟溥杰》《末代皇叔载涛》等十几部晚清人物作品。其作品被译成多国文字，先后被国内外数百家权威媒体评介。其书法作品曾入选《中国首届名人名作展》《当代名人书画展》等。

推荐序 2

凌霄新著《历史的德性》让我给他写序，首先我一看书名《历史的德性》，这个提法很好。再看他《写在前面的话》中说："我将这本书命名为《历史的德性》，本意是想探究深存于中国历代王朝中兴盛衰亡的规律和始末缘由，即探寻深藏于历史和文明中的那条一以贯之的主线。中国悠久的历史中历来有'以厚德而王天下，以不德而失天下'的深刻传统认知，因此我如此命名这本书正是希望能够抓住这条得失兴替的根本性规律，并试图将它在不同历史时期的真实面目揭示出来展现在读者面前。"我很赞同他的这种想法，当然实际操作起来却没有那么简单。这点他也意识到了，"深感主题之宏大、论题之深邃"，但他还是"毅然摒弃自我的一切卑微、顾虑和不利设想，专心致力于完成这件事"，对于年轻人来说，这是值得赞扬的一种勇气，值得肯定的一种努力。

"德性"本来是指的道德本性、道德理性、道德理想，而历史也是人创造的，不是一堆堆死材料，不是放在博物馆供人发思古之幽情的死文物，历史应该是有生命的，所以历史也应该有"德性"。历史的"德性"从哪里来的？当然是人赋予的，人是历史的主人。我们今天一般把"道德"看成一种符合伦理规范的品行。

如果某种伦理规范说：你应该这样做。你果然这样做了，就是有道德的，反之，就是不道德的，即"缺德"。但在古代却不是这样，"道"意味着天道，表示天地万物运动变化的规律，"德"意味着对天道有所得，即指人们认识"道"、遵循"道"，内得于己，外施于人，人称为"德"。"道德"一词意味着遵循符合天道的人之本性。所以，由道而德，尊道贵德（《道德经》），弘道崇德（《论语》），就是人道与天道打通，天人合一，人的生活获得了终极根据。在道与德二者之间，道一般是最高的价值范畴，而德则是道的外化和延伸。二者的关系可以说是道体德用，道本德末。道散而为德，德凝则为道。因此，违背道德，就不仅仅是个人品行问题，而是一个既悖天道、又逆人伦的事情，后来人们骂缺德的人是"伤天害理"，是"丧尽天良"等（拙著《中国文化通论》第八章）。"道德"作为一种社会核心价值观，是评价是非、善恶、美丑的标准，用以衡量人们行为是否正当合理，代表了社会的正面价值取向。可惜，当今社会，人们对"道德"的认识很模糊，大家总觉得"道德"这个词很空洞，没有用，主要是因为实用主义、功利主义主宰了我们的社会，加上传统文化教育缺失严重，遗失了"道德"的本意，因此我们正本清源。

说到"德"的产生，中国古代人认为，每一个族群，不同的血缘关系，生长于不同的环境、不同的生活方式、不同的信仰方式，就形成了不同的"德"。《国语·晋语四》："昔少典娶于有蟜氏，生黄帝炎帝。黄帝以姬水成，炎帝以姜水成。成而异德，故黄帝为姬，炎帝为姜。二帝用师以相济也，异德之故也。异姓则异德，异德则异类。异类虽近，男女相及，以生民也。"这里"成而异德"是说，两人生之性虽然相同，但由于地理、环境的影响，两地不同风习的影响，黄炎两帝所成型的现实地表现出的性格、喜怒爱好及品行却极不相同，成为"异德"，由于"异德"而形成两个不同的"族类"。

这种意识后来发展为一种历史道德观，认为道德是社会的核心价值，是引导历史发展的指导思想。学界一般认为中国原始氏族社会是一种原始共产制。因其部落或氏族是靠血缘纽带建立起来的，所以在部落或氏族内部往往保持着一种比较和谐、平等的关系，其首领也可能是一位德高望重的长者，在调动集体力量、维持氏族的生存或对外部氏族的关系中发挥重要的作用。这大概就是老子、《礼记》所说的"大道通行"的社会，或者是庄子所说的"至德之世"。不过在那样的时代可以说是有"德"但人们没有意识到"德"，不像后来人们明确地意识到了"德"并求以"德"为治。从"五帝"开始，随着私有制的出现，"德治"传统不仅从观念上逐步地被意识到了，而且也逐渐地被化为政治实践，其中以尧舜禹最为突出。尧舜德行远大，孔子"祖述尧舜"，其思想远宗尧舜之道。他编定"六经"，于《尚书》上断自尧舜以下，使尧舜成为儒家道统传承中的关键人物，成为历代儒者孜孜以求的理想人格典范和理想社会模型。

　　当然，在春秋战国百家争鸣时代，各家各派出于自己的立场，对上古史有不尽相同甚至互相矛盾的重构，使得历史成了"任人打扮的小姑娘"，于是追求历史的真实就成为史学家的奋斗目标。问题是，到底有没有一个绝对真实的历史？即便有，谁能绝对还原真实的历史呢？所以就历史而论，历史就永远也说不清、道不明。这就需要提到中国古代的经学与史学的关系。从学术演变过程来看，经学与史学经历了"先秦时期的同源相兼、相辅相成，到汉代开始分化，隋唐正式分离，宋明清各自发展成熟"的过程。先秦时期"六经"本来就是史料，经孔子整理成为经，故"六经"亦经亦史。汉代经学地位提升，成为社会核心价值观之源，史学也随着《史记》《汉书》等的出现，如《汉书·艺文志》使史籍依附于经书"六艺略·春秋家"下，出现"史附于经"的现象。魏晋时期，曹魏时荀勖分书为甲、乙、丙、丁四部，经在甲部，史在丙部。隋唐时期，《隋书·经籍志》分书为经、史、子、集四部。中国古代经、史、子、集四部分类以经为根，以史、子为干，以集为枝。根、干、枝构成传统学术的整体，全面表明了我国古代学术文化的结构与体系，使得经学的价值原则作为指导思想渗透到史学、诸子学和文学当中。

　　近代以降这一传统的结构与体系又经过了革命性的转变，中国传统"四部之学"在形式上完成了向近代分科的"七科之学"的转变过程。对于这一转变的利弊得失、功过是非，现在有越来越多的学者在进行反思。在这一转变过程中，以"古史辨"为代表的史学派认为经学已死，要结束经学，使变为史学。这种史学观成为主流，一直影响到今天。

　　凌霄是一位勤奋好学、刻苦钻研的年轻学人，也免不了受到这种风气的影响，但他在探索新的写作形式和研究方法。他把历史和文学结合起来，他的第一部作品《故史新谈：一世繁华几经流年》，就是汇集了他研究中国古史的心得，以现代的书写方式和阅读习惯为读者展示久远的民族历史，以拉近读者与史书的距离、拉近古人与今人心灵的距离，以引起更多的读者对民族历史和经典的关注、阅读与传承。

　　《历史的德性》这部作品也是在当今史学界研究的基础上有作者独立思考的一部通俗读物，很多观点也是学界研究成果的通俗化，他用一种相对个性化的语言，带着引发思考的口气和期待，写成了这部既具有一定学术基础，又具有可读性的作品。在《写在后面的话》中，他说："在浩瀚的文献史料和新的考古发现、新材料的利用和社会科学方法的引入中不断进行搜索、探寻，这部作品并非是以传统视野和方法进行写作的学术作品。"可以看出，他是在大量阅读文献资料以及考古资料、民间传说等的基础上尽可能形成自己的思考、发现和评价，此举难能可贵。他的一些观点我认同，有的观点我也不认同，有的观点也会引起争议。对此，我们应该以和而不同、包容、宽容的态度对待他和他的作品。

值得注意的是，他选取了"文明发展的客观规律"作为全书主线，在《写在后面的话》中，他说："从文明的诞生开始写起，依据文明在时代社会中的客观发展和演进规律为线索，对史料进行有机的选择、整合与叙述，是这部作品的最大特性。"这个思路很好，不过，对文明定义、本质、文明与德性的关系等问题，凌霄似乎还不是很明确，把握得还不够到位，需要在研读经典的基础上深化对中华文明史、中国历史的宏观认识和对具体历史事件的准确评价，写出真正反映中华文明本质特征、体现历史德性的作品来。我期待着、盼望着。是为序。

韩星[1]

辛丑立夏日于北京良乡

---

[1] 韩星：著名儒学、儒教研究专家，现任中国人民大学国学院教授，博士生导师，国际儒联理事，中华孔子学会常务理事，中国实学研究会副会长。主要从事中国思想史、中国文化史、儒学思想史的研究，出版有《先秦儒法源流述论》《中国文化通论》《儒家人文精神》等。

写在前面的话

一

　　自从我的首部个人作品《故史新谈：一世繁华几经流年》付梓问世以来，两年间受到了各种褒贬不一的品论和指点，对于此我初时的确深感惶恐，未几又颇疑虑，甚至怀疑起评论者们的动机来，然而终于释然。我曾经自负自己是颇读过几本书的，总以为面临他人人前或人后的评论、善意或恶意的批评时，总是能够端持一种虚纳和善意的心态诚悦地接受。然而当事实的考验骤然降临时，我才后知后觉地发现以往我所得意于自我掌握的学识在现实面前竟毫无用处。这不得不令我惊出一身冷汗，甚至重新思考走上这条途路的动机来。现在的人们习惯于将这种动机称为初心。我曾经在相当长的一段时间内思考自我的初心，最终却愕然地发现，人们总在落入他人的评论中后感到惴惴不安，尽力改变自我以迎合群体，获得他人和群体的认同成为人们孜孜以求的目标和评判成败与否的圭臬。

　　就个体对于群体而言，这种追求的实质是一种同化和被收编；群体对个体而言，这种追求便成为带有胁迫性意味的收编行为。当越来越多的人意识到这一点后，"独立学者"便成为许多人热衷使用的标签。人们企图用这种行为和方式拒绝收编，同时彰显出自我的特立独行。但人们却并没有意识到，这种行为方式的背后其实正在形成另一种无形的收编。同化行为和收编方式，并没有因为人们拒绝意识的觉醒而终止。甚至恰恰相反，它转而以一种更加隐秘的方式将人们笼络其间。

　　基于对以上问题的清醒认识和足够程度上的警惕，我的学术研究和写作在某种程度上可以说没有标准答案和标准教案。这对于大多数习惯了被动接受信息的朋友来说可能是一个极大的困惑，但是其实这才是最正常的现象。譬如在大学的课堂上，尤其是研究型大学的课堂上，每个授课教师都有自己的讲课方法，在这里没有标准教案，也没有标准答案。大家听授课人的讲授，其实就是听他对历史的看法，对学术的看法。中学时代的学习大概与此不同，人们学习的全部目的大概就是记住授课人讲授的标准答案，并在考试时将它如实陈述出来。

我在这本书中首先想要传达给读者的核心信息其实并不是新颖的历史知识，甚至不是历史观点，我想要说明的是我们都应当形成一种具有多元化的、共融性特征的思维方式。在不同的学习背景和研究背景下，对于任何一个问题不同的人都可能存在各种不同的看法。这些看法各有各的道理，我们必须明确，真理不是唯一的，真理不是一元化的。因此，本书并不向读者提供所谓唯一的正确答案和标准答案，事实上也没有人有能力提供。我期望读者阅读本书，并非希望读者从我这里获得唯一正确的答案，而是希望读者能够以此为途径去寻找更多可能的和不同的解答。例如关于中国历史分析的相关问题，我们可能通过不同的信息渠道获得数十种甚至上百种不同的看法，这些不同看法哪些是正确的、哪些是错误的？如果有人持有这种观念考虑问题，那么我建议他要改变一下思维方式。

作包括历史学在内的各类学科的学术研究，都会有各种不同的角度、各种不同的方法、各种不同的目的。有的学者很优秀，研究做得比较精彩；有的学者学术上可能比较一般，体系不够精致甚至漏洞较多，但那也是一家之言。

我们对于一个事物的认识，必须明确没有一个唯一正确的东西，它永远是我们的正确指导思想。我们得学会多元化的深层思维方式。

大多数人了解历史以及他们各自形成的思维方式，可能更多的是历史教科书和各种媒体所传授的。但本书作为一部研究型的学术作品，所提供的内容可能会和读者在一般大众媒介中了解到的历史不太一样。许多学者包括我自己，在和非历史专业的朋友交流中发现，大家普遍抱有一种心理预期，他们对于历史有一种模式和期待，如果你顺着他们的期待去讲他们可能就会认为你讲得特别精彩。这种心理预期和历史认识模式甚至已经超越了专业的限制，许多的专业学者和研究者同普通读者一样具有这种模式和期待：例如历来为中国人所称道的所谓"圣王德治"，比如尧舜和周文王、周武王以及后代的唐太宗式的君主，在传统的认知中他们都具有贤明、知人善任、行仁政等共性，进而缔造了一个辉煌的盛世，中国人很喜欢听这类故事。如果我们顺着这个思路去讲历史，那么受众就会觉得自己潜在的理解历史的思维模式被满足了，进而觉得讲者讲得特别精彩。但是真实的历史可能不是那样的。

包括一部分专业学者在内的大众理解历史的基本思路是这样的，但是严格来说这可能并不是一个理性的、科学的和客观的思维。因此我在此想要提示各位读者，在阅读本书的过程中，对于我们以往所接受的那种看兴衰、观成败的思维方式，以及大众传媒中甚至是主流文献中加给我们的那些固化认知，我们可以适当反思一下。

二

历史成为人们热衷谈论的话题与备受关注的领域由来已久，无论是知识分子还是并不从事学术研究工作的求知者，即便是因为各种原因而目不识丁的村落妇孺和庄稼汉子，也会通过戏曲、评书等传统艺术形式和新媒体路径等等，了解民族的历史文化与道德传统。正因为如此，中华民族经过数千年时光洗礼和选择而留存的结晶，逐渐融化为带有显著性地域特征的传统民族人格和文化基因，并深深地烙刻在每一个中华儿女的行为间、心灵上和灵魂中。

我曾经在许多公开和非公开的场合中提到，我个人并不是历史学专业出身，因此无论是我所从事的历史研究抑或关于历史文化领域的各种谈话与发言，甚至包括文字性的创作，都是以一个业余者的身份在进行。但也因为如此，我与历史的关系和我所面临的情况便与爱好者和读者的情况更为接近。在我们生活中的许多场合，历史是一直存在着的。这不单是指历史爱好者而言，更是指那些自己不以历史为个人专业，却不断对其进行研究和创作的人。这种研究和创作可能体现在日记中、信件中、博客中甚至与他人的日常谈话中。他们用不同的方式将自己的感受和经历、观察与思考、欢乐和苦恼记录下来，这些不同的方式为了一个根本的目的：一个人认真地倾听自己灵魂的声音和历史沧桑的叩问，并为它寻找语言的表达。因此，历史并不仅仅属于那些对它进行专业学术研究的人，无论从主观上看还是从客观上看，它都属于每一个热爱生活并善于在生活中观察和思考的人。

三

最后想谈一谈这本书书名的由来。我将这本书命名为《历史的德性》，本意是想探究深存于中国历代王朝中兴盛衰亡的规律和始末缘由，即探寻深藏于历史和文明中的那条一以贯之的主线。中国悠久的历史中历来有"以厚德而王天下，以不德而失天下"的深刻传统认知，因此我如此命名这本书正是希望能够抓住这条得失兴替的根本性规律，并试图将它在不同历史时期的真实面目揭示出来展现在读者面前。但另一方面又深感主题之宏大、论题之深邃，顿时便觉自我逐渐渺小起来，思虑多时还是鼓起勇气进行写作。历史总是在运动中发展，人类总是在积累中进步。很多时候，当人们对一件事真正激发起自我的热情和持久性的专注，便会果决地将那些瞻之在前、忽焉在后的重重顾虑抛诸脑外，毅然摒弃自我的一切卑微、顾虑和不利设想，专心致力于完成这件事。

铺叙民族千万年悠长的历史和壮阔的文明发展历程，难免会使读者产生一种"教科书式的恐惧"。我们无法否认一路走来必将与许多人曾深刻经历过的"苦难与辉煌"再度重逢，为了使读者朋友不至于再次从理论高崖和知识险坡的面前逃走，我会尽力打通这些障碍，以心性激活历史，以人性平视历史，使冰冷的历史跨越时空的隔阂，渗透进人性的温度。

对于未知的探索总是充满孤独和不可预测性的，但也正如孔圣人所说"德不孤，必有邻"（《论语·里仁》）。我们始终相信，幽幽长夜，终见灯炬；漫漫归途，斯人与行。这非但是我们长久以来的理想，更是古老的东方民族千万年来的选择与坚守。

第一章

神话传说时代

第一节　从盘古开天说起

中国人历来有慎终追远的民族传统，我们的文明使人们相信追寻先人的足迹将成为当代人开启未来道路的关键所在。考诸史料文献不难发现，当中华文明与世界各主要文明在几乎同一个大历史时期共同觉醒的时候，便确立了与世界其他文明迥然相异的文明发端。

现代学术研究认为，人类如今生活的世界在久远的过去是一块巨大的尘埃云，在具体物质凝聚的过程中，曾经经历过一场"大爆炸"，正是这场大爆炸创造了世界的主要构成物质，重组了各物质的主要秩序和使命，这种观点与中国传统的神话传说不谋而合。[1]

两者的共识是，都认为世界最初的形成是经历了一场爆炸性破坏后的重构，而非从零到一、从一到多的累积性和平开创。在传世的中国古典文献中，这场大爆炸和物质重组的主角名字是盘古。

盘古开天几乎是每一个中国人都耳熟能详的故事，这场神话的诞生和广为流传，其深刻意义在于明确表示出，中国人和中华民族对于世界和历史起源的认知与态度。

说起这一点便不得不提一提盘古的身份。众所周知，盘古是中国传统神话传说中的创世者，但他却不同于西方文化体系中创世神的概念。中国的神话传说中，人与神的概念和身份是模糊的，甚至是可以相互转化的。人可能会因为某些行为而升格为神，神也可能由于某些原因化身为人。在这种传统认知的影响下，许多学者和研究者对盘古以及后来的伏羲、女娲、祝融等传说人物的身份界定为半人半神，即这些世界的主要创造者身上既有神的智慧，又具有人的

---

[1] 《中国原生文明启示录》（全三册）第 22-24 页，孙皓晖著，中信出版集团有限公司，2016 年 10 月。

一切特质。[1]

这位半人半神的开创者盘古是自然所孕育的。盘古诞生前的时代经历了长期的沉睡，这个沉睡期实际上就是世界的前身——尘埃云的形成过程。在这一过程中，没有天地，没有四方，没有时间和声音，如此经过了一万八千年。此处的一万八千年实际上并不是真实的时间指向，因为在传说中这一时期还没有具体时间和纪年的概念，因此所谓的一万八千年应当理解为经过了相当漫长的自然孕育期。这时盘古从沉睡中醒来，挥舞着一把巨斧将混沌的尘埃云劈成两部分：清气升为天，浊气降为地，盘古独立在其中，头顶天，脚踏地。天日升一丈，地日厚一丈，盘古的身高每日增加两丈。为了使天地永远不重新闭合，盘古最终化身融入天地之间。[2]

盘古分开天地的过程，也正是"大爆炸"发生的过程。

神话是民族共同的历史记忆，是一个民族深深隐藏在内心深处的共通理想与期望，镌刻着民族群体的精神、认知和处世思维。在没有文字的早期历史时代，先民用语言相互表达心意，同时通过某些方式将他们对自然的认识和生存经验通过口口相传的方式传承下去，多年积累下来的经验越传越奇，难免夸大事实掺杂着许多想象与附会之辞。但我们不可否认的是，神话并非全部都是荒诞不经的无稽之谈，它在一定程度上仍然保留着一个民族对世界和现实的原初文明记忆。[3]

研究者认为，神话象征着一个民族隐藏在内心深处的理想和期望，是大众共通的美梦。[4]参照世界其他民族关于宇宙和人类起源的早期神话进行对比可知，盘古开天相比于印度神话中的普鲁沙神死后由其口中生出婆罗门——祭司，手臂生出刹帝利——武士，两腿生出吠舍——农夫和双脚生出首陀罗——底层人物的寓意具有根本性差异。这种差异不仅仅体现在各自传世的民族神话中，更深刻展现出不同民族之间诞生的早期思维对人类起源文明的认识和人与天地自然及人与人之间关系的差异性认知。更为具体地说，印度神话中直接表示出人与人之间的

---

[1] 《中国原生文明启示录》（全三册）第 22—25 页，孙皓晖著，中信出版集团有限公司，2016 年 10 月。

[2] 《中国上古史导论》第 76—77 页，杨宽著，上海人民出版社，2016 年 7 月。

[3] 《中华史纲》第 19—20 页，李定一著，重庆出版社，2019 年 6 月。

[4] 同上。

阶级分层是随着人类的诞生而与生俱来的。在基督教神话中，这种阶级分层甚至被放大成为一种无法逾越的鸿沟。[1]

基督教文化中的创世神话直接将宇宙和人都置于一个虚幻的、抽象的、万能的神之下，不承认人在世界起源中的作用，甚至认为人自身包括生命在内的一切都必须依附神的赐予和指示。这种根本性的起源文化差异决定着不同民族的未来走向和发展必然迥然不同。

盘古开天为中华民族确立了最为重要的文化基因：包括这个世界在内的一切事物，都必须依靠创造和劳动获得，而不能希冀于超越人力的"神"来赐予。换言之，宇宙内的万事万物都是由人物化而来的，其深刻内涵在于蕴含着人是宇宙的主宰者的精神暗示。[2]中华文化的核心特质就是以人为本的人文精神。

由此产生的一个疑问是，既然一切事物都必须在创造中产生，那么天地是谁创造的？盘古是谁创造的？

历史并没有告诉我们这个问题的答案。因为在中国的历史传统中，并没有这样一位终极创造者的形象流传下来。

需要我们引起注意的是，盘古只是这个世界的开创者，而非世界的缔造者。开创者，是使事物从一种形态变化为另一种更高级形态的实践者；缔造者，是使事物从无到有的奠基人。

在最古老的传世历史文献的描述中，天地是聚合为一个整体的，古人将未被开辟时的天地形象地比喻为一枚鸡蛋。盘古是被孕育其中的"蛋黄"，周遭混沌的环境是"蛋清"。核心问题是，这枚鸡蛋是从何而来？

答案是：没有答案。

在我们的文化传统中，并没有西方文化里创世神的角色定位。中国哲学中实际承担这一世界终极缔造者身份的是道。[3]但道是无形无相的，是无处不在的。道不是一种文化，不是一种具体指向，更不是一种精神象征。人们无法用任何一种名词概念来阐释道，当人们试图解释，便已经偏离了道；当人们不再执着解

[1]　《中华史纲》第19-20页，李定一著，重庆出版社，2019年6月。

[2]　《中国原生文明启示录》（全三册）第24页，孙皓晖著，中信出版集团有限公司，2016年10月。

[3]　《易中天中华史》（全24卷）第1卷第8页，易中天著，浙江文艺出版社，2017年6月。

释，以为道之不存时，道又无时无处不在。

因此，没有终极缔造者是中华文化传统的一大特性，这一特性对民族的诞生和未来发展产生着深远的影响。至于这一特性为民族后来的发展所带来的兴衰成败，便需要仁者见仁、智者见智了。

第二节　女娲造人

中国人的祖先在无法考证的久远历史时期内便开始了探索人类生命的起源问题。尽管我们无法从历史记载中得到确切的起源时间，但女娲造人这一神话传说的广为流传并在长久以前便确立为中华民族关于人类起源问题的共同历史记忆是毫无疑问的。

盘古开天与女娲造人作为民族共同的起源探索结论，其文本故事早已广为人知，因此不必在此过多赘述。我们现在需要讨论的问题是，在女娲造人的故事背后所隐藏着的那条人类文明兴起的规律。

考诸文献记载，我们可以得到几个具有共识性的基本结论：第一是，女娲作为华夏民族的人文始祖，慈祥地创造了世间的生命，又通过炼石补天保护这些世间生命的存续。[1]故事背后的逻辑意识是，最初诞生的生命绝非依靠超越自然的神力赐予，而是半人半神的先觉者或具有神性的人在劳动爆发性的直觉意识下被创造出来的。

这种创造性的生命诞生结论在根本上区别于被动性的生命诞生结论，早期民族记忆中关于人类起源神话的方向性差异，便注定了中华民族未来的整体发展方向与其他民族的截然不同。

中国古典神话认为，生命的诞生和被创造并不是依靠超越人力的神在无意识下，甚至带有几分因为无聊而创造生命解闷的戏谑意味中出现的。相比于西方文明中生命诞生的无意识性和随意性，中华文明中神话的严肃性与神圣性内涵更为

---

[1]　《中国原生文明启示录》（全三册）第24-25页，孙皓晖著，中信出版集团有限公司，2016年10月。

丰富和壮阔。

　　第二个结论是，对早期原始社会中母系氏族社会的映射。在当代社会中关于男女关系的主基调是提倡男女平等，这种男女关系的确定是在经历长期的历史发展和文明冲突与演变的过程中，人群经过多种比较和尝试最终选择出来的。

　　在早期血缘时代的母系氏族社会，学术界已知的共识性结论是：女性占据人口、社会资源和生产物品资源分配的主导地位。因此，在这一历史时期相对于女性，男性处于劣势地位。因此，"民知其母，不知其父。"（《庄子·盗跖》）是这一时代的真实历史写照。

　　相对于占据着大半个历史时期的父系氏族社会，始终承担生命起源和文明起源重任的还是母系氏族社会。许多研究者认为，女娲造人神话的诞生，正是早期母系氏族社会兴起时代的历史反映。

　　如在陕西省华县元君庙和华阴市横阵村，考古人员发现并发掘了很多母系氏族的迁移合葬墓。研究者在这次考古研究工作中发现，当时的人死后，人们先将死者的尸体通过某种手段进行临时处理，虽然具体的处理手法已不可考，但其进行处理的主要目的是为了防止和延缓尸体的腐败已经成为研究者的基本共识。[1]

　　当母系氏族中某个地位较高的妇女死亡后，时人便直接将其尸体仰卧埋在墓葬的主位中，同时将与其同一氏族并先其死亡的其他死者的尸骨迁移到一处，排列起来同墓合葬。这种以氏族中地位较高的妇女为中心的墓葬习俗表明，这一时期女性在氏族中占据着重要地位。[2]另外，考古人员通过对从半坡遗址和陕西省临潼区姜寨遗址墓葬发掘出的随葬品分析得出，女性墓穴的随葬品明显要多于男性。考古研究的结论客观地证明母系氏族社会在历史中曾经真实存在，并揭示了当时妇女的社会地位明显高于男性的客观历史事实。[3]

　　在母系氏族社会后期，随着历史的发展和社会生产力的推进，早期人群中的男性逐渐意识到自己在人口、社会资源和物品生产中的作用。在物资生产取代人口生产而占据社会主导地位的过程中，男性的生理构造优势逐渐凸显。由于耕地、狩猎、森林、水源等人群所需物资的主要获取者身份，使得男性优势凸显和

[1]　《〈元君庙仰韶墓地〉的得与失》，朱乃诚著，转引自《南方文物》，2019年第4期。
[2]　同上。
[3]　《元君庙仰韶墓地》，北京大学历史系考古教研室编，文物出版社，1983年4月。

男性群体作用觉醒，直接导致男性取代女性成为新的社会主要力量。在人类整体历史进程中，这种取代反映为父系氏族社会逐渐取代母系氏族社会的转变。这种社会主导者角色的转变，说明早期社会的主要意识形态由依靠血缘关系维系转变为依靠物质关系维系。

对于这一历史时期社会发展转变的研究结论，最具说服力和佐证意义的是考古发掘出的历史文物。世界各民族的出土文物几乎都具有同一规律，当突出女性性特征的雕像首先出土之后，突出男性性特征的男神雕像开始大量出土。

从女性生殖崇拜到男性生殖崇拜的早期社会意识形态转变，说明在母系氏族社会向父系氏族社会过渡的历史时期，女性逐渐失去了人口和生产物资分配的主导地位。由于物资所有权、生产权和控制权的转变，以及人口生产主导地位的转变，母系氏族社会时期的女性崇拜面临着全面的崩溃和逐渐的瓦解。

当社会模式的转型基本完成后，代表着原始社会中母系氏族社会的女娲造人传说，便成为一个时代标志与历史记忆被流传下来。正因为如此，历史研究者普遍认为神话和传说虽然不是民族的信史，但却具有历史的影子，具有广义性的历史真实，是研究者研究历史起源和早期文明诞生与发展的珍贵资料。

考诸不同历史时期的文献材料，我们可以发现这样一个变化：随着父系氏族社会全面取代母系氏族社会，许多掌握现实社会权力和话语权的人无法接受人类的创造者是女性这一说法，因此后代史料中多有以男神创造取代女神创造的记载，即以男权终结女权的社会文化变革。这种变革的影响一直持续到今天也并未完全消除。最明显的事例是，以男权为代表的父系社会利用自我话语权优势，不断对女娲造人神话进行降格；同时突出盘古、炎帝和黄帝崇拜与祭祀，但却少有对女娲进行大型祭祀活动的传统。

帝制时代后期曾有文人对女娲崇拜和祭祀的现状感到不满，但又无力改变人们思想中根深蒂固的男权崇拜心理，因此他们借着佛教在中国封建社会的兴起和民众的普遍信仰，将女娲和观世音菩萨结合起来混为一体。这种文化嫁接现象虽然是出于旧时文人唤醒民众祖先信仰的一番好意，但却又在无形中搅乱了民族传统的神话系统和文明体系。以至于时至今日，仍然有人对女娲就是佛教的观世音菩萨这一说法深信不疑。

无论是从历史起源、社会作用、神话体系，还是从民族信仰功能来看，两者都不会有任何相结合之处。女娲造人中所包含的民族原初思维特质，在全世界的史前神话中都是独一无二的，这种原初思维特质是中华民族早期群体共同的精神记忆。

第三节　生殖文明崇拜

在早期时代的女娲造人神话出现之后，人类由于自我意识的觉醒而发出的终极哲学之问"我是谁"和"我从哪里来"，似乎总算有了答案。古老的文明传统给出的答案是"神话创造说"，这意味着神话和传说的诞生绝非毫无目的地偶然间在历史中出现，而是人类为了解释这一古老的谜题，创造出来的一种充满想象力的文明思维结晶。作为地球上唯一具有丰富的自我意识的物种，人类需要这样一种解释来完成自我的"身份认同"。

这种自我的身份认同，意味着人类文明意识的觉醒。女娲造人神话的出现，似乎完美地解决了这一终极困惑，然而另外一个终极困惑却又紧接着到来了。这个终极困惑就是，"我向哪里去"，即死亡的哲学命题。

实际上我们应当清醒地认识到，自从人类心智初开的那一刻，先祖们就认识到人的生命一定有终结的时刻，并且人们没有办法能够避免生命终结的最终到来。先祖们的困惑在于，既然文明发展诞生了人类生命，尽管他们暂时解释不清楚人类和生命的来源问题，但是为什么又要让已经来到这个世界上的人类死去？当人类死去之后，他们将走向何方？[1]

原始社会时代的人类无法解答这个问题，但是他们坚信逝者的肉体虽然已经消失了，其灵魂却并没有随之泯灭。它们离开寄居的肉体后，会立刻找到新居。[2]因此，在原生文明的生死观念中，死亡并不意味着终结，而是另一种形式的生命诞生开端。在这种生死观念的指导下，当时的人们会主动对逝者进行安

---

[1]　《易中天中华史》（全24卷）第1卷第39-41页，易中天著，浙江文艺出版社，2017年6月。

[2]　同上。

顿，这一行为不仅是基于活着的人们对于逝者的怀念，更是基于他们对于灵魂不灭的根本信仰。

据考古发现证实，生活在旧石器时代的尼安德特人和山顶洞人都有他们各自的墓葬，前者的生活年代属于早期智人时期，后者的生活年代则属于晚期智人时期。他们甚至会在逝者的随葬品中放置生产工具、食物甚至饰品等，这意味着他们坚信逝者并没有从此消失，甚至随时都有可能回来。[1]

对于死亡的清醒认识，必然引起先民对于生命的礼赞和崇拜。先民们对生命的崇拜，首先就表现在对于女人的崇拜。从笔者在前文中所说的女娲神话和崇拜传统来看，女人受到当时先民的礼赞和崇拜是顺理成章的，因为女人是生命的创造者和孕育者。从某种程度上来说，在先民的生命意识中，自然地出现了对女人的崇拜。其中的深刻原因，不仅在于女人是生命的直接创造者和孕育者，更重要的原因则在于，原始社会时期的女人为了新的生命诞生，是最不惧怕流血和死亡的。[2]

众所周知，即使在文明发展处于成熟期的封建社会中，新生命的诞生有时也意味着孕育者生命的终结，因此就更不必说在卫生条件极为粗简的原始时代了。

在死亡的威胁面前，原始社会时期的女人依然没有心生畏惧，生与死的终极秘密显然都集中到女人的身上。[3]如此一来，原始时代社会的人们既出于自发又出于必然、必须地建立起了女性崇拜传统和依附女性而直接到来的生命崇拜传统，以及生殖崇拜传统。这些崇拜传统随着历史的不断发展，最终演变成一种崇拜文明。现代考古研究发现，当时的先民们以雕塑、绘画、搭建祭台等方式，将女人的形象和女性生殖器官特别地制作出来，例如云南剑川的"阿央白"、红山文化遗址中的祭坛，等等。[4]

这一依附女性崇拜而来的生命崇拜传统和生殖崇拜传统，并非仅仅是中华文明中所独有的，世界上其他民族的早期文明中均是如此。

---

[1] 《易中天中华史》（全24卷）第1卷第39-41页，易中天著，浙江文艺出版社，2017年6月。

[2] 同上。

[3] 《易中天中华史》（全24卷）第1卷第41-42页，易中天著，浙江文艺出版社，2017年6月。

[4] 同上。

　　以西方文明为例，其对于女性崇拜和生命崇拜的典型象征是大量的女神在神话中的出现：天后赫拉、冥后珀尔塞福涅、大地女神盖亚、智慧女神雅典娜、月亮女神阿尔忒弥斯，等等。[1]

　　正因为在世界文明诞生的广泛范围内都具有这一生命崇拜传统和生殖崇拜传统，因此在一个属于迈锡尼之前米诺斯文明的克里特印章上，研究者发现上面雕刻着这样一幅壮观场景：乳房丰满的女神高高站在世界之巅，她骄傲地举起一条蛇，正向世人说明在女性崇拜与生命崇拜盛行的文明时代，女人所具有的特殊地位；在女神前面下方的位置，身材健美的青年男子阴茎雄起，正站在下面崇敬而兴奋地欢呼。[2]

　　必须要严肃说明的是，这绝非是后世那些不正经的人们所认为的色情场面，更非淫秽。这是一种庄严而神圣的崇拜仪式，研究者将其称之为米诺斯文明生殖崇拜仪式。男子的勃起意味着对女神最为真诚的赞美和致敬。雄壮勃起的阴茎是生命力的有力体现。这种神圣的崇拜仪式就是生殖文明崇拜。[3]

　　在西方的神话系统中，最早开启生殖崇拜文明传统的是一条蛇。在伊甸园中，蛇因为违背了上帝的意志而犯下重罪，此后便遭到上帝的诅咒和驱逐，消失得无影无踪。

　　从此之后，蛇的形象在原始社会中便成了生殖文明崇拜的象征物。这不仅是因为蛇在亚当和夏娃进行文明启蒙过程中所起到的关键作用。研究者认为，在另一个日出之前，遭到上帝驱逐的蛇与太阳神之间达成了某种共识。其中的证据是，太阳神阿波罗与中国神话中的伏羲都与太阳有关，其本体也都是蛇，或者也都曾经幻化为蛇的形象出现。

　　蛇所代表的文明意象研究者多有猜测，其背后的文明逻辑与父系氏族社会取代母系氏族社会的文明革命密切相关。无论这场社会主导权取代革命的发生过程、变革意识以及其背后的推动力量究竟是怎样的，单就这场文明革命的结果来说，氏族社会中的男人和女人在某种程度上几乎达成了一个共识，那就是仅仅拥

[1] 《易中天中华史》（全24卷）第1卷第41-42页，易中天著，浙江文艺出版社，2017年6月。

[2] 《易中天中华史》（全24卷）第1卷第42页，易中天著，浙江文艺出版社，2017年6月。

[3] 同上。

有女性生殖崇拜的文明传统，在当时的时代来说已经远远不够。人们必须承认男性在生命创造活动中不可忽视的重要作用，并以一种合乎文明逻辑的方式予以确定。在这场男性生殖崇拜终结女性生殖崇拜的文明变革中，取得主导地位的男性必然要确立一个象征物，以它来代表自己在这场文明变革中所获得的地位。[1]

无论是考古发现的陶器纹饰上所刻画的具有多子特征的鱼的形象也好，抑或象征着男性生殖崇拜的蛇的形象也罢，研究者完全确信它们在原始社会中都属于生殖崇拜文明的象征物。

生殖文明崇拜在文明发展进程中的诞生完全充满了被动性。考古研究发现，早期原始人的寿命非常短，尼安德特人的平均寿命不到二十岁，山顶洞人的平均寿命则不到三十岁。[2]生存率的低下决定了当时的人们只有保持很高的生育率，才能在最大程度上延续人类的文明创造。怀着对生命的敬畏与崇拜，早期人类在与死神的搏斗中和争取文明创造的延续中，拿出了最原始也是最有效的招式。

现代科学研究证实，生命的诞生具有其自身的规律，这意味着并不是每一次性生活都足以创造出早期原始人所想要的结果。但是原始人却并不懂得人类的生育规律，他们将每次性生活是否会有结果，以及生男生女等都归结为由一种冥冥之中的神秘力量在掌控着。因此，他们必然地会对这种神秘力量顶礼膜拜，膜拜的目的当然是为了获取，获取的方法则是巫术。[3]

几乎没有经过任何犹豫，那条被上帝驱逐出伊甸园的蛇一下子就被男人看中了。事实上，蛇在生殖崇拜文明中的象征意象与男性的阴茎具有太多的相似之处。例如，它们都在寻常时候看不到，只是在偶然间露出真容；它们都是平常时候绵软，有所行动时则坚挺；它们身上都充分暴露出来攻击性。[4]

这一文明变革在氏族时代社会中取得了巨大的成功，从氏族时代到部落时代，再到之后的国家时代，蛇的作用和文明象征意义都一以贯之。在氏族时代的社会中，蛇是生殖崇拜文明的代表性符号；在部落时代的社会中，蛇则成了许多部落共同的崇拜图腾；再之后进入国家时代文明，蛇依然被奉为具有无上灵性的

---

[1] 《易中天中华史》（全24卷）第1卷第68页，易中天著，浙江文艺出版社，2017年6月。
[2] 《易中天中华史》（全24卷）第1卷第46页，易中天著，浙江文艺出版社，2017年6月。
[3] 同上。
[4] 同上。

崇拜对象。

　　以生殖文明崇拜为标准，在母系氏族社会向父系氏族社会演化的文明变革中，一切都在悄然发生着变化。这场文明的变革绝不是一蹴而就的，它经历了相当漫长的演化期。在母系氏族社会的后期，当时登上神坛的氏族领袖依然是女娲的后代。[1]

　　能够佐证这场文明变革的文物，包括青海省大通县上孙家寨出土的马家窑类型的陶盆纹饰。陶盆上面画的场面显示，他们以五个人为一组，手拉着手，头侧向一边，身子则向另外一边扭动，似乎是正在进行着某种规律性的舞蹈。舞蹈者均为男子，他们的头上佩戴着一根东西，疑为发辫；其身下两腿之间那高高翘起的所谓饰物，其实就是象征着男性的生殖器官。这是男子对于自我特征和力量的证明。[2]这样的原始舞蹈画面，体现了在庄严的仪式上先民们虔诚而野蛮、热烈而谨严的生命活力。这一考古发现证明，在上孙家寨时期的远古时代文明中，以生殖文明崇拜为核心的父系氏族社会文明已经全面兴起，并且在很大程度上已经取代了母系氏族社会的地位。

　　在之后不久到来的伏羲文明时代，这场生殖文明崇拜的文化变革已经取得了决定性的成功。需要大家注意的是，我们现在所说的生殖文明崇拜，不能将它的性质简单地等同于性崇拜。因为生殖文明崇拜的根本在于先民们崇拜一种繁衍生息的神秘力量，绝非是对单纯的男欢女爱与性生活的崇拜。生殖文明崇拜背后所展现出来的意识是，将人类单纯的自然生活变成了人类文明所独有的、可控制的文化行为。正因为先民将生殖文明崇拜上升到了一种文化意识的高度，才缔造了父系氏族社会文明中的男权氏族社会。[3]

　　随着男权氏族社会的诞生，生殖文明崇拜逐渐演变为图腾崇拜中的一个重要类型。因此有研究者认为，氏族图腾时代的诞生，根本上就是基于在男权氏族社会时代，生殖文明崇拜的全面兴起。所谓"飞天的龙"的图腾崇拜，其实质则是男权氏族社会对于曾经"潜伏的蛇"成功取得这场文明崇拜变革胜利的昭示。[4]

---

[1]　《易中天中华史》（全24卷）第1卷第87页，易中天著，浙江文艺出版社，2017年6月。

[2]　《易中天中华史》（全24卷）第1卷第94页，易中天著，浙江文艺出版社，2017年6月。

[3]　《易中天中华史》（全24卷）第1卷第96页，易中天著，浙江文艺出版社，2017年6月。

[4]　同上。

因此，无论是曾经"潜伏的蛇"，抑或是后来"飞天的龙"，它们在根本上来说都代表着男根崇拜在生殖文明崇拜中的兴起，代表着男权社会全面确立的标识。

研究者指出，在这个漫长的文明变革岁月中，有三个代表性意象值得我们特殊留意：一是西方神话中的夏娃所代表的原始群，其现实意义是代指"从猿到人"的文明变革过程，其形象表现为裸猿；二是女娲所代表的母系氏族，其现实意义是代指"从自然到文化"；三是伏羲所代表的父系氏族，其现实意义是男权终结女权的社会文明变革。如果说夏娃所代表的原始群处于蒙昧时代，那么女娲和伏羲所代表的时代文明则处于野蛮时代的初期阶段。[1]

父系氏族社会文明对母系氏族社会文明的终结和替代，除了生殖文明崇拜的典型标志之外，还体现在这一时期的人类所造出来的一系列文明与文化模式中。甚至生殖文明崇拜本身，就属于这一系列文明和文化模式之一。这场氏族社会文明变革的标志包括：生殖崇拜、祭祀礼仪、工具发明的多样性及改进、巫术文化的兴起、原始歌舞及人体装饰。在此之后正式进入父系氏族社会的伏羲时代，甚至产生了最早的文化符号——八卦，以及最早的哲学文明概念——阴阳。[2]

第四节　伏羲与八卦

当文明稚嫩的脚步蹒跚地踏出人类起源时期的图景后，中华民族便由神话时代壮阔地迈步进入远古传说时代。如果说神话时代是民族共同的人类起源和历史文明起源记忆，那么远古传说时代便是民族的早期历史记忆。

与神话时代相比，远古传说时代的民族历史更加具体、清晰，历史真实性程度和历史可靠性程度更高。在文字诞生之前的时代，世界各民族的文明和历史传承只能依靠口口相传和实物传承。因此，尽管传说时代的历史文明相比于后来信

---

[1]　《易中天中华史》（全24卷）第1卷第96-98页，易中天著，浙江文艺出版社，2017年6月。

[2]　同上。

史时代的历史文明依然存在巨大的模糊性和不可靠性，但对于神话时代而言，传说时代基本向后人揭示出民族早期历史文明发展进程的基本情况，是历史和时代发展不可或缺的一部分。远古传说时代的代表人物就是被尊为中华民族人文始祖的伏羲氏。

考诸古典文献记载，伏羲氏又称为庖牺氏或包牺氏。[1]关于同一位先祖的姓名在后世流传过程中出现异音、异形的情况，一般是古音、古字形与不同历史时期所广泛使用的字音、字形的差异化有密切关联，即语音和语义在历史流传过程中发生的嬗变，另外也无法排除后人在传抄过程中产生错误而以讹传讹情况的发生。在现代学术视野下，我们对华夏民族这位人文始祖一般称为伏羲氏。

根据现当代考古研究的发现，1942年出土于长沙东郊子弹库的王家祖山一座楚墓中的楚帛书是目前中国出土的最早、最完整的记录先秦时期创世神话相关内容的古代文献。楚帛书甲篇释文中记载：天地混沌未分时，并非先有盘古氏，而是首先诞生了伏羲、女娲。

他们结为夫妇后生有四子，分别是代表四时的四神。天地由四神开辟，交给大禹和契管理大地，制定历法，使日月星辰升落有序，山陵畅通并和江海之间阴阳通气。当时并没有诞生日月，由四神轮流代表四时。四神的名字由长至幼依次是：青干、朱四单、白大橆和墨干。经过一千余年后，帝夋生出日月，并制定日月运转规则。[2]

这是古代文献中关于天地由来的另一种记载，与伏羲氏有关。但是这种说法并没有得到广泛的认同和历史流传，我们仅将其作为一种参考意见加以陈述。考察不同的文献记载可知，古人对天地开辟者的具体身份存在认知差异，但对于天地的由来是由具有神性的人所开辟的这一根本结论却毫无疑问。在不同的神话传说中，有人认为伏羲和女娲共同作为中华民族的人文始祖，而伏羲原本是女娲的兄长。为了人类族群的诞生和广泛繁衍，兄妹二人决定结为夫妻并成婚。伏羲为两人诞下的子嗣结成的人群制定了婚姻方式，发明了姓氏制度。这种神话传说背后所映射出的与后世儒家伦理文明相悖的族群早期婚姻嫁娶制度，具有其自身的

---

[1]　《帝王世纪·世本·逸周书·古本竹书纪年》第71页，皇甫谧等撰，陆吉等点校，齐鲁书社，2011年10月。

[2]　《巴蜀文化研究集刊4》，段渝主编，巴蜀书社，2008年3月。

历史合理性和存在意义。[1]

根据文献记载，伏羲氏有许多发明创造，例如结绳为网教人捕鸟；发明渔网，教人渔猎。早期人群因此获得了大量捕猎肉质食物的方法，渔猎得到空前发展，这一发明对于提高早期人群的生存质量和增强体质具有至关重要的作用。[2]当捕获的猎物一时之间吃不完时，人们便将猎物驯化圈养，因此形成了后世畜牧业的雏形，伏羲也就成为畜牧文化的开端代表。[3]

伏羲氏开创渔猎和畜牧文明的重要意义在于，远古先民因此而相对地避免了因为人口的增加、可捕获野兽的减少而导致人群遭受饥饿与死亡的威胁。这意味着先民们从此由采撷生活时期进入游牧渔猎时期，即进入可以局部控制自己生活需求的时期。当相对地脱离了饥饿的生存威胁时，先民们才有闲暇从事例如艺术创造等其他工作，人类文明的发展才由此迈上新的高度。学者们将这一历史时期命名为"新石器时代"。[4]

根据考古工作者对仰韶文化遗址的考古发掘报告，发现其中已经存在石网坠、骨鱼钩和鱼叉等早期渔猎工具，鱼和动物的形象也都进入彩陶制品中。因此，伏羲也应当被列为早期文明艺术开端的缔造者。

除此之外，后世公认伏羲在文化方面最重要的发明创造是八卦。据《易经》记载，伏羲观察天空的日月星辰和云雨雪雷等事物的交相更替，又看地面上的飞禽走兽和四时五谷的变化规律，通过效仿自然界的变化规律进而创造出了八卦。[5]

伏羲用八种简单的符号，形象地代表和概括天地之间的万事万物，开创了中华民族的文化之源。八卦中蕴含的天人和谐的整体性、直观性思维方式和早期辩证法思想，是中华文明由抽象化转变为具体化的原点。八卦的诞生标志着远古传说时代的先民对世间万物的认知水平有了质的跨越，对自然科学和社会科学的创

---

[1]　《中国原生文明启示录》（全三册）第 27 页，孙皓晖著，中信出版集团有限公司，2016 年 10 月。

[2]　同上。

[3]　《中华史纲》第 24-25 页，李定一著，重庆出版社，2019 年 6 月。

[4]　同上。

[5]　《中国原生文明启示录》（全三册）第 27 页，孙皓晖著，中信出版集团有限公司，2016 年 10 月。

立与发展具有重大的开创性意义。

除此之外，根据历史发展演进的规律和当时的社会特征，我们必须承认八卦在这一历史时期的诞生本身便具有生存预测的核心意义。[1]抛开研究者视角回归时代而言，这恐怕也是八卦在当时诞生的唯一意义。

在恶劣的自然环境下和洪水猛兽共同生活，人群的存续最需要的就是对危险的预知能力，方便人群提前采取措施进而成功、快速地逃避灾难。因此，对可能面临的危险的预知能力与避险能力，是当时人类的迫切需求。

在生存预测需求下诞生的八卦和其预测方式，尽管以今天的目光来看充满着神秘性和不可靠性，甚至是当代人因难以理解而产生的轻视性和排斥性，都无法抵消远古时代人群在特殊的生存环境下，对其非同一般的信赖性和具有自然灵异色彩的实用性。[2]

随着历史的发展和社会的不断变革，由八卦及其衍生的《易经》六十四卦经过历代易学家的不断阐释和延伸发展，早已有了完全不同于它们诞生时的初衷和意义。在封建时代，八卦和《易经》的预测功能被大大减弱，人们转而对其包含的天地万物和自然运行的法则深感兴趣。甚至由物及人，历代易学研究者将自己对八卦和《易经》的理解与天文、地理和人事等具体现象相结合，逐渐构筑了一个严谨而完整的文化系统。

古人通过观察到阴阳的相辅相成和相互转化，进而注意到两种相反相成的力量的结合。另一方面又总结出以观察自然规律运行为代表的天道，并将其与人类的为人处事相结合，从自然中总结如何生活和如何处世的道理，即天人合一的文化内涵所在。

易学的诞生和不断发展，与早期人类观察自然、认识自然、改造自然或适应自然的现实需求密不可分。八卦与六十四重卦的复杂卦象表示在阴阳的动态和静态变化中，有一个包容万物的体系正在有条不紊地运作。古人通过这种逻辑架构来阐释他们所认识的这个世界和宇宙的运行规律。

在历史的发展进程中，易学的理论从诞生后便不断地被后人阐释和发展，

---

[1]　《中国原生文明启示录》（全三册）第27页，孙皓晖著，中信出版集团有限公司，2016年10月。

[2]　同上。

逐渐分化出不同的研究派别。易理研究和易学推演是具有代表性的两个派别，后者主张将易理与占卜演算相结合，前者主张"善为易者不占"（《荀子·大略》）。今天社会的易学研究以前者为主流，认为一个真正精通易道的人不会依赖于占卜。因为当一个人对《易经》通透而又能将易学的理念融会贯通于自我生活，那么他本身便明白自然运行的规律和生命变化的规则，明白德行的修养比占卜重要得多。

易学的根本在于，人们所卜问的吉凶祸福都存在一个起因转合，今天人们所做的某些事可能会成为未来某些事的危机或转机。因此，与其依赖于卜问吉凶，不如修行好当下的自己。

综上所述，八卦与卜筮预测在历史中的诞生，其背后具有终极文明思维意味的逻辑意识是：将虚幻难测的天命通过某种手段进行人为的掌握和阐释，最终的核心功能是为人服务。

研究者认为，原始社会时期的卜筮行为一般是以卜筮者个人的问题向祖先发问，希望能够得到其心中期待的答案。[1]这一目的的达成可以说轻而易举，因为卜筮的结果其最终解释权归属在人，而不在神或者祖先。在整体的卜筮行为过程中，重点强调的是主体的态度，即问卜者的态度，这就是所谓的诚则灵。显而易见的是，人在这一过程中始终处于主导地位。

从文明发展逻辑的角度进行思考和判断，我们完全有理由相信八卦和《易经》的诞生，其最初的核心功能就是进行预测和占卜。但其在文明发展进程中所具有的核心功能与现实观念，与对其因具有封建迷信意味而遭受的现代性批判完全不同。以《易经》为主体的占卜文化，其核心历史功能和文明逻辑在于否定了长久以来的"命由天定""命由神定"的主基调，将命运的发展与自身的行为紧密结合起来，即自己的命运始终掌握在自己手中。在这一完整过程中，完全掌握主导权和阐释权的是人，这一核心的文明逻辑直接奠定了此后中华民族"以人为本""敬鬼神而远之"（《论语·雍也》）的人本主义文明基调。

[1] 《黄帝祭祀与中华人文精神》，韩星撰，黄帝陵基金会编：《黄帝祭祀与中华传统文化学术研讨会论文集》，陕西人民出版社，2007年9月。

第五节　有巢氏与燧人氏

在早期人类文明的演进过程中，有许多非常重要的变化节点，这些变化节点从有意识的行为方式和无意识的自然选择中，确立了人类与禽兽最为根本的区别。其中最具代表性的行为就是，有巢氏的构木为巢和燧人氏的钻木取火。

在传世文献的记载中，有巢氏是中华民族远古时期的部落首领之一，他建立了古巢国。许多历史研究者认为，当有巢氏开创了巢居文明之后，人类文明才真正和动物区别开来，因此有巢氏也被部分研究者誉为华夏第一人文始祖。[1]

有巢氏的构木为巢实际上是将收集到的木条和树枝等进行简单化处理，再把它搭建为一种成型的窝棚，[2]类似于今天我们在影视作品中见到的流落荒岛的主人公所建造的简易住所，这就是房屋最早的雏形。尽管以今天的眼光来看，这种简易的房屋在早期人类社会恶劣的自然环境和与洪水猛兽共存的环境中显得如何如何不靠谱，但这却是早期人类能够自主创造的一个落脚点。这种自主建造的简易房屋，意味着人类摆脱了被动性的动物式栖居状态，为后来人类固定居所的创建提供了具有引领意义的范本。

根据研究者的结论，有巢氏所创造的房屋具有广义性指向，即我们不能将它看成某种具体的形状构造而对其进行具有单一性意味的限定。这种巢居房屋可能是经过简易装修的洞穴、树林间搭建的窝棚、天然形成的山洞石窟等，经过早期人类的简单处理将其改造成较为适合居住的房屋。[3]

这些不同形态的早期房屋，当然并不是全部由有巢氏个人所创造的。一种文明的创造和进步，往往是由群体所缔造和主宰的，文明被创造完成后的进一步完善和发展，当然也离不开时光的审视和群体的智慧。至于将这种文明和创造冠

[1]　《中国原生文明启示录》（全三册）第28页，孙皓晖著，中信出版集团有限公司，2016年10月。
[2]　同上。
[3]　同上。

以某个人或某个事物的名称，则是群体和后人根据创造贡献的多寡及研究与传播的便利而为之。当然，也不能排除后人不断地对这些千万年前的传说进行浮夸地附会和渲染，最终将千万群体的智慧发明变成了某一个人的创造发明，后人再将此人进行神圣化处理，在民智不高的奴隶社会和封建社会便轻易地获得了广泛的认可和传播。今天的人们看待神话传说，必须首先承认其具有历史的影子，在此基础上再剔除那些具有神异性和虚幻性色彩的描述，辅以考古文物和现代科学技术，如此便可以窥见相对具有真实性的历史了。

有巢氏构木为巢，为早期人类开创自主性固定居所的伟大创举，在其历史行为背后更为深刻的文明内涵在于，为早期人群提供了稳定聚居在某一地理区域的可能性和现实条件。只有当人类相对集中地居住在一定的地理范围，才有可能产生稳定的通婚，族群与部落的壮大和发展才更加具有现实性。[1]

有巢氏开创的巢居文明相比于穴居时代，具有深刻的选择意识和自主创造意识，两者之间的根本区别和进步体现在居所创造性质和文明发展意识的巨大差别。

穴居时代的居所具有强大的被动性，人类只能根据所在地区范围内已有已知的自然洞穴进行选择和改造，一旦遭遇危机例如族群争夺、野兽侵袭或自然灾害等，族群的生存便面临着巨大考验；相比之下，具有无限复制性创造和基本无争夺意义的巢居却拥有强大的主动性。从这个意义上来看，巢居文明不但从外在自然环境中解决了人类生存的困境，而且还更深刻地从内在精神建设上推动了早期人群的生存意识和生存状态。[2]

解决居住问题之后，早期人类所面临的最大困境就是饮食问题。在传世文献记载中，发明用火的先人称为燧人氏。他使用削尖的木头钻松软的木板，外面放上枯树叶，最早发明了用火，历史上称为钻木取火。倘若将早期人类用火的性质划分为被动性与主动性，那么即使是被历史文献明确记载下来的发明者燧人氏，也不敢宣称自己是最早用火的第一人。[3]在早期社会恶劣的自然环境中，经

---

[1]　《中国原生文明启示录》（全三册）第28页，孙皓晖著，中信出版集团有限公司，2016年10月。

[2]　同上。

[3]　《中华史纲》第24页，李定一著，重庆出版社，2019年6月。

常有火山喷发、雷电击中树木而引起大火的现象，因此人们已经早在燧人氏之前便认识了火。但那时候的人们并不知道如何利用火，也无法自主创造火，人们见到自然原因形成的火时，甚至非常害怕。雷电大火过后人们在焚烧过的森林中行走，发现了被烤熟的野兽动物，品尝之后发现比生吃动物的口感更好，肚子十分舒服。

由此可知，熟食文明的最初诞生，具有非常大的偶然因素。同时人们发现在寒冷时靠近火，可以有效抵御身体的冰冷。[1]认识到火的作用后，人们开始探索人工取火的方法。经过漫长的实践，早期族群终于掌握了自主取火的方式，即钻木取火。历史文献的记载中将这一发明归功于燧人氏，但其实与有巢氏建造房屋一样，按照历史的发展规律判断，钻木取火和教民熟食这一伟大的文明跨越依靠的依然是群体的智慧，燧人氏属于这一群体的领导者。在传世历史文献的记载中，以燧人氏为核心的氏族部落称为燧明国，燧即指一种取火工具。

钻木取火的普及使人们不再依赖天然火种，这是文明的创造性和自主性的伟大跨越。在人类有效掌握火的获取方法和使用方法后，燧人氏继续进行了更加深入的文明探索。他将捕获的食物放在火上烤，或者用火烧水，再将食物放进沸水中煮熟食用，此即教民熟食。[2]

从现代生物学和人体学及营养学的知识体系判断，火与熟食的发明不但使早期人类掌握了驱散野兽、稳定族群发展的方法，其更为深刻的历史意义在于彻底改变了早期人类的食物结构，实现了人类生理机能的大跨越，使人类生命和族群在这一历史时期获得了更健康、更稳定的发展。因此，可以毫不夸张地说，火的发明与教民熟食的普及，是早期人类向文明不断探索和进阶迈出的最大一步。[3]

---

[1]　《中华史纲》第24页，李定一著，重庆出版社，2019年6月。

[2]　同上。

[3]　《中国原生文明启示录》（全三册）第28—29页，孙皓晖著，中信出版集团有限公司，2016年10月。

第六节　近古时代的人类

从远古时代迈入近古时代是人类文明发展的又一大跨越，在这一历史时期社会的基本轮廓已经初具雏形。分散在中华大地四方的族群，共同构建了近古时代的社会面貌。当时的社会权力核心以族群为中心，其特性是分散、繁多。考诸历史文献可以对当时具有代表性的族群和其领导者大致进行梳理：黄帝轩辕氏、炎帝烈山氏（有文献记载为神农氏）、颛顼高阳氏、帝喾高辛氏、少昊金天氏、尧帝陶唐氏、舜帝有虞氏、东方九黎族首领蚩尤、共工氏、禹帝姒氏等人物，以及他们各自所领导的族群。[1]

随着远古时期的人群熟练地掌握了生存所需的基础本领，基本创造和选定出维持人类生命存续发展的各种技能与物质，进入近古时代后的人类开启了大规模的社会性生存状态，即基本具备了社会联盟的雏形。

早期人群从无序地散居生存状态进入大规模社会性生存状态，当然也经历了长期的历史探索与尝试。我们完全可以想象处在社会模式变革的时代，先民们经历了怎样的试错期和磨合期，最终才摸索出被早期人群所广泛接受的大规模社会性生存模式。历史的每一分发展与文明的每一分进步，其背后的代价都是一个个鲜活生命的逝去。

根据北京猿人遗址的考古发掘成果报告，从周口店山顶洞地区陆续发掘出的遗址和文物判断：洞中有男女老幼的头骨化石共七个，体骨数十件，动物化石和遗物非常多。学者分析认为，洞中的男女老幼应该是一家人，男性老者大约六十岁，身高一百七十四厘米，脑容量一千五百毫升，体型和现代的华北人并不相似。并且发现，类似与男性老者一妻一妾关系的两位女性并非同一人种，一个近于黑人，一个近于白人。因此，考古学家认为山顶洞老人的家庭由黄、白、黑三种人组成，另外有一成年人、一青年人、一五岁儿童及一新生儿，新生儿有可

---

[1]　《中国原生文明启示录》（全三册）第30页，孙皓晖著，中信出版集团有限公司，2016年10月。

能是已经成型但尚未出世便夭折的胎儿。他们大约生活在两万五千年至十万年前之间。[1]

研究者认为，他们与原始中国人之间没有任何相似的痕迹，根据推断应当属于外来的、流动的部落，攻击他们和最后消灭他们的人是周口店的原住人。这些原住人是周口店的本地人，属于真正的原始中国人。[2]

近古时代的人群放弃从远古时代延续而来的自发性生存状态，开始以族群联合的模式稳定生存和居住在某一地理区域时，文明的发展再次有了新的伟大跨越。散漫无序的早期人群主动或被动地聚集在一定的地理区域，逐渐形成以氏族为核心的族群；氏族之下分布着以姓氏为家族的基本族群。因此，氏在最初时期所指的是一个大型聚居族群的共同名号；姓所指的则是各个家庭族群的名号。[3]

以氏族为核心的大型族群拥有群体共同认可的领导者，并且逐渐拥有了大型族群新的共同名号，初步建立了负责规划组织目标、实施组织任务、完成组织事务的组织管理架构，并具有了负责不同组织任务分配、管理与执行的各种头目，这一时期堪称管理学实践的最初萌芽阶段。能够佐证这一基本结论的事例同样要依靠现代考古学。

考古研究发现，近古时代的族群与族群之间已经出现相互通婚现象，这使早期人群具有了更加稳定的发展和后代繁衍。稳定的发展和繁衍所带来的就是逐步增多的人口和劳动力，当稳定劳动力积累到一定数量时，各个族群内部便会对其进行大体上的分工和分类。例如刀耕火种、渔猎游牧等基础行为都具备了较为成熟的操作技能和统一的协调管理，这与劳动力的稳定具有密不可分的关联。一定数量的稳定劳动力所带来的价值和变化是，族群内部的食物和日用品开始出现剩余，并创造了按照一定规则进行资源分配的模式，这就是最早的管理理念雏形。[4]

考古研究发现河南的裴李岗文化是目前中国地区发现的最早的新石器时代遗

---

[1]　《中华史纲》第 32-33 页，李定一著，重庆出版社，2019 年 6 月。

[2]　同上。

[3]　《中国原生文明启示录》（全三册）第 30 页，孙皓晖著，中信出版集团有限公司，2016 年 10 月。

[4]　同上。

址之一，通过碳十四科学方法测定，推测其大约距今有七八千年时间。考古发掘出土了多种石制的农业生产工具，手工制作的陶器也非常多，陶器有纹饰甚至少许彩绘，烧窑的温度已经可以达到九百多摄氏度。除此之外，还出土了大量的猪和狗的骨骼以及植物种子，另外有大量谷物，研究者认为可能是粟类。因此，有关研究者推断裴李岗文化是仰韶文化的前驱，似乎就是神话传说中的神农氏时代向黄帝时代迈进的过渡期。[1]

　　1921年瑞典考古学家安特生在河南省渑池县仰韶村发现了大面积的文化遗址，该文化遗址东西长近五百米，南北长超过六百米，文化层的堆积平均在三米左右。考古学家发现了以彩色陶器为主的大量遗物，因此仰韶文化又称为彩陶文化。在此后数十年间陆续发现了一千余个具有仰韶文化特征的遗址，根据碳十四测定的结果显示，仰韶文化存在于公元前5150年至公元前2960年之间，早于黄帝时代。[2]

　　但我们同时应当意识到，早期族群这种以农耕为主、手工制作为辅的稳定性聚居发展方式并不具备持续性的可能。[3]在族群之外的广大社会范围内，依旧处于混乱蛮荒的状态。考察人类文明的发展进程，我们可以得到一个清晰的基本结论：即使是同一历史时期内的文明创造，在不同地理区域的文明发展程度和文明持续程度也完全不同。

　　更准确地说，这一时期的族群虽然从整体上摆脱了被动性的文明发展，但却仍然没有摆脱隐含在自主性文明发展之内更为深刻的被动性发展状态。

　　在当时族群以外更加广大的社会，即历史文献中所谓的"天下"，依然处于混乱无序的状态。[4]在刀耕火种的近古农耕文明初具雏形的时代，土地资源和自然资源并不具备自主开发和维持重复使用的可能性。也就是说，当近古时代的族群完成一次刀耕火种或者对自然资源的收获之后，这些资源便会以枯竭性状态迅速消失。自然资源的重生与再现需要经历漫长的等待，甚至需要人群有意识的维护和培养。[5]

[1]　《中华史纲》第32-33页，李定一著，重庆出版社，2019年6月。
[2]　同上。
[3]　同上。
[4]　同上。
[5]　《中国原生文明启示录》（全三册）第31页，孙皓晖著，中信出版集团有限公司，2016年10月。

漫长的等待期给并不稳定的中小族群带来了巨大的生存危机，而大中族群虽然暂时并不面临着生存危机，但他们为了谋求更好的生存环境和生存资源，就需要不断寻找甚至争夺更多可供使用的土地和资源。这种资源争夺在中小族群中直接决定着其内部人员的生存或灭亡，在较大族群中则决定着在未来较长时间内族群是否能够维持目前的发展现状，甚至是谋求更大的发展空间。[1]

因此，近古时代无论何种规模的族群都面临着巨大的生存考验，在现实生存的挑战面前，人们的资源掠夺意识迅速觉醒了。这种资源掠夺意识主要表现为三个方面：一是各规模族群都在加大对无主和尚未开发的土地和资源的占领与掠获；二是特大族群和大族群对中小族群资源的侵夺和野蛮占领；第三则是特大族群之间的相互侵占和掠夺。现实生存的挑战和资源的诱惑，使早期人群首次萌发了规模性的战争意识，并快速将其付诸实际行动。[2]

大规模的群体性争斗一触即发，这使得尚未渡过生存危机的早期人群面临更加艰难的现实境况，如果近古社会不能出现一位具有号召力的领导者对这种无序的、残酷的大规模群体性战争争夺进行有效的遏制，以及制定资源的合理分配机制并得到整体社会的普遍认可与执行，那么人类在远古时代创造的文明成果和近古时代的人类族群文明极有可能终结在这场残酷而浩大的群体争斗中。在这样无序争夺的社会大背景下，因为生存需求而萌发的统一意识首次出现在人类文明意识的进程史中。在这样的现实社会背景中，人类文明迈进了炎黄时代。

第七节　炎黄时代

从近古时代向炎黄时代的文明大跨越，可以说是具有里程碑意义的历史迈进。研究者推断黄帝时代晚于仰韶文化的末期大约 300 年，因此黄帝生活时期的年代

---

[1]　《中国原生文明启示录》（全三册）第 31 页，孙皓晖著，中信出版集团有限公司，2016 年 10 月。

[2]　同上。

被研究者推断至公元前 2700 年前后，属于考古研究中的新石器时代晚期。[1]

考察这一时期的人类文明发展和演进，我们已经无法再相信史料中生而神异、长而得道成仙的那些充满虚幻性和神异性的记述。但这并不意味着我们将抛弃传世文献而进行某种主观臆断的推测，我们需要做的是在剔除史料中充满神异色彩的记载后，对其进行重新梳理和加以理性的分析。

在此之前，我们通过考察研究者的共识性研究结论可知，被载入史册的炎黄时代历史，其最重要的依据和来源是传说甚至神话。但我们又确信以《史记》为核心的种种史料具有严谨和切实的笔风，文献对遥远的历史记忆作出的认真甄别和整理叙述，其基本事实从某种程度上可以说就是中国近古时代的信史。[2]

后世考古研究发现，在河南安阳发掘出土的殷墟遗址、遗物尤其是甲骨文和青铜器的出土与释读工作取得的阶段性进展都在陈述着一个基本事实：史料中尤其是《史记》中所记载的殷商时期历史都具有极高的准确度和可信度。[3]因此，对于模糊笼统甚至夹杂着真实与虚构双重色彩的传世史料，研究者依然无法对其完全忽视。它依然是今人了解民族历史的有效路径与方法。

根据现代学者的研究结论，在炎黄时代已经存在并形成一定规模、被记载下来的大型族群至少有20个，它们分别是：少典氏、少昊氏、神农氏、西陵氏、蜀山氏、风后氏、力牧氏、常先氏、大鸿氏、应龙氏、涂山氏、共工氏、方雷氏、肜鱼氏等14个农耕渔猎族群；山戎氏、猃狁氏、獯鬻氏，这三个大型游牧族群是后世戎狄族和匈奴民族的祖先。除此之外，另有三个特大型族群：一是列山氏族群，大体以江淮流域的上中游山地为生存活动地区；一是轩辕氏族群，大体以黄河流域上中游地带为生存活动区域；一是九黎氏族群，大体以江淮流域下游与滨海地带为生存活动地区。[4]

以上所述并不包括当时未被记载下来的小型族群及特大族群内部不断分化独立而出的分支族群，倘若将当时社会的全部族群进行统计，其数目是非常繁多

[1]　《中华史纲》第 35 页，李定一著，重庆出版社，2019 年 6 月。
[2]　《中华史纲》第 26 页，李定一著，重庆出版社，2019 年 6 月。
[3]　同上。
[4]　《中国原生文明启示录》（全三册）第 32 页，孙皓晖著，中信出版集团有限公司，2016 年 10 月。

的。因此文献中多用"天下诸侯"代称这些分散各地的大中族群和中小族群。从历史发展规律来看，这一时期的"天下诸侯"与后代封建时期的天下诸侯是完全不同的两种概念。炎黄时代的天下诸侯，仅仅是在各区域内各自生存的族群，只是在后世文献中将其美化，记载为"天下诸侯"。（《史记·五帝本纪》）

其中的三个特大型族群拥有较为成熟的组织权力架构和领导者，在一定程度上已经进入了早期权力社会。列山氏族群的领导者是炎帝；轩辕氏族群的领导者是黄帝；九黎氏族群的领导者称为蚩尤。[1]

现在让我们暂时抛开这三位祖先领袖身上备受历代研究者关注的种种话题，仅就他们各自的传世名号做一番分析。首先我们可以确定，炎帝、黄帝和蚩尤必然不是他们各自的名字，除了蚩尤之外炎帝与黄帝都称为"帝"。这里的"帝"应当作何种解释才更符合当时的历史语境？研究者基本取得共识的结论是，炎黄时代的帝，并非后世带有权力意义指向的领导者或君主。研究者认为，在尚未发明文字的近古时代和炎黄时代开端，"帝"的原发意义是某种功能性物事。[2]进一步研究发现，根据《庄子·徐无鬼》中的记载，帝的最初意义是指植物和动物身体中可以做药的那些宝贵部分。因此，研究者认为先民对"帝"的动植物名称与功能内涵的确认，必然要早于对权力意义指向上领导者内涵的确认。[3]

疏通了这一关键信息，我们现在可以确认炎黄时代被称为"帝"的人，其在族群中的作用和地位类似于宝贵的药，能够解决某些族群所面临的共同难题。炎帝和黄帝作为当时各自族群的领袖，具有强大的号召力和支持度，是最具影响力的实际组织者。

除此之外，我们无法忽视与炎黄时代密不可分的蚩尤族部落，蚩尤族一般被认为属于少数民族的一分支。研究者认为蚩尤的原本意义是指虫类和海兽中最突出、最凶猛者。[4]我们可以据此推断出，蚩尤族部落很可能聚居在海滨山林地区，因此对大型海兽的威力印象深刻，进而形成了崇拜传统。所以他们的部落领

[1] 《中国原生文明启示录》（全三册）第32-33页，孙皓晖著，中信出版集团有限公司，2016年10月。

[2] 同上。

[3] 《中国原生文明启示录》（全三册）第33页，孙皓晖著，中信出版集团有限公司，2016年10月。

[4] 同上。

导者才被如此称呼。

综合史料分析，炎帝、黄帝和蚩尤所分别领导的三个特大族群，是当时社会的三大主要部落。由于他们共同生活在同一地理区域，相互之间的沟通联系甚至是面对资源的相互争夺是必然的社会常态现象。

关于三个特大族群的争夺结果，是互有胜败。史料记载，炎帝曾经作为神农氏或者神农氏的后裔领导天下；蚩尤在古注中为古天子，可见其确实曾经领导过当时的天下；至于黄帝则是后来的天下盟主，代替炎帝征伐天下并取得其地位的领导者。（《史记·五帝本纪》）

我们梳理出的一个重要事实是，轩辕氏族群与列山氏族群曾经在某一历史时期内有过密切往来，甚至是有过共同聚居在某一地理区域的经历。在这一历史时期，两个族群必然有过相互通婚的习俗，甚至我们可以根据部落交往的规律推断，这种通婚习俗在某段时间内处于非常频繁的状态。这一点为后来的文明发展进程提供了至关重要的现实基础。

两个族群之间的通婚不仅缘于地理位置的特殊性，其更为重要的内涵在于相互之间的文明认同，倘若族群之间没有相同或者相近的文明理念作为物质沟通的基础，那么后来近古时代末期的族群大聚合是不可能发生的。

在古典文献的记载中，神农氏曾经遍尝百草，最终确定出其各自的功效和作用，此举在一定程度上终结了早期人群因为病痛和误食而丧命的现状。现存最早的医药学著作《神农本草经》就是后人借神农氏之名所作的，此举证明神农氏一脉在炎黄时代之前所做出的巨大贡献。[1]

除此之外，神农氏探索出鉴别土地燥湿、肥沃、高低等不同的区别的方法，发现了种子与果实的生长方式和生长规律，带领人群进行大量栽种；又教人观察气候、选择不同时期五谷生长的类别和时间；发明了耕地的工具——耒耜，使当时的粮食产量大幅提高，农业技术发展情况取得空前进步。[2]

通过对文献记载中神农氏的巨大历史功绩进行理性的审视和分析，我们可以确定神农氏是文明意义上的农业文化肇始人。现代考古研究发现，北京猿人时期已经有用果仁作为食物食用的历史痕迹，因此我们可以确定先民们在久远的历史

[1]　《中华史纲》第 25-26 页，李定一著，重庆出版社，2019 年 6 月。
[2]　同上。

时期以前已经知道采集植物籽实充饥。对于当时的先民们来说，采集野生的稻麦蔬果等植物极其方便，并且来源十分丰富。[1]

随着人类长期的观察与采集实践，先民可以自然地联想到种植。[2]这一过程即是文明的被动性向主动性转化的过程。在这样的现实需求中，早期的耕种用具也就应运而生了。当然，这必然经历了先民们长期的积累探索和实践，将其归功于神农氏个人的发明创造，其历史本质与之前所提的有巢氏和燧人氏如出一辙。

正是由于神农氏所创造的这些与早期族群生产生活密切相关的业绩，天下受益的族群因此广泛歌颂和传播神农氏的功德。在这一历史过程中，神农氏成了天下的精神领袖，[3]在某种程度上甚至成为最能够影响天下秩序的力量。[4]

但是随着时代的不断发展，近古时代爆发的资源大争夺使神农氏精神领袖的地位大幅度衰落，其影响力和对大争夺局面的控制能力近乎为零。这就是文献中所记载的"轩辕之时，神农氏衰；诸侯相侵伐，暴虐百姓，而神农氏弗能征。"（《史记·五帝本纪》）

作为长期致力于改善和发展早期族群生产生活状况的神农氏，并无能力应对轰然而起的天下族群资源大争夺局面，先民社会由此陷入巨大的混乱与动荡之中。但同时我们也应当从另外的角度进行思考，当时社会全面爆发的资源争夺战反过来恰能说明神农氏的长期工作取得了可观成果，不断创造出来的物质资源累积是大争夺局面爆发的先决条件。从这个意义上来看，神农氏成功地完成了时代和文明赋予的任务。

在大约距今4600年前的神农氏时代末期，[5]当社会时代的主题悄然发生改变时，连绵不断的族群资源争夺大战相继爆发，早期社会由此近乎陷入大崩溃的边缘。在各个大小部落杀伐不断的乱局中，时代所赋予的自然心理就是必须尽快终结这场族群大混乱。即便以今天的眼光来看，这也是文明发展进程的必然需要。

早期社会各成员之间不断的大量低层次互耗，对处于极为脆弱的早期文明产

---

[1]　《中华史纲》第25-26页，李定一著，重庆出版社，2019年6月。

[2]　同上。

[3]　《中国原生文明启示录》（全三册）第34-35页，孙皓晖著，中信出版集团有限公司，2016年10月。

[4]　同上。

[5]　《中华史纲》第27页，李定一著，重庆出版社，2019年6月。

生了严重的威胁。时代呼唤一位具有大气魄、大格局的领导者，以强劲力量来终结这场混乱，使稚嫩的文明得以存续和发展。

第八节　近古时代的战争

　　当早期社会陷入大崩溃的边缘时刻，连绵不断的大战几乎要摧毁早期人类经过长期积累创造的文明。这一时期被历史所铭记的伟大事件，是以黄帝为核心领导者的轩辕氏族群主动发起的大规模平乱战争。[1]

　　轩辕氏族群在大崩溃时刻的平乱意识和其发动的平乱行动，充分展现了轩辕氏族群的强大力量，并且向后人揭示出黄帝和他的领导层是当时早期社会中少有的具有天下意识的伟大领导者[2]。

　　回归当时的历史环境下重新考察黄帝的天下意识和平乱行动，我们可以想见在一片混乱的大争夺时代，拥有强大力量的黄帝族群，不但没有依仗势力参与大争夺行动，反而以超越时代的大智慧和大魄力反其道而行之。[3]这不能不让后来的研究者甚为感叹，文明的发展走向往往具有非常大的偶然性因素。虽然我们无法猜测，假如当时的社会没有出现强大的黄帝族领导者群和后来的平乱行动，是否还会有其他的优秀领导者愤然而起，实际扮演着黄帝的角色毅然扭转历史的航向。但我们实在应该感谢在这一关键的历史时刻，黄帝和其族群的挺身而出，以及其身具天下意识的伟大行动。

　　根据现代研究者对历史文献的深入解读，这一时期在黄帝统领下的轩辕氏族群凭借自身强大的武力，逐渐征服了那些让天下陷入肆意争夺战争的族群。经过数年的艰苦征战，历经五十余次的中小战争，轩辕氏族群终于让当时的天下大体上恢复了平静。以轩辕氏部落的所在地为核心，周围被征服后的部落区域也大体

---

[1]　《中国原生文明启示录》（全三册）第 36 页，孙皓晖著，中信出版集团有限公司，2016 年 10 月。

[2]　同上。

[3]　同上。

按照黄帝的统一号令逐步恢复了秩序。[1]

　　但这并不意味着黄帝族群平乱行动的历史使命已经完成。考察文献中的相关记载可知，黄帝和其族群的兵民军队此时正在准备一场大规模的平乱战争。[2]

　　居住在东方山海之间的蚩尤族部落依仗着自身拥有强悍的武力，并不服从黄帝的号令，肆意对其他部落发动以劫掠土地资源和人口为目的的战争。周围部落向黄帝求援，近古时代一场规模浩大的战争就此拉开了序幕。[3]

　　尽管今天的研究者探索三皇五帝时期的历史和文明发展状况基本上是依据带有传说所记载的史料，尤其重要的是司马迁的《史记》，但由于司马迁治史态度的严谨，对于近乎神话式的材料大多摒除未用，因此《史记》中对三皇的历史只字未提。虽然司马迁记载五帝时代的历史依然具有部分附会之辞，但其整体记载是具有相当可信度的。后世考古研究通过对河南安阳殷墟的发掘物研究工作证实，《史记》有关殷商时期历史的记载都相当正确，因此我们对司马迁的记载依然要相当重视。[4]

　　除此之外，早于司马迁的孔子、孟子等都是非常理性的学者，他们在各自的著作中谈及有关五帝时期的历史情况，依然不可被研究者忽视。在此基础上，再结合考古发掘物研究的相关成果和结论，我们才能大致还原五帝时期的真实历史和文明发展的大略与概观。

　　通过考察史料中有关蚩尤族部落的记载和现代学者的相关学术研究成果，我们可以梳理出一些关键性信息：蚩尤族群曾经作为领导天下的族群，并且是在黄帝部落兴起之前的久远年代（《史记·五帝本纪》）。这一关键结果的厘清具有十分重要的意义，它直接攻破了后人对蚩尤部落和其领导者的妖魔化形象。甚至从某种程度上直接表示出古蚩尤部落的正统领袖身份与地位。

　　第二个关键信息是，蚩尤族部落曾经"受卢山之金而作五兵"（《管子·地数篇》），建造包括长枪、大刀、长戟和弩箭在内的诸多兵器，曾经因其在部落

---

[1]　《中国原生文明启示录》（全三册）第 36 页，孙皓晖著，中信出版集团有限公司，2016 年 10 月。

[2]　同上。

[3]　同上。

[4]　《中华史纲》第 26 页，李定一著，重庆出版社，2019 年 6 月。

战争中展现出的巨大威力而震撼天下，强悍绝伦（《史记·五帝本纪》）。这一关键信息揭示出蚩尤族部落的尚武和好战，并且表明其部落族人拥有强大的战斗力和丰富的战斗经验。

在蚩尤族群和黄帝族群之间的大规模战争爆发时，黄帝族群经过不断的平乱行动的锤炼，不但其战斗力十分强悍，并且因为久经沙场塑造了其有组织、有斗志、有众多胜利经验的兵民族群特性。除此之外，黄帝族群的另一优势在于其麾下拥有了风后、力牧、应龙等一批经验丰富的将领，战争指挥系统相对趋于完备和成熟。在《汉书·艺文志》收录的53家兵书中，就包括《黄帝》16篇、《风后》13篇、《力牧》15篇等。据此推断，黄帝族群不但拥有成熟的民兵军队，而且还拥有得力将领与兵法韬略，这样两支军队的交锋与激烈碰撞完全不同于黄帝族群之前的天下平乱行动。

这是一场真正的惨烈大战，蚩尤族群由东南北上，黄帝族群由西北南下，双方族群在华北平原的逐鹿之野相遇了。（《史记·五帝本纪》）

发生在逐鹿之野的这场关于文明发展走向主导权的争夺战，历史并没有留下太多的真实记忆。尽管在后代研究者看来这场历史性的战争对于中华民族嗣后的发展如何如何具有重要意义，也让许多研究者因为无法考据有关这场战争的真实可信的史料和文物信息而扼腕叹息，但我们确实已经无法通过任何手段再现关于这场战争的全景了。

按照后世史官和研究者在历史文献中以近乎神话传说的笔调记载的有关这次战争的信息，我们可以大致对其进行一番梳理。深感遗憾的是，这种梳理虽然在某种程度上依然是尊重历史发展的客观规律，并且也无碍于我们对文明发展进程的探索，但是我们确实已经无法窥见有关近古时代战争的真实全景和具体细节了，这不得不说是一种巨大的遗憾。

考诸不同时期的历史文献中关于这场战争的记载，有两种说法流传较为广泛，受到了研究者的广泛关注。一是黄帝与蚩尤的军队大战激烈，胶着不下，这时上天派玄女下界给黄帝送来兵信神符，黄帝因此而打败了蚩尤部落。

另外一种说法认为，双方的首场大战，黄帝派出应龙统率军队进攻蚩尤。蚩尤军队不与应龙正面对抗，而是作法请来天神降下大雾，这场大雾弥漫了三天，使应龙军队无法辨清方向。此时，应龙军队推出风后制作的指南车，辨清方向后顺利杀出大雾的阻隔。[1]

第二场大战，蚩尤请来风伯、雨师作法，让应龙军队陷入狂风暴雨之中。黄帝则请来天女女妭，以强热天火止息暴风雨。应龙因此顺利率军进攻蚩尤，最终大获全胜。[2]

相比于充满玄幻和神异色彩的战争经过，历史文献为我们提供了清晰可信的战争结果。第一种得到广泛认同的战争结果是，黄帝军队顺利打败了蚩尤军队，并擒杀了其统领蚩尤；第二种说法是，黄帝军队打败蚩尤军队后，蚩尤率众归降了黄帝，蚩尤本人更是成为黄帝手下的得力干将。[3]根据《管子》中的记载，蚩尤在归降后被黄帝任命为六相之一，负责执掌天时；《艺文类聚》中则引《龙鱼河图》的记载，认为在蚩尤归降后，黄帝任命他担任掌管兵马的统帅，负责制服天下不服从号令的势力。[4]

无论蚩尤的结局如何，我们可以确信的是，在这场大战中黄帝部落最终战胜了蚩尤部落。近古时代黄帝族群与蚩尤族群大战并取得最终胜利，其最为重要的历史意义在于，黄帝族群有效战胜了一个东方特大部落对黄帝实现天下意识构想和行动的强力挑战，维持和发展了刚刚缔造的天下新秩序。

黄帝部落取得一系列平乱战争的最终胜利，成功消弭了近古时代资源大争夺的社会危机，为之后的民族聚合和人类文明进程迈向新的高度奠定了坚实基础。

第九节　炎黄之战

在黄帝平乱止暴、恢复天下秩序的多场大战中，与蚩尤族部落的战争是被历

[1]　《中国原生文明启示录》（全三册）第37-38页，孙皓晖著，中信出版集团有限公司，2016年10月。
[2]　同上。
[3]　同上。
[4]　《二十四史简体字本·史记》（全六十三册）第1册第3页下注释③，中华书局编辑部编，2015年2月。

史所清晰记忆下来的。但是在黄帝族群取得一系列战争的胜利后，他们并没有停下征伐的脚步。黄帝这次的征伐对象是当时的另一个特大族群——炎帝族群。根据研究者考证，黄帝和炎帝两个特大族群的这次战争，是近古时代发端以来爆发的规模最大的一场战争。[1]

作为炎黄子孙的后世中国人，倘若并不了解这段历史便会深深感到难以置信。人们始终认为黄帝族群和炎帝族群是亲密的盟友部落，甚至认为炎帝部落隶属于黄帝部落，听从其号令。千百年后的中国人共同追认两位族群首领为民族文明和人类文化史共同的祖先并加以崇敬。让后人难以理解的是，两位民族先祖竟然曾经相互之间大打出手。有文化史学家在论述炎黄战争时，以富有想象力的笔调和充满文学色彩的叙事方式对这次战争进行了全景式的还原。在铺叙了充满虚构和想象色彩的战争经过后，这位著名的文化史学家甚至以沉重的笔调疾呼两位先祖罢手言和。倘若不如此，作为炎黄子孙的我们便会如何的沉痛与尴尬。他在作品中甚至想象两位先祖听到了后人的呼声，原本愤怒扭打在一起的两位老人家，脸上纷纷写满了惊讶与难以置信的表情。相互望着彼此的黑眼珠，仿佛此时他们这对看似不共戴天的"敌人"并列在一起，成为中华民族共同的祖先接受世代子孙的膜拜与崇敬，一时间让他们有些不知所措。

关于炎黄族群战争的历史起因和具体经过情况，我们通过系统梳理史料的相关记载，进行合理的历史逻辑分析，可以获知以下历史事实：炎黄战争的发生地点在华北平原的阪泉之野，黄帝一方的参战部队是猛兽集群，包括熊、罴、貔、貅、䝙、虎在内的六种猛兽，并最终打败了炎帝一方。（《史记·五帝本纪》）

现代研究者普遍认为，史料中所记载的黄帝一方参战的六种猛兽，实际上是以这六种猛兽作为氏族图腾的六方主战部落；或者是在这场战争中黄帝一方的军队装扮为这六种猛兽进行参战，史料中所说的六种猛兽其本质上是参战的黄帝部落成员。[2]

这种研究结论具有现代意义上的历史合理性，但也有其他研究者认为这一结论并不符合历史的发展规律。持不同意见的研究者从近古时代社会的气候环

---

[1] 《中国原生文明启示录》（全三册）第 38 页，孙皓晖著，中信出版集团有限公司，2016 年 10 月。

[2] 同上。

境、人与自然的紧密融合程度等方向切入研究，认为近古时代的人类将猛兽捕获、驯化并加以训练，使之成为对外战争中的有力攻击手段具有非常大的历史可能性。[1]

研究者认为，一个有力的证据是现代考古研究已经证明，早期人类早在黄帝时期的久远年代以前便已经开始驯化野兽。[2]历史的进程发展到炎黄时代时，人类不但拥有了成规模的民兵军队、通晓指挥和谋略的将领，而且早已有了野兽驯化本领。因此，黄帝时代的战争将人与兽两者有效地结合起来，使之成为战场上行之有效的手段并非虚谈，而且具有很大的历史可能性和历史合理性。

这种研究结论，同样具有时代意义上的历史合理性。考诸后世文献可以发现，距黄帝时代两千多年的战国初期，在黄河中下游丛林生活的大象还经常被魏国训练成为象军参与战争；[3]至于三国时代地理位置处在蜀国南方的孟获部落，指挥猛兽军队与蜀国军队作战，则是更为清晰明确的历史痕迹。因此，文献中关于这场战争的记载很可能就是当时的实际情况，并不包含任何的历史延伸内涵，在某种程度上具有可信性。

我们现在获知的第三个历史事实是，双方之间经历了三次战争的较量，黄帝族群才最终战胜炎帝族群。根据研究者对这三次战争的阐述，黄帝与炎帝各自统帅自己族群的民兵军队，两者之间真正进行一决胜负的战争，其实只有一场。在这场关键性战争中，黄帝族群取得了最终的胜利；之后的两次战争较量，其实是黄帝族群为了平息炎帝族群的其余部落和后裔力量而进行的。[4]

从战争的发展规律和近古时代社会的现实状况推断，研究者的结论具有历史合理性和可信性。近古时代的社会，无论是从人口、物资等各方面分析，都不可能在短时间内连续两次甚至多次发动大规模的战争。但真正平定一个占据广大地区和人口与物资的特大族群，又绝非仅仅依靠一场大战的胜利便能

---

[1]　《中国原生文明启示录》（全三册）第38页，孙皓晖著，中信出版集团有限公司，2016年10月。

[2]　《中国原生文明启示录》（全三册）第38-39页，孙皓晖著，中信出版集团有限公司，2016年10月。

[3]　同上。

[4]　同上。

轻易实现的。[1]

　　部分研究者通过研究近古时代的族群大战，提出了一个历史地理学范畴的困惑：为什么无论是之前的黄帝部落与蚩尤部落大战，还是与炎帝部落的大战都发生在华北平原这一地理区域？[2]有关三个族群各自所处的地理区域，笔者在之前的章节中已经有过记述：炎帝族群，大体以江淮流域的上中游山地为生存活动地区；黄帝族群，大体以黄河流域上中游地带为生存活动区域；九黎氏族群，大体以江淮流域下游与滨海地带为生存活动地区。

　　从历史地理学的视角来看，无论是黄帝族群与炎帝族群之间的大战，还是黄帝族群与九黎氏族群之间的大战，其地理位置都不约而同地选择在了华北平原，甚至不是三方部落中任何一方的聚居地！

　　当我们怀着这一困惑对史料重新进行梳理时，被我们遗漏在角落中的细节似乎显现了出来。近古时代的华北平原分布着许多中小族群，但处在炎黄大战的历史时期，这片地理区域尚未形成特大族群的稳定聚居。这就意味着这片土地上丰富的生产资源仍然未被任何一个特大族群所占有。将战场选择在华北平原，其背后的历史逻辑在于，炎黄大战的胜出者同时也将成为华北平原的主宰者，并掌握其丰富的生存资源。[3]

　　无论是当时的黄河中下游地区西部，还是江淮区域和中原地区，都已经被许多聚居的大族群占领，而适合聚居又暂时无主的地区，便只剩下华北平原了。炎帝族群与蚩尤族群和黄帝族群的大战，其战利品就是华北平原的归属权。在近古大争夺时代的后期，土地和生存资源的巨大诱惑促使炎帝族群与蚩尤族群远道北上，其根本原因正在于此。[4]

　　近古时代的大战以黄帝族群的最终胜利告终，黄帝族群的胜利以及后来黄帝所创立的大联盟权力社会是黄帝时代最重要的文明大跨越。

[1]　《中国原生文明启示录》（全三册）第39页，孙皓晖著，中信出版集团有限公司，2016年10月。
[2]　依《史记·五帝本纪》说，炎黄之战在前；依孙著《中国原生文明启示录》说则在后，本句从孙著。
[3]　《中国原生文明启示录》（全三册）第39页，孙皓晖著，中信出版集团有限公司，2016年10月。
[4]　同上。

第十节　黄帝联盟时代

通过考察历史文献的记载，我们可以发现黄帝和其族群的历史作为，并没有在取得两场大战的胜利后就此终止。黄帝族群的强大力量在两场大战取胜的加持之下，乘胜开始了历史性的远征。历史文献并没有对黄帝在这一时期的远征进行详尽的记述，或许是记载者认为这并非事关文明走向的重大核心事件，或许是黄帝族群的力量在当时的天下已经具有压倒性的优势，对于后人完全可以想见的历史过程，自然不必多费笔墨了。因此，有关黄帝族群在这一历史时期的远征史，文献中以粗线条的记述向后人做了简略说明：黄帝族群首先北上，驱逐了獯鬻氏的游牧族群；继而南下至长江中游的大湖区，黄帝在此登上了湘山；再抵达东海之滨，黄帝登上了泰山和琅琊山；最后西去，黄帝抵达了陇西地带，并登上崆峒山。（《史记·五帝本纪》）

至此，黄帝完成了地理意义上的天下权力确认。与此同时，中华文明的地域版图，也在黄帝手中完成了首次确认。最后，黄帝在涿鹿山下建造城邑，并在附近的釜山举行了合符诸侯的盛大仪式，进行了具有历史意义的联盟权力确认。[1]

据有关研究者考证，以合符仪式进行权力确认的方式，大约并不是黄帝的首创和发明。早在近古时代社会中，早期人类便已经开始使用某种原始信物，通过对其进行拼接或形状确认等功能性方式，对某些事件达成共同认知或目的的确认。因此，当各族群首领带着各自的符、契等形式的权力信物与黄帝进行核对确认，明确表示臣服时，其实质上是对早期人类重大事件确认方式的延续和巩固。[2]

此次的天下首领会盟大会，被研究者认为是黄帝成功建立最早的联盟权力体

---

[1] 《中国原生文明启示录》（全三册）第40页，孙皓晖著，中信出版集团有限公司，2016年10月。

[2] 同上。

系的标志。[1]联盟权力体系成功建立的根本依仗，当然是黄帝族群历史性远征的胜利，和在这些胜利中展现出的黄帝族群强大的战斗力。但是，以这一历史性事件为根本基础而建立的联盟权力体系并不具有历史的稳定性。[2]

文献中的记载隐晦地说明着一个历史事实，黄帝初建的联盟权力体系并没有固定的办公地点，甚至没有固定的城市和治所。黄帝的联盟权力系统，始终以兵营的所在地为权力行使的中心（《史记·五帝本纪》）。这意味着联盟权力的中心，经常性处于一种迁徙往来无定处的状态。尽管以今天的眼光来看，黄帝联盟权力体系受时代和历史发展规律的限制，是以十分简陋和原始状态，甚至是在充满不稳定性的基础上所建立起来的，但它在文明发展进程中的意义却非常重大。虽然黄帝联盟时代还没有文字出现，甚至连统一的概念都仅仅来自黄帝核心领导集团天下意识的模糊构想，但黄帝所建立的第一个具有近古统一意识和统一形态的联盟权力体系，依然具有较为完整的权力组织架构。

通过考察古代文献和现代学术研究成果，我们大体可以对黄帝联盟时代的权力系统组织进行一番还原：在黄帝联盟时代的权力系统中，最高领导者当然是黄帝。轩辕氏族群的领导者，作为轩辕氏族群和联盟时代的最高领袖，开始拥有了尊贵的名号——黄帝（《史记·五帝本纪》）。以"黄帝"指称轩辕氏族群的领导者，始于联盟时代的开启和联盟权力的确认。至于在此之前我们所说的黄帝，则是根据读者的阅读习惯和叙事的便利而为之。

在黄帝之下，设立了治理民事的四大主官，分别是：风后、力牧、常先、大鸿；四大主官之下设立了春、夏、秋、冬、中五大权力系统，分别命名为青云、缙云、白云、黑云和黄云。任命蚩尤为当时，主要职能是负责执掌天时；大常为廪者，主要职能是负责掌管仓廪；奢龙为土师，主要职能是负责执掌建造；祝融为司徒，主要职能是负责执掌农业；大封为司马，主要职能是负责执掌天下的兵马；后土为李，其主要职能是负责执掌天下的刑狱诉讼，以上六者共同号称联盟权力下的六相。[3]

---

[1] 《中国原生文明启示录》（全三册）第40页，孙皓晖著，中信出版集团有限公司，2016年10月。
[2] 同上。
[3] 同上。

　　值得注意的是，在早期黄帝联盟时代的权力系统中，还设立有左右大监。他们的主要职能是负责监察天下族群，其职官作用十分类似于后世权力系统中的御史和巡视员。研究者认为，在遥远的黄帝联盟时代竟然诞生了权力监督、制约和平衡的近古监察系统，这种近乎神奇的近古权力设置，不得不令人对黄帝联盟时代的文明发展高度发出由衷的感佩和赞叹！[1]

　　与此同时我们应当意识到，在近古时代向黄帝联盟时代的历史跨越中，这些官员系统中的职能作用和各自的职责划分，具有很大的模糊性和笼统性。同时，根据时代发展规律推断，黄帝联盟时代的官员很有可能并非后世的职业官员，即这一时期的官员具有半职业性特质。在处理政务民事的同时，这些官员同样参与劳动生产。[2]

　　黄帝时代的天下联盟权力设置基本具备了后来国家时代的权力设置架构，其最主要的标志是黄帝和联盟权力拥有了初步稳定化的军队——师兵。[3]师兵，具体所指是以轩辕氏族群人口为主要组成部分、隶属于最高联盟领导者的武装力量。同样，这种武装力量仍然没有形成固定化的职业形式，其与黄帝联盟时代的官员具有同一特性，即半职业化。联盟权力的军队处于一种"有事则聚集、无事则解散，各自从事劳动"的常备军状态。[4]但即便如此，师兵的形成在文明发展进程中却具有巨大的标志性意义。

　　师兵是黄帝联盟时代出现最早的成规模性的武装力量，它的出现在一定程度上体现了军民分化的特性。尽管当时的人们并没有这一意识，并且也没有产生严格意义上的军民分化，而是将部落人口进行筛选，选择其中性格勇猛、有作战经验和身体更为强壮者为师兵的主要成员，其余人员则作为后备人员或受保护人员留在后方。但我们应当承认，师兵的出现在某种程度上逐渐终结了遇到战事，部落人口一拥而上齐参战的无序状态。

　　尽管师兵具有时聚时散的特性，但就其服从联盟权力最高领袖的号令并具有

[1]　《中国原生文明启示录》（全三册）第 40-41 页，孙皓晖著，中信出版集团有限公司，2016 年 10 月。

[2]　同上。

[3]　同上。

[4]　同上。

相当的战斗力而言，它仍然确保了联盟权力的强大威权性和有力的执行性。[1]

第十一节　黄帝联盟时代的社会创造

随着黄帝天下联盟权力的逐步稳定，近古时代的社会基本终结了混乱的大争夺局面。黄帝和其领导团队缔造的天下联盟时代，成功促使中国近古时代的文明产生了一次历史性的伟大跨越。关于这次文明跨越在历史中留下的遗存，我们可以通过当时的一系列社会大创造进行一番考察。

翻阅历史文献中的记载，我们首先发现了一处关键信息。按照司马迁的说法，在成为黄帝之前的族群首领公孙轩辕，经过与神农氏族群和蚩尤族群两次大的战争并取得最终胜利之后，在当时的天下赢得了极高的威望。当时其余各个部落的首领即文献中所记载的天下诸侯，一致推举公孙轩辕代替神农氏为新的天子，号称黄帝。（《史记·五帝本纪》）

关于黄帝这一称号出现的历史节点，笔者在上章中已有提及，在此不拟赘述。

黄帝这一称号在联盟时代所代表的本来含义，恐怕与后来的帝号具有本质性的差异。司马迁对此解释为有土德之瑞，故号黄帝（《史记·五帝本纪》）。但通过系统考察不同时期的文献可知，司马迁之说法其实质是秦朝时期"五德终始说"兴起以后的附会之辞，因此我们难以采信。较为具有历史合理性的推断是，黄帝和其领导集团使当时的天下联盟社会在农业耕植方面取得了重大的历史进步，所以天下联盟根据其业绩和贡献来上尊号。这种说法与笔者在前章中分析的"帝"在联盟时代与封建时代，其指代含义具有根本性差异能够相互印证。前文已经进行过具体论述，炎黄时代被称为"帝"的人，在族群中的作用和地位类似于宝贵的药，能够解决族群共同面临的某些难题。

从这个意义上出发对"黄帝"一词的时代本意重新进行解构，必须将重点放

---

[1]　《中国原生文明启示录》（全三册）第41页，孙皓晖著，中信出版集团有限公司，2016年10月。

在黄帝和其领导集团的历史作为中进行相关阐述。

　　黄帝时代是人类早期社会的农业发展和农业文明首次取得长足进步的历史时期，在黄帝时代，农业发展的许多必要条件已经基本具备，后人因此将这一集体智慧的结晶归附在黄帝一人身上。我们不必讨论黄帝作为个人是否有此能力的历史可能性，仅将其作为一种文化概观和文明代表进行一番分析。[1]

　　当时天下族群所面临的共同难题是物质生活条件的改进，具体体现为先民对农业发展的急切期盼。黄帝时代的先民已经意识到，天文历法对农业发展具有至关重要的作用，即使数千年之后处于农业社会成熟期的封建时代，人们依然无法摆脱"靠天吃饭"的发展思维和现实状况。因此，早在黄帝时代的先民们就已经通过种种摸索和经验积累，对天文知识有了相当多的了解。人们通过观察日月星辰与气候变化的关系和背后规律，创造了历法，进而根据历法摸索出了顺应四时的自然规律，播种适宜的各类粮食作物。其中最主要的农作物就是后来人们常说的五谷：稻、麦、菽、稷、黍。[2]

　　与农业生产活动相关的创造和改良，也在这一时期大量涌现出来。例如对农具的改良和杵与臼的发明，均显示出黄帝时代的农业文明创造与进步，相比于神农氏时代的原始农业文化具有了长足的发展。[3]

　　除此之外，黄帝时期最具影响力的文化创造当属其史官仓颉通过观察鸟兽之迹而造字。仓颉所造之字就是原始的象形文字。[4]根据现代文字学家和研究者的研究结论，目前已发现并具有可系统辨识性的最早文字是商代的甲骨文。但这并不意味着在商代之前中华文明的各种创造中就不包括文字。根据人类文明的诞生和发展规律推断，一种被系统创造和应用的、具有相当成熟性的早期文字，不可能在毫无发展根基的情况下突然出现，并在出现的同时便具有相当的完整性和系统性。[5]

　　因此，笔者认为早在商代甲骨文之前必然已经出现了文字，只是目前学术研

[1]　《中华史纲》第27-28页，李定一著，重庆出版社，2019年6月。

[2]　《中华史纲》第28页，李定一著，重庆出版社，2019年6月。

[3]　同上

[4]　同上。

[5]　《讲给大家的中国史：中国是怎么出现的》第208-209页，杨照著，中信出版集团有限公司，2018年11月。

究尚未对此有所发现和新的确认。从文字的发展规律来推断，文献中所记载的仓颉造字传说具有相当的历史真实性。

对比历史文献中的记载和有关考古研究发现，研究者确认最早的宫室明堂的出现不晚于黄帝联盟时代。[1]

黄帝时期的宫室明堂，属于当时的先民在实现农业定居的文明进步后建造的以供居住的房屋。但当时所谓的房屋形状与今时相距甚远，黄帝时期的房屋其本质是依靠人力挖掘出来的土坑。土坑的深度两到三米不等，四个角上有柱子并高出地面，在此之上覆盖茅草，坑内的房屋光线一片黑暗。[2]

除了这种普遍所见、供平民居住的房屋建筑之外，黄帝时代的贵族宫室则完全与之不同。宫室之所以称为明堂，其根本原因在于宫室建造在地上，因为室内光线充足而称之为明堂。[3]由此我们可以看到，在黄帝联盟时代已经产生具有以明显规模性物事为代表的划分不同阶级的等级制度雏形。其在一定程度上说明，黄帝时代的人类已经初步具备了封建等级意识，是对历史和文明的累积性发展规律判定的有力佐证。

在黄帝联盟时代的社会大创造中，与房屋建造相关的最大技术推进是筑城术。[4]当代考古发掘证实，目前已知最早的筑城术是埃及南部地区发现的距今七千余年的古城遗址。[5]除此之外，能够起到佐证意义的较早的古城遗址还包括：距今五千余年的叙利亚古城遗址；距今六千余年的湖南澧县古城遗址（即城头山古文化遗址），以及距今五千余年的河南郑州西山古城遗址（即邙山仰韶文化遗址）等。[6]这些考古研究发现，有力说明黄帝联盟时代的筑城术是在更早时期的筑城术基础上进行的一种重大改良和改进，而并不是真正意义上的独立发明创造。[7]

---

[1]　《中华史纲》第 28 页，李定一著，重庆出版社，2019 年 6 月。

[2]　同上。

[3]　同上。

[4]　同上。

[5]　《中国原生文明启示录》（全三册）第 41 页，孙皓晖著，中信出版集团有限公司，2016 年 10 月。

[6]　同上。

[7]　同上。

这一结论的得出，同样是对文明发展具有累积性特质的有力证明。同时我们已经可以明确，中国的历史意识将许多文明创造的发明权与归属权都慷慨地赋予了黄帝，虽然这种说法禁不起现实的审视与理性的推敲，但其背后的文明法则却不应被我们忽视。

众所周知，文明的发展和历史的进步其根本依靠是群体的力量，是群体的智慧结晶。但时代的现实却极大地限制着整个群体作为文明的记忆被历史所一一记录，在这种情况下，为了避免文明的脚步被时代和岁月的沙尘所掩埋，历史必然要在文明发展的进程中树立起一座座路碑。这一座座路碑不但昭示着民族文明发展的艰难历程，其背后更是一代代无名先人们的心血与生命。

我想历史所存在的重要意义之一，正是将一个个文明坐标进行形象和丰富的阐述，为善于遗忘的人类做一份真实详尽的备忘录。

当经过岁月洗礼的后人们翻开厚重的史料，所见到的绝不仅仅是一个个冰冷的字符，而是在这些字符背后那一个个曾经鲜活于世的灵魂和永远闪烁着光芒的文明结晶。包括衣、食、住、行和生产以及军事等方面的许多基本物品，例如养蚕制丝、衣裳、车、船、地面和房屋，甚至弓箭、大皮战鼓等都在黄帝时代被创造了出来。[1]

根据1926年李济先生带领清华大学师生在仰韶文化遗址进行考察时的发现可知，他们在当时的山西夏县西阴村发现了一枚茧壳，后经化验证实属于人工饲养的蚕茧。考古研究证明，先民养蚕的历史比黄帝时代还要早数百年。至少在仰韶文化时期，就已经出现了人工养蚕的历史。[2]因此，将养蚕制丝定义为黄帝时代的发明创造是不准确的，黄帝时期的养蚕制丝技术可能是在仰韶文化时期养蚕术的基础上进行的阶段性改良，进而被历史所记忆的。

系统梳理黄帝联盟时代的社会大创造情况，研究者大体将其分为两类进行具体研究。一类是具有具体功能性质的社会发明，例如早期文字、音律、算数、历法、度量衡等；另外一类则是具有整体功能性质的社会规范创造。例如人与人之间最早的交往规则——五礼，即吉礼、凶礼、军礼、宾礼、嘉礼。吉礼是五礼之

---

[1] 《中国原生文明启示录》（全三册）第42页，孙皓晖著，中信出版集团有限公司，2016年10月。

[2] 《中国通史大师课·1》第58-59页，许宏等著，岳麓书社，2019年10月。

首，主要是对天神、地祇和人鬼等的祭祀典礼；凶礼是具有哀悯和吊唁忧伤内涵之礼，主要包括以丧礼哀悼死亡、以荒礼哀悼凶札、以吊礼哀悼灾祸、以禬礼哀悼围败、以恤礼哀悼寇乱等；军礼是军队师旅操演、征伐之礼；宾礼是接待宾客之礼；嘉礼是协调人际关系、沟通联络感情的礼仪，主要包括饮食、婚姻、成年等方面的礼节规范。[1]

这一时期的社会规范创造除五礼之外还包括象法，其现实作用是排解人与人之间产生的各种纷争所依据的规则，在后世文献中称为"五常之刑"等。在对罪犯进行惩处方面的创造，是开始具有最早的监狱——用种种物品将一块空地围堵起来，形成一个圈禁场所。这种意象监狱经过历史的发展演变，在殷商时期成为用麻布围起来的帛牢；在周朝时期，则是大家熟知的画地为牢。[2]

黄帝时代在中华文明的整体进程和历史发展过程中具有原点性质的重要意义，从某种意义上甚至可以说，中华文明的起源是从黄帝时代开始的。对这一结论无论是古代的司马迁，还是现代学者，他们之间都具有非常高的认同程度。黄帝联盟时代是中华民族走出早期社会族群大争夺混乱的历史节点，在这一历史时期不但稳定和发展了早期文明、全面确立了近古时代社会秩序，更成为了中国近古时代文明的第一个原创时代，举凡社会和文明持续发展的必要条件，基本都在这一时期被创造了出来。即使时至今日，每一个中华民族的后代都因"炎黄子孙"这一古老而又年轻的标签而深感自豪。

炎黄时代不但是每一个研究者难说再见的时代，更是每一个深具历史意识和文明意识的人难说再见的时代。近年重新复兴的黄帝祭祀和部分社会组织团体对黄帝纪年的重新启用，充分说明了黄帝时代的精神文明在当代社会的强力回归。或许，我们确实不应该早早地略过这一伟大的时代。在黄帝时代文明的某个隐秘的角落中，或许还遗落着我们未曾发现的重要文明密码。

---

[1] 《中国原生文明启示录》（全三册）第 41-42 页，孙皓晖著，中信出版集团有限公司，2016 年 10 月。

[2] 同上。

第十二节　近古时代的崇拜

　　通过系统地考察世界上主要文明的源流与传承我们可以发现，在除中华文明之外的其他世界文明中，几乎都经历过由一个虚幻的神灵主宰世间一切的历史时期，并且这一历史时期几乎在各个文明的发展历程中都占据着相当重要的地位和经历了漫长的时间。人类的地位和作用在"神"的面前微不足道，甚至是存在一种论调，认为人类必须要虔诚地信仰、膜拜"神"，匍匐在"神"的脚下，才能借此获得些许文明的曙光和进步。[1]人在文明诞生和发展的过程中其自主性与创造性几乎磨灭，完全处于被动承受的状态。一言以蔽之，其特质即神性诞生了人性，神性主宰着人性。系统翻阅人类早期文明的神话传说便可发现，能够佐证这一观点的例证几乎俯拾皆是。

　　相比于世界主要文明的渊源和其发展特性，中华文明的诞生和发展却较早地展现出一种朴素的人文精神，[2]这一点从中国大量的神话中和神话人物所具有的特性中展露出来。中国神话中的人物尽管在某种程度上超越了人性，但其仍然具有丰富的人文特质。从这些神话人物几乎为传说时代的人类带来了生产生活所需的一切内容便可看出其与现实人类和现实人生问题的密切关联，中国神话中突出强调的是人的现实实践。[3]

　　有学者指出，中国的原始社会时期诞生的文明，在某些方面与世界其他民族的文明相类似，都经历过万物有灵和自然崇拜、图腾崇拜、祖先崇拜等不同的发展阶段。但是中国早期社会诞生的文明，在后世的发展演变过程中与世界其他民族文明相比，却产生了根本性的差异。[4]除了以上我们提到的以人为本的人文特

---

[1] 《黄帝与中国原创文化的人文精神》，韩星撰，陕西师范大学学报（哲学社会科学版），2007 年第 6 期。

[2] 同上。

[3] 同上。

[4] 同上。

质之外，最主要的一点是早期中国文明的崇拜具有精神特质，而非宗教性质的崇拜。以在中国传统文明意识中受到广泛认可的儒家文明为例，儒家文明在汉朝及其之后的朝代，其地位几乎等同于国教，受到了民众的广泛信仰，并且成为统治者治国施政普遍选择的基本纲领。

但是在儒家文明不断发展演变的过程中，无论是在朝廷还是在民间，都没有演变成一种宗教性的崇拜。儒家文明在中华文明的传承与演变过程中，其根本性质是以一种理性的信仰而普遍存在的。

从远古时代的普遍摸索，到近古时代的基本成型，中国原始社会时期自然崇拜这一文明特质的成型，在人类文明所共同缔造的不同文化系统中的原始社会时期一直存在。

研究者认为，自然崇拜反映了远古先民与自然万物的关系。在远古时代的先民心中，自然界中的一切事物都与人类之间产生着某种神异性的关联。自然界中的风雨山川等事物和现象，在先民的思想中都被幻化为种种具体化和形象化神灵，尽管当时的先民未必与我们今天的人们一样，将这些形象化的神灵化为具体的名号（太阳神、太阴真君、雷公电母等），但他们一定有自己特有的崇拜对象的名称与崇拜方式。[1]

在梁启超和现代学者的相关论著中，普遍认为近古时代人类的自然崇拜其根本目的都以重实际为第一要务。换言之，自然崇拜在近古先民中的普遍产生，必然与其主动或被动地对先民的生产生活产生过某些帮助。因此，这种近古时代产生的自然崇拜，既包含当时人类对自然的感恩，又包含着先民们祈求神灵保佑其达成某种目的性需求的内涵。例如自身的平安、捕获猎物的多寡、族群争夺的胜败、对无法战胜的灾害的预知，等等。[2]

近古时代的先民对自然的崇拜，并不仅仅具有被动性的单一意味，而是试图通过某种方式使其崇拜的神灵与自己产生某种感知与联系，进而满足先民们自身的某种需求。关于这一具有主动性的自然崇拜特质，现代学者的考据和论述非常

---

[1] 《黄帝与中国原创文化的人文精神》，韩星撰，陕西师范大学学报（哲学社会科学版），2007 年第 6 期。

[2] 同上。

详尽。[1]

现代学者普遍认为，近古时代的先民进行祈祷的所谓吉凶祸福的"巫术礼仪"活动，是出于影响甚至控制和主宰鬼神、天地等目的而产生的。例如先民通过巫术使上天降雨、消灾和降福等需求，为了达成目的而创造的一系列巫术活动使人在与天地、鬼神进行目的交换的过程中始终处于一种主动地位。在这一过程中人并不是被动地祈求，而是从行为动作到心理意识都充满着主动精神的关键活动。李泽厚先生认为，在自然崇拜的巫术礼仪活动中，内外、主客、人神浑然一体，不可区辨。它的特性是身心一体而非灵肉两分，它重活动过程而非客观祈求对象。因为神明只出现在不可言说、不可限定的身心并举的狂热的巫术活动本身中，而非孤立、静止地独立存在于某处。神不是某种脱开人的巫术活动的对象性存在，甚至与之相反，人的巫术活动反倒成为神明出现的前提。神的存在与人的活动密不可分，神没有独立自足的超越或超验性质。[2]

李泽厚先生关于近古时代自然崇拜这一现象的论述观点具有广泛的认同意义，关于人在崇拜活动中的主动性特质，在封建时代和在流传至今的传统崇拜与新兴崇拜活动中依然具有稳定的信仰根基和现实意义。[3]

自然崇拜的特点是，具有崇拜对象的不确定性，甚至是带有盲目意向的朦胧崇拜。随着时代的发展，处于成熟时期的近古时代先民开始了对某一特定动物、植物或者其他自然物带有明确目的性的意向崇拜。这种在自然崇拜的基础上发展而来的目的性意向崇拜，在当时的社会一般以图腾的形式出现，因此这种新产生的崇拜变革被研究者称为图腾崇拜。[4]

崇拜对象逐渐发展出确定性和具有具体性与目的性的特质，是图腾崇拜的主要特点。研究者发现，由于当时的人类依然无法摆脱自然界所带来的各种生存威胁，对自然的控制能力低下，因此当先民们面对饥寒交迫的境况时，偶然会遇到某些动物为他们提供了急需的生活资源。因此，先民们与这些动物之间在无形中

---

[1]　《黄帝与中国原创文化的人文精神》，韩星撰，陕西师范大学学报（哲学社会科学版），2007 年第 6 期。

[2]　同上。

[3]　同上。

[4]　同上。

便形成了一种特殊的关系。这些动物不但为先民们带来正面意义上的帮助，同时也会对其进行攻击和威胁，因为动物同样面临饥寒交迫的境况，那时的人类也是它们眼中的食物。[1]

在这种情况下人与动物的关系就变得非常微妙，先民们既对其带来的生活资源感恩，又对其在狩猎活动中带来的生存威胁感到畏惧。因此，先民们只能寻找一种精神上的寄托，求助于一种超自然的力量进行自我保护，在这一现实基础上以动物为图腾的崇拜方式也就应运而生了。[2]

根据对半坡遗址和姜寨遗址的考古发掘发现，它们代表了仰韶文化的主要发展阶段。研究者在这一时期的出土文物中发现，其中的彩陶盆上有许多描绘着鱼纹或人面鱼纹的形象。人面作圆形或卵圆形，眼、耳、口、鼻等五官形象用直线、曲线或空白等简单线条来表示。具有特殊性的是在嘴的两边衔着两条鱼，或描绘着像鱼的形状。这种富有代表性的鱼纹装饰，数量多、变化大，以单体和多体复合的形式呈现。研究者认为这种纹饰形成的形象反映了史前居民对人类起源的认识，它们既具有人类的明显特征，又具有鱼类身体，因此产生了人面鱼身的图腾形象。[3]

研究者认为，这种远古时期的图腾崇拜特别是人面鱼纹的图腾崇拜，似乎具有"寓人于鱼"或"鱼生人"的含义。在某种意义上讲，这一论断与人类进化论的根本观点不谋而合，倘若将其上升到人类学的高度进行考察，便不仅仅是图腾崇拜的单一指向所能概括得了的。它不但是远古时期的先民心理观念的真实记录，更是具有起源意义的间接佐证。这些出土文物在某种程度上证明，鱼生猿、猿生人的人类进化论并非现代科学的新发现，而是早在远古时期人类出现时便具有一定认知自我起源和文明起源的探索结论。

根据考古研究的结论证明，在龙山文化时期已经发现象征着祖先崇拜的陶祖塑像，研究者认为这是中国祖先崇拜的雏形代表。在父系氏族社会时期，每个氏族或部落都具有传说中的男性始祖，我们应当相信这些男性始祖在历史中的真实

---

[1] 《黄帝与中国原创文化的人文精神》，韩星撰，陕西师范大学学报（哲学社会科学版），2007年第6期。
[2] 同上。
[3] 同上。

存在是毫无问题的。氏族后人将这些男性始祖进行神话性的重构，使其在智力、创造力、道德等各方面都具有伟大成就，并在生前曾经为氏族和部落带来巨大的功绩和发展。后人出于对氏族先祖这种现实功绩的怀念，和期待先祖去世后因其生前的巨大功绩而想象的先祖拥有不死不灭的灵魂，仍然将继续保佑自己的氏族部落和子孙。在这个意义上形成的祖先崇拜和陶祖塑像传统，是每个族群传承延续的精神凝聚象征。[1]

中国人对血缘关系的传承与认知，随着社会文明的不断发展在某个历史时期甚至已经超越图腾崇拜，形成了独特的祖先崇拜。相比于图腾崇拜，祖先崇拜的出现和被广泛接受具有文明进步意义，崇拜的对象更加具有真实性和形象性。甚至在从某种意义上，可以说祖先崇拜的出现在一定程度上避免了迷信思想的蔓延和危害。

相比于虚无缥缈的神，祖先具有真实性和可信性，祖先崇拜对中华民族的人本精神和理性信仰产生着巨大影响。在原始氏族时代，拥有同一祖先的后人根据血缘关系的远近组成了基本的生产生活单位。在这些氏族成员去世之后，其墓葬环境与其生前的生活环境、生产范围也是相同的。根据考古发现证明，原始社会墓葬中拥有数量不同的随葬品，大多属于死者生前使用的生产工具和生活用品，说明原始社会的人们已经具备事死者如事生者的丧葬观念，体现了当时人类对生命的珍视和文明发展进程的优化。

第十三节　百年洪水时代（一）

根据现代考古工作者和历史学家的相关考证，从传说中的黄帝时代到洪水时代的到来，也就是到尧帝执政时代的中后期，大约有三百多年的时间。[2]在这

---

[1]　《黄帝与中国原创文化的人文精神》，韩星撰，陕西师范大学学报（哲学社会科学版），2007 年第 6 期。

[2]　《细讲中国历史：中华文明的开端——夏》第 15 页，郭泳著，上海人民出版社，2018 年 7 月。

三百多年的时间中，历史的发展和文明的演进究竟发生了哪些变化？详细的经过我们不得而知，这似乎是一段被历史遗忘了的岁月。尽管以《史记》为轴心的种种史料一代不落地详细记载了从黄帝到尧帝的世系传承，但对他们各自的历史作为和历史功绩却鲜有记述。因此，我们很难不对其记载的历史真实性产生怀疑。

尽管如此，研究者对这一历史时期文明的发展演进却毫不怀疑。历史的脚步迈进了尧帝时代。细细翻阅相关史料我们便会发现，这个被后世儒家不吝盛赞的所谓伟大时代，一直伴随着它的竟然是灾难性的大洪水。因为大洪水灾难的严重性，这一时代也被研究者称为洪水时代。[1]

在许多民族的早期神话和早期历史记忆当中，都流传着许多有关大洪水的传说，可见当时的大洪水灾难绝非一时一地的局部危害，而是早期人类所普遍面临的生存困境。在西方文化传说中的相关说法是，早期时代的大洪水曾经泛滥成灾，遍布全部的四方土地。甚至淹没了地面上最高的山脉，导致极其大量的人类和牲畜被洪水吞没。根据西方传说的说法，这次大洪水灾难的危害程度，几乎使人类从世界上灭绝。[2]

除了中华文明和西方文明对大洪水灾难的深刻历史记忆以外，处在非洲尼罗河流域的古埃及人、两河流域的古巴比伦人都有关于上古大洪水传说和对其所带来的危害的深刻记忆。洪水，成为这一历史时期人类所面临的最大挑战，也是相对趋于成熟的早期文明面临的最大挑战。今天的研究者回过头来仔细再看这段历史，竟赫然发现它就是这一历史时期文明大跨越的凸出标志！[3]

因此，我们不得不对百年洪水时代进行一番详尽的考察和分析。其背后所隐藏的文明密码究竟对中华民族的未来发展起到怎样的关键作用？

面对遥远的百年洪水时代的面纱，我们首先需要解决的是近古时代人群关于大洪水记忆在历史中的真实性问题。按照传统的史学观念与文明研究思路，这似乎不应当算作一个问题。先民们对大洪水灾难的深刻记忆，经过历史的不断传承必然已经形成了某种神奇的民族基因密码，通过口口相传的方式融注进后人的血

[1] 《中国原生文明启示录》（全三册）第44-47页，孙皓晖著，中信出版集团有限公司，2016年10月。
[2] 同上。
[3] 同上。

脉中，使人们自然地对其历史真实性深信不疑。

但是，随着历史文明研究的现代性建设和怀疑主义主导下的历史重构主义的兴起，使包括许多传统研究者在内的广大人群不再相信曾经视为早期民族大灾难的洪水时代为真实存在过的历史。部分学者认为，关于大洪水时代的民族历史是神话与传说的双重构建，是被封建时代以不成熟的史学研究思路和辨别观念所主导的史学家信以为真，进而记载下来的虚构历史。国外学者对中国洪水时代的研究具有更加确凿的否定结论，英国学者富勒策在《洪水故事的起源》中认为，包括大洪水在内的所有类似传说，一半是传说的，一半是神话的。就它们（传说）保存实际发生过的洪水记忆而言，它们是传说的；就它们描述从未发生过的普遍世界的泛滥而言，它们是神话的。我们可以具有相当把握地宣布，它们是假的。[1]

我们暂且不对富勒策的结论进行分析和评点，再来看一看国内研究者中与以富勒策为代表的否定论学者之间，是否具有相似性的研究结论。中国的许多研究者认为，大洪水即便真的在历史中发生过，也应当是在古生代、中生代或新生代前期。根据相关研究结论证明，这些时代距离现代已经超过了十亿年，其下限也有几亿年，而人类的诞生最早不过在新生代后期，距离现代不会超过一百万年。在人类尚未出现的历史年代，怎么可能会有历史或者神话的记忆与流传？更不用说人类的治水故事了，因此这一类解释很不适当。[2]换言之，这些学者同样认为洪水时代的历史属于虚构，不具有可信性。

我们同样不对以上学者的否定结论做出点评，再来看看另一派学者的结论和观点。这一派学者与之前不同，他们普遍对洪水时代的历史真实性持肯定态度。

汤因比在《历史研究》中认为，上古时代中国需要应对的自然环境的挑战，比两河流域和尼罗河流域的挑战要严峻得多。人们把它变成古代中国文明摇篮的这一片原野，除了沼泽、丛林和洪水的灾难之外，还有更大更多的气候上的灾难，它不断地在夏季的酷热和冬季的严寒之间变换。黄河流域创造了文明，是由于他们遇到了一种挑战……在文明的起源中，挑战和应战之间的相互作用，是超

---

[1]　《中国原生文明启示录》（全三册）第 45 页，孙皓晖著，中信出版集团有限公司，2016 年 10 月。
[2]　《中国原生文明启示录》（全三册）第 45-46 页，孙皓晖著，中信出版集团有限公司，2016 年 10 月。

乎其他因素的一个因素。[1]

汤因比的研究结论从环境学和气候学等角度论证了大洪水时代在中国历史中存在的真实性，这种脱离了具有极大笼统性断代考据的结论，相对来说具有很大的可信性。

先秦时期的孟子作为孔子以后、司马迁之前的史学家，在其作品中曾经对尧帝时代的洪水情况进行过相关描述："当尧之时，天下犹未平，洪水横流，泛滥于天下。草木畅茂，禽兽繁殖，五谷不登，禽兽逼人。兽蹄鸟迹之道，交于中国。"除此之外，孟子还有过以下论述："当尧之时，水逆行，泛滥于中国，蛇龙居之，民无所定，下者为巢，上者为营窟。"（《孟子·滕文公上》）

从孟子的描述中我们可以推断出，尧帝执政后期的天下时代，农业文明已经到了被洪水毁灭的边缘。现代学者徐旭生对当时社会面临的洪水灾难的真实性描述更为具体："我国洪水发生的时期相当明确，大约不出公元前三千年的后期。……注意到当时的人民尚未发明掘井技术，必须逐水而居，雨量稍大，即成灾难。"[2]

同时，当时已经是农耕社会初期，淹没长期火耕才能获得的土地，淹没历经艰难才能积累的食物、衣物、房屋、牲畜，以及打造出来的石器、木器和农具等，损失的巨大，对于人民的印象深刻，会超出畜牧社会很远。[3]

根据现代古环境研究学者的相关研究结论来看，在距今四千余年前的古代社会，世界许多地方发生了普遍的气候异常，主要表现为气温降低和降雨量异常。更加具有说服力的证据是，考古研究者在文献记载中尧帝的都城平阳附近，即今天山西临汾的相近地区襄汾的陶寺遗址中，发现了许多因为洪水泛滥而遗留下来的痕迹。[4]研究者认为，这处遗址的废弃很有可能与当时泛滥的大洪水灾难有关。

综合不同历史时期的文献和不同研究派别，甚至不同国度的研究者对大洪水

[1] 《中国原生文明启示录》（全三册）第45-46页，孙皓晖著，中信出版集团有限公司，2016年10月。
[2] 同上。
[3] 同上。
[4] 《中国通史大师课·1》第63-64页，许宏等著，岳麓书社，2019年10月。

时代的研究结论进行分析，结合现代天文学、气候学和历史地理学等相关学科的研究结论进行推断，我们完全有理由相信史料中所描述的早期民族大灾难的洪水时代是上古时期社会的真实历史。许多地区因为大洪水灾难的到来，原本发达的地区文化发生了消亡或者被迫停滞，甚至改变了发展方向。因此，大洪水的到来促使上古时代的文明产生了一定程度的逆转，所以后来以夏商周为代表的中原地区文化成了中国历史文化发展的主流。在大洪水时代之前特别发达的文化，例如太湖地区的良渚文化等都受到大洪水所带来的毁灭性影响而从历史中消失了。[1]

正因为如此，中国古代文明的格局和文明发展方向发生了根本性的改变。不断深入的考古研究工作证实了四千余年前发生的大洪水灾难，对中国的文明走向和历史发展产生着根本性的影响。

这场上古时代社会所共同面临的巨大灾难，是对中国上古时代实现文明跨越的一次巨大考验，同时也是文明发展演进的一个难得契机。上古时代的先民将如何在这场巨大灾难中发现契机，迎来胜利的曙光呢？

第十四节　百年洪水时代（二）

关于中国上古时代的洪水灾难，其特点是持续时间长、社会危害范围非常广。根据现代研究者对古典文献的系统梳理而得出的结论，我们可以大致看到洪水时代在历史中的泛滥时长和治理周期：洪水灾难从尧帝执政时期开始形成普遍性的泛滥，历经尧、舜、禹三代上古政权。传说尧帝享年117岁，执政98年，其执政期的最后28年是舜帝实际执行天子权力。[2]

关于尧帝的在位时间和享年，依照人类生理学和健康学的知识推断，从那个遥远的早期社会人类普遍的生存质量来看，似乎不太可能。再结合考古发掘出的上古时代人类化石检测，大致可以推断出上古时代人类的普遍寿命在40~60岁

---

[1]　《中国通史大师课·1》第63-64页，许宏等著，岳麓书社，2019年10月。
[2]　《中国原生文明启示录》（全三册）第47页，孙皓晖著，中信出版集团有限公司，2016年10月。

间。尧帝超越时代的超长寿命，最具可能性的分析是后人对其进行的美化。这种美化可能是时代政治的需要，也有可能是在后世的推崇过程中经过不断美化和改编后，形成的符合自己内心的政治模式与制度的尧帝时代。然而，人们对其进行的溢美之词，在某种程度上则具有一种包装和广告效应的意味，甚至是为了便于借古讽今而编造的附会之辞，其受众当然是时人和后人。当然，以上仅仅是笔者的猜测和推论。我们姑且相信依据传说而来的史料进行一番推论：依据之前所说的尧帝年龄划分，可以发现尧帝的实际执政时间是将近70年。

从尧帝两次要求四岳推荐治水领导者的历史行为来看，洪水灾难应当是在尧帝执政的中后期开始形成，也就是说洪水在尧帝时代已经肆虐了30~50年间的时间。[1]按照文献中的说法："汤汤洪水方割，荡荡怀山襄陵，浩浩滔天。下民其咨。"（《尚书·尧典》）洪水肆虐给当时的人类造成了普遍性的灾难，大水四方奔腾包围了山岭、淹没了丘陵，浩浩荡荡弥漫接天，导致当时的普通百姓为此叹息、忧愁。由如此普遍浩大的洪水和其给普通百姓所带来的巨大灾难来看，足可见洪水并不是形成于尧帝执政的末期，而是在其执政的中后期就已经形成了普遍灾难。

将饱受洪水灾难肆虐的时代称之为上古盛世大加歌颂，将"下民其咨"的时代作为效法的对象和理想中的政治制度模式，并称其为尽善尽美的王道乐土时代，除了编纂者的某种现实需要之外，我们很难想象得出来这种改天换地式的美化究竟还能是出于什么目的。

按照我们之前的推论，洪水在尧帝时代已经肆虐了30~50年的时间，在此之后舜帝代替尧帝执政28年，又称帝39年，[2]在这67年中无疑仍然是"下民其咨"的时代。大禹受到舜帝任命开始治水，直至其成功一共耗时13年。[3]

以此推算，洪水灾难的危害期大概是一百余年。百余年的洪水肆虐期，从尧帝到舜帝，这两位被后来儒家称为圣王的领导者，始终未能将民众从水深火热的生存状态中解救出来。以至于后来在整体政治环境的重压之下，具有渎职意味的

---

[1]　《中国原生文明启示录》（全三册）第47页，孙皓晖著，中信出版集团有限公司，2016年10月。

[2]　同上。

[3]　同上。

两位圣王不得不将帝位被迫让出，从某种程度上说这意味着执政的失败和人望的失去，或者说由于支持率的无底线跌落而不得不采取的无奈措施。

但在后世史料记录者和编纂者别有目的的笔下，这种无奈之举竟也能被扭曲为高广圣德的伟大表现而大加讴歌。若非另有可靠材料为我们同时揭示出一个不一样的尧舜世界，真相恐怕也会随着时间的流逝，成为一个永久的谜团。关于尧舜禹之间实行的禅让制度的历史逻辑，在后续的文章中笔者将进行更为详细的解读。

细细梳理史料和现代研究者的相关研究著作，我们可以将这一历史时期所面临的百年洪水时代，其实际面貌和其治理的经过进行一番叙述。

根据史料的记载，尧帝时期的最高联盟领导集体最早派出的治水领袖，是以共工为代表的族群。根据相关文献的说法，共工本人是炎帝的第六代孙，并记载了共工所领导的族群其名称是穷奇族。（《山海经·海内经》）

当共工被混沌族群首领骥兜举荐给尧帝时，作为颇具威望的特大族群领袖的共工竟然被尧帝拒绝了（《尚书·尧典》）。被尧帝拒绝后的共工是怎样的态度？尧帝拒绝共工的理由是什么？已经被尧帝拒绝的共工后来又是如何获得准许担任治水领袖的呢？

这一个个问题随着我们对史料的详细梳理逐渐浮出了水面，但其背后的答案却没有随之一并浮现。或者说，我们已经很难从历史文献中找到这些问题的确切答案了。

根据现代研究者对这一历史情况的合理推论，其经过大约是这样的：尧帝拒绝了骥兜由共工担任治水领袖的提议后，任命当时最高联盟中主管工程的官员"工师"担任治水领袖，任命共工做工师的助理。[1]工师是一个官职名称，并非人名。

共工虽然被任命为治水的助理者，但在治水过程中起主导作用的却是共工，导致这一现状最具可能的原因有两点：一是共工对最初尧帝拒绝自己担任治水领袖的行为深感不满，但又不敢在尧帝面前摆脸色，因此工师就成了共工发泄不满的承受人；第二是工师作为隶属于最高联盟的官员，无法与作为特大族群首领的

[1]　《中国原生文明启示录》（全三册）第 48 页，孙皓晖著，中信出版集团有限公司，2016 年 10 月。

共工进行实力上的抗衡，因此治水主导权自然落入共工的手中。从后来治水失败后得到惩罚的是共工而不是工师来看，也证实了共工的治水主导者身份。[1]

史书中没有直接对共工治水策略和方式加以记载，只是用极为笼统的"果淫辟"（《史记·五帝本纪》）三字概括共工的罪行。

这一现象令人感到非常奇怪，倘若共工在治水过程中的确有过错，为什么不直书其罪行和犯罪经过？关于以上两点史书中没有丝毫提及，我们所知道的是共工获得了治水任命并在治水过程中处于主导地位，其次就是共工治水失败受到处罚。至于最为重要的治水经过和失败原因，几乎无法在史书中找到任何直接线索。

鉴于以上原因，研究者不得不间接地在史料中寻找答案线索，最终得出的结论是：根据文献记载，在周灵王二十二年即公元前550年，东周都城洛阳发生了大洪水，几乎淹没王宫。周灵王下令修筑堤坝堵防洪水，但这时太子晋听到消息立即赶来劝阻。太子晋的说法是，五帝时期的共工曾经以修筑堤坝堵塞水路的方式治理洪水，最终却遭到失败。（《国语·周语》）

依照远古和近古圣王的治水办法，应当"不堕山，不崇薮，不防川，不窦泽"（《国语·周语》），即不削平山头，不填高洼地，不修筑堤防，不堵塞湖海，一切水流都任其自然地流淌。但共工治水时却破坏了这一延续已久的治水办法，即共工采用的办法是壅防百川，以堵塞之法治理洪水，削平了山头，填高了洼地，给天下百姓造成极大的危害。最终导致的结果是"皇天弗福，庶民弗助，祸乱并兴，共工用灭"（《国语·周语》），即共工治水失败导致天怒人怨，祸乱四起，最终使自己也陷入灭亡的严重后果。

由这一记载产生的直接疑问是，共工作为当时的族群领袖，又获得了在最高联盟中具有高级干部地位的驩兜推荐，尧帝虽然没有直接任命共工为治水领袖，但却同意他担任治水领袖"工师"的助理。假如共工果然像后来史学家和研究者猜测的那样，没有治水能力与经验，仅仅是一个言过其实的莽夫，那么尧帝为何会任命共工为治水的助理者呢？换言之，作为一个饱受洪水灾难的时代领袖，尧帝为何会同意一个之前被自己拒绝过的族群领袖参与到治水工程中来呢？

[1]　《中国原生文明启示录》（全三册）第48页，孙皓晖著，中信出版集团有限公司，2016年10月。

正如许多人猜想的那样，尧帝从本质上对共工的治水方法是持认同态度的，只是对共工此人的性格或者人品感到不放心。如果尧帝与共工在治水方式的大路线上产生了根本性的分歧，那么共工不可能参与到治水工程的任何环节中，这完全取决于尧帝的治水总方针。因此，追究百年洪水灾难的根源责任，尧帝无可推卸。在水患发展到无法遏制的地步，当舜启用禹成功解决洪水灾害之后，深感压力的尧帝不得不将帝位让给了舜帝，当然，这是后话。

历史已经证明，当洪水灾害处在中小型时期，采取堵塞之法无疑会产生效果，并且其工程量和治理时间相比于疏导之法要小得多、迅速得多。正因为有历史的经验在前，共工才会坚定不移地按照拥堵之法治水。[1]而尧帝在治水失败的严重后果到来之前，也没有意识到这种方法给联盟社会带来的巨大危害。因此，从某种程度上说，共工最终治水失败被流放到北方幽州荒野的结局，也有替尧帝背锅的意味在其中。

这是被历史记忆下来的尧帝时代首次治水失败，我们不知道在此之前联盟权力社会是否已经经历过多次失败的治水。但是根据历史的经验，以及当时已经发展为滔天的洪水灾难来看，在此之前的联盟领导集体不可能不对此采取措施。最终的结局是明确的，无疑都失败了。那些失败的治理措施，其实施的最终决定权当然都在尧帝手中。

我们姑且不对此进行点评，从多次无效的治理措施来看，这一时期发生的大洪水的确不是普通的洪水灾害，因此之前人群积累的治理经验毫无效果。[2]从历史发展的规律来看，共工的治水失败并不是其个人的责任，或者说即便当时派出的治水负责人是"工师"或者其他官员，只要他无法从根源上认识到这次大洪水的治理思路必须以历史性的创造和改变为基础，其得到的最终结果必然和共工无异。因此，史书中对共工"淫辟"的罪行定论，是非常不公平的。[3]根据历史的发展经验来看，从某种程度上说当时的绝大多数官员和百姓，甚至包括尧帝本人

---

[1]　《中国原生文明启示录》（全三册）第49页，孙皓晖著，中信出版集团有限公司，2016年10月。

[2]　同上。

[3]　《细讲中国历史：中华文明的开端——夏》第37-38页，郭泳著，上海人民出版社，2018年7月。

在内，都具有潜意识中的"淫辟"罪行。

共工，是在替这个时代的固化思维背锅。

我们无法探知流放共工后的尧帝领导集团是否意识到自己治水路线的错误，从历史的经验来看，古人不是具有预知未来能力的神人，今人当然也不是能够预测未来的神人。人类文明的进步和发展，只能依靠不断在错误中的摸索，最终探知那条正确的路线，只是这一历史过程相当漫长，代价十分巨大。但也唯有如此，唯有当效法曾经成功的经验却得到失败的结果以后，文明的新创造与跨越才可能在历史中出现。

第十五节　百年洪水时代（三）

随着共工族群治水的失败，最高联盟面临着极其严峻的现实形势。最高联盟的领导者和各个族群的领袖，必然面对着由于共工治水失败随之而来的各种怀疑的眼光。尽管这种来自天下族群的怀疑眼光不会化为某些具体的行动，但确是最高联盟和各族群首领进一步人心离散的征兆。顶着巨大的压力，尧帝和四个大族群的首领共同召开了一次关于治水决策的会议。

四个大族群首领在这次会议中，共同向尧帝推荐鲧担任共工之后再次治水工作的负责人。这时尧帝提出了自己的意见，他认为鲧"负命毁族，不可"。四大族群首领认为倘若不用鲧，便面临着无人可用的尴尬局面，尧帝因此迫不得已任命了鲧担任新一届治水的负责人。（《史记·五帝本纪》）

从这次会议过程来看，由于之前多次治水的失败，即使是四大族群的首领这时也已经隐隐产生了对尧帝的不信任感和逐渐降低的支持度。在尧帝提出认为鲧"不可"治水后，四大族群首领甚至以一种包含着不耐烦的口吻进行回答，尧帝在此时进一步失去了联盟高层之间的信任和支持。

尧帝对鲧的评价是"负命毁族"（《史记·五帝本纪》），这究竟意味着什么？尧帝是根据什么对鲧作出的这一评价？文献中同样找不到关于其具体原因的记载，那么鲧所谓的"负命毁族"真实存在吗？笔者认为应当是真实存在的，因为在尧帝的支持率进一步衰落时，他不可能面对四大族群首领制造谎言，那样做不但起不到任何实际效果，反而会使尧帝自己的支持率和族群首领之间对其的信任度面临进一步降低甚至消亡的风险。

根据现代研究者的相关研究和推论，我们可以大致对鲧"负命毁族"的一系列因果进行一番解析。鲧是当时一个特大族群的首领，由于这一族群的居住范围在崇地，所以鲧被人尊称为崇伯。伯，是指在其族群居住地域内拥有最高的权力和地位的人，即族群领袖；崇，是地域名，地理位置在今天河南省登封市嵩山一带。[1]

河南作为中华文明最早的发源地之一，至尧帝时期必然已经形成相对稳定的族群聚居和具有一定高度的文明发展形态。这也意味着在族群各自发展的过程中，以鲧为首的崇地族群在个性刚强的鲧的领导下，与其他相邻族群在领地开拓和资源争夺等过程中极有可能自恃武力，没有听从最高联盟的统一指挥和调解。因为鲧的自作主张，抢夺其他族群的人畜土地等资源过多，招致众族群的共同围攻和最高联盟的指责，并因此给鲧所在的崇地族群带来重大损失，因此才使尧帝对鲧做出"负命毁族"的评价。[2]

从早期文明发展的历史进程和演进规律来看，鲧的行为在当时的领导者尧帝眼中的确包含着某种危害联盟团结的不利因素。

但是与此同时我们应当意识到，这是文明发展过程中需要经历的必然阶段，物竞天择、适者生存是亘古不变的自然法则。倘若没有鲧这一类敢于坚持自己主张的人物，人类历史的进程可能就会少了些许新的生机与出路。虽然鲧在当时看似破坏了团结，但在人类整历史进程中，是具有一定推动作用的。

现代研究者研究发现，鲧因为完成了两件事被历史铭记，第一是尽人皆知的治水，第二就是作城。所谓作城，其实质是对早期筑城术的重大改进。其改进来源应当与鲧在治水中的经历有密切关联，甚至有研究者认为黄帝时期筑的城并不是真正意义上的城，仅仅属于后代城市的最早雏形。直到鲧治水时期对筑城术进

---

[1] 《中国原生文明启示录》（全三册）第 50 页，孙皓晖著，中信出版集团有限公司，2016 年 10 月。

[2] 同上。

行重大改进，才使所筑的城具有真正的城市意义。[1]

从民族发展历史来看，远古时代处于巢居农耕生活模式的先民们原本没有城，甚至没有城的概念，主要原因在于当时的文明发展程度尚不具备城池出现的历史条件，远古先民的生产活动也不需要城。因此，真正的城池起源应当源自鲧的治水。由于治理水患的需要，鲧率人修筑高墙堤坝阻挡洪水。因此，具有城市起源意义的阻水高墙就是城池的最初雏形。[2]

随着时代的发展，人们发现修筑的高墙除了阻挡洪水之外，还能遮避风暴等自然灾害，有效改善了人类的自然居住环境。在文明高度发展的封建时代，城池的主要作用由阻挡灾害和改善居住环境，转变为加强对战争和异族攻击的防御。筑城术的转折性改进，是鲧在文明发展进程中不可磨灭的巨大贡献，文献中所说的"夏鲧作城"具有很大的真实性，在人类文明发展史上具有不可小视的作用。[3]

历史对鲧治理洪水灾害的时间记忆是明确的，九年。我们完全可以想见在鲧治水的九年中，每年依然有大量的生命和生活资源遭到洪水的无情吞噬。经过九年的不懈努力，鲧的治水策略依然被历史宣告失败了。

这是被历史记忆下来的关于洪水治理的二度失败，鲧被愤怒的尧帝和最高联盟流放到了羽山，并最终在此地被处死。当代学者尹国兴先生在其著作《羽山殛鲧》中对鲧治水前后和其在羽山被处死的历史因果进行了详细的考证和论述，凡对此有兴趣者可以读读尹先生的诸般论述和考据。

关于鲧的治水方式是相对被大多数人所明确的，在历史文献中以写实和神话两种笔触进行了描述。写实性记载以《尚书》《国语》等文献为代表，其所述鲧治水的主要方法是通过堙治理洪水；神话性的说法以《山海经》为代表，所记载的鲧治水方式是偷窃了天帝的息壤，以堙洪水。

息壤，是神话传说中一种可以自行生长永不减耗的神性土壤，只需要撒上

---

[1] 《中国原生文明启示录》（全三册）第50-51页，孙皓晖著，中信出版集团有限公司，2016年10月。

[2] 同上。

[3] 《细讲中国历史：中华文明的开端——夏》第42页，郭泳著，上海人民出版社，2018年7月。

一点在地上便会拔地而起一座座高耸的山岭，将洪水牢牢堵截。但在现实中却没有息壤这种神物，人们通过瑰丽的想象为鲧失败的治水方式幻想出一种成功的可能，可见鲧因其历史贡献被人们以特殊的方式所铭记。其族人和其拥护者因为对鲧治水失败身死结局的惋惜和悲痛，通过神奇的想象力在鲧死后以特殊的形式让鲧的治水方式取得了永久性的成功。我们完全不难想见，息壤的神话故事背后包含着鲧的族人和后人对其历史功绩的深切缅怀。

对比分析文献中的这两种说法，我们发现其中的共同点在于鲧采取了堵塞的治理方式。其具体实施方式我们完全能够想见，鲧先为最高联盟和其他族群聚居的地区修建了坚固的堤坝，再在外围修筑高大的土石堤防。根据研究者的考证可知，鲧当时指挥修筑的堤防已经高达三仞，按一仞八尺的说法推算，三仞就是两丈多。这个高度足有今天的两三层楼高。[1]

但如此艰苦的劳动和宏大的工程并没有为鲧带来想象中的成功，我们不禁对此产生了一个很大的困惑：鲧有前任治水领袖共工的失败经验借鉴，为什么没有提出方向性的治理方法加以改进，反而继续沿用了共工的壅堵之法治水？

合理的历史猜想是，当时滔天的大洪水所造成的危害，已经容不得鲧进行任何详细的筹划。另一方面，鲧缺乏创新思维，没有对问题进行方向性剖析和判断的重要能力。[2]但这种过错并不能归结到鲧一个人的身上，从当时的客观现实来看，这既是客观的普遍时代背景，又是文明发展演进的必然规律。

鲧的固化思维和艰辛劳作，在同客观自然规律的碰撞之下惨遭失败，九年治水的努力付诸东流。鲧的失败不但为他自己带来了流放之灾和杀身之祸，有最高联盟权力的尧帝同样面临更为巨大的压力和社会动荡。前有共工的治水失败，后有鲧的治水失败，在这样现实危局的夹击中，尧帝委实难堪重负，就此将最高联盟的实际权力禅让给了舜帝。

我们在之前的文章中已经说过，尧舜之间实行禅让制度的历史逻辑并非儒家文献中所记载的那样。在未经秦火和儒家美化篡改过的史书《竹书纪年》中考察关于尧与舜之间的关系，我们可以赫然发现这样的记载："昔尧德衰，为舜所

[1] 《中国原生文明启示录》（全三册）第52页，孙皓晖著，中信出版集团有限公司，2016年10月。

[2] 同上。

囚也""舜囚尧于平阳，取之帝位""舜放尧于平阳"（此处的放即指流放），
"舜囚尧，复偃塞丹朱，使不与父相见也"等。[1]

我们从上古时代以来的历史和文明发展逻辑判断，《竹书纪年》中所提及的
尧舜时代的具体历史情况和尧舜之间的关系，相比于儒家文献中的尧舜时代更加
具有历史可信度。无论是从客观历史规律推断，还是从儒家仁义教化的根本角度
出发进行思考，尧舜时代甚至其之前和之后的历史，出于某种目的必然经过了不
同程度的美化和篡改。从这个历史逻辑出发进行判断，我们甚至可以在某种程度
上推翻传统理论观念中对尧舜时代所谓"王道政治"的论断，重新对其在文明发
展进程中的实际情况和历史作用进行一番推断。

尧舜之间的禅位，其历史实质却是一场赤裸裸的政变。这次政变的发生，既
有尧帝个人能力限制的原因，又有以四岳为代表的政治集团选择站位的原因，还
有舜帝掌握联盟最高权力的野心作祟。历史总是惊人地相似，当大禹发动政变夺
取舜帝的最高权力时，扮演四岳角色的人换成了皋陶，其历史行为和经过甚至被
文献隐晦地记录了下来。但这种阳谋多于阴谋的政变行为，在一定程度上具有历
史合理性和自身的文明发展逻辑。

当然，这是后话，我们在后续章节中再进行详细的解读和分析。

第十六节　百年洪水时代（四）

随着鲧治水的失败，不堪重负的尧帝将帝位禅让给了舜。根据历史文献的说
法，虽然权力交接已经完成，但由于此时尧帝尚在人世，舜帝掌握权力的前28年
被后世认为属于"摄行天子政"的时期。[2]

刚刚掌握最高联盟权力的舜帝立即拟定了一条政令，定下了五年巡狩一次的

---

[1]　《帝王世纪·世本·逸周书·古本竹书纪年》（"五帝"纪第1页），皇甫谧等撰，
陆吉等点校，齐鲁书社，2011年10月。

[2]　《十三经清人注疏：尚书今古文注疏》第34-35页，（清）孙星衍撰，中华书局，
2016年8月。

规矩，[1]并立即开始了对各氏族聚居地的首次巡行。这条政令的诞生具有历史的恒久性意义，它贯穿于奴隶社会和封建社会，成为后世许多帝王炫耀己功和粉饰太平的重要手段。当然，其在舜帝时期最初创立时，相对还纯粹一些。而且舜帝的巡狩与后世的帝王巡狩天下，具有很大的差异性。后世的帝王巡狩几乎贯穿其整个统治区域，每一次巡狩所加剧的劳民伤财、吏治腐败、社会矛盾程度等不一而足。相比之下，舜帝的巡行范围要小得多。

　　根据现代研究者的相关研究结论，我们可以发现舜帝在登上帝位后着手实施了三项重大安排：第一是，重新遴选出各族群的新任首领22人，并立即擢升这些新任首领在联盟最高层担任重要职务，后来这22位首领也没有辜负舜帝的信任，立下了卓越功勋。[2]综合史料进行分析，对舜帝登上帝位后的首次人事任免安排的动机进行剖析，首当其冲的重要因素应当是舜帝对自我权力的巩固。结合上章中笔者对尧舜禅位历史逻辑的分析，这一点的确认应当是没有问题的。

　　当然，除此之外我们应当相信舜帝设法取得帝位后，的确是希望在当时的天下有一番大作为的，并且确实是付诸行动了。

　　舜帝的第二项重大安排是，整肃天下秩序，各种民生法度相继建立。舜帝的这一举措正好从反面证明了尧帝时代天下秩序的真实情况，并非如儒家文献中所描述的那样"克明俊德，以亲九族。九族既睦，平章百姓。百姓昭明，协和万邦。黎民于变时雍"（《尚书·尧典》），反而与《竹书纪年》中"昔尧德衰"[3]的记载相吻合。[4]

　　舜帝的第三项重大安排是，立即开启了治水大业的战略布局。研究者将舜帝在治水大业布局开启之前的障碍清扫，归纳总结为三个层次进行具体解析，我们可以透过这些举措看出舜帝非凡的政治智慧：第一个层次，当初举荐共工担任治水领袖的举荐人是骥兜，舜帝以荐人失察的罪名将骥兜流放到崇山，即今天的

---

[1]　《十三经清人注疏：尚书今古文注疏》第42—43页，（清）孙星衍撰，中华书局，2016年8月。

[2]　《中国原生文明启示录》（全三册）第53页，孙皓晖著，中信出版集团有限公司，2016年10月。

[3]　《帝王世纪·世本·逸周书·古本竹书纪年》（"五帝纪"第1页），皇甫谧等撰，陆吉等点校，齐鲁书社，2011年10月。

[4]　同上。

嵩山一带。这件事发生在尧帝禅位之前，但舜帝在此时已经实际执行联盟最高权力，因此虽然尧帝此时依然是名义上的最高裁决者，但实际执行裁决决定的却已经是舜帝。另外，假如我们以《竹书纪年》中的"舜囚尧于平阳"[1]等相关记载为真实发生的历史，那么至少在鲧治水失败以后、禹开始治水之前的这段时期内，尧帝便已经被舜帝所囚禁。

第二个层次，共工治水失败，被舜帝流放到幽州山地，即今天的河北地区。

第三个层次，鲧用时九年治水却最终失败，舜帝派祝融将其杀死在羽山。

以上是笔者对舜帝治水大业行动开启之前的第一步行动归纳。舜帝的第二步行动是，将反复叛乱的三苗族群迁徙流放到西部山区，又将尧帝一直未能处置的四凶族群流放到四千里之外的荒僻山地。[2]从这一点我们可以看出，尧帝在位期间的数十年中，天下族群不但饱受洪水之灾，还要与到处作乱的四凶族群斗智斗勇，但尧帝似乎对此并没有什么制止措施。

这一历史细节的微妙之处在于为后人揭示出了历史现象背后的本质，尧帝的被迫退位或者被囚禁，其表面原因可能是因为其自身势力的衰落或族群支持度的减弱，但其根本原因却在于尧帝对世间的天灾人祸深感无能为力。笔者在之前的文章中分析过，在这一历史时期"帝"的作用和意义类似于药，为帝者必然要能够为天下族群解决某些面临的共同难题。当尧无法再解决这些难题时，被舜从帝位上赶下来在某种程度上来看似乎具有合理性。

在治水成功后，禹的威望达到顶峰，超越了舜帝。因此在禹治水成功后的时刻，在当时的天下看来实际起到"帝"的作用的人就是禹。因此，禹也效法当年的舜，将舜从帝位上赶了下来。这就是文献中所谓的"舜逼尧、禹逼舜"（《韩非子·说疑》）的历史因缘。

舜帝的第三步行动是，公开地遴选治水人才，将真正能够主导治水事业的人推上时代的历史舞台。[3]笔者认为，倘若抛开尧、舜、禹之间混乱阴暗的帝位争夺战，单独对他们尤其是对舜的历史作为进行客观评价，他们无疑都在历史中

---

[1] 《帝王世纪·世本·逸周书·古本竹书纪年》（"五帝纪"第1页），皇甫谧等撰，陆吉等点校，齐鲁书社，2011年10月。

[2] 《中国原生文明启示录》（全三册）第53页，孙皓晖著，中信出版集团有限公司，2016年10月。

[3] 同上。

具有重要作用，甚至在文明发展进程中具有方向性的标杆意义。禹帝是直接带领先民们战胜大洪水的奠基人，舜帝则为大禹战胜大洪水提供了必要的社会秩序条件，并慧眼识人任用了禹。在早期中国战胜大洪水灾难的历史进程中，舜帝和大禹共同引领着先民走上了正确的方向。

舜帝选中禹担任治水大业的负责人，其眼光和气魄不得不令人感慨。按照历史文献的记载，禹继父亲鲧之后负责治水任务，是舜帝亲自举荐并任命的。[1]从这一点来看，上古时代社会中的领导者普遍比较开明和有相当的气度。鲧因为治水失败而被流放处死，作为鲧的儿子的禹竟然没有受到任何连带处罚，甚至还能够获得最高联盟的任命继续负责治水工作。这一点足以说明当时的联盟领导集体并没有因为鲧的工作失败而对禹的工作能力产生怀疑和排斥，甚至依然将治水重任交付给禹。这样的洞察力和魄力不要说在后来的封建时代，即便放在今天依然令人叹为观止。

有关研究者指出，在确定任命禹为治水事业负责人的联盟会议上，后来缔造四大文明时代的族群先祖领袖都齐聚一堂。他们分别是：以禹为首的夏人族群，即后来夏文明的缔造者；以契为首的商人族群，即后来商文明的缔造者；以后稷为首的周人族群，即后来周文明的缔造者；以伯益为首的秦人族群，即后来秦文明的缔造者。这次最高联盟会议的决策是，夏、商、周、秦四大族群全部参与治水工作，以禹为核心领袖，其余族群领袖为辅佐。[2]

这不得不说是一个惊人的历史密码，四个朝代的先祖、四大文明的最重要的缔造者齐聚在这次治水会议上，俨然成为后来文明演变和文明风暴的历史源头。

第十七节　大禹治水（一）

大禹治水的传说几乎是每一个中国人都耳熟能详的历史故事，也是中国上

---

[1]　《中国原生文明启示录》（全三册）第53页，孙皓晖著，中信出版集团有限公司，2016年10月。
[2]　《中国原生文明启示录》（全三册）第54页，孙皓晖著，中信出版集团有限公司，2016年10月。

古史的重大事件之一。在民族文明发展演进的过程中，大禹治水这一历史事件究竟扮演着什么样的角色？它对文明的发展产生着怎样的重大影响？透过种种遥远模糊的史料和历史记忆，我们似乎可以重新对大禹和治水时代进行一番解析与重构。

根据文献记载，禹是黄帝的第五代玄孙，名曰文命，姓姒。（《史记·五帝本纪》）

关于大禹治水的历史真实性，近代以来受到疑古思潮的影响，许多学者对此持怀疑态度。从相关文献的记载和近年的考古发现以及文物的不断回归与深入研究来看，大禹治水在历史中的真实性是没有问题的。2002年时，保利集团购买了一件流散国外的青铜器，名曰"遂公盨"，其上的铭文记载了大禹治水的历史经过。"遂公盨"的制造年代是西周中期，距今大约两千九百年。因此我们可以由此判断，大禹治水的传说至少在西周时期已经广为人知，其历史真实性已经获得广泛认可。[1]

在鲧担任崇地族群领袖期间，其族群经过长时期的历史发展，几乎已经成为当时天下族群中的最强者。在人口数量对族群的强弱起着决定性作用的上古时代，崇地族群强大的力量和其以鲧、禹为核心形成的巨大凝聚力，是鲧和禹能够先后担任治水领袖的坚实根基。

文献记载，当鲧因为治水失败获罪而被尧帝流放处死时，禹尚未出生。也就是说，禹是鲧的遗腹子。文献中记载为"鲧复生禹"（《山海经·海内经》）。关于文献中这一说法的可信度，笔者持怀疑态度。

通过合理的逻辑推理进行一番解析，笔者在之前的文章中已经分析过，大洪水在上古时代社会造成的灾害期大概是在百年以上，禹在父亲鲧被处死之后紧接着被舜帝任命为新的治水负责人。文献中明确提到禹受到任命是"续鲧之业"（《史记·夏本纪》），也就是说在鲧治水失败以后禹就接替了父亲的工作。倘若禹真的是鲧的遗腹子，那么此时的禹必然还是一个婴幼儿，又怎么可能续鲧之业？

这其中的历史逻辑存在两种可能：

[1]　《中国通史大师课·1》第64页，许宏等著，岳麓书社，2019年10月。

第一种可能是，一是在鲧治水失败被处死时，禹已经是一个青年人，并且在某种程度上和治水大业存在着密切的联系，甚至是已经拥有一定的社会声望。青年的禹此时必然已经表现出在治水方面的某些才能，为舜帝和联盟领袖所认可；另一方面，舜帝处死鲧之后却大胆任用鲧的儿子继续治水，这其中存在的巨大风险和最高联盟面临的族群信任危机舜帝不会不知道，但舜帝却坚持任用禹负责治水。这至少说明舜帝是对禹进行了相当长时期的考察，反复确认禹的才能之后才作出的重大抉择。倘若认定这种推断为历史的真相，那么禹为鲧的遗腹子之说则纯属子虚乌有。

第二种可能是，在鲧被处死之后、禹受到负责治水的任命之前，必然还有其他人负责治水工作，但无一例外地全部失败了。直至禹长大成人，接手治水大业。

究竟哪种说法才是历史的真相呢？

笔者认为，应当是第一种。作出这一判断的原因主要基于两方面的认知：第一个方面是文献中明确记载的"续鲧之业"（《史记·夏本纪》）至少需要一个青年人才能完成，婴幼儿是不可能胜任的；第二个方面是，禹直接接替了鲧的治水大业，说明在这两者中间没有其他人负责治水工作。但基于对大洪水危害的深刻认知，大家知道治理洪水是一定不能停顿的，这就意味着从鲧被处死之后并没有时间留给禹长大成人，而禹又确实接替了鲧继续治理洪水，这足以说明禹在鲧被处死时已经是一个成年人了。

因此我们通过合理的逻辑推断可知，禹为鲧遗腹子的说法是一种充满神话色彩的记述，与《山海经》的一贯风格相符，但并不具有历史合理性。

那么，在鲧死后作为青年人的禹是如何获得舜帝与最高联盟的认可，进而获得主导治水大业的资格的呢？历史文献中曾经对禹的性格作出这样的描述：大禹作为族群领袖，是一个极富创造性和秩序感的人，他有智慧，勤劳于事，亲近大众；他的声音自然地符合声律；他的身形就是天然的尺度；他的出行和举动都是经过仔细权衡的；大禹是一个勤勉肃穆、堪为天下纲纪的领袖。（《史记·夏本纪》）

文献中这种充满溢美和附会之辞的说法是否具有可信度呢？

笔者认为，文献的记载在一定程度上具有合理性。当禹的父亲鲧治水失败被杀时，必然深深震撼了青年时期的禹。正因为有父亲失败的经历在前，才促使禹焦心劳碌、勤勉从事。按照文献中的记载："禹伤先人父鲧功之不成受诛，乃劳身焦思，居外十三年，过家门不敢入。薄衣食，致孝于鬼神。卑宫室，致费于沟域。陆行乘车，水行乘船，泥行乘橇，山行乘檋。左准绳，右规矩，载四时，以开九州，通九道，陂九泽，度九山。"（《史记·夏本纪》）

通过这段记载，我们可以看出青年的禹在鲧治水失败被杀之后，经过13年的艰苦奋斗，在跋山涉水、泥行山阻的困境中抱着巨大的信念逐渐成长起来，自然也磨炼了他的言行风格和处事态度。

除了因为鲧的死亡带给禹这些刻骨铭心的经历之外，当年跟随鲧一起治水的族人必然也会因为曾经失败的治水经历，而在当时的天下饱受非议。禹作为鲧之后的族群领袖，除了要为父亲洗刷因为治水失败而遭受的耻辱之外，还要带领自己的族人在这场大劫难的重压之下寻找新的出路。

第十八节　大禹治水（二）

怀着坚定的信念，背负着重重重任的禹正式踏上了艰苦的治水之路。今人已经普遍地知道，在大量的实践和勘查中，禹得出的治水方案与之前的传统方案完全不同。他将久已有之的先王之法即雍川筑堤的堵塞之法，改为疏导入海之法。这一改变在后世理念看来似乎是理所当然的，但在当时社会来看完全是石破天惊，[1]甚至有离经叛道的嫌疑。因为这种方案意味着对前人经验的彻底否定，甚至是反其道而行之。在极其看重祖先成例的上古时代社会，提出这一创见需要极大的勇气。

我们今天已经知道，文明的诞生和发展有两种方式：一是累积性渐进式的诞生和发展；一是爆炸性诞生。前者是大多数人可以接受和做到的，后者则充满着不可思议的意味。唯有文明发展到一定的节点，需要产生整体性和立体性的突破

---

[1] 《中国原生文明启示录》（全三册）第57页，孙皓晖著，中信出版集团有限公司，2016年10月。

时，时代才会催生智者担负这一重任。我们都知道文明的发展大多数时候都是依靠群体的力量，但处在文明发展方向变革的历史节点时，真正能够摸准时代脉搏的一定是极少数人，甚至仅仅是某个人。这一点已经有许多历史成例可以作为佐证材料。

禹提出治水思路的方向性变革，必然是建立在他对天下水流规则进行过大量观察并深刻洞察了其中规律的基础上实现的。在此之前，无论是共工还是鲧，他们之所以坚决选择堵塞之法治理洪水，一定是因为前人的成功经验给他们带来了根源性的认知。这种根源性认知并不仅仅存在于他们两个人的头脑中，而是深刻存在于近古社会几乎所有人的头脑中。正因为如此，历史的发展和文明的进步才显得异常艰难，能够引领时代文明进步的人，才使人们深切感到其伟大。

我们可以想象当时大多数人对大洪水的认知，他们一定认为大洪水的蔓延和流向毫无规律，只有曾经成功过的堵塞之法才能阻挡大洪水。[1]甚至于在其认知中最好的结果就是能够永久性堵塞住大洪水，完全没有想过大洪水会有消失的一天。在这种思维惯性之下，想要得出水流是有规律可循的，是可以通过疏导入海、彻底从人们的生活中消失的这一结论，是一种多么艰难的思维跨越。

除此之外，要将这一理念付诸实施，我们完全可以想见在遥远的上古社会其工程量之浩大。导水入海工程的可行性与可靠性完全没有前人成例可以借鉴，而且这一创见居然是出自一个青年人之口。疏导之法治水的前途究竟如何，没有人知道。

即便是在今天文明高度发展的现代社会，倘若面临着这样时代方向性变革的历史时刻，恐怕也难以在一时之间作出决定。尤其是方向性变革的提出者，居然不是大众眼中最可能的实现者——硕学博闻的老泰斗——反而是一个毫无成果建树的青年人，还是一个曾经治水失败的领袖的儿子。

我们真的难以想象，当时的禹在最高联盟会议上，是以何等的勇气将这一超越时代的理念告之众人的。在充满不确定性的情况下，禹将自己通过大量观察实践探索出的解决之道拿到最高联盟的会议上提出，并且还要以非凡的口才说服联盟领袖和各大族群首领，说服那些曾经深信先人堵塞之道的族群元老与众人。这

---

[1] 《中国原生文明启示录》（全三册）第57页，孙皓晖著，中信出版集团有限公司，2016年10月。

意味着，大禹要说服整个上古社会。

　　我们实在难以想象这其中的艰难曲折。虽然史料中没有提及大禹如何说服了上古社会的族群元老与众人，但却告诉了我们一个明确的结果：禹的疏导治水总方案成功获得了最高联盟的认可，成功获得了各大族群首领的认可。我们不得不再次为那时人群的深刻理解能力和不以出身门第论英雄的包容观念深为叹服。文明的整体走向是不断进步的，但其在某些具体领域或事项上，不可否认地确实开过历史的倒车。所幸的是，在大禹所处的时代没有遇到这种阻挠文明发展的厚障壁。

　　我们可以想见，导水入海的治理方案成功获得批准实施，除了大禹以极高的语言艺术说服联盟领袖和各大族群领袖之外，以舜帝为首的最高权力联盟，包括大禹、殷契、后稷、皋陶、伯益等人在内的最高联盟成员，一定是一个深具时代眼光和非凡决策能力的伟大群体。在近古时代族群面临灭顶之灾的时候，这个伟大群体以深远的智慧、强毅的精神和创新的思维，作出了伟大而正确的选择。

第十九节　大禹治水（三）

　　关于大禹在治水过程中所涉及的具体地理区域，文献中的说法不尽相同。上古时代洪水的具体危害区域，研究者们也并未得出确切翔实的结论。笔者通过梳理种种前代史料，翻阅现代研究者的相关论著，可以将上古时代水患的具体情况大致进行一番勾勒。

　　洪水时代的中国，气候普遍炎热，水资源大量过剩。在今日黄河流域的中下游地区，当时也是接近于亚热带气候、山川布满茂盛的丛林。在淮河流域、长江流域、珠江流域等，更是水乡泽国，湿热难耐。由于水流众多，没有固定的水道，导致这些水流四处冲突交错，形成了无数的汪洋湖泊。[1]

　　炎热的气候和丰沛的雨量不仅给当时的人类带来生存环境上的困境，随着湿

---

[1]　《中国原生文明启示录》（全三册）第58页，孙皓晖著，中信出版集团有限公司，2016年10月。

热而爆发的种种疾病更是不胜其烦，在一定程度上造成了时代的生命危机。当时的人群防御洪水的方式非常原始，收效甚微。在这一现实基础上，洪水的蔓延之势却愈演愈烈。

孟子在其书中说："当尧之时，天下犹未平，洪水横流，泛滥于天下……禹疏九河……而注诸海；决汝、汉，排淮、泗，而注之江，然后中国可得而食也。"（《孟子·滕文公上》）

孟子认为，大禹治水所涉及的地理区域并不仅限于黄河流域，同时也疏导了江淮流域，将淮水、泗水等河流系统疏导进入长江水系。中国从大禹治水以后，才拥有了稳定的农业耕地保证人群的普遍存活。

许多研究者认为，大禹疏导洪水至黄河与江淮流域，是可信的历史记忆。[1]其历史行为给上古时代的先民带来的生存和发展机遇，是不可磨灭的巨大历史功绩。

考察文献记载可以发现，大禹的治水之路从冀州开始，即今日的华北平原地区。《史记·夏本纪》对大禹治水路线进行了详细描述："既载壶口……至于岳阳……至于衡漳……入于海。"由于具体的治水路线过于烦琐，笔者不拟全部引述，凡对此有兴趣者可自行翻阅文献。

大禹治水的路线几乎跨越了大半个中国，这项历时长久的治水工程所需要的社会动员深度和广度、各方组织的密切协调配合、治水过程中种种组织法度和工作条例的落实，以及在没有重型机械完全依靠人力的上古社会中所需的难以想象的浩大工程量等方面，即便以今日社会文明发展程度来看，都难免令人望而生畏。

依据现代研究者的相关研究成果，我们大致可以梳理出在治水时期的社会组织形式的基本面貌，以及大禹在治水时期对当时社会组织形式的新创建。

第一，开工动员。面对前所未有的浩大工程，大禹成功完成了开工动员，打消了各族群之间的退意。同时，大禹安排殷契、后稷、伯益三个特大族群作为治水工作的核心力量，形成了实际的治水工程核心领导层。核心领导层的形成，对于动员其他族群共同参与治水工程产生着巨大的带头作用。至此，治水工程的基

---

[1]　《中国原生文明启示录》（全三册）第59页，孙皓晖著，中信出版集团有限公司，2016年10月。

本组织架构轮廓终于渐渐清晰：以大禹为最高领袖，以殷契、后稷、伯益为辅助的核心领导集体；以大禹族群为核心力量、其余三大族群为主要力量，号召天下族群共同参与的有序社会组织形式。[1]

第二，解决后勤输送问题。在上古时代社会几乎全员参与的治水工程中，本来就没有保障的粮食产量又因为绝大多数劳动力都参与到治水工程中而面临更加艰难的境况。大禹为了解决以粮食为核心的后勤输送问题，提出了五项应对措施：（一）大禹要求参与治水的各个族群力所能及地自带衣食；（二）族群之间相互调配物资，有余者支援不足者；（三）派遣伯益族群中不直接参与治水的人，负责开发临时的耕种用地，就近播种取食；（四）派遣后稷族群部分人员开发和种植治水人员所需的特殊食物，主要是当时难得的蔬菜；（五）寻找当时尚未被洪水淹没的少数可耕种地区，动员该地区人群为治水民众提供物资支援。通过以上五种方式，治水工程的领导集体最大限度地调动了当时的社会力量共同抗击大洪水。[2]

第三，严明纪律。大禹以近于军事化的管理方式号令治水队伍，成功树立了有效的组织权威，有效保障了队伍中各级指令的下达与执行。根据研究者的结论，大禹治水几乎动员了当时天下全部族群的劳动力，参与人员数以百万计。面对如此众多的人员，倘若没有一套高效的管理方式，治水工程实施和完成的可能性近乎为零。尽管今天的研究者无法对治水时期的法令制度和人员管理方式进行相关探究，但我们对其在历史中的真实存在毫不怀疑。甚至可以说，由于治水工程的需要而催生出的早期管理方式，直接推动了最早的紧急状态法律和夏朝初期国家形态管理模式的产生。[3]

通过考察相关历史文献我们可以发现，历史对大禹治水时期有关法令制度的记忆，只有一些颇具模糊性的记载：禹，左准绳，右规矩，载四时（《史记·夏本纪》）。

研究者认为，这句笼统的概括是指大禹在治水时期，亲自拿着工具进行测

[1] 《中国原生文明启示录》（全三册）第59-60页，孙皓晖著，中信出版集团有限公司，2016年10月。
[2] 同上。
[3] 同上。

定，并为治水队伍确立一系列制度和数据规范；也有研究者对这个记载解读为大禹治水时，能够事事遵循法度，听从左右辅助人员的建议而且不违反天时地利。通过合理的逻辑推断，我们可以知道，大禹治水时期即便没有明确颁布相关的制度规范，但在参与治水的众多人群中，必然已经形成了某些约定俗成、共同遵守的规矩。唯有遵循一定的规则和规律进行治理，才有可能产生成效。这些规律和规则，极有可能成为后来大禹治理天下的法则。[1]

第四，以身作则。大禹在治水期间的以身作则，被历史记忆下来的故事是大禹"三过家门而不入"、妻生子却不知等。[2]我们难以推断文献的记载是否存在夸张的成分，但大禹跋山涉水、艰苦劳作的行为必然对当时的治水队伍产生巨大的精神激励。经过十三年全民参与治水的不懈努力，困扰上古人类百余年的洪水终于被制服了。

上古时代的人群因为大禹的创造性思维以及大禹以身作则、全民参与奋斗和共同付出的巨大努力，终于战胜了困扰上古时代人群百余年的大洪水。我们可以想见，在近五六代人脑海中迟迟挥之不去的灾难记忆，一朝战胜，当时的人们怀揣着的该是何种心态与思绪。

狂喜与欢呼是少不了的，但是在它们爆发之前，我认为人们一定经历了短暂的沉默和思考。百年灾难，一朝战胜，尽管疲惫的肉体昭示着这成功并非虚幻，但百年以来对洪水灾难造成的深刻记忆，必然使先民们陷入短暂的沉默。先民们在这沉默中回忆过去的种种艰辛和大量生命的流逝、文明的摧毁。此时的沉默必然包含了走出洪水时代后的先民们对历史的甚至是对灾难的一种无声的祭奠。或许，他们的内心中也曾经隐隐地感受到，中华文明的历史发展进程在这一刻实现了伟大的跨越。

---

[1]　《中国原生文明启示录》（全三册）第60-61页，孙皓晖著，中信出版集团有限公司，2016年10月。

[2]　同上。

第二十节　走出洪水时代

上古时代的先民通过百年的艰辛奋斗，终于在大禹的带领下以创造性的思路和令人惊叹的伟大毅力，坚强地走出了洪水时代。这一历史时期的人群，不但战胜了地理环境意义上的困境，更在治水过程中诞生了大规模的创造活动。这些创造活动，使当时天下族群的生存格局发生了重大的基本变化，当然也开启了新的社会冲突。在这些新的社会冲突中，文明的脉络得以更为清晰地向前发展。

让我们通过对错综繁杂的史料的梳理，对当时的天下格局和新的社会冲突进行一番探寻。随着大禹治水的成功，当时的人们首次具有了大陆区域划分的模糊概念。确认和划分这些大陆区域，当然是大禹在治水过程中完成的。[1]这一大规模的国土资源调查不可能在治水开始之前或者完成之后单独进行，因为之前没有心情，之后没有时间。其次，倘若单独组织人力、物力、财力进行这一调查工程，其巨大的成本是上古时代社会所难以承受的。

以大禹为核心的治水团队具有深谋远虑的调查意识。在《尚书》的相关篇目中，我们可以看到治水团队的调查成果：治水的过程中，大禹团队划定了冀州、兖州、青州、徐州、扬州、荆州、豫州、梁州、雍州的大致方界，这是九州的概念最早出现在传世的古典文献中，也是最早使当时的人们形成了一个相对完整的天下概念。[2]

后世常以九州代称中国，其实质就是对最早的国家概念和地理划分的一种历史记忆，当然也是一种具有起源意义的文化纪念。尽管在今天的人看来大禹团队所划分的九州概念在地理意义上确实有失准确，但这丝毫不影响一个伟大的文明坐标在历史中的诞生和绽放光芒。

---

[1]　《中国原生文明启示录》（全三册）第 61-63 页，孙皓晖著，中信出版集团有限公司，2016 年 10 月。

[2]　《十三经清人注疏：尚书今古文注疏》第 6-9 页、第 34-35 页，（清）孙星衍撰，中华书局，2016 年 8 月。

从文明的时代发展进程来看，九州概念的诞生其直接促生因素是治理洪水的现实需求。在此之前，近古时代社会虽然已经拥有最高权力联盟和各个族群相对稳定的生活区域，但是当时的最高权力联盟对于天下概念的认知与治理，仅仅是以其掌握的族群的活动范围为依据。至于在此范围之外的更加广阔的地理范围，他们的认知依然一片茫然。[1]

大禹治水的成功带来四个重大变化。

第一个重大变化是，间接促进了时代文明的推进和发展。在大禹治水之前，最高权力联盟并没有以界定地域的方式进而规范各族群生存空间的意识。[2]因为面对广泛辽阔的地理形势，最高权力联盟不可能付出巨大的代价对当时的天下进行测量和划分。从这个意义上来看，大洪水的到来间接促进了时代文明的推进和发展。即使退一步来说，假如没有大洪水的发生，当时的最高联盟也不可能有机会和能力进行如此大规模的勘查探测。只有当大洪水的到来将人们逼得没有退路，只能为了生存而不惜一切代价拼死一搏时，人类才会空前团结，其体内深深隐藏的潜能才会被逼浮现，文明的曙光才能照亮前方的道路。

虽然有关研究者认为大禹团队对九州的划分其根本出发点并不是为了勘测当时的天下，而很可能是因为经济发展的需要和谋求更好的物质生存环境，[3]但这并不妨碍时代文明的深刻创新与进步：最高权力联盟的社会视野随着大禹治水的全面胜利和九州概念的最新诞生而顺利实现了对既往经验的超越，首次诞生了全社会分地域、分层级规范社会生存空间的国家意识。[4]这不得不说是当时社会由于大禹治水而带来的又一伟大文明跨越！

可以毫不夸张地说，大禹治水的成功催生了联盟社会对天下的重新认识，是直接导致中华文明发展进程由联盟制社会进化到初步具备国家意识形态的邦国制社会的强力推动因素。

---

[1]　《中国原生文明启示录》（全三册）第62页，孙皓晖著，中信出版集团有限公司，2016年10月。

[2]　同上。

[3]　《中国原生文明启示录》（全三册）第62-63页，孙皓晖著，中信出版集团有限公司，2016年10月。

[4]　同上。

第二个重大变化是，随着大禹治水的成功，各地的山河多有了名号，各地的土壤以及特产都被联盟进行了大体上的等级和作用划分，直接推动了联盟社会人群对所处地域的概念认知和对文明交流的促进。[1]具体的类别划分在《尚书》中有明确的介绍，笔者在此不拟赘述。

大禹大规模的国土资源调查行为，重塑了上古时代人类对自我生存环境的系统认知。大禹不但大体上规划清楚了当时自然的山水地形，并且分别为其确立了名号和标志。对各地经过大洪水洗礼后的可耕种土地，经过土质对比和确认后依照不同的等级分别进行了划分。大禹团队的这次大规模的自然资源调查行动，不但直接使上古时代人类对自己的生存环境产生了系统认知，更为人类发现和规划了更多可供种植和开发的土地。大洪水过后所遗留给先民们的馈赠，在大禹敏锐的勘测思维中实现了历史性的文明跨越。

第三个重大变化是，大禹治水直接催生了联盟社会最初的贡赋制度。[2]研究者发现，在治水过程中没有直接参与治水工程的族群，通过向治水权力机构无偿提供各类物资间接参加了治水工作。当治水工程取得决定性成功后，这种族群无偿提供物资的形式并没有随之结束。其根本原因在于，人们发现了大量社会公共问题仍然需要治水权力机构来解决。例如后期水道工程的维护与新建、治水权力机构的官员、兵士以及施工人口等事实上无法独立谋生。一方面是由于治水工程后期进展的现实需求，另一方面则是长期以来形成的相对稳定的生存模式如果贸然发生改变，因为各族群不再提供生活物资而使这种比较稳定的生存模式突然崩溃，那么无法预料的社会危机便会再度爆发，甚至在某种程度上可能会导致治水功业毁于一旦，乃至再次演变为上古时代社会初期的资源大争夺局面。[3]

当时的最高权力联盟充分考虑到了可能面临的种种局面，经过重重磋商后最终决定将这种无偿提供物资的形式暂时保留，等到各族群的生产生活状况恢复稳

[1] 《中国原生文明启示录》（全三册）第62-63页，孙皓晖著，中信出版集团有限公司，2016年10月。

[2] 《十三经清人注疏：尚书今古文注疏》第171-182页，（清）孙星衍撰，中华书局，2016年8月。

[3] 《中国原生文明启示录》（全三册）第63页，孙皓晖著，中信出版集团有限公司，2016年10月。

定后再进行处置。[1]

这种被最高联盟确定保留下来的无偿提供物资的形式，就是最原始的贡赋制度的雏形。这种最原始的贡赋制度，是在大禹团队考察九州耕地情况之后，将天下耕地划分为上、中、下三等，再确认各族群居住地和最高联盟所在地之间路程的远近，进而规定各州应当缴纳物品的多少、种类，以及劳役的多寡等相关条目之后开始正式实行的。这种最原始的贡赋制度虽然与后来封建时代的贡赋制度具有巨大的差别，但其已经具备了国家税赋制度的最基本特征：无偿性缴纳和周期性缴纳。[2]

第四个重大变化是，出现了平均分配土地的井田制度。研究者认为，井田制土地分配形式的出现是大禹治水时代最大的社会创造和文明贡献。[3]

随着大洪水的逐步消退，许多曾经被洪水淹没的土地变成了大面积的肥沃平原。其中包括后来的华北大平原、长江中下游大平原等都是在洪水消退后形成的。研究者认为，如果能够有序地对这些肥沃土地进行规划和分配，以当时的社会人口和生产力来说足够各个族群的耕种和居住。但最高联盟同样意识到，倘若贸然向各族群开放这些拥有肥沃土地的地区，那么上古时代险些酿成文明崩溃的资源大争夺局面必然将再度出现。[4]

为了避免这一文明倒退悲剧的出现，也是为了避免初步稳定的社会秩序再度陷入崩溃，以大禹为核心的治水权力机构创造出一种平均分配平原沃土的新方法，这就是井田制。从整体文明发展进程来看，井田制在这一时期的发明的确是历史文明发展的创造性社会贡献，其所具有的的时代意义是，建立在避免上古时代社会大争夺局面的重现这一根本目的上。[5]对天下无主土地的分配方式，最大的公平就是平均。只有对无主土地进行平均分配，才能最大限度地消除当时民众的普遍争夺情绪。出于对大争夺时代的恐慌和刚刚从大洪水劫难中重生的上古时代

[1] 《中国原生文明启示录》（全三册）第 63 页，孙皓晖著，中信出版集团有限公司，2016 年 10 月。

[2] 同上。

[3] 同上。

[4] 《中国原生文明启示录》（全三册）第 64 页，孙皓晖著，中信出版集团有限公司，2016 年 10 月。

[5] 同上。

人群，自然对这种井田制分配方式毫无意见地欣然接受了。[1]

许多人通过阐释后世的商鞅变法中"废井田"这一条法令，对井田制制度的创造和实行颇有微词，但是从历史文明的发展进程角度来看，这种指责是站不住脚的。文明的发展和历史的进步是流动的活水，而不是一成不变适应万事的永恒法则。考察一种文明和制度的诞生，必然要将其放在客观的历史环境和文明语境下进行探寻，考察其背后的时代因素和其所解决的时代困境。

我们必须拥有清醒的认识：在远古时代社会和大禹治水成功以前的上古时代社会中，各个族群面对土地等自然资源的获得方式从来只有争夺，绝对没有平均分配这种说法。[2]即便是在黄帝权力联盟建立之后，甚至直到尧舜时代的文明社会，对土地等自然资源的占有很大程度上依然存在以强占弱形式的争夺，只是相对于上古时代的无序性全面混乱争夺，范围更小、力度相对更弱。从联盟时代的开启一直到五帝时代，尤其是在尧帝中后期时代，大洪水浩劫使当时的天下族群陷入生死劫难。尧帝和舜帝的无能为力直接促使了当时的强大族群劫掠中小族群甚至吞并中小族群状况的发生，混乱的大争夺局面从上古时代社会到洪水时代社会一直都不同程度地存在，这也是对文明发展进程的一个巨大威胁。

在这一现实社会背景下，以大禹为核心的治水权力机构创造性地提出了井田制的土地分配方式，是时代文明的伟大进步。井田制在当时社会的成功实行，固然有人们对大洪水劫难的深深恐惧和对稳定生活向往的原因，但其最重要的方面在于除了井田制的公平性特质以外，以大禹为核心的治水权力机构长期以来在上古时代社会中形成的巨大威望和实际控制能力，这是井田制制度得以贯彻实行的决定性因素。上古时代人群对洪水劫难的恐惧和对稳定生活的向往是内在因素，大禹治水权力机构的权威性和控制能力是外在因素，在这两方面因素的共同作用之下，具有平均分配性质的井田制制度才得以成功施行。

通过十三年的艰苦奋战，大禹治水取得了全面性的成功，时代文明的演进也获得了历史性的进步。百年洪水时代的巨大浩劫是中华文明发展进程中不可磨灭的历史记忆，大禹治水所缔造的文明意义，首先在于，大禹以创造性思维勾画出

[1]　《中国原生文明启示录》（全三册）第 64 页，孙皓晖著，中信出版集团有限公司，2016 年 10 月。
[2]　同上。

解决洪水劫难方式的伟大蓝图，并成功获得联盟社会的认可，通过艰苦的稳步实施最终成功战胜了肆虐百年的大洪水，缔造了洪水时代人类应对时代生存挑战的全面胜利和文明发展演进的伟大进步；其次在于，三次治水过程中所产生的社会组织形式为国家文明的诞生提供了成熟的条件、奠定了稳定的根基，形成了直接推动时代大变革的伟大动力；最终的文明意义在于，对上古时代中华民族的生存环境进行了一次最大规模的探索和整理，为中华文明塑造了自强不息、艰苦奋斗的伟大民族基因。

在治水时代结束之后，上古社会面临着什么样的社会大变局和种种新的社会矛盾？这些矛盾最终会对文明的发展进程产生怎样的变革和影响？治水成功后的天下权力格局将面临怎样的动荡和全面洗牌？

第二十一节　　大禹时代的社会变革

随着大禹治水的在上古时代社会的全面成功，文明的脚步坚实地踏入了国家时代的门槛，古老的联盟时代社会即将终结。与此同时，延续多年的古老法则和政治传统以及曾经的天下权力格局甚至是文明形态都将在这一时期发生惊天的变化。

让我们先来看一看治水成功以后的社会状况，剔除文献中那些溢美之词和为尊者讳的儒家修史传统，尽可能真实地还原后治水时代的社会情况。我们可以发现，随着大禹治水的大显成效，首先浮出水面的是新的社会矛盾和空前复杂的高层政治矛盾。

这个双重矛盾具有同一个最根本、最普遍的核心问题，那就是：在大禹治水期间形成的新的政治团体和由于治水缔造的新社会格局要不要继续维护？能不能继续维护？最高权力联盟与上古时代社会如何看待治水期间出现的社会创新？由于治水带来的社会变化而催生的新社会格局，是当成既定事实予以承认，还是当作临时法度及时结束？以大禹为首的治水团队，在多年治水工作中形成的实际权力和威望，是顺势承认，还是采取某种措施进行干预？[1]

在治水成功后的会议上，舜帝以表彰治水功勋为名义而召开的大会，成了大禹吹响抢班夺权第一声号角的起点。[2]

按照相关文献的记载和研究者的梳理，这次会议的参与者包括舜帝、大禹、伯益和皋陶。细心者可以发现，表彰大会的参与者中竟然没有当初治水行动的核心领导集体中的殷契与后稷，也就是商和周的先祖。这一变化令人深感困惑，研究者进行多方探寻后认为，殷契族群和后稷族群及他们各自的领袖不来参加这次表彰大会，有两种可能性：其一是在共同参与治水的过程中，他们一定和大禹族群发生过某种相对严重的矛盾冲突，以至于这两位首领被大禹排挤出治水团队的核心领导层；其二是大禹借表彰大会的名义实施的抢班夺权行动引起了殷契与后稷族群的坚决反对，以至于大禹将他们从核心领导层中除名。从后来的会议记录中我们可以发现，虽然殷契与后稷都没有参与这次表彰大会，但大禹在会议发言中提到了后稷治水期间的功劳，却丝毫没有提及殷契。这说明大禹和殷契之间的矛盾更深，然而有意思的是，最早举荐大禹排在治水功勋首位的人正是殷契。[3]从这一点来看，殷契与大禹至少在治水的早期和中期关系还相当友好，这一时期的殷契仍然是大禹坚定的支持者。

我们可以据此推断，倘若殷契、后稷与大禹之间爆发的是一般性的矛盾，那么他们完全不会拒绝参加舜帝主持的表彰大会。在舜帝仍然担任最高联盟领袖期间，殷契与后稷的拒绝参会在某种程度上就意味着对舜帝的不敬与蔑视，这一点是毫无疑问的。但殷契与后稷在明知自己的行为可能会产生怎样的后果时，仍然选择拒绝参会，这足以说明他们已经知道这是一次以大禹抢班夺权为核心目的的会议。我们无法推断出殷契和后稷在知晓会议核心目的后是否采取了某些行动，但从殷契由大禹坚定的支持者身份到缺席最高联盟会议的行为来看，我们可以确认他们的态度是不支持大禹的抢班夺权行动。

---

[1]　《中国原生文明启示录》（全三册）第69-73页，孙皓晖著，中信出版集团有限公司，2016年10月。

[2]　同上。

[3]　《中国原生文明启示录》（全三册）第70页，孙皓晖著，中信出版集团有限公司，2016年10月。

　　治水期间各族群之间虽然形成了种种矛盾和利益纠葛，但无论如何也不至于缺席最高联盟的重要会议。这种缺席行为的出现，意味着殷契与后稷族群和大禹之间已经产生了不可调和的矛盾和某种程度上的决裂。从坚定的支持者到势同水火的决裂，使大禹将殷契和后稷一起踢出局了。大禹的行为导致当时社会的许多不满情绪，[1]但是基于大禹在治水期间形成的巨大威望和实际力量，没有人能够将这种不满表现为公开的实际行动。

　　舜帝的无能为力和衰落的支持度与大禹的巨大威望形成了鲜明的对比，此时的舜帝已经连召集所有参与治水工作的当事人共同参加一次会议的能力都不具备了。[2]我们不知道当初舜帝逼迫尧帝退位并将其流放时，是否想到了自己有朝一日也会面临尧帝的悲剧？当舜帝被逼退位时，他的心里是否有与当初他流放尧帝时，同尧帝相同的悲慨或者无奈？

　　从文献中透露的一个细节来看，舜帝似乎对自己的处境并没有十分清醒的认识，因为他特意召来了执掌司法的皋陶共同参会。[3]从历史的发展逻辑来看，皋陶在这次会议中实际承担的角色与舜帝逼迫尧帝退位时四岳的角色具有同样的作用。除了皋陶之外，与大禹共同治水的、皋陶的儿子伯益也属于这次会议的汇报者。皋陶作为舜帝时期的法官、大禹谋夺帝位的坚定支持者，在这次会议中实际扮演着仲裁者的角色，这种行为与他大法官的身份完全相符。

　　从之后的会议经过来判断，此时的皋陶已经和大禹私下里达成了某种合作或者利益共识。因此，皋陶在这次会议中的角色既是仲裁者，又是逼迫舜帝让权行动的急先锋和推动者，甚至和大禹当着舜帝的面一起唱起了深具意味的双簧。

　　在会议一开始，皋陶首先向舜帝谈到对大禹治水的高度评价："信其道德，谋明辅和"（《史记·夏本纪》），大禹立即表示赞同，又让皋陶继续往下说。皋陶则说："敦序九族，众明高翼，近可远在已。"（《史记·夏本纪》）在大禹第二次表示认同后，皋陶又说："於！在知人，在安民。"（《史记·夏本

---

[1]　《中国原生文明启示录》（全三册）第 70-71 页，孙皓晖著，中信出版集团有限公司，2016 年 10 月。

[2]　同上。

[3]　《中国原生文明启示录》（全三册）第 71 页，孙皓晖著，中信出版集团有限公司，2016 年 10 月。

纪》）大禹这次当着舜帝的面表示了自己的不满，他叹息地说："吁！皆若是，惟帝其难之。"（《史记·夏本纪》）大禹的意思是，都是这样啊，只有舜帝责难我啊！

发泄过自己的不满之后，大禹将矛头直指舜帝："知人则智，能官人；能安民则惠，黎民怀之。能知能惠，何忧乎驩兜，何迁乎有苗，何畏乎巧言善色佞人？"（《史记·夏本纪》）大禹的意思是，能够了解别人就是明智，就能够恰当地给别人安排官职；能够安抚民众就是仁惠，黎民百姓都会爱戴他。如果既能够有了解别人的明知，又能实行仁惠，还忧虑什么驩兜？还何必要流放有苗？何必害怕花言巧语伪善谄媚的小人呢？

会议进行中，大禹的话直指舜帝是不明智、不仁惠、不受百姓爱戴的失德领袖。紧接着大禹更加赤裸地指责舜帝驱逐驩兜、流放有苗等行为恰恰说明了舜帝的不明智、不仁惠。到此为止，面对大禹的指责和皋陶的附和与支持，舜帝似乎对自己的现实处境有了比较清醒的认识，皋陶则不失时机地第四次对大禹进行赞美："行有九德""百吏肃谨""五刑五用"等，讲了许多话（《史记·夏本纪》）。

大禹这时接着说："女言致可绩行？"意思是在问皋陶，你说的话可以当作对我业绩的定论吗？皋陶则顺水推舟地说道："余未有知，思赞道哉！"（《史记·夏本纪》）皋陶的意思是说自己才智浅薄，只是希望有助于推行治理天下的大道。皋陶所谓有助于推行治理天下的大道，其背后意思已经表达得非常明显了，舜帝在位并不能使天下大治，因此这是在赤裸裸的威逼舜帝退位了。事情到了重大时刻，必须逼舜帝开口表态了。

舜帝此时对大禹说"女亦昌言。"（《史记·夏本纪》）从这一情况判断，舜帝此时允许大禹发表自己的意见，实际意味着舜帝对自己当前的现实处境有了清醒的认识，在询问大禹的条件以及大禹的最终目的。

大禹在皋陶的配合下痛心疾首地讲述了自己十三年治水的经历和功绩。大禹首先感叹了一声，又故作姿态地说了句我还有什么可说的呢？然后才在皋陶配合下说了一大段话："予思日孜孜""鸿水滔天……陆行乘车，水行乘舟……"（《史记·夏本纪》）以及痛陈他与伯益和民众一起种稻谷，与后稷一起种菜，又负责各地方粮食和资源的协调调配工作，最后决九川、致四海等艰辛工作，才使民众获得稳定的生活，万国为治等才得以实现（《史记·夏本纪》）。

大禹的这番话实际上是在告诉舜帝，自己拥有足以取代他的资本。当皋陶不失时机地附和了一句话之后，大禹终于把话给挑明了："於，帝！慎乃在位，安尔止。辅德，天下大应。清意以昭待上帝命，天其重命用休。"（《史记·夏本纪》）大禹最后警告舜帝，要谨慎行使权力，天下才能安宁。

无奈的舜帝将大禹赞美了一番，并请他辅佐自己处理政事。

在这次会议上，大禹在皋陶的配合下顺利完成了针对舜帝的抢班夺权计划。这件事就是笔者在前章中所说的与"舜囚尧"极其相似的历史阴谋。只是当年的四岳换成了皋陶，当年的尧帝变成了舜帝，而当年夺位成功的舜帝变成了如今的大禹。因此，《韩非子》中才会针对这一事件发出"舜囚尧，禹逼舜"的感慨，这不能不说是天道轮回的隐喻，也为后人揭示了历史发展和文明进程中不可直面的、带有血腥味的权力争夺。

这次总结会议上的权力较量，新兴起的、以大禹为核心的治水权力机构获得了全面胜利，而以舜帝为首的最高权力联盟则在无奈中对大禹的治水业绩和夺权行动予以认可。舜帝的无奈一方面显示出天下人心的转向，另一方面则表现出舜帝和其统领的天子族群已经衰落，无法凝聚起足以震慑天下的力量了。

舜帝对大禹夺权行动表示认可之后，紧接着皋陶立即采取了行动："皋陶于是敬禹之德，令民皆则禹。不如言，刑从之。"（《史记·夏本纪》）

从这一刻开始，被儒家认为"巍巍乎！唯天为大，唯尧则之"（《论语·泰伯》）的尧舜时代终于结束。覆在表面上的德治作为遮羞布被彻底撕开，明用道德、实用刑罚治理天下成为大禹时代的标志。从某种意义上来说，这是法治时代的先河。尽管其与后世的法治文明时代相比仍然具有很大的差别，但在其本质上已经具有法治的意味。这当然不能不说是文明发展的一大进步，尽管这种文明进步的到来不是那么光彩，不是那么平和。

在皋陶以刑罚威逼万民皆认可禹的统治地位后，舜举行了祭天仪式，告知上天禹的功业和其帝位继承人身份，并正式举荐禹继承联盟最高权力（《史记·夏本纪》）。

我们不知道失去帝位后舜帝的结局如何，是否也像当年他因禁尧帝那样被禹所因禁。但我们可以确信的是，舜帝从此之后失去了联盟最高权力，大禹族群随着大禹掌握了最高权力后，一跃晋升为联盟核心族群。一场政治大清洗是完全可以想象得到的。

随着治水期间形成的大禹时代新的社会格局变化，逐渐以一种稳定的形式固定下来，整个上古社会的秩序也进行着一种艰难而残酷的转化。[1]在这种转化中，社会的矛盾和阶级的分化达到了新的高度。

第二十二节　大禹时代后期的社会变化

以大禹夺权行动的成功为历史文明发展的分水岭，在此之前的时代是被儒家学派称为"大道之行，天下为公"（《礼记·礼运》）的伟大时代。在大禹真正掌权之后，儒家研究者认为社会的根本性质已经发生了不可逆的改变，并认为这种改变是时代和文明的倒退。这当然是以儒家的伦理文明为基础、相对于理想中的尧舜时代社会而言。

大禹时代后期的上古社会，随着治水而产生的社会变化，逐步以制度化的形式固定下来。上古社会人群在艰难地适应这种社会变化的过程中，社会矛盾和阶级分化已经达到了无法调和的地步。这也就同时意味着，从近古时代黄帝开创的联盟社会形式的政治体制传承至大禹时代后期时，已经趋于绝对的饱和状态。历史正在催生新的社会形式和文明形态，但这一社会和文明变革的阵痛，不可避免地为当时社会的人类带来了挥之不去的阴霾。

通过考察相关古典文献，我们发现了处于这一文明变革阵痛期的根本社会变化。这种社会变化不但包括外在制度形式上的改变，最终的根源表现在由于利益冲突的尖锐化和利益关系的复杂化，进一步致使天下民心的离异化。[2]

在大禹巡行天下期间，途中遇到一个老年罪犯拦路高呼，希望见大禹一面。大禹出车，恭敬沉痛地询问老人有何事。老罪人愤愤高呼：天下不公。大禹听

---

[1]　《中国原生文明启示录》（全三册）第73页，孙皓晖著，中信出版集团有限公司，2016年10月。

[2]　同上。

完，无言以对，泪流满面。随行的官吏错解大禹之心，对大禹说："夫罪人不顺道，故使然焉。君王何为痛之至于此也？"大禹摇头回答说："尧、舜之人，皆以尧、舜之心为心。今寡人为君也，百姓各自以其心为心，是以痛之也！"（《说苑·君道》）

从这段记载中我们可以发现，尧舜时代一直传承的古老文明法则到大禹时代的后期已经出现了不可逆的改变。这种改变的根本体现于大禹所说的"百姓各以其心为心"（《说苑·君道》），而不复尧舜时代的"天下为公"了（《礼记·礼运》）。

说尧舜时代天下为公，不过是后世记载者带有目的性的溢美之词，我们对此不做深究。但是我们能够确定的一点是，在大禹时代的后期，天下民众各自只关注自身的利益，民众对最高权力联盟的无条件拥戴已经不复存在。研究者将这种社会变化解释为：因为巨大的利益冲突，使当时的天下民心产生了离异化。[1]

从文明的发展进程来看，这种天下民心之间的离异化是必然会经历的阵痛期。它代表着时代的进步和文明的发展，是直接推动上古时代社会由联盟制进化到国家制形态的根本动力。

联盟制社会的崩溃和具备国家雏形的新社会形态文明的诞生，其主要推动力除了民众之间的各为其利以外，还包括整个社会对治水期间的种种流言与非议。即使最终治水成功以后，整个社会和各个族群之间多年积累的种种矛盾也不可能突然随之消失。

另外一点是，治水期间殷契与后稷族群已经与大禹族群产生了不可调和的矛盾，皋陶和伯益族群虽然与大禹族群之间的矛盾没有发展到不可调和的地步，但是两者之间依然存在种种矛盾与利益的多样冲突。[2]因此，从整体社会民众发出"天下不公"的不满，到联盟高层与各族群之间不断深化的矛盾冲突，都直接威胁着联盟权力，当然也直接促使着新社会权力形态的诞生。

大禹最终对联盟时代的全面突破有两件事最具典型特征，这两件事都与各族群之间曾经潜藏的不满和不断深化的矛盾密切相关，最终经过不断酝酿爆发为公

---

[1]　《中国原生文明启示录》（全三册）第73页，孙皓晖著，中信出版集团有限公司，2016年10月。

[2]　同上。

开的权力挑战。[1]

第一件事发生在大禹治水成功以后。大禹曾经在会稽山下举行过一次祭奠群神的大规模庆典。其根本目的在于巩固和强化自己在治水期间缔造的威望，实质意义则在于借助神的名义树立新秩序的威权。[2]这件事发生在大禹逼迫舜帝退位之前，因此大禹举行庆典的目的除了树立威权之外，其中还隐藏着观察天下族群人心向背的意思。以大禹治水期间在天下族群中缔造的巨大威望来看，这一点应当是毫无疑问的，但在发出庆典邀请以后，却发生了意外。发出祭奠群神的号令后，防风氏族群和其首领迟迟不来参会，表现出对大禹权力的极度轻视和公开挑战。[3]

第二件事是曾经被舜帝流放到西部山区的三苗族群再度开始作乱，公然以武力掠夺联盟地区的大量土地。此举实际是针对最高权力联盟再次发出的实际性挑战。[4]这次挑战的目的，毫无疑问是针对新诞生的大禹权力联盟而来。

此时的大禹和其权力核心必然也深刻意识到，社会的种种变化和公开爆发的挑战背后所隐藏的根本目的是对准大禹权力联盟而来的。大禹权力核心采取的对策，是强硬性应对。[5]

大禹权力核心的这次强硬性应对完全打破了五帝时期以来，尤其是尧舜时代以来的怀柔安抚之法，这件事是大禹解决不断深化的社会矛盾和促使新社会权力形态诞生的最根本举措。[6]

大禹的第一个强硬举措是，派遣皋陶通过执法威慑天下民众：必须服从大禹！并以刑罚和杀戮的方式对新生的大禹权力联盟进行彻底的维护。[7]这就是《尚书·皋陶谟》的由来。

从这时开始，上古时代的社会政治发生了根本性的改变。研究者认为，从黄

---

[1]　《中国原生文明启示录》（全三册）第 73 页，孙皓晖著，中信出版集团有限公司，2016 年 10 月。

[2]　同上。

[3]　同上。

[4]　同上。

[5]　同上。

[6]　同上。

[7]　同上。

帝时代开始的近古时代社会虽然有大争夺战争，但是在非战争时期的日常性社会治理中，是非常看重以道德声望服人的，这就是所谓的"圣王德治"。但大禹在掌握联盟最高权力后却选择了丢弃这一传统，笔者认为这意味着文明发展至此时的中国上古时代社会正面临着不可调和的巨大矛盾。说明此时的社会利益冲突已经无法通过依靠道德声望来协调和协商解决。历史文明的发展进程，在时势使然和大禹权力核心的有意识选择下，通过强迫性力量巩固和维持社会新秩序的需要的态势已经形成。[1]

第二十三节　大禹时代后期的威权政治

在治水工程完成之后，大禹最大的时代作为就是创建了具有强制性的威权政治体系。这种强制性政治的根本依靠是以常备军为核心的武装力量，但其与黄帝联盟时代的师兵具有本质区别。师兵的存在，其本质仍然是民兵，特点在于有事则聚、无事则散，各自从事生产活动等；但大禹时代的常备军力量，其根本催生动力源自大规模和长时期的特殊性群体活动，即治水工作。这种特殊性社会群体活动涉及人员众多、范围极广，更兼各类繁杂事务。在这一现实情况中，治水机构必须拥有强大稳定的军事力量，才能有效维护治水工作的法度。[2]

除了这一现实社会需求之外，我们应当同时注意到在大禹时代后期的文明发展，已经能够承担使部分人脱离社会生产而独立从事武装行动的巨大社会成本。因此，为了维护新的社会格局和新秩序，治水中形成的常备军力量成为一直稳定的军事力量被保留下来。[3]

除了以强大的军事力量作为保障之外，研究者认为大禹时代发生的数次重大

---

[1]　《中国原生文明启示录》（全三册）第 74 页，孙皓晖著，中信出版集团有限公司，2016 年 10 月。

[2]　《中国原生文明启示录》（全三册）第 74-75 页，孙皓晖著，中信出版集团有限公司，2016 年 10 月。

[3]　同上。

事变，为其创建威权政治强制力量提供了现实的可能性。[1]梳理研究者的相关研究结论，我们可以将这一系列的重大事变予以归纳和解读。

第一个重大事变是，大禹成功举行了涂山大会盟。文献记载，大禹治水成功的初期，凭借其在治水工作中形成的极高威望，大会天下族群首领于涂山。[2]这毫无疑问是一次充满政治性的大会盟，但大禹在天下族群中凭借其治水缔造的极高威望，和此时天下洪水初退，贡赋、田地、各部族居住地规划等一系列重大问题都急需具有权威性的裁决机构进行重新规划，而没有遭到任何抵制和轻视。因为这牵涉到每个族群的实际利益分割，而大禹在治水过程中形成的极高威望使当时的天下族群直接忽略了最高联盟，默认选择了以大禹为核心的治水机构担任裁决者的重要角色。因此，大禹在治水成功后于涂山大会天下族群首领才能够取得巨大的成功。这也意味着此时大禹的声望与实际影响力已经超越了近古时期和上古时期前四任最高盟主——黄帝、颛顼、尧帝、舜帝，具有了普遍的威权性的号令力量。[3]

按照文献中的记载，大禹举行的涂山大会盟，天下族群近乎聚齐，这在上古时代以来实属首次。研究者注意到，如此盛大的天下族群大会盟，最重要的人物即当时名义上仍然担任着最高联盟领袖的舜帝竟然没有参加。[4]笔者认为这一反常事件具有两种不同的可能性：第一种可能的情况是这次天下族群大会盟不是以最高联盟的名义召开的，而是以大禹治水权力机构的名义召集的首领会盟，因此舜帝没有参与的必要；第二种情况则是，舜帝在此时已经受到大禹的实际控制，虽然不能确定其是否已经被禹逼迫退下帝位，但可以肯定的是，舜帝已经失去了实际权力和人身自由。

笔者分析认为，第一种观点是站不住脚的。理由在于，从这次会盟的规模看，在天下族群齐聚的大会盟中，作为最高联盟领袖的舜帝没有任何理由不到

[1] 《中国原生文明启示录》（全三册）第74-75页，孙皓晖著，中信出版集团有限公司，2016年10月。
[2] 《中国原生文明启示录》（全三册）第75页，孙皓晖著，中信出版集团有限公司，2016年10月。
[3] 同上。
[4] 同上。

会；从这次会盟的性质来看，这是为了庆祝彻底战胜困扰上古时代人群百余年的大洪水而召开的具有全体天下族群性质的大会盟，在这种全体性质的会盟中作为联盟首领的舜帝不到场，其向天下族群释放的政治信号已经不言自明。

以皋陶为首的最高联盟成员在大禹授意下，在事实上已经配合大禹完成了"禹逼舜"（《韩非子·说疑》）的政变全程，舜帝此时很可能和当初的尧帝下场一样，成了大禹的阶下囚。无论舜帝出于什么原因没有到会，这次天下族群大会盟都是一场具有政变性质的、大禹用来彻底巩固自我权威和确立其政治地位的会议。

第二个重大事变是，大禹和皋陶、伯益父子之间结成了高层政治同盟。[1]由于治水期间大禹族群和殷契、后稷族群都相继产生了不可调和的矛盾，因此此时能够呼应大禹的最高联盟成员只有皋陶、伯益父子了。从大禹发动政变逼舜帝退位的联盟会议中，皋陶、伯益父子与大禹的密切配合和相互呼应我们可以发现，至少在治水的中后期，大禹就已经和皋陶、伯益父子结成了牢固的政治同盟。

两者之间结盟的作用立刻显现出来：首先，大禹成功地借助这次结盟遏制了最高权力阶层对治水工程的非议；其次，大禹借助皋陶之力，通过强制手段消除了反对自己的社会阻力，扫清了大禹走向最高权力道路的障碍。这种空前的政治谋略的实施，本身就是一场重大政治事变的体现。[2]

第三个重大事变是，大禹以胁迫天下的方式确立了自己的特殊名号。[3]按照文献的相关记载，大禹摄政最高联盟首领权力的第十七年，舜帝病逝。三年丧礼之后，大禹回避了居住在最高联盟的舜帝之子商均，回到自己的老家嵩山阳城（《孟子·万章》）。

按照笔者之前的分析，在舜帝生命最后的至少十余年时间中，他是处于被夺权囚禁的状态之下生存的。已经实际掌握最高联盟权力的大禹，在舜帝病逝以后的回避行为，当然可以理解为后世儒家理念美化前代领导者或者借前人前事实行

---

[1]　《中国原生文明启示录》（全三册）第75-76页，孙皓晖著，中信出版集团有限公司，2016年10月。

[2]　《中国原生文明启示录》（全三册）第76-77页，孙皓晖著，中信出版集团有限公司，2016年10月。

[3]　同上。

教化需要的结果，但这也可能就是历史的真实情况。大禹这样做的目的在于，胁迫天下族群在自己和舜帝的儿子商均之间作出明确的选择，暗中目的是将这场政变的最终一步落实到位。[1]

事实果然如同大禹设想的一样，天下族群的首领在看透了这场政变中权力的最终归属后，毫无例外地跑到阳城去朝拜大禹，而没有人去朝拜身处最高联盟所在地的商均。这意味着天下族群最终认可和选择的最高联盟领袖是大禹。大禹接受天下族群领袖的朝拜后，应其请求回到最高联盟所在地继承了最高权力。[2]

初次胁迫天下族群获得胜利以后，大禹并没有就此收手。大禹在继承联盟最高权力之后，实施了一个具有首创性的政治举动，他明确宣布了自己和自己的权力机构名号——夏后。所谓夏，是大禹的权力名号；后，就是夏的帝。[3]这个帝，在大禹的威权政治中已经具有后世封建体系中皇帝之"帝"的内涵和实际指向，从根本上已经区别于从黄帝到舜帝以来的具有功能性指向含义的"帝"。

现代研究者认为，从现代国家理论的角度进行解析，此时大禹宣布的"夏"已经属于明确的国号；"后"也已经是明确的元首名号。这意味着大禹破除了上古时代以来的五帝社会长期延续的政治传统——权力机构无名号，最高盟主唯有帝号。这种重大的政治体制变化在当时的上古社会中一定引起了轩然大波，甚至引起天下族群的质疑与反对。但大禹集团在这次胁迫天下的重大事变之前必然已经做了充足准备和精心密谋。大禹借自己强大的威望和武装力量，以建立在强大的武装力量胁迫的基础上对天下族群进行说服。最终的结果是天下族群成功被大禹所胁迫，无奈之下接受了既成事实。[4]

第四个重大事变是，通过讨伐三苗族群，公开镇压敢于挑战新权威的最大族群。面对三苗族群的再度作乱，大禹选择了强硬性应对。有关研究者认为这次讨伐事件发生在舜帝去世以后、大禹执掌最高联盟权力的最后十年之内。[5]

---

[1] 《中国原生文明启示录》（全三册）第76-77页，孙皓晖著，中信出版集团有限公司，2016年10月。

[2] 同上。

[3] 同上。

[4] 《中国原生文明启示录》（全三册）第77-78页，孙皓晖著，中信出版集团有限公司，2016年10月。

[5] 同上。

研究者给出的理由是，只有在这一时期，大禹才有充分的权力和条件进行武装征伐。[1]

对于这一观点笔者持不同的意见，笔者认为讨伐三苗族群的战争应当发生在大禹政变成功、继承联盟最高权力的初期。笔者在前章中已经分析过，三苗族群的再度叛乱是大禹选择对联盟时代社会全面突破的节点，也就是说三苗族群的再度叛乱是大禹称"帝"的借口与理由。依照历史发展的逻辑推断，三苗族群再度叛乱的时期不会处于舜帝去世以后，而应当是在大禹政变成功、囚禁舜帝的初期。

总之，大禹讨伐三苗族群获得了成功，顺利实现了镇压部分敢于挑战新权威的天下族群。这次讨伐的胜利，在笔者看来是大禹正式确立最具强制性的社会威权政治的历史节点。这次讨伐三苗族群的胜利，足以说明此时大禹掌控的武装力量已经非常强大，并且实现了稳定性和常态化的掌控。

第五个重大事变是，通过诛杀防风氏树立威权政治，即杀人立威。[2]

在最后一年的南巡途中，大禹以祭祀天地群神的名义，下令会盟天下各族首领。这次大会盟中防风氏族群的首领不知因为什么原因迟到了，大禹在会盟当场下令杀死了防风氏。在此之前的联盟社会时期，一个大族群的首领参加会盟迟到几天是常有的事情，甚至于在此之前的天下首领会盟，是不具有强制性的。因此，大禹因为防风氏的误期而将其杀死，立即在当时的天下引起了极大的震撼。各族群首领因此而意识到，天下格局和权力性质已经隐隐发生改变，大禹的诛杀行为等同于向天下宣告：必须完全服从于夏后氏新政权，任何对新政权的挑战都是不能容忍的！[3]

这次大会天下诸侯之后，大禹还没有来得及回到北方联盟权力中心，即仓促病逝于会稽山（《史记·夏本纪》）。

大禹所创建的天下威权政治和新秩序并没有随着大禹的去世而消亡，甚至由

---

[1]　《中国原生文明启示录》（全三册）第77-78页，孙皓晖著，中信出版集团有限公司，2016年10月。

[2]　《中国原生文明启示录》（全三册）第78页，孙皓晖著，中信出版集团有限公司，2016年10月。

[3]　同上。

大禹掌控的武装力量发展而来的常备军队已经形成。研究者认为，此时的天下已经大体具备国家权力架构，国家形成所需要的强制力量也已经具备。但是潜藏的诸多社会矛盾和政治风险却并没有就此消除。随着大禹的去世，新生的天下威权政治和新秩序面临着巨大的考验。新生的初具国家形态的威权政治力量能否完成这一伟大的历史跨越，上古时代文明能否顺利实现向国家文明的伟大迈进，仍然存在诸多变数。[1]

---

[1] 《中国原生文明启示录》（全三册）第 78 页，孙皓晖著，中信出版集团有限公司，2016 年 10 月。

第二章

夏商时代

第一节　夏启政变

在大禹去世以后的天下和其新创建的威权政治中，所面临的第一个不确定因素和挑战就是传统权力的传承方式，即大禹之后的权力继承人应当是谁。[1]

按照以往的传承规律，一般是联盟最高领袖在位的末期就已经开始物色和培养新一代继承人，继承人通过最终考核之后即确定传位给他。也就是说在此之前的权力传承，无论是前一代联盟最高领袖出于自愿还是被迫而进行的传位行为，都是在前代领袖的生前时期完成的。[2]

但是在大禹继承最高联盟权力以后，事情却出现了微妙的变化。在大禹之前的近古时代和上古时代社会最高权力传承中，还没有出现过掌握最高权力的领袖在临终之前才确立继承人的事实，[3]这是大禹的首创。从大禹在传承最高权力时的某些细微变化中，我们似乎能够感受到一点儿不一样的味道。

作为一个在长期治水工程中成长起来的联盟领袖，大禹在最初阶段也遵循了上古时代社会权力传承的规则。在继承最高权力之初他就宣布了皋陶为自己的继承人，也就是下一代掌握联盟最高权力的领袖。[4]此事乍看之下似乎毫无问题，但倘若细细推敲，我们却能够发现大禹别具意味的用心。

首先一点当然是大禹和皋陶都是针对舜帝进行抢班夺权行动的核心谋划者和牢固的政治同盟，大禹此时仍然需要借助皋陶的威望和执法者身份，来遏制公开

---

[1]　《中国原生文明启示录》（全三册）第79页，孙皓晖著，中信出版集团有限公司，2016年10月。

[2]　《十三经清人注疏：尚书今古文注疏》第49页，（清）孙星衍撰，中华书局，2016年8月。

[3]　《中国原生文明启示录》（全三册）第79页，孙皓晖著，中信出版集团有限公司，2016年10月。

[4]　同上。

或者潜在的反对者。[1]

第二点则更能凸显大禹的别有用心：皋陶的年龄比大禹大了不少，因此在大禹登上帝位后不久皋陶就病逝了。[2]将一个行将就木的老者确立为最高权力联盟领袖的下一任继承人，甚至下一任继承人的年龄比大禹还要老，分析出这个逻辑之后，我们不得不怀疑大禹的用心究竟何在。

大禹的用心很快就显露了出来：当皋陶病逝之后，大禹宣布将皋陶的儿子伯益确立为最高权力联盟领袖的下一任继承人。在大禹完成大会天下诸侯之后，仓促病逝于会稽山，此时的联盟最高权力出现了瞬间真空（《史记·夏本纪》）。

按照之前的古老法则，拥有充分社会基础和族群支持度的伯益应当继承大禹的帝位，成为下一任最高权力联盟的领袖。伯益辅佐大禹治水的功绩、大禹生前就确立的最高权力继承人身份都是已经发生的既成事实（《史记·夏本纪》），但是在大禹的丧葬期间，历史的走向却发生了令人意想不到的转折。

安葬大禹之后，缺乏权力警觉性的伯益效法前代避让血统传承之法，跑到了偏僻的箕山南麓，即今天的嵩山地带居住（《史记·夏本纪》）。之前曾经说过，这种带有作秀成分的避让之法是对天下族群的胁迫行为。其目的在于，逼迫天下族群在前代领袖选定的最高权力继承者和前代领袖之子中，选择他们心中认可的新任最高领袖。在伯益之前，至少从形式上来看这种传贤不传子的最高权力传承方式都获得了成功。因此，我们可以推断此时的伯益对于天下族群首领将要来朝拜自己内心是非常笃定的。[3]

但让伯益始料未及的是，历史在伯益避让到箕山之后发生了意外，天下族群的首领没有去箕山朝拜伯益，反而去了最高权力联盟的所在地朝拜大禹的儿子启。启认为天下族群拥戴自己，便当仁不让地继承了帝位，随之公开宣布了自己的国号——夏，以及名号——夏后帝启（《史记·夏本纪》）。

这一巨大的政治事变很快就被伯益知悉，按照文献的记载，此时的伯益非常

---

[1] 《中国原生文明启示录》（全三册）第79页，孙皓晖著，中信出版集团有限公司，
2016年10月。
[2] 同上。
[3] 《中国原生文明启示录》（全三册）第80-81页，孙皓晖著，中信出版集团有限公司，
2016年10月。

愤怒，他此时终于发觉古老的权力继承法则被启破坏了。因此伯益立即着手谋划迫使夏启退位，夺回属于自己的权力。夏启也在不久之后得到消息，与其支持者结成同盟，对伯益族群实施了突然袭击。这场战争的结果是伯益族群战败，伯益被夏启势力杀死。[1]

夏启发动的这场政变最终取得了成功，上古时代以来权力传承的古老法则终于被公开地彻底破坏。夏启政变背后的文明逻辑在于，曾经以选贤禅让为代表的权力传承方式和公天下的价值理念转变为家天下的价值理念，全面恢复了血统制的权力传承规则。这意味着早期国家形态和制度，以及国家权力传承方式的正式确立。[2]从某种意义上讲，夏启政变代表着历史发展和文明演进的规律发展到了一个新的高潮。

按照相关传世文献和郭店简《唐虞之道》的记载，禅让制度的根本在于"禅而不传"，即尧舜之王是"利天下而弗专也"。[3]但事实真的是如此吗？从之前笔者分析尧舜和舜禹之间的权力传承逻辑来看，事实绝非如此。这里面一定隐藏着一个难见天日的血腥争夺，禅让传承的本质，就是政变。

从这个角度出发进行考量，伯益最终的继位失败乃至被杀，根本原因在于政变的失败。至于伯益政变失败的原因，司马迁在文献中作出了相关说明：因为"益之佐禹日浅，天下未洽，故诸侯皆去益而朝启。"（《史记·夏本纪》）这一说法的背后逻辑在于，夏启辅佐最高联盟政事的时间更长，夏启比伯益更具有才能和人望，更适合继承联盟最高权力。事实是否果真如此呢？[4]

伯益没有成功继承最高权力，表面看起来是因为夏启突然发动政变的原因，是因为益佐禹日浅、天下人心尚未归附于伯益的偶然因素所导致的。但仔细推敲就会发现，这场政变的根本主导者其实是大禹。

笔者之前已经分析了大禹的两点别具用心之处，第三点别具用心之处在于，大禹本人在其内心深处的真实想法，就是希望传位给自己的儿子启。但是由于禅

[1]　《中国原生文明启示录》（全三册）第80-81页，孙皓晖著，中信出版集团有限公司，2016年10月。
[2]　《中国原生文明启示录》（全三册）第81页，孙皓晖著，中信出版集团有限公司，2016年10月。
[3]　《中国通史大师课·1》第62页，许宏等著，岳麓书社，2019年10月。
[4]　《中国通史大师课·1》第63页，许宏等著，岳麓书社，2019年10月。

让制度的限制，大禹只能通过先选皋陶、再选伯益，给当时的天下族群制造一种传承禅让制度传统的假象。[1]之前笔者说过其中原因在于皋陶的年龄太大，而伯益又"佐禹日浅"尚未得到天下人心的归附，大禹两次选择的继承人都不具备接任最高权力的可能性。[2]那么，是谁造成了伯益面临的这种天下人心不附的局面呢？

当然是大禹。[3]按照前代的权力传承规律，当最高联盟领袖确定传位人选，继承人通过自己的考核之后，最高领袖就要退位或者放弃实际权力，由选定的继承人代理天下政事。

这一规律在大禹手中却遭到了根本性破坏，大禹虽然明确了伯益为自己的继承人，但却不给伯益施展自我才能的机会，不为伯益在天下族群中树立威望。甚至直到大禹百岁高龄崩逝于会稽山时，他都没有退位扶持伯益执政的想法和行动。从这一点我们可以确定，大禹心中真正选定的继承人是自己的儿子启，而不是伯益。[4]

文献中记载"禹名传天下于益，其实令启自取之"（《战国策·燕策》）。也就是说，大禹虽然在名义上将联盟最高权力传给了伯益，实际上大禹在幕后却通过种种隐蔽的方式，让启自己取得最高权力。因此，我们完全可以确定夏启政变的根本主导者是大禹，启是参与者和受益者。[5]

从以上分析来看，司马迁"益之佐禹日浅"（《史记·夏本纪》）的说法实际上想表达的意思是，启辅佐大禹和联盟高层的时间更长、功劳和威望更大，启比伯益更具有才能，更加适合继承联盟最高权力。[6]

历史的事实是否果真如此呢？

[1] 《中国通史大师课·1》第 63 页，许宏等著，岳麓书社，2019 年 10 月。
[2] 同上。
[3] 同上。
[4] 同上。
[5] 同上。
[6] 《中国原生文明启示录》（全三册）第 81 页，孙皓晖著，中信出版集团有限公司，2016 年 10 月。

第二节　夏启其人

　　根据现代研究者的相关考据和研究结论证明，我们现在能够看到有关夏启事迹和历史作为的材料非常少，这为夏朝历史和先夏文明的研究带来了巨大的困难。

　　关于夏启的出生和他在发动政变夺位之前的历史作为，文献的记载非常少。我们现在能够明确知道的是，大禹在治水期间路过涂山氏族群的聚居地，和这里的女子一见钟情，成婚之后两日就匆匆离去。当大禹再次因为治水路过涂山氏族群聚居地时，便得知自己有了一个儿子名字叫启（《史记·夏本纪》）。

　　以上关于启的出生信息来源于史料记载的大禹逼迫舜帝退位时的会议发言，经过笔者考证梳理后，呈现为以上所述的内容。

　　从启的出生时间节点推断，我们大致可以梳理出关于夏启人生早期的一些轨迹：夏启出生于大禹治水最艰难的时刻，当治水成功时夏启已经是十余岁的少年了；在大禹囚禁舜帝的十七年中，启从一个少年成长为了一个较为成熟的青年人；在大禹称帝的最后十年中，启则已经是一个四十余岁的中年人了。[1]

　　按照以上推断，我们有理由相信，在大禹的特意培养之下，从大禹治水的后期或者执政的前期开始，启一定是经常性参与最高联盟的政事。[2]这意味着大禹从登上帝位的一开始，就谋划着如何帮助自己的儿子在未来顺利成为联盟的最高领袖。我们也可以想见，启在参与政事的过程中才华充分展现，受到了最高联盟成员和天下族群的广泛认可；[3]另一方面，伯益在禹的刻意打压之下，即使有才华和能力也无用武之地。从这个角度出发进行考量，我们可以发现，伯益之所以没有继承帝位，根本原因并不在于司马迁所说的"益之佐禹日浅"（《史记·夏

---

[1]　《中国原生文明启示录》（全三册）第81-82页，孙皓晖著，中信出版集团有限公司，2016年10月。

[2]　同上。

[3]　同上。

本纪》），而是禹的有意安排和谋划。

在上古时代社会，族群间对天下领袖的选择更加看重的是能力与威望。在大禹二十余年的培养中，启经完全有可能牢牢掌握了天下人心的归附。因此，当具有胁迫性质的避让之法再度上演时，伯益却没有获得预期中的结果。启在大禹培养他的二十余年时间中，迅速成长为一个潜在的权力领袖，是完全可能的。[1]

据相关文献记载，在大禹向最高联盟报告治水成功的会议上，舜帝曾经提醒大禹：你的儿子，不要像尧帝的儿子丹朱那样傲慢沦落。大禹也特意提到启的出生经过，并说正是因为生了启这样的儿子，自己的治水大业才能成功。[2]

从文献中传递出的这一关键信息来看，大禹"家天下"的想法至少早在治水成功的时候就已经产生并且十分牢固，以至于舜帝都隐隐地察觉出来大禹的儿子将来极有可能继承最高权力，并对大禹作出了委婉的提醒。

结合以上所述，我们可以确定大禹的真实想法与《战国策》中所说"禹名传天下于益，其实令启自取之"是完全一致的。这意味着从尧到舜、从舜到禹之间选贤禅让制度的权力继承逻辑并不成立，从禹传位夏启开始的家天下血统传承，才是历史中权力传承的根本走向和最终选择。

血统传承在历史中的产生，是大禹的首创吗？考察相关文献我们就会发现问题的答案——这非但不是大禹的首创，反而还是受到广泛认可的古老权力传承法则。

黄帝崩，葬桥山。其孙昌意之子高阳立，是为帝颛顼也。

颛顼崩，而玄嚣之孙高辛立，是为帝喾。

帝喾高辛者，黄帝之曾孙也。

帝喾……生放勋……放勋立，是为帝尧。

尧知子丹朱之不肖，不足以授天下，于是乃权受舜。

尧崩，三年之丧毕，舜让辟丹朱于南河之南。

舜子商均，亦不肖，舜乃预荐禹于天。

（舜）崩……三年丧毕，禹亦乃让舜子，如舜让尧子；诸侯归之，然后禹践

[1] 《中国原生文明启示录》（全三册）第81—82页，孙皓晖著，中信出版集团有限公司，2016年10月。

[2] 同上。

天子位。

（帝禹）至于会稽而崩，以天下授益。三年之丧毕，益让帝禹之子启，而辟居箕山之阳（《史记·五帝本纪》）。

从以上这段文献记载的内容来看，血统传承制度的由来至少从黄帝时代就已经开始了。因此，这绝非大禹的首创。按照这段记载我们可以发现，真正具有毫无血缘关系的、完全是通过"禅让"方式得到帝位的人，只有尧、舜、禹三代。

无论是在尧舜禹之前，还是在尧舜禹之后，都不再存在真正意义上毫无血缘关系的禅让。那么禅让制度在这一历史时期的出现就显得非常突兀，不得不令人怀疑。

禅让制度的出现，首先是其历史逻辑存在极大的断环；其次再结合上古时代社会的客观社会环境、人群之间的生活状态和大争夺心态的余波效应，以及其他文献中关于最高权力的传承完全不同于禅让制的残酷争夺记载，和在文明发展进程中断崖式的文明上升与回落而形成的文明发展悖论，我们完全有理由相信，禅让制度的本质和这种传承方式，是后人根据既成事实再结合自我的想象和希望而制造的美好愿景，其根本目的依然是借古讽今。

有关研究者认为，上古时代的最高权力传承存在两种情况，即血统传承与禅让制度传承两者共存，并行不悖。[1]

当尧帝禅让给舜帝时，出现了被举荐的受禅者避让前代领袖儿子的潜规则。例如舜帝避让尧帝之子丹朱、大禹避让舜帝之子商均、伯益避让大禹的儿子夏启。之前已经说过，这种避让的实质是主动让出权力空间，目的在于胁迫天下族群作出最终的归属选择。[2]在历史中这种避让形式的产生，究竟意味着什么呢？

研究者认为，避让制度的存在其意义在于：被禅让者主动让出权力空间，胁迫社会重新作出选择，在前代领袖之子和受禅者之间重新选定其支持者继承帝位。[3]即，避让制度的根本，是受禅者以退为进的手段。

避让制度的产生，是由于近古社会对血统之间的权力继承有深厚的敬畏感。

---

[1] 《中国原生文明启示录》（全三册）第83-84页，孙皓晖著，中信出版集团有限公司，2016年10月。

[2] 同上。

[3] 同上。

即使前代领袖已经确定了继承人，但近古社会依然不排斥前代领袖的嫡亲继承权力。[1]也正是因为这个最高权力的传承逻辑，才可能使"舜囚尧、禹逼舜"（《韩非子·说疑》）的历史逻辑能够讲得通。

最高政治权力的运作与传承，是一种宏观管理。在信息传递不发达的时代，这种建立在经验积累的基础上进行的权力运作的传承法则，对前代最高领袖的嫡系子孙具有极大的优势。如果前代领袖的子孙继承最高权力，由于其成熟管理经验的传承，社会出现混乱和动荡的概率便会大大降低，社会法度和现行制度的持续性和稳定性才更加容易持续下去。[2]

因此，我们有理由相信真正意义上的禅让制度从未出现过，血统传承制度始终是社会权力传承的根本法则，这是顺承最高权力；其次便是逆取最高权力，"舜囚尧、禹逼舜"就是最为典型的代表。

从这个意义上来看，我们就可以对"夏（禹）传子，家天下"（《三字经》）的历史行为具有更加深刻的理解了。

这种血统制度的最高权力传承，并非突兀地从大禹时代开始出现，而是在大禹之前就古已有之的权力传承法则。与之相反，选贤禅让的最高权力传承制度，才是与文明发展规律相悖的，我们甚至有理由相信这种制度并未在历史中真实存在过。

根据世界古文明史研究专家的相关研究结论来看，文明发展处于这一历史时期的世界各民族，其权力体制普遍实行的是血统制传承。[3]因此，这是一个具有十分深厚的时空性和广泛的地域性的古老传承法则。从这个意义上来看，大禹"名传伯益，实令启自取"的动机和夏启杀伯益而夺位的历史行为便能够解释得通了。夏启夺位的历史变局，因此也就不再是完全缺乏社会根基的突兀事变了。[4]

---

[1] 《中国原生文明启示录》（全三册）第83-84页，孙皓晖著，中信出版集团有限公司，2016年10月。

[2] 同上。

[3] 《中国原生文明启示录》（全三册）第84页，孙皓晖著，中信出版集团有限公司，2016年10月。

[4] 同上。

第三节　夏启时代

当夏启发动政变成功，杀死伯益、消灭其势力进而继承天子之位时，夏启政权时代的社会中爆发了自上古时代社会至国家雏形时代的形成以来最大的一次政权挑战——有扈氏不服（《尚书·甘誓》）。

有扈氏所谓的"不服"随之带来的结果，当然是要起兵发动政变。有扈氏发动政变的名义是，起兵驱赶悖逆的夏启，恢复古老的禅让制度，为伯益夺回属于他的最高领袖权力和地位。我们不难想见，有扈氏族群具有这样的想法，并将自己的不服转化为实际的军事行动，足可见有扈氏族群拥有的强大实力。[1]

居住在地理位置处于今天关中地区的有扈氏族群，是当时天下的一个特大族群。他们不但拥有雄厚的人口实力，并且具有相当强大的武装力量。这次起兵的原因又是为了帮助伯益夺位、恢复古老的禅让制度。如此看来因为有扈氏的不服而带来的军事行动并非发动无名之师，反而是具有相当战争正义性的征讨。[2]

刚刚成立的夏启新政权立即面临着第一次严重的武装威胁，新诞生的国家文明雏形能否顺利延续和发展？

夏启对有扈氏不服的根本原因当然是心知肚明，因此两者之间的一场大战是不可避免的了。但令人意外的是，这场大战竟然成了中国历史上有记载以来的首次"天子"统军亲征。[3]这是文明发展的一个重大转折，是联盟时代向国家时代过渡时期的唯一一次"天子"亲征。在某种意义上来看，这种"天子"亲征也可以看作是国家时代形成的一个标志。夏启的这次亲征，对天下族群的震慑力是前所未有的。

夏启统军亲征，在战争开始之前亲自发表了中国历史上第一篇军阵讨敌动员

---

[1]　《中国原生文明启示录》（全三册）第85页，孙皓晖著，中信出版集团有限公司，2016年10月。

[2]　同上。

[3]　同上。

令，即《尚书·甘誓》。文中不但说明了这次战争的起因是因为有扈氏不服，并且说明了战争的地点在甘，还交代了作战的原因和具体作战方式，以及针对参战者的赏罚情况："嗟！六事之人，予誓告汝：有扈氏威侮五行，怠弃三正！天用剿绝其命！今予惟恭行天之罚！左不攻于左，汝不恭命；右不攻于右，汝不恭命；御非其马之正，汝不恭命！用命，赏于祖；弗用命，戮于社，予则孥戮汝！"

这次战争的最终结果是，夏启并没有迫使有扈氏臣服于自己，而是坚决消灭了有扈氏族群。在这一次战争中，大禹所创立的威权政治发挥出前所未有的威慑力。还没有走出上古社会的众多族群，第一次领略了国家常备军的巨大威力。对有扈氏的征讨和取得的最终胜利，是夏启胁迫天下臣服的强力手段。此战过后，对夏启夺位和发动政变的种种潜在的议论与不满，很快就消失了。

按照文献的记载，夏启消灭有扈氏族群之后，很快就出现了"天下咸朝"（《史记·夏本纪》）的政治局面。这意味着夏启的政变取得了彻底的成功，联盟时代的人们在国家常备军的强大武力震慑之下，很快接受了威权政治下的国家时代社会。夏王朝政权和其缔造的国家文明时代，自此开始拥有了稳定的根基。[1]

夏启和有扈氏在甘地的这次战争，可以看作是中国上古时代文明向国家时代文明形态迈进的最大转折和历史跨越。[2]

根据现代研究者的相关考证，今天陕西省关中地区的户县（今西安市鄠邑区）有个村庄名曰有扈村。在 1964 年 9 月之前的户县写作鄠县，根据相关文献的记载可知，现在的户县就是夏朝初年的有扈氏之地，称为扈国。秦朝时期，改扈为鄠县，显然这就是古老的有扈氏的居住地。研究者经考证发现，如今户县秦镇的扈氏村就是当年有扈氏的后裔所在地。[3]

这一考证结论的确认，让人深感民族历史的沧桑和文明脚步的久远，但同时又使人们感受到那古老深远的文明记忆对今天的人来说，是多么清晰和真实！

根据文献的记载和相关学者的考证可知，夏王朝在夏启的治理下逐步趋于稳定，文明的发展具有了时代性的跨越。夏启去世后，他的儿子太康继承了王位。

---

[1]　《中国原生文明启示录》（全三册）第 85—86 页，孙皓晖著，中信出版集团有限公司，2016 年 10 月。

[2]　同上。

[3]　同上。

在此之后的四百余年中，夏朝政权历经多次更迭反复，不甚稳定。

太康继位初期不理朝政，喜爱四处田猎。当时东夷部落有穷氏族群的首领后羿，借机带领人马推翻了太康的统治。在羿代替太康执政期间，太康逃到国都之外，羿却受到当时夏朝民众的欢迎。[1]因此羿的夺位行为在某种程度上来说是顺应了民意，是文明发展的必经之环。

羿登上王位不久，又因为沉溺享乐被其部下寒浞夺位。寒浞担心太康的子孙会再次从他手中夺位，就将他们几乎赶尽杀绝。[2]

太康的后人中有一位名叫相的人，相也受到了寒浞的诛杀，但他怀孕的妻子却顺利地从屋后的洞里偷偷逃跑，最终生下相的遗腹子，名叫少康。少康长大之后积极谋划着恢复夏朝，他联系各个部落中的支持者，逐渐培植了自己的力量。最终依靠自己发展的军队和支持者部落成功推翻了寒浞政权，成为夏朝国君，史称"少康中兴"。[3]

少康时代之后，当他的后代予登基成为天子时，夏朝文明的发展达到了最繁荣的时期。[4]由于相关史料和文献的缺失，我们现在已经很难探究当时的具体情况了。历史的细节和文明发展的具体进程，已经不可避免地随着时间而远逝，我们也只能大致对夏文明的发展脉络进行一番极为简略的探寻与描述。

在少康中兴之后的四百余年历史中，夏朝政权几经跌宕。按照史学家的研究和阐述，夏朝政权的多次跌宕最主要的原因在于，有史以来第一个王朝的特殊性——松散的联邦制国家，其潜在的政权危机远远高于后世。[5]国家文明的发展进程在夏朝还处于生长期阶段，中央王权的直辖地仅仅限于王族族群的居住地区。夏朝的王权力量与众多的特大族群相比，依然处于弱势地位。因此夏朝面临的实际情况是，其下属的诸侯国绝大多数是自发性政权，而夏朝王权往往对这些自发性政权予以承认。[6]也就是说夏王朝时期的诸侯国，其出现和中央王权对其

---

[1]　《中国通史大师课·1》第 65-66 页，许宏等著，岳麓书社，2019 年 10 月。

[2]　同上。

[3]　同上。

[4]　同上。

[5]　《中国原生文明启示录》（全三册）第 86-87 页，孙皓晖著，中信出版集团有限公司，2016 年 10 月。

[6]　同上。

的实际控制力度，与商周时期具有根本性差别。

在这种主弱臣强的社会局面下，夏朝时期的政权动荡和战争频繁也就具有了合理性的历史解释，这本身就是文明发展融合的一种体现。夏朝时期的历史进程说明，刚刚从上古时代社会跨越到国家文明开端时代的联邦制国家体系，依然处于多元政治的动荡之中，并没有进入真正稳定的成熟时期的国家文明形态。[1]

历史学家经过考证之后认为，夏朝政权灭亡于公元前17世纪，从大禹、夏启父子开创夏文明和夏朝政权以后，共传承17位王，政权存在时间为471年。[2]

夏王朝缔造的从上古时代向国家时代的伟大文明跨越，是继黄帝时代之后又一次具有历史性意义的文明跨越，夏朝文明对在其之后出现的商周文明和商周国家时代的发展具有决定性意义。夏朝先民在治水实践中创造的疏导之法是伟大的文明变革，创立了上古时代文明中独一无二的井田制，在根本上改变了洪水时代形成的新一轮社会无序大争夺局面，开创了极具和谐性的农耕文明形态。在夏代生成的这种农耕文明生存方式，是后来文明发展演进过程中最为重要的强大积淀和稳定的历史基因。[3]

第四节　夏代文明析古

通过考察文献中关于夏朝文明和历史的相关记载，我们可以发现，最具系统性和完整性的文献当属《尚书》和《史记》中的有关篇目。但是《史记·夏本纪》中虽然记载了夏朝文明发展的大致脉络和世系传承，然而有研究者对相关记载的依据来源是否可靠始终持怀疑态度。

20世纪50年代，中国科学院考古研究所的专家徐旭生带领团队，在河南和山

---

[1] 《中国原生文明启示录》（全三册）第86-87页，孙皓晖著，中信出版集团有限公司，2016年10月。
[2] 同上。
[3] 《中国原生文明启示录》（全三册）第87页，孙皓晖著，中信出版集团有限公司，2016年10月。

西一带进行夏墟的探寻工作，希望能够从考古学方面证明夏朝在历史中的客观存在。徐旭生团队经过大量考察最终确定，河南偃师的二里头文化遗址是介于龙山文化和二里岗文化之间的一个重要文化遗存，这就是后来的二里头文化。[1]

随着二里头文化的发现和确定，从考古学研究的地层分析来看已经不存在缺环。这意味着从仰韶文化到龙山文化、二里头文化、二里岗文化的地层已经能够完全衔接上。如果夏朝文明在历史中真实存在，那么其地层一定是介于这几种文化的地层之间。[2]

研究者认为与夏朝文明的产生时代最为接近的是二里头文化，因此在很长一段时间内学术界都认为二里头文化就是夏朝文明的历史遗存。[3]但是二里头文化本身被学者划分为四个地层，二里头文化的这四个地层是否全部属于夏朝文明的历史遗存，还是四个地层中的某一部分属于夏朝文明的遗存？学术界目前对此尚无共识性的最终结论，我们只能期待进一步的研究发现。[4]

如果夏朝确实是曾经存在于中国历史中的一个王朝，那么它一定对文明的发展演进产生过十分重要的影响。假设夏朝是在早期时代的河南和山西一带存在过的一个政权，那么毫无疑问，它的文明遗存一定是保存在从龙山文化到二里头文化、再到二里岗文化之间的这个地层段里。[5]

无论未来的研究结论如何，至少从现阶段的学术研究来看，在有关夏代文明探索的相关材料中，《史记·夏本纪》是非常值得研究者高度重视的。一个有力的证据是，从甲骨文的发现和研究来看，《史记·殷本纪》中所记载的商王朝各王的世系都已经通过甲骨文研究的相关结论得到了证实。这意味着司马迁在写作《史记》的过程中，一定是掌握了某些后人没有了解和无法看到的材料。[6]因此，我们可以据此推断，既然《史记·殷本纪》的记载内容被甲骨文证实了其可靠性，那么《史记·夏本纪》是否同样具有真实性和科学性？[7]尽管我们目前没

[1]　《中国通史大师课·1》第 68 页，许宏等著，岳麓书社，2019 年 10 月。

[2]　同上。

[3]　同上。

[4]　《中国通史大师课·1》第 68-69 页，许宏等著，岳麓书社，2019 年 10 月。

[5]　同上。

[6]　同上。

[7]　同上。

有办法对其进行相关证实，但根据文明探索技术的发展和《史记》中的其他内容不断被证实为真实的历史来看，我们完全有理由相信《史记·夏本纪》中记载的内容也是真实可靠的。

尽管现代考古研究尚未发现完全与夏朝文明相对应的古代文字遗存，[1]但根据笔者在前章中的叙述：一种被广泛应用的、具有系统性的文字，不可能毫无根据和演进变化规律地突然在历史中出现，它一定经历了从诞生到不断演进及成熟的漫长过程，这是文字发展的客观规律。因此，我们有充分的理由相信，夏朝文明一定有和其时代相对应的文字。从历史发展过程来看，目前已知的夏朝历史绝大多数是真实可靠的。[2]

如果我们承认古典文献和出土文物的真实性和可靠性，那么不断出土的简帛、青铜器和传世的古典文献其时代原版的不断发现，都在向人们证实着夏朝的确是中国历史中曾经真实存在的政权，文献记载中的夏王世系也是具有相当历史可靠性的真实传承。

通过系统梳理历史和文明的演进规律，我们可以发现，在大禹时代之后不过五六百年时间，殷墟甲骨文所使用的文字已经达到了五千余个，目前能够辨识确认的文字达到了两千余个。[3]殷商时期的文字并不仅限于象形一类，而是已经基本具备六书的类型，有许多的假借字和部分形声字。研究者根据文字的发展规律推断认为，从原始文字发展到殷墟甲骨文的程度需要两千年的时间，[4]这意味着在甲骨文形成之前的夏代，必然已经存在甲骨文的雏形文字。

除了文字之外，在大禹治平洪水之后农业得到振兴，这一时期由于农业的需要发明了一直沿用至今的历法——夏历。春秋时期的管仲曾说"诸夏亲昵，不可废也"，管仲所说"诸夏"而不说"诸周"，可见其代代相传的有关夏朝时期形成的文化观念，在当时社会已经深入人们内心，甚至超过了政治意义上的周朝。[5]

---

[1]　《中国通史大师课·1》第 69 页，许宏等著，岳麓书社，2019 年 10 月。

[2]　同上。

[3]　《中华史纲》第 37 页，李定一著，重庆出版社，2019 年 6 月。

[4]　《中华史纲》第 37-38 页，李定一著，重庆出版社，2019 年 6 月。

[5]　同上。

夏代是中国青铜文明的肇始时代，禹铸九鼎于天下就是有力的实证。商代的青铜文明其实质是对夏代青铜文明的发展和改进。根据相关文献的记载可知，中国最早有金属的记载是在黄帝与蚩尤大战的时代，相比大禹时代还要早六百年。根据研究者考证，金属的最早应用可能是武器，其次是祭祀用品，再次是生活用具。[1] 有关于夏代已经进入文明史中的青铜时代这一说法，不但获得了广泛的社会认同，更兼具考古研究方面的明证。

在针对夏朝和夏代文明的考古研究中，学者一般认为在山东龙山发现的黑陶文化疑似是夏代文化的遗址。同时河南安阳殷墟之后岗，其发掘报告显示，掘出的上层为灰陶，中层为黑陶，下层为彩陶。因此研究者大致可以根据这一现象确定彩陶时代早于黑陶时代，黑陶时代早于灰陶时代。但是关于黑陶文化是否根源于彩陶文化，灰陶文化是否和黑陶文化一脉相承，考古学界至今尚无定论。[2]

研究者的一般推论认为，彩陶文化（仰韶文化）代表五帝时期，黑陶文化（龙山文化）代表夏代时期，灰陶文化（安阳殷墟）代表殷商时期。我们目前能够确定的是，在安阳殷墟发现的灰陶文化，在多重史料文字证据的相互证明下，已经可以确定其为殷商时期的文化代表。但在龙山发现的黑陶文化是否为夏代文明的遗存，至今尚无定论。[3]

20世纪50年代末期，考古学家徐旭生曾经率队在河南偃师二里头进行考古工作。徐旭生在此发现的一个大规模遗址，被当时的研究者高度怀疑认为其是夏代遗址，因此当时即命名为"夏墟"，这就是后来的二里头文化遗址。[4]

多年考古研究结论证明，二里头文化的分布范围十分广泛，以河南西部为中心，西到陕西东部，东到安徽西部，南到湖北，这里地理范围的分布与史料文献中记载的关于夏代文明的活动区域十分相符。另外从相关出土文物判断，包括祭祀礼仪性质的青铜器、金属制武器和铁器农具、工具等进行的碳十四测定结论显示，该文物群的产生年代处于公元前2080年至公元前1620年之间，大体上符合古

[1]　《中华史纲》第37-38页，李定一著，重庆出版社，2019年6月。
[2]　《中华史纲》第39页，李定一著，重庆出版社，2019年6月。
[3]　同上。
[4]　同上。

典文献中关于夏朝年代的记载。[1]

考古学家对二里头遗址出土的文物进行研究后认为，其中的青铜礼器由四件块范连合而成，制作过程复杂，因此可见二里头遗址出土的青铜礼器是一种精密细腻，制作工艺相当成熟的产品。在安阳发现的高133厘米、重8750千克的方鼎，其制作工艺与二里头遗址文物的制作工艺一脉相承，是以同样的方法制作而成。[2]这项发现完全能够证明，商代发达的青铜文化绝对不是凭空出现，而是必然经过长时期的文明发展和演进。我们完全有理由相信，商代高度发达的青铜文化就是在夏代青铜文化的基础上传承和发展而来的，商代青铜文化绝对不是一种孤立的文化，必然有其历史传承。从这个角度出发进行考量，意味着夏代文明曾经在历史中的客观存在是毫无疑问的。

除此之外，倘若我们对目前已经发现并确认夏代之前的文化遗存予以承认，而又对以甲骨文和青铜文化为代表的殷商文化予以承认，那么从文明的发展逻辑来判断，在这中间必然有一种文化遗存承担着两者之间的连接和延续。

从甲骨文研究的结论来看，夏代的后裔如杞、曾在甲骨文中都有显示，研究者认为他们是作为商代地方诸侯的身份而存在的。例如："丁酉卜，殼贞：杞侯规弗其骨凡有疾？"；"乙未［卜］，贞：立事［于］南，右从［我］，中从舆，左从曾？"[3]

以上甲骨文卜辞中所提到的曾、杞两国都是夏朝人的后裔，他们与宋国为商朝人的后裔一样，在夏朝灭亡后被商汤封为诸侯。[4]除此之外，"六"是大禹时期封的一个诸侯国，直到商代晚期六国还存在。一个有力证据是，甲骨文卜辞记载：贞于六。[5]甲骨文中另外有记载的"戈方"，研究者认为是夏朝后裔的一个分支；雇国是商汤伐桀时期征伐的一个诸侯国，在商汤灭夏成功以后，雇国依然存在，其地位是军事要地。后代商王经常来到雇地的记载多见于甲骨文中，例

---

[1] 《中华史纲》第39页，李定一著，重庆出版社，2019年6月。

[2] 同上。

[3] 《甲骨文中的夏代痕迹》朱彦民撰，原载《天津日报》，引自：亚洲考古，2021年1月12日期。

[4] 同上。

[5] 同上。

如："癸卯卜，行，贞王其步自雇于，无灾。在八月，在师雇"。[1]

以上见于殷墟甲骨文中的杞、曾、六、戈、雇五个诸侯国，我们可以确定都是在夏朝就已经受封的诸侯国，在商代被续封。[2]这是能够证明夏朝在中国历史中客观存在的最直接和最有力的实证。

在二里头遗址中出土陶器上所刻的类似于殷墟甲骨文的符号，有研究者将其称之为陶文。[3]这些文字虽然在目前的研究中仅能作为辨别之用的符号，无法确定为对事的记述，但我们仍然不妨将其作为甲骨文之前的某一类早期文字进行研究。

除了文字之外，最受研究者关注的是在二里头遗址附近出土的宫殿遗址。宫殿建筑在高出地面近1米的土台上，殿堂长约30米，宽约11米，面积达到了330多平方米，殿堂前面大厅的面积大约5600平方米，足以容纳上万民众。从二里头宫殿遗址的建筑规模推断，建造这样大规模的宫殿必须动用大量的工人，并且具备强大的后勤保障。虽然其规模远远无法与治水工程的人员数量相比，但要同时动用如此大量的人工和后勤保障力量，并要完成建造如此恢宏气派的建筑，这显示出当时必然有一个强有力的权力中心存在，[4]承担着类似于治水权力中心的总枢纽功能。

考古学家认为，二里头遗址是目前为止我国首次在考古发掘工作中证实的、具有明显权力中心指向的文化遗址。[5]因此，夏朝作为在中国历史中曾经真实存在的政权、夏代文明作为连接联盟时代文明和殷商文明的重要节点，是毫无疑问的。

第五节　早期殷商时代

在夏朝之后开始的殷商时代，因为甲骨文的发现和以青铜器为代表的种种商

---

[1]　《甲骨文中的夏代痕迹》朱彦民撰，原载《天津日报》，引自：亚洲考古，2021 年 1 月 12 日期。

[2]　同上。

[3]　《中华史纲》第 39 页，李定一著，重庆出版社，2019 年 6 月。

[4]　《中华史纲》第 39-40 页，李定一著，重庆出版社，2019 年 6 月。

[5]　同上。

代文物的出土与铭文释读所取得的进展和相关工作成果，似乎使这一时期的历史和文明发展情况更为清晰和真切。有学者将殷商时代称为民族的童年时代，将甲骨文的发现比喻为遥远年代之前传来的童年的歌声，这是十分贴切的形容。

我们已经发现的丰富史料和可信的文字实证材料，使现代学者对殷商时代文明的探究工作获得突破性进展。对殷商文明的回望和解析，对于今天的人来说具有十分特殊的意义。有关民族文明发展的许多方面，都深深根植于那个遥远的时代。

根据古典文献的记载，在夏朝之后延续历史文明的是商人族群。商人的始祖名叫契，据说在有娀氏部落有个名叫简狄的女子，是帝喾的妃子。她在山涧沐浴时天上飞来一只玄鸟，玄鸟产下一卵被简狄吞食，不久之后简狄因此而生下一个男婴，名曰契（《史记·殷本纪》）。

按照研究者对这则神话的解读认为，"玄鸟生商"的说法之所以广为流传，是因为契的亲生父亲地位卑微，不方便公开说明，所以托名神话。[1]笔者认为研究者的这一解读具有合理性，从后代汉高祖刘邦的实际出身和史料记载中的说法来看，便可知这种托名神话的传统由来已久，并且深受统治者的青睐。

根据历史发展的逻辑进行分析，早期殷商族群的形成是在舜帝时期，部分研究者认为应当是在舜帝时代的早期。当时天下的具体情况是，许多特大族群已经拥有稳定的实力，在其各自固定的居住地区从事农耕劳动。但许多散居在山水草原之间的渔猎游牧族群还在各自为政，不但没有稳定的聚居地区，甚至也没有统一的首领。[2]

契的任务就是在这些散居族群之间四处活动，经过相当长的一段时间后，契成功地平息了这些族群之间的种种争端，让这些小族群成功消弭了许多小利益方面的争夺，并最终成功发动和领导这些小族群有效拓展了生存空间。迅速繁荣起来的这些小族群很快就形成了以契为核心的强大凝聚力，契在这时随着自我威望的不断提升也顺利地被众多小族群推举为共同的领袖。有关于契的神性传说，在这一时期开始流传于这些小族群之间，玄鸟生商的神话雏形最初便形成于这一历

---

[1]《中国原生文明启示录》（全三册）第89页，孙皓晖著，中信出版集团有限公司，2016年10月。

[2] 同上。

史时期。[1]

　　随着以契为核心而不断凝聚起来的小族群形成一定规模后，一个稳定的特大族群就此形成。其族群性质是以契为首领的渔猎商耕牧族群，这就是商族形成的雏形时期。在契辅佐大禹治水的过程中，因契的功劳而获得分封在商地，赐姓子氏。[2]

　　按照笔者在前章中的相关分析，在治水成功后的最高联盟会议上，大禹在其治水报告中曾经提到，辅佐自己治水最具功劳者是殷契族群，其次是后稷族群和伯益族群。但这一时期的历史因果在于，大禹族群此时还未与殷契族群和后稷族群之间发生决裂，这意味着大禹的政变行动至少在此时还尚未暴露。在治水成功之后，参与治水工程的四大族群其社会地位都有了大幅度的历史性跃升。[3]

　　在大禹族群与殷契族群产生决裂之后，契很快被大禹排挤出治水的权力核心。[4]但是研究者发现被禹排挤出治水权力核心之后，契和其族群并没有脱离治水工作。这意味着在与大禹族群决裂之后和治水取得成功之后的殷契族群，依然受到舜帝的信任。[5]研究者甚至认为作为特大族群的殷契族群，即便在此时受到大禹的排挤也没有丧失在天下族群之间的影响力。[6]

　　此后契的族群成员离开了最高联盟的所在地，被舜帝封到商邑，同时赐姓子氏；契本人依然留在最高联盟，被舜帝任命为负责管理民众教化的重要官员。[7]

　　综合不同时期的史料可知，契的封地商邑在今天河南省商丘以南的地区。按照近古和上古时代社会的传统，封地族群的名号是所有族群成员共同拥有的大姓，封地之内的各个族群都归属于这一名号之下的某氏。最高联盟领袖赐予的姓，只能由族群首领的直系家族成员使用，这就意味着受到分封之后的殷契族群

[1]　《中国原生文明启示录》（全三册）第89页，孙皓晖著，中信出版集团有限公司，2016年10月。
[2]　同上。
[3]　《中国原生文明启示录》（全三册）第89-90页，孙皓晖著，中信出版集团有限公司，2016年10月。
[4]　同上。
[5]　同上。
[6]　同上。
[7]　同上。

统一成了"商人"，即商邑之地的人；殷契族群之下的各个分支族群，称为"商人某氏"；契本人的直系家族，称为"商人子氏"；契本人的称号也相应地改为"商人子契"。[1]

这一切的变化都发生在治水成功以后，司马迁在《史记》中将商代历史题名为"殷本纪"，是因为在商朝中期盘庚迁殷之后周人习惯于将商称为殷。从西周时代到春秋战国时期，人们已经约定俗成地以殷作为商代的史学名称。因此所谓的"殷商"只是一种沿用已久的习惯称号，并非意味着商人族群的早期称号是殷。如果详细考究殷商的历史源流，那么按照历史的发展顺序所谓的"殷商"应当称为"商殷"才更加贴合历史的真实情况。[2]

通过梳理文献中的细节，我们可以发现，殷商族群在契之后的传承中一直没有太大的历史作为，直至其后代相土时，才获得了巨大的发展。[3]具体的发展方向是随着军事战争的胜利，随之带来的军事力量的增强、族群领地的扩大、更多资源的收获等各个方面。《诗经》中记载"相土烈烈，海外有截"，研究者据此认为，相土曾经带领其军队，在东方地区的战争中获得了巨大的胜利。[4]

但遗憾的是，由于年代过于久远和相关材料的缺失，对于其中的具体情况和历史经过，研究者已经无法进行更为具体和详细的考证了。

在相土之后的时代，殷商族群经过长期的历史发展，传承到了王亥时代。王亥作为殷商族群的领袖，其名称见于甲骨文。根据文献中的相关记载，王亥的历史作为集中体现在两方面：第一是王亥发明了牛车，即用牛代替人工进行运输工作。这项发明在当时的社会中具有重要意义，在一定程度上实现了部分工作中对劳动力的解放。其第二个重大历史作为是，由于王亥非常善于经商活动，所以他的族群经常和其他各个部落进行贸易往来。在这一过程中，"商人"逐渐拥有了代指善于贸易经商的含义指向并一直沿用至今。这一内涵改变的发生与王亥有直接的关联，因此王亥也被某些研究者认为是商业文明的始祖。[5]

---

[1] 《中国原生文明启示录》（全三册）第90页，孙皓晖著，中信出版集团有限公司，2016年10月。

[2] 同上。

[3] 《中国通史大师课·1》第70—71页，许宏等著，岳麓书社，2019年10月。

[4] 同上。

[5] 同上。

据相关研究者考证认为，王亥在有易部落进行贸易往来，随行携带着大量的财物和货物，有易部落即今天的河北易县一带。有易部落的首领绵臣因为见财起意，暗中杀害了王亥，并抢夺了他的货物和钱财。[1]笔者认为，这很可能是中国历史上有明确记载的首次经济犯罪活动，在一定程度上反映了早期殷商时代的经济发展处于十分繁荣的程度。

王亥的儿子名叫上甲微，他听到王亥被杀的消息后为了给父亲报仇，从河伯部落联盟借来军队，打败了有易部落并夺回了王亥的财物。在上甲微之后，殷商族群又经过数代的发展，传承至大乙时代，大乙就是后来的商汤。[2]在商汤之前的殷商时代一般称为"先商"，笔者将之称为早期殷商时代。这一历史时期的发展过程，对于后来商朝的建立和发展具有十分重要的意义。但非常遗憾的是，由于相关史料文献的缺失和匮乏，笔者只能根据有限的材料和研究成果进行一番极为粗简的描绘。尽管这种粗简的描绘对于我们探究先商文明和殷商时代文明的助益微乎其微，但是这依然不妨碍其作为在历史发展进程中的一种文明意识，被我们永久记忆。

第六节　商人族群的迁徙

在商人族群和后来商朝文明的发展进程中，一直存在着某些横贯始终的发展规律，部分研究者将其称之为殷商文明史的密码。纵观商人族群从舜帝时代的形成和后来的发展与兴起直至殷商文明灭亡的千余年生命史，研究者总结出商人族群在这一历史过程中的三大基本特征：第一是，商人族群的迁徙流动性是上古时代大族群之最；第二是，商人基于对早期剩余物品（即后世所谓的商品）的自觉交换和贸易流动所形成的"商旅"活动，是在近古时代社会和早期国家时代社会中独一无二的族群经济活动；第三是，商人是上古时代社会与早期国家时代从事经济活动种类最多的族群，包括渔猎、耕种、畜牧、商业在内的四种自然经济的

---

[1]　《中国通史大师课·1》第70-71页，许宏等著，岳麓书社，2019年10月。
[2]　同上。

基本领域，都是商人生存方式的共同支柱。[1]

以上三大基本特征，都是商人的生存方式。

在商人的历史记忆中和相关文献的记载中，不断地迁徙流动一直是这个族群最大的特征。[2]关于商人不断迁徙的原因，古往今来的研究形成了多种观点。在此之前我们有必要跟随古代和现代研究者的足迹，对商人的迁徙历史做一番大致了解：《史记·殷本纪》中记载："自契至汤，八迁；盘庚五迁，无定处。"汉代张衡《西京赋》中记载："殷人屡迁，前八后五，居相圮耕，不常厥土。"这段记载中说明，在商汤灭夏之前的殷人族群迁徙了八次，在商汤灭夏之后又进行了五次迁徙，如此算来殷人前后共迁徙过十三次。殷人族群甚至曾经在迁徙至相地居住时，故意毁坏这里的耕地，为再次迁徙做好了准备。

以上记载透露出的一个重要信息是，导致商人多次迁徙的根本原因并不是生存环境的恶化，而是商人具有以迁徙搬家为乐的传统，甚至是爱好。也就是说，商人的多次迁徙具有充分的主动性，而并非被动性的迁徙。

商人族群的这一生活习惯是被后代人和研究者所难以理解的，在以往的印象中，只有逐水草而居的游牧族群才会具有迁徙往来无定处的特性，作为农耕民族的商人族群为什么会前后频繁地迁徙十三次？

第二个令人难以理解的问题是，在商人族群的十三次迁徙中，所选择的居住地大都在今日的河南、河北、山西、山东的黄河南北地带，即商人的迁徙始终围绕着黄河进行。[3]

研究者通过对史料的梳理，对商人频繁迁徙的原因提出了四种理论观点：一是东汉魏晋时期的"去简行奢，率人于苦"说；二是宋代朱熹学派和当代研究者顾颉刚等人提出的"逃避河患水患"说；三是当代历史学家侯外庐等人提出的"游牧经济"说；四是当代经济史学家傅筑夫等人认为的"改换耕地"说。[4]

以上四种观点是针对商人频繁迁徙原因的解析中比较有代表性的看法，另外

---

[1]　《中国原生文明启示录》（全三册）第90-91页，孙皓晖著，中信出版集团有限公司，2016年10月。

[2]　同上。

[3]　同上。

[4]　《中国原生文明启示录》（全三册）第91-92页，孙皓晖著，中信出版集团有限公司，2016年10月。

一部分研究者认为以上观点都经不起推敲。他们认为：为了推行勤俭生活而主动率领民众迁徙寻苦，难免夸大了近古时代社会和早期国家时代的富裕程度，此说法很难采信；逃避河患水患的说法则脱离了最基本的时代背景，在大禹治水之前的百余年间，商人族群还处在凝聚形成时期，不存在迁徙的记录。在大禹治水之后，足以迫使一个特大族群大规模迁徙的河患水患已经大大减少，即便是真的存在如此大规模的河患或水患，那么不可能于史无据，因此这一说法难以采信；游牧经济说和改换耕地说的观点被一部分研究者认为缺乏历史阶段的具体分析。游牧经济说在不同意见的研究者看来，很难解释商族群曾经长期存在而且相对稳定的农耕历史。[1]

　　研究者认为商人族群并不是出于单一的游牧经济需求而进行迁徙，因为这无法解释商人族群的权力中心如何安定大量的农耕族群。而且随之产生的一个矛盾是，倘若改换耕地成为商人族群发展的必然需求，那么为什么在盘庚迁殷之后近三百年时间里，商人族群都没有再改换耕地？[2]

　　除了以上四种观点之外，还有一个不被给予太多关注的观点也由部分学者提出。该观点认为，商人频繁迁徙的原因是因为需要和其他方国联盟，为了方便与这些方国和部落进行沟通联系，在不同时期与不同部落保持密切联系，所以需要经常迁徙都城。这种观点从历史的发展规律和发展现实来看，明显不符合实际；另外从当时社会条件和政权稳定的角度来说，通过频繁迁都来维持外交似乎代价过于巨大。[3]

　　有研究者认为考察商人多次迁徙的根本原因不应该仅仅从迁徙地点入手和重点关注，同时应当注意到商人族群大迁徙的频率变化。有研究者认为，商人的前八次迁徙都发生在早商时期，即商汤立国之前。如果从大禹治水以后开始计算，这一时期四百多年时间几乎都是夏王朝的历史时期，在此期间商人族群的首领传承14代，近乎每两代首领就迁徙一次；而从商汤立国直到商朝灭亡，商人族群只迁徙了五次，大体平均每百余年迁徙一次。自从盘庚迁殷之后，商人从此定居在

[1]　《中国原生文明启示录》（全三册）第91-92页，孙皓晖著，中信出版集团有限公司，2016年10月。

[2]　同上。

[3]　《中国通史大师课·1》第72页，许宏等著，岳麓书社，2019年10月。

殷地接近三百年时间未曾迁徙。[1]

商人迁徙的频率以"盘庚迁殷"为分界点，前后差距为何如此之大？研究者经过分析认为，有两方面原因导致了这一巨大变化。

第一个原因是由大禹治水时期延续而来的、四大族群之间复杂深刻的矛盾。大禹执政后期，舜帝已经去世，在大禹独掌最高权力的几十年间，曾经在治水时期与大禹族群产生过深刻矛盾的殷契族群即后来的商人族群，在各种利益关系的分配中由于受到大禹和最高联盟的种种打压必然处于弱势地位。随着打压的持续深入和不断扩大，殷契族群必然已经到了难堪重负的边缘；当大禹去世之后，夏启先对伯益族群发动突袭，一举成功夺得最高权力。之后，夏启又对"不服"的有扈氏进行武力讨伐，最终消灭了有扈氏族群，奠定了国家雏形时代政权的稳定基础。[2]

在上古时代，社会进入国家时代的文明大变革中，研究者认为此时殷契已经因为年老去世，而他的族群后人依据先祖的政治立场，既不愿意支持夏启政权，又不愿意支持曾经是大禹同盟的伯益族群，同样也无法与后稷族群结成同盟。在此现实基础上，殷契族群的后人只能选择离开之前的封地，重新寻找新的谋生之地。能够支持研究者这一判断的现实政治基础是，此时的商、周、秦三大族群都没有完全融入夏启新政权的诸侯体系中，即他们此时还不是夏朝的诸侯国，都保持着各自的独立性。其最终结果，并非仅仅是殷契族群一家选择了离开之前的封地，而是：秦人族群分散逃亡隐匿，周人族群向西迁徙，商人族群在这种现实情况下也不可能留在夏王朝的政权核心地区扮演危险角色。[3]

从四百余年后的夏桀囚禁商汤来看，即使过去了数百年岁月，商人族群依然对夏朝政权保有强烈的敌意和高度的警觉。当然，夏朝政权同样对商人族群保有相当的警觉，这一点我们从夏桀囚禁商汤的历史行为中足以看出。在这一现实的历史发展基础上，就不难解释自契至汤的四百余年时间中，商人族群连续迁徙八

[1] 《中国原生文明启示录》（全三册）第 92 页，孙皓晖著，中信出版集团有限公司，2016 年 10 月。

[2] 《中国原生文明启示录》（全三册）第 92-93 页，孙皓晖著，中信出版集团有限公司，2016 年 10 月。

[3] 《中国原生文明启示录》（全三册）第 93 页，孙皓晖著，中信出版集团有限公司，2016 年 10 月。

次的历史行为了。[1]

以上第一个原因的形成来自诸多研究者的观点和分析结论，笔者对其进行了整理和综述。笔者认为可以将殷人迁徙前后差距巨大的原因归纳为两个方面进行分析，即内因与外因的结合和相互作用下导致的结果。殷商族群与大禹和夏朝政权之间的巨大矛盾和强烈敌意，是促使殷人前期频繁迁徙的客观外在因素。

研究者认为导致殷人的迁徙频率在前后历史时期悬殊的第二个原因是，商人多种经济活动并存的生活方式，本身就要求他们不断寻求更加合适的生存区域，这是促使殷人前期频繁迁徙的主观内在因素。[2]

在商汤立国以后的社会现实是，商人的生存区域有了更大的扩展可能和现实需求，这是由他们的生存方式所决定的。为了寻求更多适合经济活动和发展需求的生存区域，商人的不断迁徙也包含着不断寻找新的机遇和新的生存资源的意味在其中。有研究者认为，商汤立国之后的其余族群部落，基本上聚居在黄淮流域的大平原和诸多山原湖泊地区，其中对渔猎、农耕、畜牧和商旅活动同时有利的区域很多。但是在当时信息闭塞、探索手段十分原始的条件下，商人族群必然对这些区域并不十分清楚。[3]

因此，有研究者认为从盘庚开始，商人政权在黄河流域进行的五次大规模的迁徙活动，很有可能是在寻找适合生存的地域。经过长时间的探索发现，商人最终认定黄河北岸的"殷"地是最为理想的生存地域，因此他们开始了在殷地稳定的定居和生活。从盘庚迁殷之后直至商朝灭亡，商人族群也没有继续迁徙，盘庚迁殷因此成为殷商时期历史研究和文明研究的一个分界点。[4]

也有研究者认为在盘庚迁殷之前曾经发生过"九世之乱"，即在盘庚迁殷之前的商朝政权中在九代商王的统治期间，曾经连续发生过王位争夺事件，几度导致政变和军事事变。一直处于动荡之中的商朝政权，在盘庚时期被迫进行了迁

[1]　《中国原生文明启示录》（全三册）第93页，孙皓晖著，中信出版集团有限公司，2016年10月。
[2]　同上。
[3]　《中国原生文明启示录》（全三册）第93-94页，孙皓晖著，中信出版集团有限公司，2016年10月。
[4]　同上。

都，迁都之后政变局面才有所改观。[1]

　　但是由于相关史料的缺失和文献的匮乏，我们无法得知研究者作出这一判断的依据是什么；另外，由于政权的动荡而导致的国家混乱似乎更加不适合进行迁都行动，因为这无疑为并不稳定的政权添加了更多的危险因素。迁都所需的大量人力、物力、财力必将引起殷商政权内部更为激烈的动荡。从根本上来看，倘若果真是因为政权动荡的原因而导致迁都行动的发生，那么在迁都行动完成之后，并不意味着政治危机的解除，甚至还会因为危机中的动荡行为产生相反的作用。因此对于这一说法，笔者持怀疑态度。就目前能够看到的材料和相关研究结论来看，笔者仍然支持之前对盘庚迁殷的历史原因的相关分析。

　　盘庚迁徙到的殷地就是今天河南安阳小屯村的所在地，在之后的殷商文明研究中一般称为殷墟。即随着周武王灭商成功后，原本的商朝国都殷地废弃。此后数千年至民国时期，国民政府和盗墓者在数十年间相继发掘，收获甲骨十万片，各类陶器、铜器、玉器、人骨、兽骨、棺椁等甚多，但是研究者确定殷墟中的文物多已被人盗过。研究者确信今天的安阳小屯村一带，就是盘庚迁殷以后的都城。[2]

第七节　商人的经济活动

　　根据相关文献的记载，在殷契之后的第三代商人族群领袖相土时期，商人族群就已经发明出了马车；在数十年之后，第七代商人族群领袖王亥时期，牛车又被商人族群发明出来。[3]关于这一点笔者在前章中略有提及。

　　但需要注意的是，根据史料的记载，车作为一种运输工具，早在黄帝时代就已经被先民发明了出来。但是黄帝时代发明的车和商人发明的车具有根本性的区

[1]　《中国通史大师课·1》第73页，许宏等著，岳麓书社，2019年10月。

[2]　《中华史纲》第32页，李定一著，重庆出版社，2019年6月。

[3]　《中国原生文明启示录》（全三册）第94页，孙皓晖著，中信出版集团有限公司，2016年10月。

别。这种区别首先体现在车的用途上：黄帝时期发明的车用途明确，并且具有单一性，主要是为了服务战争。[1]

黄帝所发明的车名曰指南车，是车在战争中使用的最早传说和记载，研究者认为指南车就是后来指南针的原型。据说黄帝在和蚩尤军队大战时，受到大雾的影响，使黄帝的军队无法辨清方向。黄帝因此发明了指南车，最终才成功战胜了蚩尤军队。[2]这种传说虽然充满神话色彩，难以被严谨的历史研究学者所采信，但这则传说却为我们保留了一份难忘的文明记忆。

指南车作为一种没有人乘坐的木车，对最初的社会生产活动并没有产生直接作用。但是正因为在黄帝时代指南车被发明，当历史的进程发展到殷商时代时，才使文明的脚步在原有基础上向前迈出了一大步。

当商人出于自身经济活动的需求，将车这种承载工具与具有稳定性和经常性的劳动力相结合之后，车才具有了真正的生产力意义。商人所发明的马拉车和牛拉车，是将车和马与牛的动力结合，从其本质意义上来讲是对古老的车具进行的某种程度上的改进。但是这种改进应当视为一种生产手段的整体发明，而不是两种既成事物的叠加。[3]

马车和牛车在这一历史时期的出现，极大地促进了早期时代族群迁徙和物品运输与搬迁的效率，提升了劳动力水平。除此之外，这一发明也大大加快了人群之间的联络速度和沟通效率，研究者认为这一发明是早期国家时代最基本的伟大发明之一。[4]

根据相关古典文献的记载可知，在殷商时期之后的古人视马车和牛车的发明为天下文明开化的标志之一，[5]由此足可见这一发明在历史中和文明发展进程中的伟大意义。商人发明的马车和牛车，直到"改革开放"时代之前，一直被视为

---

[1]　《中国原生文明启示录》（全三册）第94页，孙皓晖著，中信出版集团有限公司，2016年10月。

[2]　《中国原生文明启示录》（全三册）第37–38页，孙皓晖著，中信出版集团有限公司，2016年10月。

[3]　《中国原生文明启示录》（全三册）第94–95页，孙皓晖著，中信出版集团有限公司，2016年10月。

[4]　同上。

[5]　同上。

具有广泛意义的最重要的劳动资料。即便是在今日的部分地区，人们依然可以见到它们的踪迹。来自三千多年前的古老发明，竟始终在民族文明的发展进程中扮演着十分重要的角色，这不能不令人感到震撼。

随着文明发展进程的不断推进，马车和牛车在载物和载人的最基本功能上又产生了新的用途。研究者认为，正是在马车和牛车被发明出来之后，远程剩余物品的交换方式才真正在历史中出现，[1]这不得不说是这一古老发明推动文明交流和发展的又一重大贡献。

有关研究者认为，剩余物品的交换早在远古时代就已经出现，也有研究者认为到近古时代和五帝时期才产生剩余物品交换的现象。我们现在可以确定的是，早期人群之间关于剩余物品交换的产生时代一定非常早，这种物品交换方式被研究者视为早期经济的雏形。但研究者同时指出，无论是早在远古时代还是五帝时代出现的剩余物品交换活动，基本上都是相邻住户或者相邻族群之间的近距离以物易物，即用物品交换物品。这种交换活动的形式和范围，一直延续到了商人发明马车和牛车之前。[2]

夏朝时代建立了井田制，这种交换活动一般是在井田制度内的八户人家之间进行密集的往来，与五帝时代和近古时代相比，几乎没有发生任何根本性的变化。[3]在"一井八户"之外的范围中，人们的往来非常少，这就是古人所说的"鸡犬之声相闻，民老死不相往来"（《道德经》）的社会状况。

这一早期社会现状，意味着在商人经济活动普遍出现之前，远距离的剩余物品交换活动几乎未曾在历史中出现。只有当商人将马车和牛车发明出来之后，这一长期存在的历史现象才得以发生根本性的改变。[4]

商人将货物装载到马车和牛车中，一开始是有目的地运输到相应的族群进行物品交换。随着时间的推进，商人的车载物品交换不再具有固定的运输地点和交换人群，而是承载着自己的剩余物品广泛地活动于各个氏族与部落之间。这种远

---

[1]　《中国原生文明启示录》（全三册）第94-95页，孙皓晖著，中信出版集团有限公司，2016年10月。

[2]　同上。

[3]　同上。

[4]　《中国原生文明启示录》（全三册）第95页，孙皓晖著，中信出版集团有限公司，2016年10月。

距离的交换方式不但给商人带来了巨大的利益，而且逐渐演化为商人最基本、也是最主要的谋生方式了。[1]商人一词的本质含义发生广泛性的改变，正是在这一历史时期内。

随着商人剩余物品交换经济活动规模的不断扩大，交换频率的直线上升，具有普遍应用意义的商品交易媒介开始在商人族群的交易中广泛出现。这种商品交易媒介的出现，是文明发展进程的重大跨越之一，它是建立在商品交换经济活动发展到一定程度后出现的文明标志。这种商品交易媒介物品被研究者认为是最早的货币形式——天然贝壳。[2]

考古研究证明，在今天的河南殷墟遗址发掘工作中，研究者已经发现大量的天然贝壳出土，甚至还包括骨贝、铜贝、玉贝等物品。从不同贝壳种类在殷墟遗址中的出土来看，我们完全可以确认在商代后期出现的类型丰富的货币种类和货币形式，是对早期商人经济活动和早期货币类型的完善与发展。研究者认为，早期商人所使用的货币是天然贝壳，但殷墟的考古发掘证实，晚期商人在使用"货币"交易的同时，依然会同时使用天然贝壳，这意味着不同形式的"货币"在整个商朝的经济活动中是同时存在、并行不悖的。我们有理由确信，商人族群和后期商朝时代的交易活动，是这个族群和时代最大的特征，商人的交易活动是他们由来已久的传统。[3]

关于这一结论的确认，除了现代考古研究工作的有力证明之外，我们还可以在文献中找到相关记录。《尚书·酒诰》被研究者公认为是有关商人族群在早期时代进行商旅活动的最早文献记载。[4]这篇文献是周公在告诫即将镇守东方的康叔如何对殷商族群的后裔进行监管的谈话记录。周公在这篇文献中讲到了关于商人最重要的一个生存传统："肇牵车牛，远服贾，用孝养厥父母。厥父母庆，自洗腆，致用酒。"

周公所说的意思是，在相当久远的时期以前商人就牵着牛车，跑到很远的地

[1] 《中国原生文明启示录》（全三册）第95页，孙皓晖著，中信出版集团有限公司，2016年10月。
[2] 同上。
[3] 《中国原生文明启示录》（全三册）第95页，孙皓晖著，中信出版集团有限公司，2016年10月。
[4] 同上。

方和那里的原住氏族人口进行货物交易。这种货物交易的存在就是商人用来谋生和供养父母家人、抚育子女后代最主要的方式。当时的传统是，当外出交易者从远方归来，父母和家人就会高兴地置办好丰盛的酒菜，同交易归来的家人在一起饮酒祝贺，其乐融融。

从这一可靠记载中我们可以发现，在早期时代的国家文明发展中，并非一成不变的农耕文明始终占据着主流。在早期殷商时代和后来的商代经济文明中，我们完全能够确信，以远行贸易活动为主的商旅经济是这一历史时期文明发展的主潮流。商人族群商旅经济的伟大发明，不但为中华文明的历史发展注入了新鲜血液，同时这种经济方式本身就是他们自身最主要的基本生存方式。正因为如此，在后代历史文明中普遍的重农抑商的国策和文明发展主基调下，才更衬显出商代文明的与众不同。商代文明在早期时代的出现，为民族的文明发展提供了新鲜的风貌和别具一格的基调。从某种意义上来看，商代时期所缔造的文明思维，一直到今天都影响着我们生活的方方面面。一个最为明显的事例是，我们今天已经习以为常的许多行为例如交换或购买某种物品，被人们习惯性称为"商品"；将商品交换领域内的一切活动和相关研究，称为"商业"；将从事远行贸易的组织称为"商号"；将从事贸易交换工作的人员称为"商人"。[1]

由此可见，历史的发展和文明的传承绝非孤立的存在，或者仅仅承载于一堆冰冷的史料文献和厚重文物中。每一个中国人生来就承载着中华文明最重要的文明基因，自然地成为文明的继承者和传播者中的一分子。例如商人族群在数千年前的交换传统以各种形式的存在，一直深刻地烙印在民族精神的记忆中，也承载着我们对古代商人和商代文明永远的追思与无尽的怀念。

研究者普遍认为，殷商时期的经济活动存在着多种形式，这些多种多样的经济活动形式兼容并存，共同构建了商代经济文明的独特风貌。[2]

现代学术研究意识中将早期社会即夏商周时期的文明发展笼统地归纳为农耕社会，这一当代社会中产生的研究理念直接导致现代人对商代文明的认识陷入了

---

[1]　《中国原生文明启示录》（全三册）第96页，孙皓晖著，中信出版集团有限公司，2016年10月。

[2]　《中国原生文明启示录》（全三册）第96-97页，孙皓晖著，中信出版集团有限公司，2016年10月。

许多误区。从文明发展形态的基本方面来看，商代文明是渔猎经济、畜牧经济、农耕经济、商业经济兼容并存的一种文明图景。研究者认为，这种独特的兼容并存式的商代文明图景，既不同于此前以粗放的井田制农耕生活为基本生存方式的夏文明，也不同于此后以精细的井田制农耕生活为基本生存方式的周文明。[1]商代文明似乎成了早期文明发展史中的一个特例，甚至是超越了文明发展规律以外的一个时代文明。

商代文明的特殊性在于，渔猎、畜牧、农耕、商旅四大经济活动交融的丰富性发展。这意味着四大经济活动的领域之内，都渗透了商业经济文明的成分。[2]

在商业经济文明的发展过程中，随着盘庚迁殷历史进程的顺利完成，曾经以远行贸易为基本方式的早期商业活动逐渐发展为以相对稳定的城邑市场为主、以远行商业为辅的完整二元商业经济系统了。所谓行商坐贾一词的出现，就是对这一时期殷商经济文明变化的集中体现，揭示了在殷商时代后期丰富的、高度发展的综合性经济活动方式。[3]

由于商代的商业经济文明特性，商代的对外联系程度和文明交流互鉴程度达到了前所未有的高度。从殷墟遗址的考古发掘成果来看，商人的经商足迹近乎遍布天下，与外界的交流十分广泛。以甲骨为例，研究者发现商代所用的甲骨有一部分产自本地，但另外有相当多的一部分产自距离商朝统治中心十分遥远的地区。研究者发现，最远的甲骨产地来自今天的马来半岛一带，从马来半岛到殷墟所在地，已经远远超越了今天地理意义上的中国范围。[4]因此，笔者认为目前对商代文明的研究和探索仍然具有很大的开垦空间，并且研究者不应仅仅把目光盯在河南一带等殷商文明的核心地区。

研究者发现商朝时期铸造的青铜器，根据对其放射性元素的检测分析，商朝的周边地区并没有这种铜矿，研究者认为其放射性元素与云南个旧的铜矿较为一致，因此商朝时期制作青铜器的原材料很有可能来自云南。[5]这一发现为商代文

---

[1]　《中国原生文明启示录》（全三册）第96-97页，孙皓晖著，中信出版集团有限公司，2016年10月。

[2]　同上。

[3]　同上。

[4]　《中国通史大师课·1》第73-74页，许宏等著，岳麓书社，2019年10月。

[5]　《中国通史大师课·1》第74页，许宏等著，岳麓书社，2019年10月。

明的辐射范围提供了巨大的考察空间和想象空间，越来越多的考古研究证明，后人似乎小看了商朝和殷商文明的伟大与其曾经达到的高度。

在多年前就已经开始发掘研究的商王武丁的妻子——妇好——墓中，研究者发现了大量的铜器、玉器和象牙器等，经过检测确认其中许多器物的制作材料来自新疆地区。综合以上方面来看，商朝时期的经济文化发展程度和交流互鉴程度，远远超出了现代人的想象。我们完全有理由相信，商朝政权和商代文明，绝对不是一个封闭狭隘的政权，它一定和当时外界广泛的社会地区存在密切的联系。[1]

第八节　商汤灭夏

在相关文献的记载中我们可以发现，夏朝的衰亡并不是从末代天子夏桀开始的，而是在夏朝后期的孔甲统治时代就已经爆发了诸侯叛乱，导致天下百姓与夏朝政权离心离德。[2]在孔甲之后的最后四代夏朝统治者统治时期，夏朝的政治局势始终处于严重动荡的状态，最终在夏桀时代使夏朝的统治达到了完全崩溃的边缘。

研究者认为，导致夏朝灭亡的根本原因除了内在政治因素之外，当时天下爆发的许多流行疾病也是瓦解夏朝统治的重要因素。[3]

发展到夏桀时代的商人族群，大体上已历经了五百年左右的时间。此时的商人族群领袖名叫成汤，也就是后来的商朝的开国之君。[4]

夏桀与后来的商纣在历史上被并称为"桀纣之君"[5]，成了后世称呼暴君的代名词。面对这样一个笼统的罪行总称常常让人觉得虚幻，夏桀在历史中的罪行究竟有哪些？甚至有些怀疑主义研究者很早以前便开始着手为夏桀和商纣进行平

[1]　《中国通史大师课·1》第74页，许宏等著，岳麓书社，2019年10月。
[2]　《中国通史大师课·1》第66-67页，许宏等著，岳麓书社，2019年10月。
[3]　同上。
[4]　《中国原生文明启示录》（全三册）第98页，孙皓晖著，中信出版集团有限公司，2016年10月。
[5]　同上。

反，他们真的是被历史冤枉的吗？探究夏朝灭亡的根本原因，我们依然要从相关文献的记载入手。

最早记载夏桀罪行和相关事迹的文献是《尚书》，但其文本内容十分简练："有夏多罪，天命殛之。"可见在最早的传世文献中既没有说明夏桀的历史作为，也没有交代夏桀的具体历史罪行，仅仅是表明了"多罪"的评判态度。至于"多罪"的具体行为指向，历史的记忆却是模糊的。我们继续考察古本《竹书纪年》中的相关记载，可以发现这样的说法："（夏桀）筑倾宫，饰瑶台，作琼室，立玉门。"[1]相比于《尚书》的记载，古本《竹书纪年》中明确说明了夏桀的历史罪行，主要集中在奢靡无度方面。

让我们再来看看产生时代更晚的《吕氏春秋》中是怎么记载夏桀之罪行的："桀为无道，暴戾顽贪，天下颤恐而患之，言者不同，纷纷分分。其情难得。干辛任威，凌轹诸侯，以及兆民，贤良郁怨。杀彼龙逢，以服群凶。众庶泯泯，皆有远志，莫敢直言，其生若惊。大臣同患，弗周而畔。桀愈自贤，矜过善非，主道重塞，国人大崩……伊尹曰……：'桀迷惑于末嬉……不恤其众。众志不堪，上下相疾，民心积怨'。"（《吕氏春秋·慎大览》）

综合不同时期的历史文献，我们可以发现这样一个现象：离事情发生的时代越久远，相关材料和文献的记载反而越多，叙述越加详尽。这一现象让研究者不得不对文献和史料的真实性与可靠性保持高度的警惕。从人性的角度出发进行思考，我们甚至完全有理由相信，一个人无论处于什么社会地位，都不可能将人性的善或恶发挥展露到极致。因此，史料中多附会之辞是难以采信的。但这并不意味着我们相信历史的真相与史料的记载完全相反，我们需要做的是通过多种文献材料的相互比对印证，结合相关考古研究成果，运用合理的史学研究方法分析探究相对真实的历史情况。

假如我们相信以上笔者所列举的逐渐累积而成的系列史料为真实的历史，那么以下的分析则完全建立在这一根本基础之上。尽管我们的根本目标是探究文明发展的脉络，但历史的真相有时却在很大程度上影响着文明诞生和发展的结论，因此我们不得不对其进行相关探究和分析。但笔者必须作出说明的是，这种探究

---

[1]　《帝王世纪·世本·逸周书·古本竹书纪年》（"夏纪"）第6页，皇甫谧等撰，陆吉等点校，齐鲁书社，2011年10月。

很有可能距离历史的真实情况相差很多，甚至是云泥之别，因此我们进行的只是建立在现有相关材料和研究成果基础上的某种相对性探索。

从以上文献中列举夏桀的诸多罪行来看，当时的天下，确实已经面临着严重的全面性时代危机。君主腐败淫乱，国事荒废，欺凌诸侯，暴虐百姓，民生凋敝，从上到下对夏王朝的统治一片怨声载道。[1]

在这种社会背景下，成汤领导的商人族群已经传承至第十四代，其族群根据地建立在亳，即今天的河南省商丘地带。当成汤的商人族群在亳地开始稳定定居之后，随着族群的不断发展壮大，夏桀不得已分封了成汤为镇守一方的大诸侯。[2]夏代末期所分封的诸侯，与后世商周时期分封的诸侯具有本质性区别。从历史的实际情况来说，自夏朝建立到灭亡过程中分封的诸侯，实际上只是夏朝王权对当时天下中已经建立政权和统治中心权力的大族群和特大族群的一种封号赐予。许多研究者的研究结论都具有以上的共识，因此我们可以确定，在夏朝时代的诸侯国其独立行使权力的程度是相当充分的。这意味着夏代的王权，对其辖区内的各个独立诸侯国进行干预的能力十分有限。[3]

在这种社会王权政治的背景下，商人族群的崛起和夏桀被迫分封商人族群为大诸侯国的历史行为引起了夏桀相当的不满。再加上当时天下面临的全面性时代危机，足以使夏桀对商人族群产生某种警觉。[4]

按照《史记·夏本纪》中的记载，我们可以知道的事实是：从孔甲到夏桀的四代夏朝君主以来，多次面临诸侯叛乱的政治动荡局面。到夏桀时代，天下各方诸侯的普遍叛乱已经成为重大政治事变。研究者结合历史文献及政治实践分析，认为当时所谓的诸侯叛乱主要以三种基本形式体现：一是停止纳贡，表示不再臣服于夏朝王权；二是脱离夏朝王权，投奔敢于和王权做对的大诸侯国，寻求新势力的保护；三是公然起兵作乱，或者擅自攻伐其他诸侯国，甚至公然挑战夏

---

[1]　《中国原生文明启示录》（全三册）第98页，孙皓晖著，中信出版集团有限公司，2016年10月。

[2]　《中国原生文明启示录》（全三册）第98-99页，孙皓晖著，中信出版集团有限公司，2016年10月。

[3]　同上。

[4]　同上。

朝王权。[1]

　　研究者普遍认为，夏朝末期的天下叛乱以上三种形式兼有，并非按照先后次序爆发，并且这种天下叛乱已经形成巨大的影响力和普遍性。上文所引《吕氏春秋》中"纷纷分分"，即是对当时天下的普遍性叛乱和天下局面的混乱作出的描述。[2]

　　笔者分析认为，商人族群的迅速崛起是内在因素，天下范围内普遍爆发的叛乱对夏王权统治所造成的动摇是外在因素。在内外两方面因素的共同作用之下，使夏桀对商人族群产生了相当的警觉性，并且最终囚禁了商人族群的首领成汤。在夏桀下令囚禁商汤之后，商汤便被拘押在了王畿之地的夏台。令研究者感到困惑的是，夏桀为什么要拘押商汤？又为什么在拘押后不久便放了商汤？[3]

　　关于第一个问题的原因，笔者已经在上文作出相关的分析说明，但由于相关史料文献的缺失，我们现在已经无法探知第二个问题的答案了。相关研究者根据资料给出的历史发展情况进行了一系列推测，试图对夏桀释放商汤的原因做出解释，但是笔者认为这种解释十分苍白无力，或者说完全限于研究者的某种主观臆想之中。至于历史的真相，倘若始终没有新材料的发现，便会永久地消逝在时间的长河之中。

　　但这并不妨碍我们对研究者的相关推测进行一番叙述。按照研究者的分析认为，有三个方面的原因是目前已经可以确定的：第一是，商汤族群在不断发展的过程中逐渐扩张势力，并且形成了足以威胁夏王权的势力，甚至出现了夏桀认为的叛乱迹象；第二是，商汤族群目前没有公开对夏王权进行挑战，即没有公开进行反叛行动，夏桀顾忌商汤族群的实力而不敢悍然诛杀这一特大族群的首领，只能找个理由将其囚禁；第三是，成汤此时已经具有天下声望，夏桀不便于公然诛杀他，而进一步得罪天下；再加上商人族群同时在营救商汤的行动方面进展顺利，使夏桀一时之间有所迷惑，最终释放了成汤。[4]

---

[1] 《中国原生文明启示录》（全三册）第 99 页，孙皓晖著，中信出版集团有限公司，2016 年 10 月。

[2] 　同上。

[3] 　同上。

[4] 　同上。

　　笔者认为，用以上三点理由来解释夏桀释放成汤的原因，显得不具有说服力。但其又在一定程度上贴合当时的时代背景，因此我们不妨将它当作一种合理的历史猜想。至于真正的历史真相，已经随着时间的流逝，成了永久的谜团。

　　研究者提及商汤的天下声望，并非毫无根据的主观猜测。但正因为其天下声望的形成，作为夏朝统治者的夏桀更应当对成汤进行严密的监控甚至诛杀，以防止成汤借此机会煽动天下族群在本已经四处叛乱的局面下给夏朝政权造成颠覆性的威胁。

　　具体的历史情况我们已经不得而知，现在能够确定的历史事实是，成汤成功地从夏桀的掌控下逃脱，并在回归自己的族群后进行了一系列的实力扩张活动。在商汤的实力扩张活动中，有一个被史料明确记载下来的故事，并在后来的文明发展史中形成了一个成语"网开一面"。

　　一个猎人张开大网对天大喊："自天下四方之鸟，皆入吾网！"成汤正巧此时路过，听到了猎人的话。便指责他想捕尽天下之鸟的想法太过分了，并亲自动手打开了猎人大网的三面，对天说道："想往左飞就往左飞，想往右飞就往右飞，不要命的就飞到网里来吧！"天下族群听说此事以后，深为震撼，纷纷赞美并且表示拜服。

　　今天看来，我们有理由相信这是成汤进行实力扩张的前奏，是一种极为有效的"营销"宣传手段。这种营销手段也成功地带来了成汤想要的结果："汤德至矣，及禽兽。"（《史记·殷本纪》）

　　成汤的修德布信，是为灭亡夏朝进行的第一步准备行动。充分打造天下舆论声势、树立了自己极高的声望以后，成汤开始物色灭夏行动的重要辅佐。被成汤选中的人，就是历史中著名的贤相——伊尹。

第九节　伊尹其人

　　伊尹作为商朝早期最重要的辅政人之一，在历史中的影响力和知名度不可谓不高。后世常将商朝的伊尹和周朝的太公望并称为"伊吕之才"，足可见其在历史中的地位和他在兴商灭夏的过程中起到的重要作用。根据近年最新出土的材料和文献来看，研究者对伊尹本人和商汤灭夏的历史有了许多新的认识和研究结论，甚至是对之前的部分传世文献内容，进行了颠覆性的重写。由于此时的成汤已经具有了相当的天下声望，天下支持者和盟国亦不在少数，感到时机成熟的成汤决定开始发动灭夏战争。[1]

此时的夏王朝政权，处于长期面临着天下叛乱现实的不利局面，笔者在前章中对当时天下的情况进行了分析。但是即便如此，夏朝政权自身所拥有的强大力量和少数仍然忠于夏朝政权的盟国，依然是商汤灭夏行动的巨大阻碍。《诗经·商颂》中记载"韦顾既伐，昆吾夏桀"，可见当时的韦、顾和昆吾都是夏朝的盟邦和坚定支持者。这些少数族群对夏朝政权的无条件支持，给商汤的灭夏行动造成了巨大阻碍。

商汤面对这样的现实情况，所采取的措施是逐一消灭，最终再包围夏桀。[2]在商汤灭夏行动的战略实施中，伊尹起到了关键作用。根据相关文献的记载，我们已经知道伊尹在归属于商汤之前的大概情况：伊尹原本是当时一个部落有莘氏的奴隶，成汤很久之前就曾听说过伊尹的才华。因此成汤派人和有莘氏取得联系，希望能够得到伊尹辅助自己，但却遭到了有莘氏部落的拒绝。后来成汤提出要和有莘氏部落联姻，娶其部落首领的女儿为妻子，得到了有莘氏部落首领的同意。伊尹在这一过程中作为陪嫁的奴隶，被送到商汤的部落。[3]

以上是相关历史文献中对伊尹事迹的部分记载，长久以来研究者只知道伊尹归属商汤之后，在灭夏的战争中起到了决定性的作用。但是由于种种原因的限制，研究者却无法更为详细地对伊尹的具体作为进行探究。直到十几年前，随着一批流失海外的竹简材料的回归，才为我们揭开了这个尘封数千年的谜团。

研究者在清华简中发现了一篇重要的文献，名为《赤鹄之集汤之屋》。[4]赤鹄是一种红色的大鸟，研究者通过分析认为，赤鹄很有可能就代指伊尹。伊尹作

---

[1]　《清华大学藏战国竹简（壹—叁）文字编》（修订本）第 396 页，李学勤主编，中西书局，2020 年 10 月。

[2]　同上。

[3]　《中国通史大师课·1》第 67 页，许宏等著，岳麓书社，2019 年 10 月。

[4]　《清华大学藏战国竹简（壹—叁）文字编》（修订本）第 445-446 页，李学勤主编，中西书局，2020 年 10 月。

为商汤在灭夏战争中对外派出的间谍人员，其任务是打入并长期潜伏在夏朝政权核心的内部，刺探夏朝的重要情报。根据这篇文献的题目，我们可以进行合理的猜测，"赤鹄"很可能就是携带着伊尹探知情报的通信工具，"集汤之屋"则是指伊尹探知的情报都通过某些方式汇总到了成汤的手中。

按照《竹书纪年》中的相关记载，伊尹在夏朝权力核心做间谍的时候，通过某种方式成功地和夏桀的宠妃妹喜结成联盟。如此一来，伊尹获得夏朝的核心机密情报就更加容易了。

在清华简文献的释读整理的阶段性工作完成之前，研究者始终对《竹书纪年》中所记载历史的真实性持有高度怀疑的态度。直到清华简的阶段性释读工作完成后，一段真实的历史才得以重新展现在我们的面前。

因此我们现在已经能够确定，伊尹在辅助商汤灭夏的行动中，所起到的重要作用之一就是，充当了一个重要间谍的角色。除此之外，伊尹在回归商汤部落之后，又继续辅助成汤在数年之间连续吞并了四个较大的诸侯国，即笔者之前提到的韦、顾、昆吾和葛伯，商汤族群的实力因此获得了极大的提升。

在这一历史时期，有研究者指出我们应当充分引起重视的历史事实是，商汤与秦人族群的秘密结盟已经完成。[1]研究者分析《史记·秦本纪》的相关记载："……费昌，子孙或在中国，或在夷狄。费昌当夏桀之时，去夏归商，为汤御，以败桀于鸣条……遂世有功，以佐殷国。"

通过分析以上的文献记载，研究者得出的结论是，探知了夏商时代秦人族群的大体足迹：在夏启政变成功后，嬴氏族群的首领伯益被夏启杀死，古秦人族群被迫退出天下权力的核心地区，分散逃亡于东方地区的山海之间。研究者通过分析古秦人在夏朝初年分散逃亡的历史情况，推断出的历史真相是：在夏启称王的初期阶段，秦人族群一定组织过一场大规模的反抗行动，但这次反抗行动最终在和夏启政权的较量中落败。因此，古秦人族群才被迫逃亡。

在夏朝统治时期的四百余年之间，秦人族群始终散居隐匿，直到商人族群强大起来以后，秦人族群必然看到了机会而重新聚拢，渐渐归入了以商汤族群为核心的反夏联盟。秦人的首领费昌担任成汤的车夫，可见此时的秦人族群已经深受

---

[1] 《中国原生文明启示录》（全三册）第 101 页，孙皓晖著，中信出版集团有限公司，2016 年 10 月。

商汤的信任。秦人族群的加入，是商汤在灭夏行动中的一股重要力量。[1]

部分研究者认为，秦人族群加入商汤的灭夏行动，是商人灭夏成功和崛起的关键因素之一。他们的理由是，无论是从牧马驯兽的职业传统来看，还是从治水主力族群的历史根基来看，甚至是皋陶、伯益两大首领曾经长期执掌最高联盟重要的权力的政治经验来看，秦人族群都是一支拥有雄厚社会根基的强大力量。研究者认为，这支力量在商汤灭夏的战争中起到了关键作用。[2]

笔者认为研究者的相关结论具有合理性，从相关文献提供的历史事实来看，秦人族群在商汤灭夏的历史行动中的确起到了关键作用。但是这同样含有一种间接性猜测的成分在其中，研究者根据自己的研究兴趣和个人偏好，对隐晦而简练的文献记载进行了相对丰富和系统的阐述。在这一过程中，不可避免地掺杂了研究者个人的主观好恶，甚至是针对同一材料的不同立场、不同角度的解读，也可能会得出完全不同的结论。我们对此不必进行深究。

成汤在伊尹和众多支持者部落的辅助下发动了灭夏战争，历史上称为鸣条灭夏之战。按照相关文献对这次战争经过的记载，我们可以对其进行一番还原：成汤在大军出发之前，进行了战前总动员演说，其演说内容就是《尚书·汤誓》。在《史记·殷本纪》的记载中，成汤高举铜钺说道："夏氏有罪！予畏上帝，不敢不正！今夏多罪，天命殛之！……有众率怠不和，曰：'是日何时丧！予与女皆亡！'夏德若兹，今朕必往！……女毋不信，朕不食言。女不从誓言，予则帑僇女，无有攸赦！"

战前动员演说完成之后，成汤率领着军队赶赴鸣条，即今天的山西省运城安邑镇北部。[3]关于成汤和夏桀军队这次战争的具体经过，文献中没有具体记载，但我们完全可以想象得到，已经面临"天下叛之"局面的夏桀，又被成汤在伊尹的辅助下连续吞并了其四大坚定支持者盟国。因此，此时的夏桀权力必然是十分空虚的，经历鸣条一战，夏桀军队的主力被完全摧毁，战败的夏桀带领残部逃奔南巢即今天的安徽省巢湖地带。

---

[1]　《中国原生文明启示录》（全三册）第100-101页，孙皓晖著，中信出版集团有限公司，2016年10月。

[2]　同上。

[3]　《大夏史》（全两册）第386页，郭泳著，上海大学出版社，2020年1月。

按照考古学者在安徽巢湖一带的考古研究报告来看，在传为南巢之地的潜山薛家岗、肥西大墩孜、肥东吴大墩、含山大成墩等遗址，以及距离巢湖不远的寿县斗鸡台、青莲寺，霍邱小圩堆、红墩寺等遗址中先后发掘出土的陶器、铜器的检测结果，与二里头遗址中的出土文物十分相似，其年代也能对应得上。因此，研究者认为这些出土文物很可能就是当年夏桀兵败之后，残部逃亡到此地时所携带的物品遗存。[1]

研究者根据相关考古报告的结论推断，夏桀兵败逃跑到南巢地带的时候应当尚有一些喘息的机会，但夏桀并没有利用这个时间进行部署或者相关谋划，而是对身边左右之人说了一句："吾悔不遂杀汤于夏台，使至此！"（《史记·夏本纪》）

在商汤灭夏成功后，伊尹成了商朝早期最重要的辅政人。按照《史记》中的相关记载，在成汤去世之后，他的孙子太甲即位成为新的天子。但是伊尹发现太甲昏乱暴虐，不遵守礼制法度，于是经常对他进行规劝。不过太甲根本听不进去规劝，伊尹便将太甲流放到了桐宫，伊尹自己全面代理行使王权的职责。当太甲被流放到桐宫后才有所觉醒，开始深刻反思自己之前的种种错误行为。当伊尹看到太甲已经洗心革面之后，又将他从桐宫接回，并交还王权给太甲，继续辅助他治理国家。

以上是儒家文献和《史记》中，关于太甲和伊尹关系的一个明确记载。但是在《古本竹书纪年》中研究者却发现了另外一个完全不同的版本：伊尹在商汤死后谋划独掌大权，因此他依仗自己的功劳和地位，通过种种手段成功地发动了一场政变，最终将太甲流放到了桐宫。太甲不甘于失败和政权旁落，于是偷偷潜逃出桐宫，奋发作为，最终组织了一支军队攻打了回去。太甲的反攻最终获得胜利，伊尹在这次战争中被杀死，太甲因此重新夺回了政权。[2]

笔者以上列举的关于伊尹与太甲之间关系的两种文献记载，是完全不同甚至针锋相对的说法。在很长一段时间内，研究者普遍认为《古本竹书纪年》中的记载是曾经发生过的真实历史事实，笔者也曾对这种观点持支持的态度。因为从早期文明发展和历史演进规律的逻辑进行判断，征伐和权力争夺是毋庸置疑的时代

---

[1]　《大夏史》（全两册）第389—390页，郭泳著，上海大学出版社，2020年1月。

[2]　《帝王世纪·世本·逸周书·古本竹书纪年》（"殷纪"）第7页，皇甫谧等撰，陆吉等点校，齐鲁书社，2011年10月。

主题与逻辑环节；儒家文献中出于教化的需要，对早期历史事实多有美化和改写也是已经被证实的事实。

但是随着清华简文献的研究与释读工作取得的突破性进展，这一争论千年的历史悬案终于有了可靠答案。

根据新整理公布的一批甲骨文资料显示，在这些甲骨文字中有许多地方都提到了伊尹，并且记述了商朝时期对伊尹进行祭祀的情况。随着这一新材料的发现，我们完全可以确定商代时期流传下来的甲骨文资料一定比后世的文献材料更具历史真实性和说服力。因此，我们现在已经可以完全确定，《古本竹书纪年》中至少关于伊尹的历史记载是错误的。[1]

根据这批甲骨文资料的研究成果，我们可以知道几乎整个商朝时期对伊尹的祭祀活动都非常盛大隆重，甚至于祭祀伊尹的礼仪和祭祀历代商王的礼仪基本上是相同的。从这一点我们可以看出，伊尹在商朝人心目中的崇高地位。倘若古本《竹书纪年》中所记载的伊尹被太甲所杀的历史为真实情况，那么伊尹在商朝人心中不可能具有如此崇高的地位，也不可能受到如此高规格的祭祀。[2]根据史料性质判断，同为商朝时代产生的材料所展现的伊尹事迹，当然要比后人的记载更加可信。

另外，在清华简中发现的两篇文献《尹至》《尹诰》[3]其所述内容也与甲骨文的记载相符合，形成了能够相互印证的文献证据链。因此笔者认为，伊尹其人在历史中的真实情况与儒家文献中的相关记载相符，他既辅佐了成汤又辅佐了太甲，并且帮助太甲改正了错误，受到了太甲和历代商朝统治者的信任和尊崇。

唯有如此，伊尹才会在商朝统治者和民众之间拥有如此崇高的威望和地位，一直享受与商王同等规格的祭祀。以上所述，是新材料中为我们揭示出的伊尹此人在历史中的真实面目。他对于商朝文明的延续和发展起到了十分重要的作用。

---

[1]　《中国通史大师课·1》第 72 页，许宏等著，岳麓书社，2019 年 10 月。

[2]　《清华大学藏战国竹简（壹—叁）文字编》（修订本）第 396-397 页，李学勤主编，中西书局，2020 年 10 月。

[3]　同上。

第十节　商汤时代的社会

随着商汤灭夏战争的全面胜利，夏代文明宣告结束。与此同时，在很大程度上区别于夏文明的商代文明登上了历史的舞台。笔者在前章中已经说过，商代文明的起源时代在大禹治水时期，殷契就是历史记忆中商代文明的始祖。从殷契到成汤，从上古时代社会文明迈进到国家时代文明，一代新政权和其文明标志的确立，首先就是要明确与之相关的基本标志。在传世文献的记载中，一般将这些相关的基本标志归纳为三个方面："改正朔，易服色，朝会以昼（定朝仪）"（《史记·殷本纪》），即修订新的历法、确定新的服饰和车马的规制、确立新的朝会制度。

这三项基本标志不但是新政权确立和文明演进的标志，而且更加具有深刻的时代内涵和社会意义。从商代伊始，之后每个新旧朝代更替完成时，都会沿袭这一套文明更替的法则。从某种意义上来说，这种基本标志的更替意味着新政权的合法性和其替代旧政权的正当性，因此它在历代以来成了不变的文明法则。

首先来看看"改正朔"。所谓正和朔，是指两个开始的日期。正，意味着一年的开始之月；朔，意味着一月的开始之日。夏朝时期的历法以孟春月为正，以平旦时为朔，即夏代文明中以一月为一年的正月，以天明时为正月初一的开始。[1]当代中国社会中人们至今沿用的农历就是夏历，中国人所庆祝的农历新年就是夏朝历法中的新年日期。从这个方面来看，夏代文明的痕迹至今影响着现代人的生活，一种沿袭数千年的古老文明法则在今天依然熔铸着古老而年轻的文明血脉，这不能不说是一个历史的奇迹。

我们需要注意的是，改正朔的根本含义指向并不是修改历法，而是新政权确立自己认可的岁首开始日期，这是一种具有深刻政治意义的行为。[2]成汤灭夏之

---

[1]　《中国原生文明启示录》（全三册）第102-103页，孙皓晖著，中信出版集团有限公司，2016年10月。

[2]　同上。

后确立的新的正朔，是以季冬月为每年的正月，即以十二月为每年的正月；以鸡鸣时为朔，即以拂晓公鸡啼鸣时为正月初一的开始。[1]这与我们传统认知中的正朔时刻的划分具有不小的差别。事实上，改正朔对于古代农耕没有任何影响，因为这并不会改变一年中十二个月的节令——即人们平时所说的二十四节气——的划分。改正朔在文明发展进程中的根本含义在于，向天下宣告一种新的开始，包括新生的政权、新生的制度、新生的文明等，要求全社会共同庆祝这种新生。[2]

从改正朔的这一根本内涵出发进行思考，它毫无疑问是充满政治色彩的一个纪念日，所纪念的就是国家政权的建立时期。这种纪念形式经过后来朝代的不断巩固和加深阐释，已经成为中国古典政治文明中的必然环节。[3]这是商汤时代的社会文明在历史中的重要遗存。

易服色，顾名思义即改变前一个朝代的服饰制度和车马制度，具体包括衣裳的质地、材料、颜色、形状及佩戴饰物的颜色和规制等。从更为宽泛的角度来说，还包括祭祀所用牲畜的颜色和大小、车辆的颜色、车辆所行驶的轨道、驾驶车辆马匹的数量、颜色与相关规制等。[4]

但是其中的详尽内容，由于年代过于久远，我们今天已经很难知道了。在汉代之后的朝代，一般都会在各自的官修史书中进行相关内容的详细介绍，现代社会中一般将这些史书并称为"二十六史"，在其中"书"或者"志"的部分有相关介绍。凡有兴趣者，可以一观。

从相关文献的粗略记载中，我们现在所能知道的是夏代崇尚黑色的服饰颜色，商代反其道而行之，崇尚白色的服饰颜色（《史记·殷本纪》）。

定朝仪，即确立新的朝会制度。[5]所谓朝会制度是指大臣定期朝拜帝王，并共同商议国家政事的制度。在商周时期的朝会制度，即早期国家时代的大朝会中规定，除了朝廷固定的大臣之外，包括王畿之地以外的各地诸侯也需要参加大朝

---

[1] 《中国原生文明启示录》（全三册）第102-103页，孙皓晖著，中信出版集团有限公司，2016年10月。

[2] 同上。

[3] 同上。

[4] 《中国原生文明启示录》（全三册）第103页，孙皓晖著，中信出版集团有限公司，2016年10月。

[5] 同上。

会。有关研究者认为，这种成型的基本朝会制度在夏朝就已经普遍实行，只是目前由于史料的缺疏而无从研考。[1]商汤时代确立的朝会制度在史料中虽然有相关记载，但却十分简略粗疏。文献记载："朝会以昼。"（《史记·殷本纪》）即商代的朝会从早晨开始，在白天举行。除此之外，我们暂时无法对夏商时期的朝会制度进行更为详尽的探寻。

有关研究者据此推测，商朝政治制度大多与夏朝相反，因此他们认为夏朝的朝会很可能是在晚上开始，夜间举行。研究者提出的一个例证是，夏桀时代由于其腐败荒淫而夜夜借朝会之名行腐败奢靡之实，导致天下诸侯怨声载道。所以商汤反其道而行之，将朝会改在白天举行。[2]笔者认为研究者的这一推论在某种意义上具有合理性，但目前不宜过早下定结论，我们仍然期待有关考古发现或者新材料的现世，对这一系列问题进行更为准确的解答。至于研究者的相关猜测和推论，我们不妨将其当成一种历史猜想和可能性加以审视。

除了以上笔者所述的商汤时代文明的三个基本标志以外，其余的一系列国家制度也在商汤立国时期相对全面地创建出来。[3]当然，这种创建具有半独立性半延续性的特质，即商汤时代创立的系列国家制度，既有其对上古时代和夏代国家制度的沿袭，又有其独立创造的新制度规范。从整体来看，商汤时代的社会文明形态已经全面超越夏代，进入了体系化阶段。

周朝初期的周公旦，对商代文明制度非常熟悉，他在灭商建周成功之后一次针对殷人的训话中说道："唯殷先人，有册有典。"（《尚书·多士》）周公旦所说的册和典，就是指当时以种种典籍的形式呈现的国家文明和社会制度。研究者认为，周公旦的感慨意味着他对殷商文明全面超越夏代无典无册的不稳定文明状态的赞赏，同时又具有自我鞭策意味。周公旦认为新建立的周朝政权要向殷商文明学习，创立属于自己的新的典籍制度。[4]这就是后来周公制礼作乐的初衷，

[1] 《中国原生文明启示录》（全三册）第103页，孙皓晖著，中信出版集团有限公司，2016年10月。

[2] 《中国原生文明启示录》（全三册）第103-104页，孙皓晖著，中信出版集团有限公司，2016年10月。

[3] 同上。

[4] 《中国原生文明启示录》（全三册）第104页，孙皓晖著，中信出版集团有限公司，2016年10月。

由此可见礼乐文明的意识具有深厚的传承基因，并非周公个人的独立创造。因此，笔者认为商周时代的国家文明制度和一系列规范，是在半独立性半延续性的基础上发展而来，从根本上说是对前代文明更为具体的和具有时代性的重新阐释与再次构建，而不应当视为新的时代发明和创造。

关于笔者得出的这一文明制度的结论，史学界对殷商史的研究成果可以作为有力的佐证：商代的诸侯制度、权力体制和其传承制度、贡赋制度、征兵制度、市场制度、农耕制度、车马服饰制度、墓葬制度、社会法律制度等各个方面，都已经具有大体完备的规范。研究者认为，唯有如此，在商王朝灭亡之后周武王才会反复向殷商的遗臣请教治国经验，才会有《尚书》等相关文献中关于商人治国之道的论述。[1]我们知道，一套完备的文明制度和社会规范不可能凭空出现，它一定是在继承前代的基础上不断修改和发展而来。

从上古时代向国家时代的跨越，最重要的标志是威权政治和诸侯制度。[2]诸侯制度的确立，意味着国家文明形态由松散的联盟时代进入到相对具有统一性和集权性的国家时代。商代国家制度是对上古时代和夏代国家制度更为具体和详尽的一整套规范性制度。尽管我们今天由于史料的缺失无法探知商代国家制度和诸侯制度的详细情形，但目前我们能够确定的历史事实是：商朝王权的力量相比夏代王权大大加强，商朝的诸侯国大部分都是王权直封的，而不是各地族群势力自发组成、王权被迫承认的。商代王权对天下的统治和对各诸侯的控制力度，相比于夏代大大增强，已经在某种程度上进入了国家文明时代的稳定期。[3]

商代国家文明形态进入稳定期的重要体现在于，整个商朝时代的历史时期内虽然仍然存在诸侯叛乱的现象，但是已经没有再出现过夏代中期的大族诸侯直接取代王权的颠覆性政变。[4]研究者认为，在盘庚迁殷之后的商朝时代，商王对各诸侯具有了更加强大的控制能力，已经基本具备了成熟国家形态的全部特征。[5]

---

[1]　《中国原生文明启示录》（全三册）第104页，孙皓晖著，中信出版集团有限公司，2016年10月。

[2]　《中国原生文明启示录》（全三册）第104-105页，孙皓晖著，中信出版集团有限公司，2016年10月。

[3]　同上。

[4]　同上。

[5]　同上。

尽管商王国对诸侯国君的传承、兵力设置、重要官员任免、赋税缴纳制度等，还都没有后来周代那样的严格规范，诸侯国的自治权还相当大，但是，从总体来看，商代王权与诸侯的关系已经非常接近周朝的状态了。因此，商朝文明是周朝文明制度实现历史性跨越的最重要的连接环节。

除此之外，研究者认为殷商时代带给我们的历史魅力还在于社会精神的奔放开阔和宏大厚重，而这种奔放和宏大首先表现在商代的酒风上。研究者认为商朝的奢靡酒风是商文明的一个风格性标志。但需要我们注意的是，这一奢靡酒风的形成并非源自成汤时代，而是在商朝中后期才形成的。[1]

作出这一判断的重要依据首先来自甲骨文，甲骨文是研究商代文明和历史最重要的、最可靠的材料依据。研究者通过对甲骨文的释读发现，其中已经具有酒、农、井、麦、黍、米等字形，这意味着当时社会的粮食产量足以支持大量酿酒了。[2]《尚书·酒诰》中对当时社会的尚酒之风进行的描述是："庶群自酒，腥闻在上。"《诗经·大雅》中记载："咨女殷商，天不湎尔以酒……靡明靡晦……俾昼作夜。"

综合以上分析，我们可以确定尚酒之风是商文明中一个重要的标志，尤其是中晚期商文明的重要标志。[3]从这个整体性的中晚期商朝社会尚酒风气来看，商纣王的酒色误国并非毫无根源的个人问题。当然，我们并不否认在导致商朝最终灭亡的原因中，商纣王个人的昏乱是非常重要的因素，但与此同时我们应当承认商朝由来已久的尚酒之风，也是导致商纣王因为酒色误国的一个重要因素。将一个朝代的灭亡完全归于某个人物的作为上，是违背历史和文明的发展规律的。考察历史文明的兴亡规律，深刻的时代因素的影响作用是无法忽视的。

盘庚迁殷后的近三百年时间里，商人的综合经济情况由于受到迁徙的影响，得到了更为充分和均衡的发展。农耕、畜牧、商贸、渔猎、手工业等行业空前的发达盛况，以及可供交换的剩余产品的空前丰富，是直接促使商代中后期文明中

---

[1] 《中国原生文明启示录》（全三册）第105-107页，孙皓晖著，中信出版集团有限公司，2016年10月。

[2] 同上。

[3] 同上。

酿酒和饮酒之风大盛的根本原因。[1]

我们还应当注意到的是，商人的尚酒之风具有整体的全社会性质，而不仅仅局限于王室和贵族之间的奢靡。这种浓烈的尚酒之风，弥漫于整个商王朝时代社会的各个阶层人群之间[2]。

笔者在前文中所引文献记载的"俾昼作夜"及《韩非子·说林上》中的"长夜之饮"都足以说明，商代社会中浓烈的饮酒之风是尚酒风气完全弥漫于殷人王族公室和市井百姓之间的历史印记。正因为如此，周朝领导者在灭亡商朝政权之后，才会将酒风弥漫当作殷商王朝灭亡的根本原因之一，进而深刻地加以警惕和反复多次地进行训诫。

除了尚酒之风外，殷商时代奔放开阔和宏大厚重的社会精神还表现在殷商王朝的人才鼎盛方面。殷商时代的人才济济，例如我们所熟知的包括历代商王：成汤、太甲、沃丁、太戊、盘庚、武丁，等等；殷商王朝的大政治家：伊尹、傅说、巫咸、商容、微子、比干、箕子，等等。

这就是文献中所记载的"尔殷遗多士！……俊民甸四方。"（《尚书·多士》）以及"庶邦庶士"（《尚书·酒诰》）。

从这些记载中我们可以发现，殷商时代的国家人才和成熟的大政治家出现频率相比之前的夏朝要高得多。除了朝廷的官方人才外，出身庶民的庶士更是多如繁星。

尽管我们不知道他们之中绝大多数人的名字，但由殷商时代的庶士所缔造的光辉文明却并没有随着时间的流逝而消逝，今天的人们依旧能够通过相关文献和青铜器铭文以及甲骨文的记载来领略其风姿。

甚至有研究者认为，殷商时代出现的人才比其之后的西周时代还要多，是中国早期文明时代第一个人才涌现的高峰时期。他们共同缔造了伟大的商朝文明，同时也呈现出商代文明发展和综合成就在人口终端的最重大产出。

研究者依据相关文献揭示出的商代文明多庶士的人才产出特点，认为在其之后数百年的春秋时代庶士发展成为最活跃的社会阶层，很大程度上是因为商朝文

---

[1]　《中国原生文明启示录》（全三册）第 107 页，孙皓晖著，中信出版集团有限公司，2016 年 10 月。

[2]　同上。

明的历史跨越造就出了土壤。

由于殷商时代形成了良好社会土壤和历史传统，对于后来春秋时代士人阶层的形成和发展起到了巨大的精神引领作用，甚至具有使春秋时代的伟大社会变革和文明跃进发生的推动基因蕴含其中。[1]

有关研究者的这一文明推动结论我们暂时不作评判，但就其认为的庶士成为商代最活跃阶层这一观点来看，的确对商代文明的发展和后代社会文明的形成具有相当的推动意义。

除了笔者以上所述之外，研究者一致认为从今天的研究成果来看，殷商时代文明最具代表性的物事有两个方面，其一是震惊了世界的甲骨文，另外则是宏大厚重的殷商王朝的青铜器。[2]关于甲骨文和甲骨文明是在中国文明发展史中的一个重大文明话题，笔者拟于下章专门进行论述，因此在此处暂且略过不表。

说甲骨文和甲骨文明是殷商王朝时代的重大文明话题，这并不意味着青铜文明在殷商时代的重量于研究者的心目中就要逊色于甲骨文明，应该说两者在文明发展史中具有同样重要的地位和历史意义。由于一些特殊的原因，人们习惯性的定式思维往往认为谈及此之好，必然意味着彼之坏，或者彼之不如此、此之不如彼，等等。凡此种种想法，无不是人们头脑中简单的二元思维模式作祟，这当然具有深刻的历史沿袭因素在内。但笔者以为，时代的发展已经迈入现代文明图景，深存于人们内心之中的、辜鸿铭先生所谓的"心中的辫子"也实在应该剪一剪了。

大型铸造所产出的青铜器，是殷商时代在中国文明史中留下的浓墨重彩的一笔。许多现代研究者将夏朝和商朝称为中国历史中的青铜时代，可见青铜文化是文明发展史上的一个重要坐标。[3]所谓青铜，是指与早期时代的红铜相对的一种合成铜金属。现代研究发现，青铜是铜与锡的合金，熔点低，硬度高，所制作出的器物远比红铜要更为精美。正因为如此，后人将青铜制品的出现和成熟看成是

---

[1] 《中国原生文明启示录》（全三册）第108页，孙皓晖著，中信出版集团有限公司，2016年10月。

[2] 《中国原生文明启示录》（全三册）第108-109页，孙皓晖著，中信出版集团有限公司，2016年10月。

[3] 同上。

中国早期国家社会的生产力标志，也是文明跨越的重要体现。[1]

研究者认为，对青铜文化进行溯源至少可以确定到大禹时代。[2]文献中的相关记载已经表明在大禹治水成功后，曾经铸造九座大鼎，分别在鼎上刻写各州的土地等级和贡赋数量。从大禹的这个历史行为来看，毫无疑问的是九鼎的存在意义即代表着九州，而九州又代表着中国，因此青铜文明的诞生之初就具有非同一般的特殊意义。

文献记载，大禹铸造的刻有文字的九鼎在历史中一直传承了下来，并最终失落于周朝。但在东周显王三十三年（公元前336年）不幸没入泗水，秦始皇曾经派人前去打捞搜寻，未果。[3]从某种意义上来看，九鼎的制成甚至对于商朝的青铜文明具有奠基和引领意义。在世界文明史中，一般将公元前4000年至公元前1000年这一历史时期称之为青铜时代，[4]即从大禹时代至西周初年。[5]

代表殷商文明的商朝政权在公元前11世纪的某一年灭亡了，有学者认为是在公元前1046年，也有学者认为是在公元前1052年。在最新考古研究成果出现之前，殷商朝代的灭亡和周朝政权的建立时间的确是长久以来困扰学术界的一大难题，著名的夏商周断代工程为此做了大量工作依然无法得出确切的年份，而是只能划定大概的年份范围区间。但随着相关考古文物和材料的不断现世，这一难题已经具有了可靠的结论，笔者将在后续章节中进行具体论述。

商代文明是中国文明发展史上一个非常独特的文明，这不但体现在它具有超越时代性的商业文明和兼容多种经济活动并存的社会背景中，更体现在它的系统性文字结构、兼容的文明理念和宏大厚重的工艺传统、自由奔放的时代精神以及对后世的文明引领意义等各个方面。毫不夸张地说，商文明在历史中的存在，为

[1]　《中国原生文明启示录》（全三册）第108-109页，孙皓晖著，中信出版集团有限公司，2016年10月。

[2]　同上。

[3]　《中华史纲》第37页，李定一著，重庆出版社，2019年6月。

[4]　据张光直考证，"中国青铜时代的开始不会迟于公元前2000年。它的结束……开始于春秋时代晚期，但直到公元前3世纪的秦代才告完成"。参见《中国青铜时代》第2页，张光直著，三联书店，2013年3月。

[5]　《中国原生文明启示录》（全三册）第109页，孙皓晖著，中信出版集团有限公司，2016年10月。

中华民族的文明发展脉络注入了最强力、最新鲜的文明因子，无论后来的时代如何重农抑商，也始终没有使商业文明在历史的进程中失掉活力甚至消失。这是殷商时代为我们留下的最伟大的文明记忆。[1]

第十一节　甲骨文中的商代文明

众所周知，甲骨文和甲骨文明是中国文明发展史在殷商时代呈现出的一个重大文明现象，它和青铜文明共同构筑了今人所能见到的殷商时代文明的缩影。

甲骨文是商朝时期人群留存下来的重要文字资料，大多是历代商王和商朝贵族进行占卜的文辞记录。所谓甲骨文，顾名思义就是刻于龟壳和动物骨头上的文字。[2]因此，有研究者形象地将商朝文明比喻为镌刻在甲骨上的文明，这是十分贴切的。甲骨文在历史中的遗存和发现，是研究者研究商周文明最可靠的文字资料。

研究者发现，商朝时期所使用的龟甲取材既有殷墟附近当地的龟，即"本土龟"；也有从马来西亚一带远途运回来的龟，即"外来龟"。[3]从这一实物证据的发现来看，笔者在前章中所说的商代商业经济文明，已经远超今日地理意义上的中国范围，在世界范围内广泛存在和不断进行文明交流这一观点得到了有力的佐证。

除了龟甲之外，甲骨文还常见于牛的肩胛骨和其他动物的骨头上，例如鹿的骨头、大象的骨头等均被商代人选取作为刻写文字的材料。[4]研究者指出，甲骨文是商代文明最集中的体现之一，但这并不意味着甲骨文明具有商代文明的唯一性。

---

[1]　《中国原生文明启示录》（全三册）第 109 页，孙皓晖著，中信出版集团有限公司，2016 年 10 月。

[2]　《中国通史大师课·1》第 75 页，许宏等著，岳麓书社，2019 年 10 月。

[3]　同上。

[4]　同上。

考古研究者早在20世纪50年代时的山西洪洞就已经发现了西周时期的甲骨文遗存，[1]这有力地证明了甲骨文明兴盛于商代，但并没有消亡于商代。在商朝之后的周朝，依然沿袭了甲骨文明。除此之外，研究者还在陕西省的岐山和凤雏一带发现了周原甲骨，周原甲骨是周朝人的占卜记录。但是周原甲骨发现的数量虽多，其上的文辞却十分稀少，甚至有很大一部分是没有镌刻文辞的空白甲骨。[2]

除了周原甲骨的发现之外，研究者还在陕西省岐山的周公庙发现了大批西周时期的甲骨。[3]因此我们可以确定，甲骨文明是商代文明的集中体现，但在其之后的周朝时期依然延续了这种文明，因此笔者认为甲骨文明不具有商代文明的唯一性。但甲骨文明作为商代文明的重大标志之一，这是毫无疑问的。

现代考古研究已经证实，除了已经为人们所熟知的殷墟地区之外，在郑州、山东等其他地区也发现了甲骨文的遗存痕迹。21世纪之初，研究者在济南市的大辛庄发现了一批甲骨，历史学家证实大辛庄一代也是当年商朝政权在东方地区的一个重要军事据点，[4]因此在这里发现甲骨文的遗存痕迹也就不是什么十分突兀和惊奇的事了。需要引起我们注意的是，传统的说法认为甲骨文是商王占卜的资料，但这并不十分准确。[5]现代学术研究已经证实，目前已经发现的其中部分甲骨文属于商王占卜的资料，但还包括一些商朝贵族和官员等人的占卜记录。因此，甲骨文研究者将其分为王卜辞和非王卜辞。对于甲骨文的宏观认识是，从产生的时代来看，它既包括商朝的，又包括西周的；从分布的范围来说，既有殷墟的，也有其他地区的；从其内容性质分辨，它既包括商王的占卜记录，又包括其他贵族的占卜记录。因此，我们对于甲骨文的研究工作还需要进行更为深入的探索和发掘。[6]

根据相关文献记载可知，远在清代时期，河南安阳一带的农民在田间耕作时，就经常从泥土中发现残破的乌龟壳或者动物的骨头。当地人将它们称为"龙

---

[1] 《中国通史大师课·1》第 75-76 页，许宏等著，岳麓书社，2019 年 10 月。

[2] 同上。

[3] 同上。

[4] 同上。

[5] 《中国通史大师课·1》第 76 页，许宏等著，岳麓书社，2019 年 10 月。

[6] 同上。

骨"。这些农民中虽然有人留意到甲骨上面的符号，却并未加以重视，因此往往将其随手丢弃。时代发展到清代中后期时，不知何人率先将这些被随处丢弃的甲骨进行收集，再将其细细碾磨成粉，宣称能够治疗创伤。此后便经常有人来到安阳一带收购甲骨，当作龟版龙骨贩卖给药铺，每斤制钱六文。正是在这一过程中，许多珍贵的甲骨被人为地毁坏。[1]这一情况一直持续到1898年，当年有许多古董商人陆续来到安阳收购古董，他们看到农民手中的这些甲骨时虽然并不认识上面的文字，但还是试着收购了一些带回去，向当时的学者请教。[2]

根据相关文献的记载，这一时期有个名叫范维清的古董商人拿着自己收购的甲骨，找到了当时的国子监祭酒王懿荣。作为当时著名的金石学家，王懿荣见到这些甲骨上的文字时深感吃惊，向范维清询问甲骨的获得渠道。由于范维清的奸猾，王懿荣受其蒙骗认为甲骨的出土地点在河南汤阴。后来王懿荣委托范维清为他继续大量收购这些甲骨，但遗憾的是还没有等王懿荣有机会对这些甲骨上的文字进行详细的研究，作为兼任团练大臣的王懿荣便因为1900年的义和团事件，在八国联军攻进北京时投井自杀了。[3]

随着王懿荣的去世，他所收购的这些甲骨逐渐流散各处，其中部分被其朋友刘鹗所得。刘鹗根据自己所得的部分甲骨，整理出版了第一部甲骨文研究著作《铁云藏龟》。随着刘鹗《铁云藏龟》的出版问世，当时的部分学者逐渐开始关注甲骨文的情况，并进行了相关的研究工作。[4]例如当时的著名学者孙诒让就已经开始对甲骨文进行研究，并出版有《契文举例》。孙怡让的著作出版发行之后，甲骨文才真正地逐渐被世人所知。[5]

此后大量的中外人士包括古董商人、文字研究者甚至文物贩子等纷纷赶赴河南安阳大量收购甲骨，当地人也大肆盗挖发掘，数十年间不知有多少珍贵甲骨永远地消失在历史中。这种情况一直持续到1928年，当时的国民政府才决定组织中央研究院相关人员进行系统的发掘。根据相关材料可知，从1928年至1937年间，

[1] 《中华史纲》第42-43页，李定一著，重庆出版社，2019年6月。
[2] 《中华史纲》第43页，李定一著，重庆出版社，2019年6月
[3] 同上。
[4] 《中国通史大师课·1》第77页，许宏等著，岳麓书社，2019年10月。
[5] 《中国通史大师课·1》第77-78页，许宏等著，岳麓书社，2019年10月。

经过十五次发掘工作后研究者的收获依然十分丰富。[1]由此足可见殷商时代甲骨的存留情况何等丰富。

当时中央研究院的发掘成果报告显示，共得甲骨约10万片，[2]这还不包括数百年间由于无知而被人为损毁的甲骨，以及被收购碾磨成药粉的珍贵甲骨便永久消失在历史长河之中了。对文明最大的悲剧和毁伤在于，将美的事物故意毁坏给人看。

19世纪末甲骨文的发现，对于当时的社会来说具有重要意义。[3]由于众所周知的政治原因，导致当时的学界和文化界逐渐开始对民族的文化产生了怀疑，认为当时中国落后的根本原因是由于文化上的落后。除此之外，无论是当时国内或国外的历史研究界中，都掀起了一股巨大的疑古思潮。[4]

许多学者在当时公开提出，中国的上古史是伪史，甚至有学者断言"东周以前无信史"，即当时的学术界不承认春秋战国时代之前的中国历史，认为这一时代的历史是后人伪造的。这股疑古思潮风原本是从西方和日本学界吹起来的，例如当时的日本学者白鸟库吉提出的"尧舜禹抹杀论"，认为中国历史文献中所谓的尧、舜、禹都不是真实存在过的历史人物，而是中国的古人编造出来的神话。[5]

由于众所周知的原因，在西方学界和日本学界的这一疑古思潮风刮起来之后，立即获得了当时一部分中国学者的支持，在中国发起了一场"古史辨运动"。受这场运动的影响，当时的许多中国学者开始对中国的上古历史和文献典籍进行严格审查。[6]但是这其中的奥妙在于，当时的学者普遍以西方学界公认的一系列历史与文明研究的标准和方法论来判断中国历史和文明存在与发展的真伪和相关发展过程。这场建立在错误的逻辑起点上进行的逻辑环节审查和评判，当然不会得出正确的逻辑结论。

古史辨派学者对于中国上古历史的全面否定，导致当时社会的人们对中国的

[1]　《中国通史大师课·1》第77-78页，许宏等著，岳麓书社，2019年10月。
[2]　《中华史纲》第43页，李定一著，重庆出版社，2019年6月。
[3]　《中国通史大师课·1》第77-78页，许宏等著，岳麓书社，2019年10月。
[4]　同上。
[5]　同上。
[6]　同上。

上古历史深感迷茫，[1]甚至引起了一部分人对整体中国历史真实性与可靠性的困惑和怀疑。

甲骨文在这一社会现实背景下的出现和相关研究工作的开展，被后代研究者誉为从遥远年代以前传来的童年歌声，承担着唤醒整体民族的文明记忆和历史记忆的重任。甲骨文在这一特殊历史时刻的被发现和研究，不但从实际文物方面印证了史书中有关中国上古历史的可靠性，[2]更为重要的因素在于甲骨文的出现唤醒了中华民族遥远的文明记忆，为当时的社会和人群注入了强有力的文化自信因子。

在当时社会中，对甲骨文文明的研究做出突出贡献的是王国维先生。他的一系列有关甲骨文研究的著作，使当时的人对殷商时代的文明和历史真实性逐渐开始坚信。王国维先生在其两篇著名文章《殷卜辞中所见先公先王考》和《殷卜辞中所见先公先王续考》中记载，当王国维将一部分已经碎裂的甲骨拼接完整后，他惊讶地发现甲骨上竟然非常完整地记载着商朝各王的世系。王国维将其与《史记·殷本纪》中的相关记载一一对照后发现，两者的记载基本上是一致的。[3]

这一发现的历史意义在于，王国维先生不但证实了《史记》所记载内容的真实性和准确性，而且更加证实了甲骨文的产生年代就是殷商时代。随着王国维先生相关著作的陆续发表，不但有力地攻破了当时社会深受"古史辨运动"对中国上古历史的怀疑思潮所产生的负面影响，更将中国信史的时代由东周时代直接上推至商朝的武丁时代。[4]

傅斯年先生曾言，以不知为不有，是谈史学者极大的罪恶。

笔者在前文中说过，甲骨文并不是商代文明的全部，甚至不是商代文字资料的总和。因为甲骨文在商代的作用仅限于商王和贵族进行占卜使用，而占卜仅仅是商代文明中一个很小的剖面，[5]笔者在前文有关商代文明的介绍中甚至没有对占卜进行独立章节的介绍。研究者认为，商代社会的通行书写材料是用竹子或者

[1]　《中国通史大师课·1》第77-78页，许宏等著，岳麓书社，2019年10月。
[2]　《中国通史大师课·1》第78页，许宏等著，岳麓书社，2019年10月。
[3]　《王国维集》第440-441页，王国维著，中国华侨出版社，2018年8月。
[4]　同上。
[5]　同上。

木头加工而成的竹简或木简，但是由于这些材料易于腐烂，所以并没有在历史中保存下来。因此，依靠甲骨文所能够还原和探知的商代文明是十分有限的，但是在这些有限的材料中，研究者依然辨认出了五千余个汉字，这些汉字中包括大量的形声字。[1]

根据文字的发展规律我们可以知道，形声字是在文字具有高度的成熟度之后才会大量出现的，这意味着甲骨文已经是早期文明发展史中非常成熟的文字系统。同时我们完全可以相信，商朝武丁时期已经出现了如此丰富和系统的成熟文字，那么它不可能是未经历过任何发展演变而突然在历史中出现的。这一推论间接证明了夏朝历史和夏朝文字存在的客观真实性和历史可靠性。并且，研究者认为，夏朝的历史和商朝早期的历史必然是可靠的。谁也不能否认商朝的客观存在，不能否认商朝所达到的文明高度。[2]

甲骨文的发现除了印证我们已知的商朝历史为信史之外，对于未知的商朝历史和文明研究同样具有至关重要的作用。例如文献中曾经记载"高宗伐鬼方，三年克之"，以前的研究者普遍认为鬼方是指远方的部落族群，而不是一个具体的部落名称。因此学者们阐释这句话都是讲高宗去讨伐远方的敌人，用了三年时间取得胜利。但结合甲骨文和相关资料的研究结果来判断，文献中所说的"高宗"其实就是指商王武丁，"鬼方"则正好在甲骨文中有所记载，是当时商朝周边的一个部落名称。武丁多次对鬼方部落发动战争，至于武丁发动战争的原因目前仍然不得而知。但这为我们厘清了一个长久以来的困惑，即"鬼方"的具体所指究竟是什么。[3]

1976年，考古工作者在河南安阳发现了一座十分重要的商代墓葬——妇好墓。妇好是商代的一个人物，但却不见于任何的史书文献记载。不过研究者却在相关甲骨文中发现了大量关于妇好的记载，顺利地揭开了妇好身份之谜。根据甲骨文资料显示，妇好是殷高宗武丁的妻子，研究者统计发现在目前已经发现的甲骨文资料中提及妇好的记载多达二百余处。[4]

---

[1]　《中国通史大师课·1》第78页，许宏等著，岳麓书社，2019年10月。

[2]　《中国通史大师课·1》第78-79页，许宏等著，岳麓书社，2019年10月。

[3]　同上。

[4]　同上。

研究者据此断定，这位名叫妇好的商王王后必然是深受商王武丁的宠爱和关心。妇好生病时武丁要进行占卜，看她什么时候能够病愈；妇好有一次怀孕生产时，武丁表现得非常焦急，多次卜问妇好能否顺利生产。由此可见，妇好在商王武丁时期必然是深受宠爱的王后。但是如此人物，研究者翻遍史料却未见到有关妇好的任何记载，只有在甲骨文中有所提及。研究者历来对妇好的身份和情况多有猜测和怀疑，但随着1976年妇好墓的发现和相关研究成果的揭示，我们已经完全可以确定甲骨文中所记载的内容获得了考古发现的全面印证。[1]

妇好墓的发现一方面印证了甲骨文中记载的内容是完全真实可信的，另一方面甲骨文研究也为我们对妇好墓断代和研究工作提供了真实可靠的依据。[2]

在妇好墓中出土了大量的玉器和青铜器以及象牙器等文物，研究者一开始普遍认为制作如此精美的文物很有可能是产生于商代后期，但是通过随后在铜器的铭文中辨识出了妇好，结合甲骨文中对妇好身份的相关记载信息，研究者便可以确定妇好墓葬的年代。[3]

此前研究者根据对甲骨文的研究成果认为，商代的妇好是两个同名同姓的人，她们生活在不同的时代。但是随着妇好墓的发现，研究者已经可以确定之前学术界认定的两个妇好其实就是同一个人。过去的研究结论认为妇好是两个人的观点存在很多的问题，最关键的原因在于过去对甲骨文的分期断代工作确定的理论有缺陷。因此，我们可以毫不夸张地说，妇好墓的发现使甲骨文研究工作进入了新的阶段。[4]

第十二节　商代文明析古

根据相关学者的考证，在相当长的一段时期内学术界普遍认为，自从汤武开

---

[1]　《中国通史大师课·1》第79页，许宏等著，岳麓书社，2019年10月。
[2]　同上。
[3]　同上。
[4]　《中国通史大师课·1》第79-80页，许宏等著，岳麓书社，2019年10月。

国之后国号称为商，传十九王，五迁之后至盘庚迁殷，商朝政权才开始称殷。但是从后来的研究结论来看，学者们发现事实上却并非如此。[1]

契在治水成功被封于商地之后，传十四世至汤，汤因为觉得自己"吾甚武，号曰武王"而称为汤武，商汤伐夏的战争因此在历史上称为"汤武革命"。[2]

随着汤武革命的成功，商汤继夏桀之后成为天子，这时商汤做天子之前的封号"商"便已经不再使用，但也并没有废弃，而是将"商"作为供奉其祖先的宗庙所在地，其性质由封号变成了一个名为"大邑商"的地名。至于商汤创建的国号，就是殷。[3]因此在《史记》中的记载对盘庚之前的事迹均称殷，例如"殷复兴""殷复衰"等。由此可见商朝最初创立时的国号的确不是"商"，而是"殷"。

另外一个明显的事例是，司马迁在写作《史记》时对商朝历史所使用的篇目名称为《殷本纪》，而不是《商本纪》，由此可见商汤成为天子后使用的国号是"殷"。[4]这一说法，与笔者在前文中所述的内容颇具矛盾性。不同学者之间的不同研究观点均有充分的文献材料作为基础支持，因此我们暂时不宜对其中的争论内容作出最终结论。

有关汤武革命的历史性质，早在东周时期就已经引起了学者之间的广泛讨论。除了儒家认为这是顺天应人的仁义之举以外，其余学派人物如庄子、荀子、韩非子等，均在其著作中指责商汤和周武王的篡位行为。他们给汤武革命的定性是趁火打劫、以下犯上的叛乱行动。[5]韩非曾在其著作中说："舜逼尧，禹逼舜，汤放桀，武王伐纣，此四王者，人臣弑其君者也，而天下誉之。察四王之情，贪得人之意也；度其行，暴乱之兵也。"（《韩非子·说疑》）

但与此同时，一向与儒家势同水火的墨家却站出来说商汤的革命之举是受"天命"。[6]在没有新的材料出现之前，有关汤武革命的历史性，笔者目前依然支持传统的研究观点。这一点既与我们所主要探讨的文明发展规律关系不大，但

---

[1]　《中华史纲》第 40-41 页，李定一著，重庆出版社，2019 年 6 月。

[2]　同上。

[3]　同上。

[4]　同上。

[5]　《中华史纲》第 41-43 页，李定一著，重庆出版社，2019 年 6 月。

[6]　同上。

同时又关系莫大。导致这种矛盾说法的原因是，汤武革命的事实和性质已经为人们所熟知并广泛接受，一个政权的灭亡往往也会导致支持这个政权兴起的文明面临消衰。尽管周朝初期的文明和政治在一定程度上是对商朝文明的延续，但这两种具有明确分水岭的文明之间其延续性非常微弱。

按照文献中的相关记载，夏商周虽然是三个连续性的政权，但它们各自时代信仰背后的文明根基却具有显著的差别。文献中称为"夏尚忠，殷尚质（鬼），周尚文"（《诗广传·卷一》）。传统的学术研究观点认为，殷人的文明观念中认为鬼神管理着人世间的一切事物，因此他们处理任何事情都要向鬼神进行请示，请示的方法就是进行占卜。我们今天所见到的甲骨文材料，很大程度上都是殷人占卜所用的资料遗存。[1]

关于占卜的历史文明意义，笔者在前章已经有过相关论述，这是一种"以人为本"的掌控自我命运的行为。殷人占卜的具体方法是：将龟甲或兽骨削平，在其中一面钻孔但不将其钻透；然后将钻孔处放在火上灼烧，另外平整一面出现的裂纹称为"兆"，占卜者将需要卜问的事刻在兆的旁边，再根据兆来叙述鬼神的旨意。当然，这种叙述具有很大的人为主观性色彩。日后所卜问事情的应验结果，也会刻在上面。所刻之字均以朱墨涂抹均匀。由于这些以甲骨文形式体现的文辞均为占卜所得，因此学术界又将其称为"卜辞"。[2]

当时的占卜行为绝大多数都是在商代的王室和贵族成员之间进行，负责执行占卜的人也往往是朝廷的官员。至于具体占卜所问的事项，刻写卜辞的多少，甚至是否刻写卜辞也全凭商王的兴致而定，这也就很好地解释了为什么考古研究者多次发现空白的甲骨出土。[3]

我们现在可以确定的是，以河南安阳小屯为商朝国都的商王有十二位，由于他们各自不同的卜问需求和兴致，现在遗留下来被我们所看到的卜辞内容也完全不同。例如有的商王卜问的事情非常琐碎，比如王后将会生男生女、王子生病的原因、自己的牙痛是哪位祖先降下的惩罚，以及上天能不能多下雨，等等。我们可以据此猜测，卜问这些问题的商王一定是个富有生活情趣的人，对许多细小的

[1]　《中华史纲》第 42-43 页，李定一著，重庆出版社，2019 年 6 月。
[2]　同上。
[3]　同上。

事情非常关心，恩爱妻子以及关心民间百姓的生活。而有的国王其关注重点则与这位商王完全不同，他们仅占卜关于祭祀、战争、狩猎、出巡、卜旬、卜夕的例行公事。[1]其不苟言笑的严肃性格跃然于卜辞之间。

笔者在上章中说过，记载甲骨文的甲骨和兽骨在被国家政府部门正式发掘保护和研究之前，已经有无法估量的珍贵甲骨永远消逝在历史中了。我们今天所能见到的甲骨文，仅仅是数百年来历经劫难后幸存的少许。按照研究专家董作宾先生的说法："这号称十万片的卜辞，我们现在能见能用的又不到五分之一，就这样从宽估计，那么甲骨文所能代表的殷代文化，也不过百分之一。用这百分之一的材料，却希望能写出百分之一百的殷代文化史，那岂不是做梦？"[2]

根据殷墟发掘研究所提供的种种材料，笔者接下来试图对殷代文明进行一番全景式的鸟瞰。这既是对相关考古结论的回顾，也可看作是对相关文献记载的印证和延展。但如上文所说，这种鸟瞰式的叙述具有极大的笼统性，甚至是猜测性。由于相关材料的匮乏和种种研究条件的限制，我们只能参考文献中的记载和考古成果，对殷代的社会、政治、生活、工艺等方面做一番概略性的探寻。

相比于夏代，殷代文明在政治中的最直观体现，在于王权的强大和王畿之地的管辖范围大面积扩大。关于殷代的王权笔者在前章已有论述，其最具标志性的体现是由国王直接控制的土地和人口数量相当庞大，已经不是任何单一诸侯所能匹敌的。[3]

研究者在相关的考古研究中发现，殷代王墓的遗物中竟然有上千位荷戈执干的殉葬武士。从这一殉葬制度推论，足可见商王生前所具有的权势何等强大，商朝文明的发达程度已经达到令人何等惊叹的境界。[4]

考察文献中的记载和相关考古研究的结论，我们目前已经知道在商王朝中央政府任职的主要官员有很多。从官员的实际管辖范围和管理性质来看，商代时期的政治文明已经基本具备后代成熟政治文明的雏形。商朝的中央政府官员主要包括"六太"：太宰、太宗、太史、太祝、太士、太卜；"五官"：司徒、司马、

---

[1]　《中华史纲》第 44-45 页，李定一著，重庆出版社，2019 年 6 月。

[2]　同上。

[3]　同上。

[4]　同上。

司空、司士、司寇；"六府"：司土、司木、司水、司草、司器、司货；"六工"：土工、金工、石工、木工、兽工、草工；等等。[1]

但也有研究者指出，以上所述商代政治文明的体系框架不可尽信，因为这其中很有可能存在后人的附会之辞，甚至是记载者根据后代政治制度进行的某些补充。因此，研究者目前通过甲骨文研究和考古研究能够确定明确属于商代政治文明体系框架内的官职名称仅有二十余种，包括宰、史、臣、小臣、旅、尹、卜、工、马、射、多亚、兽正、牛正、宅正等，[2]由此我们足可见商代政府所管辖事物之多，政治体制文明发展程度之高。

在商王权力之下设置左、右、中三师由商王直接统领，这三支军队分别统领多少兵士研究者已经不得而知。但是研究者根据考古发现中商代墓葬的殉葬武士人数之多推测，认为直属于商王统领的军队人数一定不会少。[3]也唯有绝对数量的军队归属于商王的直接统领，才能够保证王权对于各地诸侯的有效控制。

商代的军队之中，将士都拥有属于自己的锋利青铜武器如刀、剑、戈、矛等。当遇到战争时，由商王亲自征兵，人数从一千到三万不等，依据战争规模大小而确定。这种商王亲自征兵的行为在文献中称为"登人"或者"登众人"。[4]

从商汤到纣王，商朝的国王均自称"余一人"，研究者认为这可能就是后代君王自称"寡人"的历史来源。如果某人受到商王的任命负责处理某事，史官称其为"协王事"，商王自称"协朕事"，由此可见在商代王权之下的一切庶政都属于"王事"。[5]

笔者在前章中已经说过，盘庚之前的商人族群处于经常性的大迁徙中，这种大迁徙具有深刻的时代影响因素。但是商朝王室和宗庙却不会随着商人族群共同迁徙，王室宗庙的所在地始终在契的始封地——商。这意味着历代商王对先人进行祭祀时，依然要回到商地。在甲骨卜辞中商地称为"大邑商"，文献中则称为"天邑商"。[6]

---

[1]　《中华史纲》第44-45页，李定一著，重庆出版社，2019年6月。
[2]　同上。
[3]　同上。
[4]　同上。
[5]　同上。
[6]　同上。

商朝王权将王畿之地以外的土地划归为四方，称为东土、南土、西土、北土；每"方"之下设立若干诸侯，但实际上除了受到商王任命的诸侯外，此时依然存在少数自发成为诸侯的族群领袖。每方地中强大的诸侯称为"方伯"，即一方之最强者。[1]

研究者指出，商朝政治体制下的诸侯制度分类与后代的公、侯、伯、子、男五等爵位的划分完全不同。商代的伯是指一方土地上的最强者，侯是商王派到各个地方主持防务的官员。各等级的诸侯都对商王有听从其号令进行征伐、戍边、纳贡、服役等各种义务，但是由于商王对各地诸侯的控制并没有周朝时那样强大，所以商朝的诸侯也叛变无常。因此在甲骨文中经常多见商王亲征，或者命令其他诸侯代替自己进行征讨的记载。[2]

研究者进一步指出，商代战争中的俘虏偶尔会成为祭祀用的牺牲品，但这种情况并不常见。俘虏的主要用途依然是将他们变成自己的奴隶，负责耕种或者战争。在商代的中早期时代，奴隶的人数并不是很多，因此研究者认为将商代整体称为奴隶时代是有失偏颇的。根据对相关文献和甲骨文研究的结论显示，商代的奴隶人数并不多，大部分人口的社会身份属于具有个人自由的农工，[3]他们与雇主之间的关系类似于雇佣制或者合同制，双方都具有对对方人选进行重新选择的权力。当然是在一定条件制约的前提下，例如雇佣时间、完成任务量、个人能力及工作意愿，等等。这一发现刷新了我们对商代文明的认识，从这一结论来看，被大多数人广泛接受的将商代整体上称为奴隶社会的说法，并不符合历史的实际情况和发展规律。

笔者在前章中曾说，商人最主要的生产方式是经商，并且缔造了伟大的商业文明，但对于深受农耕文明影响的各族群来说，即便是在商业文明主导之下的商人依然延续和发展了农耕文明。从目前能够看到的相关材料来看，农业生产是商朝人最主要的生产方式，商业文明和农耕文明在商朝文明的发展中是并行不悖的。当时的农产品主要包括大米、小米、高粱和麦子等，其主要用途除了食用之

---

[1]　《中华史纲》第 44-45 页，李定一著，重庆出版社，2019 年 6 月。

[2]　《中华史纲》第 46 页，李定一著，重庆出版社，2019 年 6 月。

[3]　同上。

外就是酿酒，主要原因和商代文明中的尚酒之风密切相关。[1]这一点笔者亦在前面有过论述，在此不拟赘述。

从甲骨文和相关出土文物来看，商代人在衣食住行方面似乎已经具有了相当的成熟性，例如甲骨文卜辞中记载与衣服有关的文字包括：衣、巾、裘、帛、蚕、丝、桑等；商代男子的服饰样式包括交领、右衽、短衣、短裙等；商代女子已经开始在脸上涂抹化妆品，非常重视头发的装饰，在发梢或发中插有象牙梳和骨或者玉制的笄，甚至有的妇女头上插着几十根笄，头饰比头本身还要高，由此我们完全能够想象其地位。商代男女的裙上都带有各种鸟兽形状的饰品，走起路来叮当作响。[2]

仅从商代衣饰礼仪来看，其中已经有许多地方和周朝礼仪极为相似甚至完全相同。从这个意义上来说，周代礼仪系统性的出现在很大程度上是继承了商代的礼仪文明，甚至在很多地方是毫无改动的直接承袭。这一点从后来极为推崇周礼的孔子及其自称殷人的后代来看，可以得到相当的印证。笔者在前面曾说，周朝系统的礼乐制度并非周公的独创，而在很大程度上是对商代文明的继承和发展，这一看法，再次得到了有力的印证。

从饮食方面来看，这种"周承殷制"的特性再次有所集中体现。殷人的烹饪和饮食的用具以及盛装食物的餐具种类十分繁多，饮食文化也达到相当精致的程度。他们所使用的器物包括青铜器和陶器两大类，青铜器一般用于祭祀典礼，在殷人的日常生活中非常少见。有研究者根据殷人以青铜器盛装饭食的行为特征，推测他们的日常饮食必然也是使用青铜器，而青铜器制品包含大量的重金属元素导致殷人长期处于汞等其他重金属中毒的状态，因此导致殷商时代盛行鬼神文化和嗜好饮酒等特性。对此笔者只能说，某些研究者想象力过于丰富了。

从目前发现的系列相关考古研究结论来看，我们可以确定商代人主要将青铜器用于祭祀典礼，而他们的日常生活中所使用的饮食器具绝大多数都是工艺考究的陶器。这些陶器上有刻画的饰文和图案，盛鱼的用具"豆"其形状类似高脚杯，研究者发现在其上绘有生动的鱼儿图案。这些研究结论都说明商代文明已经具有相当高的发达程度，不但早已摆脱了因饥而食的本能状态，甚至对周朝的礼

---

[1] 《中华史纲》第46-47页，李定一著，重庆出版社，2019年6月。

[2] 同上。

乐文明具有相当重大的引领意义。[1]

从居住方面来看，一般殷人所居住的房屋仍然是半穴居。这是指没有很高社会地位的殷人而言，他们依然沿袭着与黄帝联盟时代几乎相同的居住方式。所谓半穴居，是指在土地之下深挖出直径一丈有余、深度约两三米的圆坑，在上面铺盖茅草。至于殷代的王室贵族则完全不同，他们的宫室和宗庙完全修建在地面以上，面积广阔，规模宏大。考古学家发掘出了许多这类地基的遗址，至于其当年的建筑规模则只能依靠推测来还原了。[2]

再从出行方面来看，[3]产生于黄帝联盟时代的舟船在商代已经非常地常见，车是用牛、马来拖拽，有关研究者认为甚至殷人也会驱赶大象来拖拽车。商代的车在战争中已经广泛应用，在后来的西周和春秋时期车战甚至成了战争的主要方式。商代兵车为半圆形，人从车的后方出入，一车由四匹马驱动，有时远征长达数月。可见马车和牛车从王亥时代诞生后，在数百年间已经达到了高度的发展和应用程度。

最后从殷代的科学知识来看，[4]根据甲骨文卜辞的记载可知，在天文历法方面，殷人已经观察到在恒星之外行星的运行，据此对年、月、日、时的记法都具有了一定的规律。殷代的历法，月分为大月和小月，大月三十日，小月二十九日。每四年置一闰月，最初置闰月在当闰之年的最后，称为"十三月"；后来废除十三月，又置闰月在当闰之月的之后，重复月名，这一置法已经与今日相同。殷代的历法中每年有三百六十五又四分之一日，这一历法的设立与现代科学在大体上相差无几，达到了十分精确的程度。

除了笔者以上所述五个方面之外，我们再从考古学视角对殷代文明的礼制做一番简析。研究者认为，从盘庚迁殷到商纣亡国的二百五十四年间，殷代礼制文明有四次大的波动，均为保守派和革新派的斗争。研究者将其分为四个阶段：第一阶段为保守派当权，主张遵循传统，从盘庚迁殷以后的五代商王均支持保守

[1]　《中华史纲》第47页，李定一著，重庆出版社，2019年6月。

[2]　《中华史纲》第47-48页，李定一著，重庆出版社，2019年6月。

[3]　同上。

[4]　同上。

派，最激烈者是武丁。[1]

第二阶段是在武丁死后两传至祖甲时代，此时为革新派当权。按照《史记》中的说法，祖甲在位期间"淫乱"，但又不明确说明"淫乱"的具体所指，因此研究者历来多有猜测。[2]

直到甲骨文卜辞研究的成果出来之后，人们才得以知悉这个秘密：所谓的祖甲"淫乱"其实是，在祖甲即位之后毅然大力实施改革计划，例如祭祀典礼的制定、历法的改革、文字的更易、卜事的整顿，等等。这些行为在今天看来无疑是推陈出新，为殷商文明注入了新的活力和发展动力，祖甲毫无疑问是文明发展史上的伟大人物。但在当时的保守派大臣看来，祖甲的行为完全是搅乱了传统的先王成法，属于昏乱无道的悖逆行为，因此他们表示了强烈的谴责和非议。[3]

我们有时不得不为之感慨，倘若没有甲骨文的出土和研究成果，文献中的记载几乎成为人们了解历史的唯一依据。而文献中所记载内容的真伪和准确程度的高低，又完全取决于记载者的偏好和道德良知，人们自认为寻觅到可靠的发现事实的路径，或许从一开始就已经踏错。

祖甲在位三十三年，他死后三传至武乙时代时又恢复了祖制，保守派重新当权。这是第三阶段。[4]

第四阶段是革新派重新当权，这时已经是殷代的最后两代商王帝乙和帝辛时代，帝辛就是商纣王。[5]

通过以上记述我们可以发现，殷代中后期的反复政治内斗是导致殷商灭亡的重要原因之一。后来的武王灭商战争，也是趁着商朝内部新派和旧派的激烈争斗而从中取势，探得殷人虚实。除此之外，当然还有商朝内部军力空虚、政客的倒戈等多重因素的共同作用才导致殷商王朝的最终覆灭，[6]这一点笔者将在后续章节中进行详细的解读。

---

[1] 《中华史纲》第 48-49 页，李定一著，重庆出版社，2019 年 6 月。

[2] 同上。

[3] 同上。

[4] 《中华史纲》第 49 页，李定一著，重庆出版社，2019 年 6 月。

[5] 同上。

[6] 同上。

现代研究者通过对甲骨文卜辞的深入研究和解读确定，革新派是合理的维新，保守派是顽固的守旧。[1]卜辞为我们提供的具体事例之一是，以笔者之前所述的殷代历法而言，保守派坚持认为要将已经废除的"十三月"重新恢复，革新派认为应将闰月置于当闰之月之后；除此之外，旧派坚持的祭祀典礼极其混乱，与文明发展的简易规律相悖，新派将这些不利于文明发展的相关典礼一概废除。而帝乙和帝辛父子在此时再次推行新法，并加以修订，使其更加完备。[2]从这一点来看，我们必须重新审视殷纣王在历史中的作为和其在文明发展进程中所起到的作用。

甲骨文卜辞中为我们揭示出的殷纣王形象，几乎完全颠覆了传统史料和文献中长久以来形成的、对殷纣王暴虐形象的记载和描述。关于这一点，笔者将在后续章节中进行更为具体的分析。

第十三节　早期周人族群

殷商文明之后的时代，是由农耕生产为主的周人族群缔造的周朝文明。作为三代时期政权中对后世文明发展影响最大的一个朝代，历代以来的研究者都对周朝极为关注。

根据相关文献的记载，周人族群的先祖名字是弃，后稷是他在治水成功后获得的名号。后稷的母亲是上古时代某个大族群首领的女儿，名叫姜原。姜原在一次外出漫游山谷时，遇到了一个巨大的足迹型深坑。她感到十分好奇，就用自己的脚踏进了这个巨大的脚印坑去做比对。后来，姜原便因此生出了一个儿子（《史记·周本纪》）。

按照现代的说法，这个孩子的出生属于姜原未婚先孕又未婚生子，也就是说关于孩子父亲的来历说不清、道不明。基于这一点，姜原最初十分嫌弃这个孩子。她先将这个婴儿扔到简陋宫室外面的小巷子里，但让她没有想到的是巷子中

---

[1]　《中华史纲》第49页，李定一著，重庆出版社，2019年6月。

[2]　同上。

的牛马见了这个孩子却纷纷躲避；姜原又把这个婴儿扔到水渠冻结成的冰面上，但更为神奇的一幕出现了：一群大鸟飞来，用翅膀覆盖在冰面上防止这个孩子受冻。姜原见此情景大为惊讶，感到这个孩子的出生非比寻常，因此她决定将其抱回家抚养。由于最初姜原想要抛弃这个孩子，因此便给他取名曰弃（《史记·周本纪》）。

弃长大之后，由于他非常善于耕种，所以被人称为后稷，即农业之神。因此，周人族群的兴起和后稷密切相关，周人族群是一个生成于久远年代之前的特大农业族群。《史记·周本纪》载："后稷之兴，在陶唐、虞、夏之际。"《国语·周语下》则记载："自后稷之始基靖民，十五王而文始平之。"

我们目前能够确定的是，后稷族群至少在舜帝时代就已经是当时天下以农耕为主的一个特大族群之一。研究者经过多重考察和综合分析最终得出结论，认为相关史料中对周人族群在上古时代到国家时代的活动记载是具有真实性的。早期周人族群在相关史料中的时代活动轨迹，研究者认为有两个方面是可以被明确下来的：第一是周人族群曾经参与大禹治水的工程，并在治水期间起到了种植谷物和后勤援助的重要作用；[1]第二是，周人族群的先祖因为精于耕种，民皆法则之。正因为如此，舜帝才举荐弃为当时的农师，负责教民耕种，天下因此而得其利。因为这一功劳，弃的族群被舜帝封于邰地，赐姓姬氏，同时又赐弃以后稷为名号。所谓后稷，后者，帝也。后稷，即农耕之王。这意味着周人族群在上古时代社会中，已经是天下杰出的农耕族群。[2]

周人族群在夏代和商代的生存史，是十分艰难的。按照相关文献中的说法，我们大致可以知道周人族群在夏代早期和中期延续了先人后稷的职业，担任农官，这时他们生活在晋南或者中原地区从事农耕活动；夏代末期，周人族群首领不窋弃官离去，率领族人迁徙至西部戎狄地区；商代初期，首领公刘再次率领族人东迁，至豳地定居。豳地在今日关中西北的彬县、旬邑一带。公刘时期的周人族群依旧从事农耕活动，延续着后稷的功业。[3]

---

[1] 《中国原生文明启示录》（全三册）第111-112页，孙皓晖著，中信出版集团有限公司，2016年10月。

[2] 同上。

[3] 《中国原生文明启示录》（全三册）第111-113页，孙皓晖著，中信出版集团有限公司，2016年10月。

发展到公刘时期的周人族群，可以说已经度过最艰难的发展期，这时的周人已经创立了基础性政权，营建了新的国都，拥有三支小型武装力量，大致具备了诸侯国的基本构成框架。在公刘死后，继任的庆节宣布正式立国，自立为诸侯国政权。在文献中的记载是"国于豳"（《史记·周本纪》）。研究者对这一记载的解读是，庆节的本意是豳既指周国的国名，同时又指都城的名称，这也就意味着庆节时代的周人族群还没有"周"这个名号。[1]从历史发展的时代来看，庆节时期正处于夏末殷初时期，因此所谓"国于豳"的说法，极有可能是庆节自立为国，而并非夏政权和殷政权的分封。

商代中晚期，周族首领是古公亶父，他率领周人族群由豳地向西南迁徙，在渭水流域相对肥沃平坦的关中平原西部"岐下"一带定居。岐下，在当时称为周原，周是指山水环绕；周原即指山水环绕、土地肥美的地方。正是在这一时期内，研究者认为周人族群将自己的国名改为了周，从实际意义上来看，"周"的由来是以地为名。[2]

这时的周人族群虽然已经成为周国，但它仍不属商王朝正式分封的诸侯国。笔者在前面曾经说过，商代时期的诸侯大多是势力强大的族群自封为诸侯，商王一般情况下都会顺势对这些族群的诸侯身份予以承认。至于商王朝政权为什么没有顺势承认强大起来的周国为新的诸侯国，历来研究者的说法颇异。笔者认为较为合理的观点是，由于当时社会交通闭塞，商王朝的实际控制范围还没有到达偏远的西南部地区，这与当年古公亶父的远迁有很大关系。[3]

还有一种说法认为"商戚在周，周戚在商"，[4]两者之间本身就存在巨大的矛盾，互为彼此之忧患，在这种情况下商王朝政权不但不会顺势承认周人族群的诸侯国身份，反而对强大起来的周人族群更为警惕。笔者认为以上两种说法都具有历史合理性，相较而言，笔者更加支持后一种说法，因为这一观点得到了新出

---

[1]　《中国原生文明启示录》（全三册）第111-113页，孙皓晖著，中信出版集团有限公司，2016年10月。

[2]　同上。

[3]　《中国原生文明启示录》（全三册）第112-113页，孙皓晖著，中信出版集团有限公司，2016年10月。

[4]　《清华大学藏战国竹简（壹—叁）文字编》（修订本）第398页，李学勤主编，中西书局，2020年10月。

土文献的证实。其中的具体情况，笔者将在后续章节进行详细解读。

迁徙到周原的周人族群开始了稳定的定居和发展。研究者指出，在千余年的历史中，周人族群的大举迁徙仅仅只有三次。考虑到从豳地向周原的迁徙，其实际情况很可能只是周人族群的核心部族进行了迁徙，而豳地在后来依然是周人族群的聚居地，并没有被废弃。因此，周原迁徙应当视为周人族群居住地范围的一次拓展行动，这一点和盘庚迁殷具有本质性区别。[1]

如果我们认同研究者的这一结论，那么周人族群实际上仅仅迁徙了两次，在上古时代的族群生存状态中，这一情况十分罕见。相比于商人族群的多次频繁迁徙，周人族群的这种定居状态几乎完全与之相反。这意味着周人族群以土地为生存根本的农耕文明特质，与商人族群相比也呈现出相反的趋势。[2]

除此之外，我们根据相关文献的记载可以发现，早期周人族群在对待周边戎狄族群的侵略行为上，也采取了截然不同的怀柔感化方式。

根据文献中的相关记载，在古公亶父时期的周人族群每当遇到戎狄族群的侵袭时，便会主动将载满粮食、衣物等物资的牛车送给戎狄人，这一行为在今天看来实在令人感到匪夷所思。但是当戎狄族群收下周人献出的物资，准备进一步侵占周人族群的人口和土地等资源时，却遭到了周人的愤怒抵抗。族群首领古公亶父出面制止了族人的抵抗，并说出了一番令人匪夷所思的话，其大意是：如果民众拥戴国君，国君就要为民众谋利。现在戎狄之所以来攻打我们，无非是想要抢夺我们的土地和人民。民众拥戴我和拥戴戎狄族群，两者之间又有什么区别呢？但是如果民众因为拥戴我而和戎狄族群开战，杀人父子而自称君主，我不忍心这样做。

说完这番话之后，古公亶父便率领自己的直系族群迁徙到了岐山之下，将自己部族原来的土地完全留给了戎狄人。但令人意外的是，当时的周人族群原本对迁徙居住地甚为不愿，随着古公亶父的离开，豳国的民众竟然也扶老携幼地跟来了。更加神奇的是，四周原本侵略周人族群成功的戎狄族群，竟然在听说此事之后纷纷前来归顺了古公亶父（《史记·周本纪》）。

---

[1]　《中国原生文明启示录》（全三册）第113页，孙皓晖著，中信出版集团有限公司，2016年10月。

[2]　同上。

文献中明确记载的周人族群这一匪夷所思的对外政策，向我们说明了早期周人族群的两个特性：第一是这一记载揭示出周人族群从豳地南迁周原的真实原因并非被迫无奈，而是具有明确的目的性，其目的就是为了感化戎狄族群而自觉离开了豳地；第二个特性是揭示出早期周人族群对戎狄政策的特异，即在德化戎狄族群的同时又革除戎狄族群的迥异习俗。[1]

所谓德化的根本内涵在于，对侵略行为不予反抗，反而主动让出土地等资源，与戎狄族群和平共处。研究者认为周人族群所采取的这种德化政策，是一种文明历史上必然的逆反自治现象。

分析研究者的这一观点，要从近古时代的五帝时期开始讲起。研究者这一观点的理论支持，几乎与笔者前文中所述的内容针锋相对。但笔者认为，这依然是解释周人族群德化政策的最佳观点。

笔者在此书中写作的内容，几乎每一专题都吸收了最前沿的学术研究成果。在诸多研究者共同参与的系列学术作品中，我们经常能够发现这种情况：前面一位研究者的学术观点和近乎滴水不漏的剖析，似乎刚刚被读者信服地接受，但马上就会发现其理论观点又被后面另一位研究者的文章所推翻。在这种情况下，读者究竟应该听谁的呢？其实到这里为止，学问的根本之处才刚刚被我们有所触及。读者在阅读时所产生的种种困惑，甚至恰是研究者和写作者乐于见到的情况。因为所谓的学问，本来就是在学中问，在问中学，从来都不是一家之言能够定论的。我们经历了这么多年的教育和被教育，总需要有时间来进行自我反思。这种反思让我们敢于正视自我，正视自我的无知、正视自我的幼稚、正视自我的短处，这就是一种文明旺盛不衰的生命力。

从某种意义上说，每个人的潜意识中都存在着被收编的渴望，这意味着每个人的想法和观点自然地存在着一种期待被认同的趋向。我们现在所要做的，非但是不期待被他人认同与收编，甚至是也不期待被自我所认同。唯其如此，我们才能常保清醒和冷静，才能去发现那些隐藏在细微之处难以察觉的真相和真知。

有研究者认为，在古老的五帝时代，近古社会的诸多族群在长期的社会实践

---

[1] 《中国原生文明启示录》（全三册）第114页，孙皓晖著，中信出版集团有限公司，2016年10月。

中已经存在一种久远的德治感化传统。[1]这种德治感化并不意味着领导者不会使用暴力革命，而是在其暴力革命的同时必然会出台一系列的德化措施。从历史发展的实际情况来看，在世俗法治远未成熟、社会资源空间远不及社会现实需求的近古时代社会，这种以宽容忍让为实质的德化和感化是实现有效社会治理的必要补充方式。[2]

尤其是在经历了大禹时代后期的威权政治和夏商时代的王权政治后，到古公亶父时期这种近古时代德化统治方式的重新兴起，具有某种程度上的历史必然性。这种历史必然性在后代文景之治等时代的反复出现，值得我们进行深思。

依照相关文献的记载，古公亶父在德化戎狄族群的同时，还革除了他们与中原地区文明迥然相异的地方习俗。例如改变了戎狄人全族、全家共居一室的生活方式，要求归顺的戎狄人也要仿效周族人建造城邑，建造固定的聚居村落，改变其生活和劳动方式，以及依照各自辈分和夫妻关系等重新进行合理的居住安排（《史记·周本纪》）。

研究者指出，从近古时代社会以来的戎狄族群以畜牧业为主，形成了其特定的生活方式和习俗，其中许多方式都是被今天的人难以理解和接受的。这些以畜牧业或半农耕半畜牧为主要经济生产活动的戎狄族群，几乎是不分辈分、不分男女老幼，甚至不分家族的群居、合居的生活方式。古公亶父在这一现实情况下，向这些归顺的戎狄族群提出了革新。研究者认为，这种文明革新一直持续到战国时代的商鞅变法，中国的西部族群才彻底告别了落后的群居、合居的生活方式，在真正意义上完成了开始于古公亶父时代的文明变革行动。从德化戎狄族群开始，周人族群已经具备了其独特的文明理念，并且具有了以和平方式影响和德化其他非农耕文明族群的自觉性。[3]

古公亶父之后其子季历即位，随着周人族群数百年的发展所取得的巨大成就，在商代后期终于引起了商王文丁的警觉。随着文丁将季历斩杀，商周之间的

---

[1] 《中国原生文明启示录》（全三册）第114页，孙皓晖著，中信出版集团有限公司，2016年10月。

[2] 同上。

[3] 《中国原生文明启示录》（全三册）第114—115页，孙皓晖著，中信出版集团有限公司，2016年10月。

矛盾终于陷入了不可调和的境地。[1]

<h1 style="text-align:center">第十四节　商周之戚</h1>

笔者在上章中说到，周人族群是在没有得到商朝王权认可的情况下自立为国的。商王朝之所以不承认强大起来的周人族群为新的诸侯国，很可能是因为商王朝和周人族群之间存在着某些由来已久的矛盾。这种久远的矛盾随着商王文丁将周人族群首领季历斩杀，导致的直接后果是，商周之间的巨大矛盾升级到了不可调和的地步。[2]

早在古公亶父时期，在周人族群迁徙至岐山下居住时，周人族群便开始歌颂陕西平原的肥美辽阔。周人族群自从后稷以来善于耕作的传统，使古公亶父的族群来到岐山之后，据说其人口数量在两年之间增加了五倍，有约一万五千户人民。[3]

古公亶父有三个儿子，长子太伯、次子虞仲、小儿子季历。按照周人族群的继承法则，古公亶父的族群首领之位本来应当传给长子太伯。但是古公亶父认为小儿子季历最为贤德，除此之外，更为重要的原因在于古公亶父最为疼爱的孙辈也是季历的长子姬昌。按照文献记载中的说法，古公亶父认为周族将会在姬昌手中兴盛（《史记·周本纪》）。

鉴于周人族群久已有之的传长制度，古公亶父虽然有心传位最贤德的小儿子季历，但却对古老的权力传承制度感到无可奈何。觉察到父亲心思和忧虑的太伯与虞仲决定自我放逐到远方蛮夷之地，以便让他们的弟弟季历能够顺利继位。太伯和虞仲自我放逐后，曾经文身断发，这是当年蛮夷族群的习俗，也是为了让古公亶父和季历彻底放心，以此表明他们不会重新回到周人族群之中。后来的太

[1]　《中国通史大师课·1》第82-83页，许宏等著，岳麓书社，2019年10月。

[2]　《中国原生文明启示录》（全三册）第114-115页，孙皓晖著，中信出版集团有限公司，2016年10月。

[3]　《中华史纲》第51页，李定一著，重庆出版社，2019年6月。

伯，成了吴国的开国之君（《史记·周本纪》）。

季历即位之后，学习耕稼，使周人族群的生活水平得以改进，因此人心进一步归附于周国。但就在此时，周人族群自立之梦受到了巨大的打击。由于周人族群数百年的发展所造就的成果和影响力，引起了当时的商王文丁的警觉。

在文丁的父亲武乙在位期间，季历在即位之初就首先朝拜了武乙，明确表示臣服于商朝政权。季历的臣服举措背后的历史逻辑是，当时西部的戎狄族群经常侵扰中原地区，商王朝在针对戎狄族群的军事准备行动中获知了周人的崛起和强大，因此产生了警觉。商周之间互为忧虑的"商周之戚"明确形成时间，大概就在这一时期。[1]

由于季历明确向商王朝表示臣服，因此原本警惕着"商戚在周"的商王武乙和其决策层顺势决定承认季历的诸侯地位，并授予季历征伐之权，其根本目的在于借助周人之力平定西部戎狄地区的叛乱。与此同时，商王武乙的目的还在于借助戎狄地区的战争削弱季历和周人族群的力量，可谓是一举两得。[2]

季历表示臣服于商王朝的另一个原因是，由于时代的不断发展，当初周人所采取的德化政策此时已经失去了效果，甚至使周人族群成了经常遭受侵害的受害方。在周人族群取得了相当的发展成果之后，已经拥有了对戎狄族群开战的资本，而周人族群又迫切希望快速解决戎狄族群这一困扰，进而取得更大的发展。在这一现实需求中，周人通过向商王朝明确表示臣服，既取得了商王武乙对这次周人对戎狄族群作战的支持和认可，又获得了"代天子征伐"的大权，可谓是师出有名。双方各有所图之下，一场秘密的结盟在无形之中形成了。[3]

季历在获得商王武乙的支持之后，开始连续对戎狄族群作战。根据相关文献的记载，季历在前后十余年间先后发动五次大战，结果是四胜一败，其中包括西灭程、北伐义渠部落，生擒了义渠首领。其中最大的一场胜利是讨伐赤狄的鬼方部落。笔者在前文中曾说，早在商王武丁时代就曾经发动过针对鬼方部落的战争，武丁取得这场战争的胜利足足用了3年。季历率领周军作战，一战便

[1]《中国通史大师课·1》第82-83页，许宏等著，岳麓书社，2019年10月。
[2]《中国原生文明启示录》（全三册）第115-116页，孙皓晖著，中信出版集团有限公司，2016年10月。
[3] 同上。

俘虏了20个鬼方头领，获得大胜。可见此时的周人族群，已经拥有了相当强大的力量。[1]

此后不久，商王武乙去世，其子太丁即位，即商王文丁。文丁时代早期，季历继续在商王文丁的支持下发动征伐余吾戎的战争，最终使其臣服。商王文丁在季历征伐余吾戎的战争取得胜利后，任命季历为殷商牧师，执掌商朝西部地区的征伐。季历在此期间发动了针对始呼戎、翳徒戎的战争，取得最终胜利后周人族群开始声威大振。[2]

但与此同时，声威大震的周人族群开始引起了商王文丁的警觉，他认为周人族群的势力太大，很有可能会威胁到中原的殷商王室和自己的统治地位，决心抑制周人族群的发展。因此，在这次战争大胜归来的朝拜庆典上，商王文丁先是加封季历为西伯，又赏赐了圭瓒、积秬等许多物品。季历因此对殷商王室毫无戒备之心。当庆典结束季历准备返周时，文丁突然下令囚禁季历，不久之后便公然杀害了季历。[3]

这一公然杀戮为商周之间的对抗埋下了无法化解的仇恨种子。以季历之死为转折点，在此之前的周人族群虽然已经强大起来了，但是仍然没有叛商的想法。季历在被文丁囚禁期间，深感气愤并绝食抗争，最终死在商朝国都朝歌。季历虽然并非直接死于文丁之手，但也是被文丁间接杀害的。因此周人族群从这时开始，已经放弃做一方大诸侯的梦想，而是开始了雄心勃勃的灭商活动。[4]也就是说，商王朝和周人族群之间产生不可调和的巨大矛盾，并非是从殷纣王帝辛时代开始的，而是从商王文丁杀害季历时就已经形成。同样是在这一时期，始终臣服于商王朝的周人族群终于萌发了取商王朝而代之的想法。

这也就同时意味着，周人的灭商想法和行动具有深刻的历史沿袭因素，绝不是仅仅因为商纣王囚禁周文王姬昌和反对商纣王的无道统治而临时起意的行为。周人灭商的准备行动所经历的长久时期，在季历死后便已经开始了。

---

[1]　《中国原生文明启示录》（全三册）第116页，孙皓晖著，中信出版集团有限公司，2016 年 10 月。

[2]　同上。

[3]　同上。

[4]　同上。

　　根据相关研究者在数年前针对清华简进行研究的研究报告，我们发现了一篇与周文王有关的、失传已久的历史文献。这篇文章名叫《保训》，是《尚书》中久已佚失的篇目之一，所记载的内容是周文王的临终遗言。[1]

　　我们通过解读这篇文章可以发现，周文王在临终之前曾经交代他的儿子姬发："惟王五十年……及尔身受大命，敬哉毋淫"。[2]也就是周文王对后来的周武王说，要恭敬而谨慎地治理国家；另外周文王还说到"自稽厥志，不违于庶万姓之多欲"[3]，即周文王要求姬发即位之后要不违背、不辜负天下百姓的众多愿望，竭心为民众服务。除此之外，周文王还告诫姬发在获得天下之后，如何施政治国才能保证新生政权的平稳。即"厥有施于上下远迩，乃易位设稽，测阴阳之物，咸顺不逆。"[4]之后，周文王列举了舜帝、成汤等前人能够得到天下的关键在于他们能够秉持"中道"，并将"中道"传承下去，从上甲微至于成汤。即"昔微假中于河，以复有易，有易服厥罪，微无害，迺（音乃）归中于河。微志弗忘，传贻子孙，至于成汤，祗服不懈，用受大命。"[5]周文王对姬发讲的这两件上古和前代的史事，说明周文王要求姬发在即位之后必须遵循一个核心的思想观念——"中"，即后来所说的"中道"——来治理国家和行王道。[6]

　　从以上出土文献的相关记载中，我们可以发现早在周文王时期的周人族群，就已经在准备灭商行动了。从季历之死到周文王去世整整五十年的时间，无疑都是周人族群在暗中积蓄力量，发动灭商战争的准备时期。进而再从周文王交代姬发的遗言来看，显然他对灭商行动的成功和周人取代商朝政权的结局十分具有自信，并交代了周武王不要辜负天下百姓的众多愿望。甚至还交代了让继位之后的姬发，采用"中"的思想观念来治理国家。[7]这已经很明确地说明，灭商行动的实质是一场由周文王整体策划、周武王具体执行的战争。

──────────

[1]　《清华大学藏战国竹简（壹—叁）文字编》（修订本）第399页，李学勤主编，中西书局，2020年10月。

[2]　同上。

[3]　同上。

[4]　同上。

[5]　同上。

[6]　同上。

[7]　同上。

另外我们从《保训》开篇所言的"惟王五十年"[1]一句中可以确定，周文王不但在他生前就已经称王，并且姬昌称王的时间整整持续了50年之久。这说明周国在季历死后，就没有再想着继续做一方诸侯。周人之志，志在天下，志在取代殷商而称王天下。

以周文王的父亲季历之死为根源性因素，在姬昌和姬发两代人的努力之下，终于覆灭了商朝政权。这一发现又与传统的儒家认为周文王仁德、不违天命而伐商，武王伐商终究是以下犯上，并非出自周文王的本意而发出的"尽美矣，未尽善也"（《论语·八佾》）的观点完全相反。

现代考古研究已经揭示出足具说服力的文献材料研究成果作为证据，证明伐商行动是周文王策划和主导的。

我们根据在清华简中发现的另外一篇文章《程寤》可以知道，伐商战争的策划背景和周文王关于伐商战争的真实想法：周文王的妻子名叫太姒，太姒有一天晚上做梦梦到商朝的朝廷中长满了荆棘，而她的儿子发也就是后来的周武王，在商朝的朝廷中种植了许多周人的树木。[2]

太姒醒后对这个梦境感到非常吃惊，就告诉了周文王，周文王立即叫来姬发进行占卜。占卜的结果是，这是一个非常吉利的梦，这个梦的寓意是周人族群有机会战胜商朝，上天已经把商朝的天命转给了周人族群。他们因此感到非常高兴，一起跪下来向上天跪拜，感谢上天将天命赐给他们。就是在这个过程中，周文王对姬发说了一句话："商戚在周，周戚在商。"[3]

所谓戚，是指忧患。因此周文王这句话的意思是说，商人的忧患来自周，周人的忧患来自商。这一材料的发现让我们对于了解武王伐商战争的起因和历史沿革，以及了解商周之间的关系具有十分重要的作用。

传世文献普遍认为武王伐商不是周文王的本意，因为周文王始终对商王朝忠心耿耿，周人族群也是商朝的一个附属国。但在我们看到《程寤》和其他一些新

[1] 《清华大学藏战国竹简（壹—叁）文字编》（修订本）第398-399页，李学勤主编，中西书局，2020年10月。
[2] 同上。
[3] 《清华大学藏战国竹简（壹—叁）文字编》（修订本）第398页，李学勤主编，中西书局，2020年10月。

出土文献的相互印证之后，应该对这一观点具有不同的认识。

周文王所说的"商周之戚"，其最根本的原因在于周文王的父亲季历是被商王文丁所杀害的，即便是在今天杀父之仇依然是不共戴天，更不必说是在祖先崇拜极为盛行的古代了。因此，部分传世文献中说在周文王时代商朝和周国之间毫无隔阂，周文王又因为仁德而没有进行伐商的说法既不符合当时盛行的人伦基础，又不符合时代背景，是完全站不住脚的。唯一合理的解释是，周文王在暗中长期为伐商战争积极地进行着准备工作，但是由于种种原因使他在生前没有机会完成消灭商朝的行动。

我们现在可以完全明确的是，《程寤》中明确记载的"商戚在周，周戚在商"，是揭示出商周之间的巨大矛盾已经到了不可调和地步的有力证据。

以季历的死为转折点，在姬昌即位之后，商朝末期的天下格局发生了重大变化。此时的商王朝已经进入全面衰落的时代，研究者认为商代社会一共发生过6次衰落和6次复兴，最终的实质性衰落时期，就是在商纣王时代。[1]

但是，商纣王时代的商王朝衰落，却以一种十分反常的形式体现出来，即历史的回光返照现象。考察商纣王时代的社会情况和人才格局，我们会发现此时的社会前所未有地鼎盛和奢靡，王室族群十分混乱，国王前所未有地雄武残暴，忠臣贤人盛极一时，却往往都会遭到酷刑杀戮。[2]这些反常行为的根源，大多数封建时代的史学家认为都是商纣王的昏乱所致。

司马迁对商纣王的评价是："资辨捷疾，闻见甚敏；材力过人，手格猛兽；知足以距谏，言足以饰非。"（《史记·殷本纪》）倘若这些评价是在一个普通人的身上，那么也足以使我们感到惊叹了。将它放在一个君主身上，我们首先可以确定的一点是，商纣王绝非后人普遍认为的昏庸无能之君，甚至完全相反，他的力与智都非常过人，甚至堪称是旷古能人了。

让我们跳出对商纣王形象的习惯性定式思维认知，重新对其做一番认识。根据相关文献的记载，这位暴烈而又天赋异禀的商纣王，曾经率领大军平定了大肆劫掠中原腹地的东方夷族部落，为当地的民众解决了经受已久的劫掠之苦。商纣

[1] 《中国原生文明启示录》（全三册）第116-117页，孙皓晖著，中信出版集团有限公司，2016年10月。

[2] 同上

王的这次军事行动更为深刻的历史意义在于，对促进中国东部地区的文明融合和社会稳定，在客观上起到了一定的历史作用。[1]

商纣王对东方部落作战，虽然获得了巨大的胜利，也得到了大量的俘虏财货，但是商王朝却也因此而大大消耗了国力。这一重大变化，就是周人苦等已久的时机。

对东方部落的战争取得胜利之后，商纣王并没有意识到危机的来临，他依然和以前一样不思励精图治，反而更加残暴。滥杀国家重臣，宠信奸佞，大都是商纣王在取得对东方作战的胜利之后的行为。[2]这些行为导致民怨沸腾。

国力的极度消耗、商纣王的好大喜功、国家重臣相继被杀，民怨四起、国家政权面临崩溃的边缘，这一切使周人族群敏锐地察觉到灭商的时机似乎就在眼前了。灾难，终于降临到了这个延续五百余年的赫赫大邦。[3]

按照文献中的记载，商纣王此时察觉到了崛起的周人族群对商王朝所带来的威胁，因此他也效仿先王文丁囚禁季历，趁着周文王姬昌朝见自己时，找了个借口将他囚禁在羑里监狱。

周国的大臣得知此事后，立即给商王室送上许多珍奇礼品，为周文王求释。商纣王的反应是，不但接受周人的礼物，而且释放了姬昌，甚至还当场"赐之弓矢斧钺，使西伯得征伐"。将征伐大权赐予姬昌的同时，商纣王竟然还告诉他并不是自己要囚禁姬昌，而是崇侯虎密告姬昌有不臣之心。姬昌的反应是：没有对崇侯虎表示反击和争辩，而是表示要将周人的洛西之地献给商纣王，请求他废除炮烙之刑。商纣王对姬昌的这一请求表示许可（《史记·周本纪》）。

这一段文献记载的内容，令人感到匪夷所思。首先是，商纣王囚禁姬昌的根本原因在于周人族群的发展程度已经让商王室产生警觉，囚禁姬昌的根本目的在于遏制周人族群的发展威胁和稳固殷商王室的权力地位。商纣王为什么会在收到周人的厚礼之后便放虎归山？又为什么将囚禁姬昌的根本原因归在崇侯虎的告密

---

[1] 《中国原生文明启示录》(全三册)第116-117页，孙皓晖著，中信出版集团有限公司，2016年10月。

[2] 同上。

[3] 《中国原生文明启示录》（全三册）第117页，孙皓晖著，中信出版集团有限公司，2016年10月。

上，反而将自己置身事外？难道他已经忘记周人族群的强大程度对商王朝所产生的威胁了吗？

这一段记载内容，非常值得回味。按说，以商纣王的才能，绝对不会犯这种低级的错误。于是，研究者推测认为，周人族群的发展和崛起是事实，但是这时的周人族群应该尚不能全面对抗商王朝。因此商纣王才敢于放走周人族群的首领姬昌，这同时也说明商纣王对姬昌的威胁程度的认识存在巨大偏差；其次，研究者认为最大的可能是，这时的殷商王朝国力已经处于极度空虚的状态，商纣王借有人告密为口实，有意囚禁了姬昌，其目的在于迫使周人用丰厚的条件换回姬昌。[1]

商纣王的自负和大意以及现实需求等多方面因素的共同作用，是导致姬昌最终得以获得释放的重要原因。

除此之外，文献中还有另外一种说法，即商纣王杀害了姬昌，因此才导致周人的复仇战争。[2]

相比之下，笔者更加支持第一种说法。

无论姬昌的最终结局如何，商王朝和周人族群的历史对抗已经发展成了无法回避的事实。

第十五节　牧野之战（上）

在周人族群和商王朝的历史对抗中，姬昌所使用的策略是刚柔并济，既诉诸德治，同时又诉诸武力。[3]一个被历史清晰记忆下来的最明显的事例是，姬昌向商纣王请献洛西之地，条件是换取商纣王废除炮烙之刑。姬昌做出这一行为的根本原因是出于两个方面的考量，首先我们不能否认的是，姬昌的确对炮烙之刑给

---

[1] 《中国原生文明启示录》（全三册）第117-118页，孙皓晖著，中信出版集团有限公司，2016年10月。

[2] 同上。

[3] 《中国原生文明启示录》（全三册）第118页，孙皓晖著，中信出版集团有限公司，2016年10月。

天下带来的灾难深感同情和痛惜，因此他这一举措的目的在于向天下宣告周政仁德，与商纣王之政的残暴截然分明；第二方面的考量在于，借助德化的方式调解天下诸侯之间的纷争，扩大自己的势力和支持者盟国，树立自己在事实上的天下裁决者形象，甚至借德化诱惑部分小国直接主动并入周国。[1]

从后来的历史发展事实来看，周文王的两个目的都完美地得以实现。文献中记载了这样一件事，可以看作是周文王策略大获成功的例证："虞、芮之君相与争田，久而不平，乃相谓曰，'西伯仁人，盍往质焉。'乃相与朝周。入其境，则耕者让畔，行者让路。入其邑，男女异路，班白不提挈。入其朝，士让为大夫，大夫让为卿。二国君相谓曰，'我等小人，不可履君子之庭。'乃向让所争地以为间原。"（《史记·周本纪正义》）

从这一段文献记载中我们可以看出，周文王实行德政的两方面考量已经在当时的天下大获成功。因为周文王德政而建立的井然有序的社会风貌，根据文献记载，经过虞、芮两国的传播之后，不但使两国深受感化而归周，天下因为此事闻而归者有四十余国。[2]可见此时的周文王，已经在事实上取代了商纣王在天下人心目中的地位和作用。

除此之外，周文王诉诸武力的一面在于对那些不服的小诸侯国，并有相互之间诉诸武力行为的，一律依靠自己强大的武力强行攻占。文献记载，这种强行攻占在周文王时代一共发生了4次，其结果是4个诸侯国被周国吞并。[3]

因此，我们可以看出周文王获取天下支持所采用的是德威并施的策略，这一策略更加符合当时的历史现实，也更加符合作为一个即将统治天下的领导者的领导手段。

周文王德威并施的策略实施了50年，周国实力也因此大大扩展。在姬昌晚年，周国的权力中心和政治中心东迁，于关中中部地区的沣水之滨建造了一座城邑，名曰沣邑，后称沣京。研究者认为沣京的建成意味着周人的真正崛起，沣京也就成为周人的第一座文明都城。沣京的建成，意味着周人公开、全面对抗商王

---

[1] 《中国原生文明启示录》（全三册）第118页，孙皓晖著，中信出版集团有限公司，2016年10月。

[2] 同上。

[3] 同上。

朝的开始。[1]

正是在这一时期，周文王开始为对抗商王朝大力访求贤才，其中最著名者是军政奇才、百家宗圣——姜尚。姜尚就是著名的姜子牙，其先人受封于吕地，所以又称其为吕尚。按照近古时代流传下来的规则，民从其封地为姓，吕是姜尚所在族群的共同之姓，姜则是姜尚的家族之姓。家族之姓在当时称为氏，姓氏之间的关系是姓涵盖氏、氏从属于姓。因此，吕尚就是吕姓姜氏之人，按照今天人们的习惯，一般称其为姜尚。[2]

相传，周文王在渭水南岸访求到姜尚，并请他入周为官，又让自己的儿子姬发拜姜尚为师。姜尚入周后不久，周文王姬昌病逝，太子姬发即位，即周武王。研究者认为，姜尚入周和姬发即位是周国全面开展反商行动的标志，是商周对抗的关键转折点。[3]

根据不同文献的记载和研究者之间的不同研究结论，我们现在对周武王的年龄问题依然没有一个确切的结论。按照文献中的说法，姬发应当是在青中年时期即位为王，但现代学术研究认为姬发是老年即位。除了姬发的即位时间成谜之外，其去世时间也是一个谜团。文献记载，周武王去世于伐商成功后的第二年，死因普遍认为是疾病。关于周武王年龄问题的考证是一个极为复杂的过程，这一点笔者将在后续章节进行详细解读。我们目前暂时认为姬发是在中老年时期继承了周国的王位。

姬发即位之后的九年时间内既没有宣布称王，也没有宣布继承父亲姬昌的西伯爵位，而是不断地在暗中谋划，以稳定自己的实际权力和铺排伐商大计。我们完全可以想象，这时已经具有雄厚实力并且人才汇聚的周国，在事实上已经形成了自己的权力核心层。虽然姬发没有宣布自己称王和继承爵位，但他核心统治者的地位依然是牢固确立的。姬发掌权之后所做的第一件事是首先明确了自己的权力核心层，其成员包括姜尚，姬发尊称他为师尚父，以周武王老师和父辈的身份

---

[1] 《中国原生文明启示录》（全三册）第118页，孙皓晖著，中信出版集团有限公司，2016年10月。

[2] 《中国原生文明启示录》（全三册）第119页，孙皓晖著，中信出版集团有限公司，2016年10月。

[3] 同上。

执掌军权；其次是姬发的弟弟周公旦，负责处理日常政务；召公和毕公担任周武王的顾问，随时决断各种事务。[1]

除了构建权力核心层之外，周武王的身边还聚集着一大批军政人才，包括管叔鲜、蔡叔度、霍叔武、叔振铎、康叔封、毛叔郑等，除了周王族的公室成员之外还包括散宜生、洪锦等一批文武大臣。周国的这些人才，基本上都是灭商和建周的功臣。[2]

周国的人才之盛已经远超夏代，甚至也超过了殷代，究其原因，研究者认为是由于周人族群长期聚居在岐山附近，以农耕为主要生活方式，这才形成了稳定的定居。在此基础上，周围人口繁衍兴旺，孕育出了大批的杰出人才。不可否认的是，周人族群自产的诸多人才在后来的历史发展中对周文明的稳定、巩固和发展起到了重要作用。[3]笔者对研究者这一观点持支持态度。

周武王在即位后的第九年，发动了灭商第一战。姬发首先向天下诸侯发出了邀请，在孟津进行合兵，共同讨伐商纣王。但令人感到匪夷所思的是，历经九年时间的精心准备，在诸侯联军和周军已经顺利渡过黄河准备继续前进时，周武王却突然下令回军（《史记·周本纪》）。

初次讨伐商朝的第一战因为姬发的命令而中止，这一场盛大的诸侯合兵也就成为一场浩大的军队游行。

当所有参战诸侯众口一词地对周武王说"纣可伐矣！"（《史记·周本纪》）姬发为什么突然中止了伐商之战？他究竟在顾虑什么？

文献中为我们提供的答案，只有姬发对天下诸侯所说的一句话："女未知天命，未可也。"（《史记·周本纪》）研究者历来对姬发突然下令退兵的原因多有考证和分析，再结合相关史料的记载，我们大致可以推测：周武王突然下令退兵的原因在于：第一，对具有强悍尚武传统的商王朝目前尚存的根基与实力并不确定，周武王的核心决策层此时仍然存在疑惧之心。尤其是当时还有一部分殷商王朝的重臣仍然各在其位，周武王不敢贸然进兵。第二个原因在于，周武王首次

---

[1]　《中国原生文明启示录》（全三册）第119页，孙皓晖著，中信出版集团有限公司，2016年10月。

[2]　同上。

[3]　同上。

出兵的目的在于试探天下诸侯是否真心跟随周国叛商，而非真正作战。军事预演之后这一目的已经达到，因此周武王决定适可而止。[1]

第三个原因，则具有更为深刻的精神层面因素。《论衡》中记载了这样一件事：孟津观兵发生之后，姬发回到太庙请卜师钻龟，询问商纣何时可以讨伐。就在卜师占卜时，外面突然雷声大作，暴雨骤至，占卜的结果也并非吉兆。此时姜尚带剑大步走来，上前一脚踩碎了龟甲对姬发说："枯骨死草，何知而凶！"姬发这才坚定地下令，出兵伐商。

这一记载说明当时包括周人族群在内的广大人群思想中，仍然没有从商朝笃信占卜和神秘预兆的信仰中解脱出来，[2]姜尚的行为正是一场时代文化变革的先驱行动。

周武王所谓的天命，就是指周人族群长期以来形成的神秘理念。笔者认为，姬发在孟津所说的天命之言是当时社会普遍存在的一种真实情况，而并非是姬发退兵的某种借口。周人笃信神秘预兆的起源从上古时代就已经产生，到商代大量的甲骨文证明，其发展程度已经具有相当广泛而深刻的影响力。研究者认为，无论是此前的夏代或商代，还是之后的秦代，在人群中神秘文化的传播程度仍然停留在经验和传统上，相对简单和粗简。但周代则与之完全不同，其特殊之处在于周人族群将一种隐秘模糊的精神意识化为了深邃的理论和可触可见的操作预测手段，成了社会文明有机构成的一部分。[3]

从这一点来看，当时的周人族群普遍对灭商行动心存疑惧，甚至是部分核心权力层中也存在这种现象，至于其下的军士官员则更甚。周武王和姜尚一定是察觉到了这种普遍性存在而又在当时隐而未发的疑惧情绪，因此才及时中止了讨伐行动。

姜尚破坏太庙占卜的勇气和行为，一方面来自现实需求，他要破除这种普遍存在于全军上下的疑惧情绪，凝聚军队的士气；另一方面，他的行为勇气来自

[1]《中国原生文明启示录》（全三册）第119-120页，孙皓晖著，中信出版集团有限公司，2016年10月。
[2]《中国原生文明启示录》（全三册）第120-121页，孙皓晖著，中信出版集团有限公司，2016年10月。
[3] 同上。

大军事家和大政治家讲求实际的精神，有关学者概括为反神秘化、讲求实际的人文传统。这种人文传统以大道正义为行动根基，摒弃以吉凶祸福为行事抉择的标准。因此，从这个意义上来说，姜尚是商周文明变革和发展的先驱者和标杆人物。到战国时代，这种由姜尚开创的反神秘、讲实际的传统得到大大张扬，成了诸子百家的普遍意识和变法革新大潮的精神根基。[1]因此，从这一意义上来看，姜尚被尊为百家宗圣是具有深刻的历史沿革因素的。

姬发下令退兵的第四个原因，是周人族群的性格。[2]周人族群是农耕族群，秉性厚重谨慎，具有相对自觉的谋略意识。这种长期形成的、谨慎的族群性格使他们积累并坚信一个历史经验：不打没有必胜把握的灭国大战。

相比于商汤领导的灭夏之战，周人族群在灭商之战中展现出来的谨慎的族群性格更为突出。我们从两次战争的文献记载所用文辞中，就可以发现这种不同族群性格之间的明显差异。商汤灭夏是在进行充分准备后一鼓作气，张扬豪迈地公开在战前发布动员令："有夏多罪，天命殛之。"（《尚书·汤誓》）战前誓师大会时商汤军队则表现出了阳刚雄武和对夏王朝的深重仇怨："时日曷（何）丧？予及汝皆亡！"（《尚书·汤誓》）商汤发布的军令也是充满激愤和决绝的情感："尔不从誓言，予则孥戮汝，罔有攸赦。"（《尚书·汤誓》）商汤灭夏是一场充满激情和义愤的讨伐战争，我们完全能够从文辞中体会到那种舍生忘死、同归于尽的决绝气概。这是商人族群奔放、豪迈的族群性格使然，也是基于商人对夏朝深刻的仇恨所致。

反观周人灭商之战，在数代族群领袖秘密谋划准备之下，出兵之后经历了多方谨慎试探、大军临阵回师、姬发九年不称王等阶段。第二次出兵之前周武王仍然要占卜吉凶，直到真正的战前誓师大会时周武王依然留了后招，谨慎地对讨伐大军说："不愆于六步七步，乃止齐焉……不愆于四伐五伐六伐七伐，乃止齐焉。"（《尚书·牧誓》）姬发这句话的意思是，军队进攻阵列的前后距离，不超过六七步就要停下来调整阵列的整齐度，不能拖拉……在与商军交战的过程中，不超过四五个回合或六七个回合，就要停下来调整阵容。

---

[1]《中国原生文明启示录》（全三册）第120-121页，孙皓晖著，中信出版集团有限公司，2016年10月。

[2]　同上。

在经历长期准备之后，周武王面对灭商战争依然具有这样的谨慎程度，周人族群的性格特质可见一斑。灭夏和灭商战争的迥然不同，不但是商人族群和周人族群之间不同的族群性格使然，其中更为深刻的内涵在于，基于不同文明根基所导致的商周文明内涵的差异性。基于农牧渔猎所缔造的商业文明使商人族群具有动态的、激情的、豪迈而开阔的族群性格传统；而基于单一农耕文明所缔造的周族群文明却具有静态的、厚重的、谨慎而保守的族群性格传统。正是对周人这一族群性格的清醒认识，才让姜尚不得不做出破坏太庙占卜的行为。对于从商代文明向周代文明的更替，[1]笔者很难说这是一种跨越。它更像是一种平行过渡，甚至是逐渐下滑的文明发展走势。

但这并非周人族群文明的过错，而是其自身文明的特质使然。不同的生存地域和生存方式铸就着不同的文明形态和不同的族群性格，而不同的文明形态和不同的族群性格又铸就着不同的社会精神和时代文明走向，当然也包括不同的国家命运。[2]

第十六节　牧野之战（下）

孟津合兵之后，周武王的几重目的顺利达成，他正式宣布与诸侯共同退兵。此后经过两年时间的准备，灭商之战真正地打响了，战场就在殷都朝歌郊外的牧野之地。因此，武王伐商之战也被史家称为牧野之战（《尚书·牧誓》）。

历史关于牧野之战的记忆，其结局是人所共知的，但具体进程却因为年代过于久远而显得有些模糊。研究者针对这场战争遇到了四个方面的谜团，我们将一一对其进行探究。

研究者遇到的关于牧野之战的第一个问题，是双方各自派出了多少兵力参加

---

[1]　《中国原生文明启示录》（全三册）第 122 页，孙皓晖著，中信出版集团有限公司，2016 年 10 月。
[2]　同上。

这场战争。[1]

这一问题也是学界长期争论不断的热点，至今仍然没有令人信服的确切结论出现。按照现代学者的结论来看，武王灭商时出动的周军军队人数相当少，不过万余人。而古典学者普遍认为，周方的联军人数在五十万人上下，其中周军主力部队八万人上下，战车三百辆，一辆战车编成步兵百人，总人数在三万人上下；独立的带甲军士四万五千人，虎贲三千人，以上是周军出动的总兵力；除此之外，其余诸侯联军人数四十万上下，共有战车四千辆。殷商一方出动的应战人数是七十万左右，因此可知牧野之战双方出动的总兵力在一百万左右，这是早期国家时代规模最大的一次战争。[2]

现代学者认为的万余人和古典文献中记载的五十万余人，其中差距可谓云泥之别，究竟哪一种说法更加符合历史的真实情况呢？笔者认为，其中较为合理的分析是，五十余万人的说法更加具有实际可能性。其中原因在于，首先，自从周文王的德政远播以来，天下闻而归周者四十余国，在这一基础上又经历了五十余年的休养生息，周国的有效参战人口数量达到空前的规模。其次，伐商战争几乎是天下族群共同参与的大战，这一点从陆续出土和传世的各地青铜器铭文记载内容中便可以确定，其中获得周武王亲赐青铜器的族群亦有发现。既然是天下族群共同参与，那么集当时天下反商诸侯和族群之兵力，而达五十余万之多便不足为奇了。[3]

研究者遇到的第二个问题，是关于牧野之战的性质。[4]

《尚书·武成》记载牧野之战的惨烈程度，用了一个触目惊心的词："血流漂杵。"可见这场战争的惨烈程度和代价之沉重。

有关学者针对牧野之战的性质提出了不同意见，认为这是一场不流血的仁义战争，其根据是战国时期孟子的相关言论，例如战国时期的儒家学者孟子就曾

[1]　《中国原生文明启示录》（全三册）第122页，孙皓晖著，中信出版集团有限公司，2016年10月。

[2]　《中国原生文明启示录》（全三册）第122-123页，孙皓晖著，中信出版集团有限公司，2016年10月。

[3]　《中国通史大师课·1》第84页，许宏等著，岳麓书社，2019年10月。

[4]　《中国原生文明启示录》（全三册）第122-123页，孙皓晖著，中信出版集团有限公司，2016年10月。

评论牧野之战说："仁者无敌于天下，以至仁伐至不仁，如何其血流漂杵？"
（《孟子·尽心下》）

　　显然，孟子认定牧野之战是一场充满正义性的战争，既然是仁义之战当然是
不应该流血牺牲的。这种带有典型儒家思维色彩的言论，其可信程度究竟几何我
们姑且不论。

　　我们先来看一个明确的事实，儒家学派在整理以"六经"为核心的古典文
献时，对于不合乎其学派思想理论的，即儒家认为"淫"的内容一概删去，《诗
经》就是最为明显的例证。儒家删述六经的核心目的在于以儒家思想进行教化，
而古典文献中那些不利于教化或与儒家理论相左的内容，在儒家学派整理古典文
献的过程中进行相应的删改也就顺理成章了。因此，儒家学派在整理《尚书》的
相关篇目时对《武成》篇进行删除，既符合儒家理论的一贯主张，又导致后世史
学家对灭商战争的残酷性有所忽视，使一个基本的常识性问题变成了争论多年的
历史谜团。[1]

　　研究者遇到的第三个问题，是牧野之战的进行方式。[2]

　　从近古时代以来的文明发展进程来看，战争始终是每个时代的主旋律，战争
方式的变化也是上古时代向国家时代迈进时期，人类文明的基本构成要素之一。
牧野之战的历史性质，被许多研究者定为早期国家时代规模最大的一场会战。但
是历史对于这场大规模会战的记忆，只有两处清晰可忆的细节。[3]

　　第一个被历史记忆下来的细节是，在双方战阵之前武王姬发让师尚父和百
夫进行致师。所谓致师，是一种古代的宣战仪式，具体操作流程是由一个最为强
悍的将领带领一支最精锐的百人马队，冲向敌阵的边缘进行挑战，在挑战时俘虏
一个敌军将士归来，以此表示对战争的必战之志和必胜之心。[4]东汉经学家郑玄
曾经注解说："致师者，致其必战之志也；古者将战，先使勇力之士犯敌焉。"
（《史记集解·周本纪》）

---

[1]　《中国原生文明启示录》（全三册）第123页，孙皓晖著，中信出版集团有限公司，
2016年10月。

[2]　同上。

[3]　《中国原生文明启示录》（全三册）第123-124页，孙皓晖著，中信出版集团有限公司，
2016年10月。

[4]　同上。

　　这一历史细节透露出来的信息是，师尚父是周武王军队中最为强悍的将领，在伐商战争中姜尚的地位相当于三军元帅和总司令。根据相关考证，牧野之战时的姜尚已经年过百岁，姬发却选择让百岁高龄的姜尚率队进行致师，这一行为实在令人匪夷所思。有关学者对这一记载的真实性亦表示怀疑，更多的学者则是对姜尚的实际年龄表示怀疑。目前我们还没有发现能够证明姜尚年龄的可靠材料，但对于姜尚本人在历史中的真实存在，以及他在牧野之战以及兴周灭商的文明与政权更替过程中所起到的重要作用是毫无疑问的。

　　第二个被历史记忆下来的细节是，"以大卒驰帝纣师"。所谓大卒，是指主力作战大军。在牧野之战进行的过程中，当姜尚致师顺利完成之后，周军发动了由三百辆战车和其编成的三万多步兵组成的庞大军阵，强力冲击纣王军队，在大卒之后是紧跟着的诸侯联军。[1]

　　这一历史细节说明，周人的战法非常讲究程式化和规制化，这与周人族群的性格特质密切相关，这一点从上文中笔者所述的武王阵前誓师的讲话中可见一斑。周人军队的程式化和单位性质作战与后世的战争方式大不相同，在战争的始终都要求军队保持完整的阵型，这一点在实际对战时非常困难。但我们完全相信这种战争的历史真实性，这种形成于西周、成熟于春秋时代的程式化战争方式具体过程主要分三个部分：首先是阵前誓师，其次是致师宣战，最后大阵冲杀。其程式化背后的含义是，誓师必王，致师必帅，冲阵必大卒。这就是文献中所谓的"堂堂之阵，正正之旗"的作战规则。[2]

　　这一开创于西周时期的古典战阵传统，在后代理论家中形成了各种不同的名词代称，例如王师、文师、文伐、取法天地、大兵无创等，都是对这一时期战阵文明创造的历史反映。[3]

　　研究者遇到的第四个问题，是殷商大军在牧野之战中失败的真正原因究竟是什么。[4]

---

[1]　《中国原生文明启示录》（全三册）第124页，孙皓晖著，中信出版集团有限公司，2016年10月。
[2]　同上。
[3]　同上。
[4]　《中国原生文明启示录》（全三册）第124页，孙皓晖著，中信出版集团有限公司，2016年10月。

以《史记》为代表的古典文献几乎众口一词，认为殷商大军失败的根本原因是商军奴隶的阵前倒戈，倒戈的原因是因为不堪忍受商纣王的暴虐。近代学者的诸般考据也巩固了这一观点的真实性和可靠性，他们认为牧野之战时的商军大多数是由奴隶组成的军队，奴隶在阵前的完全倒戈使商军最终溃败。[1]

显然，这一说法在某种程度上呼应了牧野之战是"以至仁伐至不仁"的儒家观点。

让我们抛开那些夹杂着各种色彩和目的的观点与结论，重新审视这场战争。第一个疑问是，在最后的殷商大军中，奴隶有没有可能占据军队组成部分的大多数，成为殷商大军的主要力量？笔者的结论是，不可能。

最具说服力的证据在于，当代考古研究已经证明商代奴隶的数量很少，商代社会中大部分的人口和劳动力都属于平民阶层，也称为自由人。考古研究的结论，直接否定了商纣王仓促之间征发七十万奴隶组成临时军队的历史记载。因为即便是商王室进行紧急征发，也不可能凭空变出来七十万之众的奴隶数量。[2]文献中的记载与实际考古研究的结论发生了冲突，我们当以实际考古研究的结论为准。

据此我们可以推定，即便是少数奴隶阵前倒戈，也不可能导致七十万商军的全面溃败。这一结论的确定，同时直接否定了传统文献中记载的商军阵前溃败的真正原因，在于奴隶倒戈所致。那么，真正导致商军阵前溃败的原因究竟是什么？

综合考古研究报告和研究者的诸般考据分析，笔者认为真正导致商军溃败的根本原因在于这支七十万殷商大军的构成。[3]笔者在前文中曾经有过相关论述，通过分析史料笔者认为，这一时期的商朝已经处于国力极度消耗、民怨四起、国家重臣相继被杀、国家政权面临崩溃的边缘时刻。在这种内忧外患的情况下，殷商王朝派出迎击周武王联军的并不是真正的军队，而是一支在朝歌王畿仓促征发

[1]　《中国原生文明启示录》（全三册）第124-125页，孙皓晖著，中信出版集团有限公司，2016年10月。

[2]　同上。

[3]　《中国原生文明启示录》（全三册）第125页，孙皓晖著，中信出版集团有限公司，2016年10月。

的平民武装。[1]这就意味着由于殷商国力的极度消耗，迫使当时朝歌的全部商人族群集体出动，保卫朝歌。

但是这种未经训练、没有实战能力的平民武装本身就不具备战斗力和组织性，再加上他们是在仓促之间被拉上战场的，心里难免动荡不安，多重不利因素首先就集合在了商军身上。反观诸侯联军，无一不是经过长期准备和长期训练的精锐之师。如此两军进行冲杀，商军的溃败几乎是必然的。这种溃败很快就演变为周人联军的单方面大屠杀，[2]最终造成了"血流漂杵，赤地千里"（《尚书·武成》）的惨烈景象。其中所牺牲者，大多数都是无辜的殷商平民。从这个意义上来看，武王伐纣的牧野之战显然不是"以至仁伐至不仁"，而是一场对无辜平民进行的惨烈屠杀。

笔者认为，阵前倒戈的说法之所以成为牧野之战历史的标志性记忆，其中很大程度上是为了掩盖周军和诸侯联军对殷商无辜平民进行惨烈屠杀的真相，是后世的周礼膜拜者，为了证明武王伐纣的正义性和感召力而生发的说辞。这种带有浓烈儒家色彩的历史结论，很难让人信服是历史的真相。[3]

另外一个关键性问题是，商纣王派遣平民出战，是否意味着此时的殷商王朝已经没有一支真正的军队力量来应战了呢？笔者认为，并非如此。从某种意义上来说，武王伐商的战争是钻了商朝的空子而获得成功的。

商朝后期的现实情况是，在周武王联军攻打到朝歌时，商纣王派出了大量的军队去平定东方的夷族部落。再回想此前周武王在孟津会盟诸侯时，诸侯联军请求伐纣，周武王为什么要说那句："女（汝）未知天命，未可也。"（《史记·周本纪》）这其中毫无疑问，包含着周武王对殷商王朝此时军事实力的忧惧心理。同时为我们揭示出，周武王当时没有发动伐纣战争的关键因素之一正在于，对殷商大军实力未知的忧惧。

等到周武王确定了殷商大军远在东夷镇压叛乱、国内处于空虚状态没有实力抗衡周军时，便正好利用了这个机会。对于这一结论，有相关传世文献进行佐

---

[1]　《中国原生文明启示录》（全三册）第125页，孙皓晖著，中信出版集团有限公司，2016年10月。

[2]　同上。

[3]　同上。

证。《左传》记载："纣克东夷，而陨其身。"因为商军的主力部队被东夷战场所牵制，无法及时回援朝歌，才导致殷商的最终灭亡和商纣王的身死。实际上在这一时期的东方地区依然存在许多商朝的军事力量，这也是导致灭商成功之后周朝无法有效控制东方地区，因此导致西周初年的周公东征和一系列战争的根本原因所在。

关于牧野之战的具体时间，比较公认的说法是发生在公元前1046年。但也有学者对此表示怀疑，因为文献中并没有对牧野之战的具体年份进行相关记载。因此历代以来的研究者关于牧野之战的时间有多达44种说法，最早的是公元前1130年，最晚至公元前1018年，前后相差多达112年。对于这一困扰研究者数千年的疑问，随着现代科学的发展和相关考古研究工作所取得的进展，研究者终于给出了相对可信的结论。[1]

根据《尚书·牧誓》的记载，牧野之战发生的日期是在"甲子"这一天。1976年，考古工作者在陕西临潼地区出土了一件青铜器，名曰"利簋"。利是一个人的名字，此人在牧野之战后的第七天得到了周武王的赏赐，因此他特意制作了这件青铜器以示纪念。研究者通过对"利簋"上刻画的铭文进行释读，发现其中明确地记载着牧野之战是在甲子这一天的早上开始打响，至黄昏时结束，周武王仅用了一天的时间便打败了商纣王的军队。至于牧野之战具体的发生年份，"夏商周断代工程"的相关研究者综合青铜器铭文上的记载、天文学和各方考古研究材料等进行判断，认为发生在公元前1046年的可能性是最大的。[2]

尽管我们的研究主题是对文明的发展演进规律进行探寻，重大历史事件的发生年份在客观上并不影响我们最主要的研究目标，但是因为相关研究技术的进步和对不断新出现的材料进行的释读研究工作所取得的进展，笔者认为我们应当进一步厘清这种时间差异。这不仅有助于体现文明发展演变的重要时间节点，以及在整体历史图景中的具体进程和走向，更为我们提供了值得铭记的历史细节。

---

[1]　《中国通史大师课·1》第84页，许宏等著，岳麓书社，2019年10月。

[2]　同上。

第三章

西周时代

第一节　周王权初建

随着灭商战争的最终胜利，周武王的军队顺利进入了殷商都城，周武王的核心领导团队在这一时期的政令和实际行动，有条不紊地进行着。通过考察文献中的相关记载，我们可以将周武王灭商之后的一系列行动和安排进行厘清。

周武王团队进入殷商都城朝歌的当日，立即对商纣王和其两名宠姬进行了罪行宣判和果决地执行。周武王亲自拿着兵器，先对已经烧焦的商纣王尸体连射三箭，又用黄钺砍下了商纣王的头颅，将其悬挂在一面白色大旗的顶端。随后，周武王以相同的方式对商纣王的两名宠姬进行了完全相同的处罚。这种惨烈的复仇行动，必然经过了事先的精心谋划，从后来发生的历史事实来看，周军灭商成功后进行的惨烈屠杀，除了牧野之战中的殷商平民之外，还包括殷商王族的嫡系人口、追随殷商的旧臣和所有诸侯国国君，[1]至于明确表示叛商并追随周武王的那些人，则基本保全了性命并且大多获得了周武王的封赏。

周武王的第二步行动，是组织周人连续三次进行彰显恩威的大型庆典活动，其根本目的有三个：第一次庆典活动是周军回到牧野战场上进行的，这是一场为期五天的大规模告捷礼，祭告天地，献俘献鼎，宣告灭商战争的彻底胜利；第二次是周武王的领导团队进入殷商太庙，举行了社祭仪式，其目的在于安抚和告诫殷商旧臣与平民要服从天命，不能作乱（但是从之后发生的历史事实来看，周武王的这一目的显然没有达成）；第三次庆典活动是在周军得胜班师之后，回到镐京举行的盛大献俘典礼。在这次献俘典礼当中，周武王下令当场斩杀被其俘虏的殷商大臣一百人，以及追随殷商王朝的诸侯国君四十人。周武王斩杀的殷商王室

---

[1]　《中国原生文明启示录》（全三册）第126页，孙皓晖著，中信出版集团有限公司，2016年10月。

贵族不知其数，至于其余的普通战俘则更多。[1]从周武王的系列斩杀行动来看，其中固然有出于对新生政权进行巩固的需求，但无论是从牧野之战本身还是战后周武王的一系列部署和行动来看，牧野之战与儒家所说的不流血的仁义之战绝对是大相径庭的。

　　周武王在灭商之后的第三步行动，是通过大范围地分封诸侯，进而对天下进行安抚。按照相关研究者对周武王这次亲自分封诸侯的研究来看，周朝初期分封的诸侯数量并不多，但其分类与兼顾还算完整，已经彰显出后世成熟的分封制的基本模式。[2]

　　周武王在灭商成功后初次分封的天下诸侯共有四类：第一类是近古时期天子的后裔：封神农氏后裔为焦国国君，封黄帝后裔为祝国国君，封尧帝后裔为蓟国国君，封舜帝后裔为陈国国君，封大禹后裔为杞国国君，封周太伯后裔为吴国国君和虞国国君，共计七国。第二类是灭商之战的功臣：封姜尚为齐国国君，封周公旦为鲁国国君，封召公奭为燕国国君，共计三国。[3]第三类是殷商后裔及其监督者：封商纣王的庶子武庚禄父为殷国国君，封王弟叔鲜为管国国君，封王弟叔度为蔡国国君，封王弟武处为霍国国君，以上为殷商后裔封国和为监督殷商后裔的三方力量，时称三监，共计四国。第四类是周王室的血亲诸侯国：封王弟康叔为康国国君，王弟叔振铎为曹国国君，共计两国。[4]

　　以上是笔者根据相关史料文献和研究者的相关结论，对周武王初次分封天下诸侯的情况进行的大致梳理，共计十六国，但是这并非确切数字。按照文献中的说法，除此之外还有许多被周武王分封的小诸侯国没有被史家统计和记载下来。倘若将各种史料文献中所见的诸侯国进行完整的罗列，当时的天下诸侯大约有两百余个。此外还包括部分只见于当地民众口口相传或地方文献而不见于史料的诸侯国，凡对此有兴趣者，可阅读林屋公子所著《先秦古国志》，此书中收录先秦古国名称两百余个，并具有部分国家的相应介绍，是作者经过实地考察后创作的

[1]《中国原生文明启示录》（全三册）第126-127页，孙皓晖著，中信出版集团有限公司，2016年10月。
[2]　同上。
[3]　同上。
[4]　同上。

一部历史地理学著作。

　　周武王灭商之后的第四步行动，是立即下令将周朝的国都迁移到更大的新都城——镐京。与此同时，周武王下令在东部中原地区筹建东方政治军事基地——洛邑，即后来的洛阳。研究者认为，周武王下令筹建的两座城邑具有重大的历史意义。镐京的建成，标志着周人政权首次拥有了大型国都，有了坚实的政治经济文化中心和军事中心；东部地区洛邑的建成则充分体现出周人族群的深谋远虑和文明融合的自觉性。后来的实践证明，洛阳在周朝文明的延续和华夏族群大融合中起到了至关重要的作用。镐京与洛邑这两座城邑的建成，标志着此时的周文明已经拥有了坚实的框架和发展构图。[1]

　　根据现代考古工作者的相关报告，现在我们已经发现并出土了许多西周初期即周成王至周康王时代的青铜器。这些青铜器从实物证据链印证了西周初年的政治和文明建设情况。其中最为典型的是一件名为"何尊"的青铜器。所谓何尊是指一个名叫何的人制作的一只尊，尊是古代的一种酒器。这只何尊的重要之处在于，它与后来周公旦营建周朝的东都洛邑密切相关。从何尊上记载的铭文来看，在周武王灭商成功之后，他就希望能够在洛邑建立新的都城。按照铭文中的记载，是"宅兹中国"。铭文中所说的"中国"，就是指当时的洛邑。[2]

　　根据研究者目前能够看到的材料，"中国"一词最早出处就来自何尊的铭文。因此何尊对于当代研究者研究西周初年的政治和当时周王室的治国政策具有十分重要的作用。[3]

　　但是，研究者同时为我们指出了一个难以忽视的重要问题，就是灭商之后由周武王直接亲封的诸侯国其实很少，主要的诸侯国仅有十六个。至于后代学者统计的两百余个诸侯国，都没有明确记名，研究者认为应当是周王权对当时天下普遍存在的自立政权的承认，而非直接分封土地的直封诸侯。这就意味着周朝初年的国家形势和夏朝、商朝并没有太大的差异，周室王权对天下的控制能力依然是

---

[1]　《中国原生文明启示录》（全三册）第127页，孙皓晖著，中信出版集团有限公司，2016年10月。

[2]　《中国通史大师课·1》第89页，许宏等著，岳麓书社，2019年10月。

[3]　同上。

十分有限的。[1]

但是，在武王分封诸侯之后不久的一场政治风暴，全面改变了这种历史现状，使时代文明的进步成功跨越到了新的高度。

第二节　西周初年的形势

随着周武王分封天下诸侯的完成，西周王朝的权力体系初步确立。但是刚刚诞生的新政权和新时代文明系统，在平静的水面之下却潜藏着种种巨大的危机。武王伐纣的胜利，仅仅意味着姬发完成了灭商行动，是周人族群统治天下的第一步行动，但这并不意味着姬发权力核心所创建的西周王朝已经完成了对当时天下的掌控和对国家的管理。

根据《史记·周本纪》记载，我们可以对当时的天下形势有一个大概的了解："武王至于周，自夜不寐。周公旦即王所，曰'曷为不寐？'王曰：'告女：维天不飨殷。自发未生，于今六十年……我未定天保，何暇寐！'"

除此之外，《史记·周本纪》还有这样的记载："武王已克殷，后二年，问箕子殷所以亡。"又云："武王病，天下未集，群公惧……后而崩，太子诵代立，是为成王。"

以上文献记载内容说明，在西周初年时武王权力核心对天下的掌控程度依然十分微弱，广泛存在的社会危机被周武王察觉并谨慎对待。这种社会危机来自何处？研究者认为，很有可能是此前种种蛛丝马迹显示出了殷商故地和旧臣的不安迹象，以及新生政权交接所存在的种种隐忧，才使周武王在灭商之后夜不能寐。[2]

殷商故地有所不安的根本原因是什么？笔者在前章中曾经提到，武王伐纣的

---

[1]《中国原生文明启示录》(全三册)第127-128页，孙皓晖著，中信出版集团有限公司，2016年10月。

[2]《中国原生文明启示录》(全三册)第128页，孙皓晖著，中信出版集团有限公司，2016年10月。

战争在很大程度上是钻了空子取得的胜利。殷商的大军在前往东夷地区平乱时，武王伐纣的战争爆发了。当东夷地区的战乱结束时，这支殷商大军势必会回援朝歌。在某种程度上，这意味着西周王朝虽然已经成功建立，但是武王灭商的战争却并没有取得全面的胜利。也正是因为清楚地知道这支殷商大军的存在和他们所具有的巨大能量，殷商故地才会有所不安，姬发才会担忧得夜不能寐。[1]

此后不久，武王得了重病，周王室的大臣对姬发的病深感恐惧和担忧。这种普遍存在的忧惧之心，使得周公旦秘密向上天祈祷，希望用自己的生命换取姬发的病愈。按照文献中的说法，周公旦的祈祷产生了短暂的效果，姬发的病在短时间内见好了。但是在今天看来，这可能是回光返照的征兆。此后不久，在灭商成功后的第二年，周武王姬发病逝。年幼的周成王姬诵继承王位。[2]

此处再次涉及了姬发的年龄问题，笔者之前曾说暂时认定姬发是在中老年时期继承了周国的王位，但是历史关于周成王姬诵即位的年龄记忆却是明确的：年少即位。

按照汉代学者的相关考证认为，周武王在去世时已经九十三岁高龄，[3]如此算来年幼的姬诵就是周武王在年近八十高龄时所得的儿子，这一说法显然不能令人信服。周成王在位37年，去世时大约50岁。[4]从姬诵即位的历史现实来看，周王室的成员历来长寿，周人族群所产生的人才和后嗣又历来繁盛，周武王为什么会选择让一个年幼的孩子即位？难道他没有其他年长的儿子吗？

从姬发对当时天下未附局面的担忧来看，他必然对当时面临的严峻局面有着极为深刻的认识，在这种现实情况下他却让一个年幼的儿子即位，似乎并不合乎情理。

按照现代学者的相关考证认为，周武王去世时年仅54岁，42岁时姬诵出生。按照这一说法，姬诵即位时是12岁，符合文献中普遍所见的"成王幼"的记载。从现实逻辑推理来看，笔者认为现代学者的说法更具有可信性。但是同时又有研

---

[1] 《中国通史大师课·1》第82页，许宏等著，岳麓书社，2019年10月。

[2] 《十三经清人注疏：尚书今古文注疏》第323-330页，（清）孙星衍撰，中华书局，2016年8月。

[3] 同上。

[4] 同上。

究者提出，姬氏家族普遍具有高寿的基因，周文王、周公旦、召公奭等人都是高寿而终，周武王姬发却在五十四岁时因病去世，似乎又与姬氏家族的高寿基因不相符合。[1]当然，也不能据此排除姬发中途染病导致最终去世的可能，家族高寿基因只是我们进行的一种相对合理的推论。在这之间是否发生了什么意外导致姬发的早逝，也是我们不能忽视的一个因素。

总而言之，无论关于姬发和姬诵的年龄问题究竟有多少种猜测和说法，有一个问题是我们可以确定的，那就是在周武王去世时，周王室政权面临大动荡的前夜，周人族群的一个大政治家周公旦终于挺身而出。此时的周成王则退居幕后，研究者认为此时的姬诵是否成年已经无关紧要，因为这已经不是历史的焦点所在。[2]

按照《史记·周本纪》中的记载："周公恐诸侯畔周，公乃摄行政，当国。管叔、蔡叔群弟疑周公，与武庚作乱，畔周。"又记载："周公为师，东伐淮夷，残奄，迁其君薄姑。"

西周初年的天下，随着武王姬发的去世，殷商的复辟势力和周王室内部的动乱势力同流合污，掀起了一场巨大的政治事变和社会风暴。周公旦在此时毅然代替周成王，走到了历史的台前。

历代研究者普遍认为，在西周初年动荡的社会时局中，周公走上历史舞台起到了扭转乾坤的作用。作为周武王姬发的弟弟和执掌实际权力的嫡系周王族大臣，周公旦在对周武王灭商成功之后的忧患意识有着深刻的理解。他对殷商遗民和周王室内部的势力，也一定有着深刻的洞察与准确的把握。研究者认为，周公旦最难能可贵的一点是没有被周人族群由来已久的谨慎性格传统和礼教性格所束缚，而是秉承了早期国家时代大政治家敢于为国家命运负责的优秀传统。在周武王死后，周公旦顶住巨大的压力和滚滚浪潮般的质疑言论与行动，毅然而果断地宣布摄政当国。[3]

---

[1] 《中国原生文明启示录》（全三册）第 129 页，孙皓晖著，中信出版集团有限公司，2016 年 10 月。

[2] 同上。

[3] 《中国原生文明启示录》（全三册）第 130 页，孙皓晖著，中信出版集团有限公司，2016 年 10 月。

周公旦在事实上掌握了周王朝的最高权力，在肃清威胁周王朝政权的内外叛乱中，实际起到了核心领导者的重要作用。[1]

按照古典文献中的说法，周公旦摄政当国的时间是七年，七年之后他将政权交还给周成王。在这七年的摄政时期中，许多古代文献记载周公称王了。但是根据现代研究者的研究结论来看，这一说法并不可信。其原因在于没有客观的证据能够证明周公旦确实称王了。[2]

从目前出土的大量西周时期的青铜器铭文来看，其中详细记载了西周王朝各王的世系传承，但是在其中却并没有提到周公旦。除了青铜器铭文的记载之外，研究者从其他西周时代的文物中也没有发现关于周公称王的记载。[3]由此我们可以确定，后世文献中普遍宣称的周公称王之说不可信。周公摄政期间，始终没有忘记自己辅助者的身份，对王权并没有觊觎之心。这一点从周公去世后，周朝政权依然沿着周公旦划定的正确道路前进，通过分封制、宗法制和礼乐制度等使周王朝的统治得到进一步的巩固，以及后代周天子准许周公旦的封国鲁国后代国君在祭祀周公旦时，可以使用与祭祀周天子等同的祭祀礼仪来看，我们可以确定周公旦是一位忠正耿直、具有极强的责任意识和历史担当的伟大人物。

从形式上来看，周公摄政的历史行为是周王室三监和殷商遗民合谋叛乱的直接诱因。所谓三监，是当初武王伐商成功之后担心殷人的民族性很强，周王室权力核心远在西部不利于统治，因此命令他的弟弟管叔、蔡叔和霍叔三人留在殷商都城，对殷人进行监视。但是从根本上来看，周朝初年的政治事变和社会动荡是殷商遗民的复辟意愿和周王室内部的权力争夺两者相结合而导致的。[4]周公摄政仅仅是一个诱因，假如没有周公摄政，三监与殷商遗民的合谋叛乱的发生依然有非常大的可能性。这一点从武王姬发担忧得夜不能寐便可以推断。

三监与殷商遗民的叛乱既有深刻的社会历史原因，也有着深刻的内部矛盾原因。从社会历史原因来看，殷商遗民固然不满商纣王的暴虐统治，但是让他们认

[1]　《中国原生文明启示录》（全三册）第130页，孙皓晖著，中信出版集团有限公司，2016年10月。

[2]　《中国通史大师课·1》第88-89页，许宏等著，岳麓书社，2019年10月。

[3]　同上。

[4]　《中国原生文明启示录》（全三册）第130页，孙皓晖著，中信出版集团有限公司，2016年10月。

同周人族群的文明并和平地接受其统治依然存在巨大的困难。他们虽然暂时服从于周王室的统治，但是巨大的文明差异导致殷商文明与周文明之间产生了不可连接的沟壑。殷商遗民和王族成员既不满于商纣王的统治，又无法接受这种巨大的文明差异所产生的沟壑，他们一定希望回归与重建曾经自由奔放的殷商文明，重回殷商时代的社会生活。此时如果产生外部诱因，毫无疑问会导致殷商遗民的起兵叛乱。[1] 因此，从这个意义上说，殷商遗民的复辟意愿和复辟行动是一场注定发生的文明较量。不同文明之间存在的巨大差异性是很难通过协商和解的。

除此之外，从周王室的内部矛盾来看，周人族群的文明形态在这一时期还没有进行制度化的完善，权力传承也不是非常严格。例如周文王的长子伯邑考生前并没有被立为太子，而是直接立了次子姬发为太子。姬发因病去世后，研究者认为按照当时并不严格的传承制度，由姬发的弟弟或者儿子继位都是很正常的。三监诸侯又都是姬发的弟弟，都具有名义上的继承权，当然周公旦也同样具有继承权，而且管叔的排行还在周公旦之前。如此格局之下，必然会引起众人对最高权力的争夺。[2]

第三节 周公东征

东方三监和殷商遗民的叛乱消息很快就传到了周公旦那里。具有丰富政治经验的周公旦立即着手进行了两大部署。

首先是，立即起兵，遏制叛乱势力的不断蔓延，以及由此给新生的周朝政权带来的危害。[3]

周公旦集结军队之后，发布了一篇极具政治策略的文告，记录在《尚书·大

---

[1] 《中国原生文明启示录》（全三册）第 130 页，孙皓晖著，中信出版集团有限公司，
2016 年 10 月。
[2] 同上。
[3] 《中国原生文明启示录》（全三册）第 131 页，孙皓晖著，中信出版集团有限公司，
2016 年 10 月。

诰》。周公旦在这篇文告中指出，殷商遗民叛乱的根源在于"鄙我周邦，不服天命"，至于周人政权内部的权力争夺，自然是略过不谈；随后，周公旦指出新生的周朝目前面临的严重危难："有大艰于西土，西土人亦不静；……我国有疵，民不康。"最后，周公旦表示决意发动东征行动，并说只要有十个人誓死追随我，就能战胜东方的叛乱，完成周文王和周武王所未能完成的伟大功业。

研究者认为，这篇极具政治策略的文告既包含着周公旦对东征之战的必胜信念，又极大地激励了周人的斗志，同时还对稳定后方的大局起到了关键作用。[1]

周公旦的第二方面部署，是立即联系已经远赴齐国就任国君的姜尚，以及已经赴鲁国担任国君的周公旦之子伯禽，秘密约定两方同时发兵，与周公旦的主力王师共同形成对叛军的三面合围之势，镇压叛乱。待一切部署妥当之后，周公旦亲自统帅主力王师东进平叛，开始了持续三年的大规模东征平乱战争。[2]

笔者在前章中说过，三监和殷商遗民的叛乱最根本的原因在于文明差异下的全方位冲突。[3]这场冲突的到来，或早或晚是必然的。因此，周公旦的东征叛乱行动，其性质已经远超权力争夺与复辟殷商旧政，而是演变为一场不同文明之间的生死角逐。

研究者指出，当时的中国大地上各个族群的文明形态仍然存在巨大的差异，其中包括炎黄族群后裔、五帝族群后裔、夏人族群后裔、商人族群后裔以及周人族群和后来的秦人族群等多种文明形态的同时存在。这些族群由于具有地域文明上的同一性和时代文明的趋一性，相互之间的族群生活和文明认同相对接近于统一。除此之外，在当时更为辽阔的东部、西部、南部、北部地区，仍然具有被高山大川和草原湖海相互阻隔的众多族群，这些众多族群以各自独立的生存方式进行发展。他们不但对当时的周文明没有产生认同感和归附心，甚至由于其仍然处于原始的渔猎游牧状态，经常对中原地区的周文明族群进行冲击和劫掠。[4]这种低文明形态族群对高文明形态族群的冲击和劫掠似乎是一个历史的悖论，但是这

---

[1]　《中国原生文明启示录》（全三册）第131页，孙皓晖著，中信出版集团有限公司，2016年10月。

[2]　《中国原生文明启示录》（全三册）第131-132页，孙皓晖著，中信出版集团有限公司，2016年10月。

[3]　同上。

[4]　同上。

种文明的悖论在后来的历史中依然不断地发生。

正是因为巨大的文明差异之间的深刻背景，研究者指出，殷商时代商纣王虽然成功平定了东方夷族的叛乱，并且殷商王朝在东方的众多小诸侯方国之间形成了具有巨大威权性的中央宗主国权力，但是这种权力却不会随着周人灭商的成功而自动转移到周王朝身上。甚至现实情况完全相反，随着殷商王朝的覆灭，东方夷族的诸多小国立即恢复了被商纣王平定之前的散乱状态。[1]

与此同时，周朝三监诸侯和殷商遗民的合谋叛乱导致众多的东方诸国立即响应，这是历史的必然。因此，从本质上来看，随着殷商王朝的覆灭，即便没有这场叛乱，新兴的周王朝也面临着一个重大的历史难题：如何让东方夷族的诸国归附于周朝。周公东征的历史意义正在于，一是通过强硬的军事手段迫使东方诸国归附，二是将巩固政权和文明融合两个重大历史使命合并在一起完成。这是具有极大历史价值意义的战略抉择，但这同时也是对新生的周王朝政权一次关乎生死存亡的重大考验。[2]

关于周公东征之战的具体进展，由于年代久远和史料的粗疏，我们已经很难进行具体的复原了。根据相关文献的简略记载，我们大致可以梳理出以下信息：周公旦亲自率领王师主力从西部地区向东正面进攻；姜尚从东方齐国出发，率领齐军偏师从东部海滨向南进击；伯禽率领鲁国偏师，从北部向东南进击。三年之后，在三路大军的合击之下叛军主力彻底战败，东征之战消灭了五十余个呼应叛乱的东方夷族诸侯国。战胜之后，周公旦立即下令斩杀管叔和武庚，至于附从叛乱的蔡叔则被周公旦流放到偏远地带了。[3]

按照历史文献中的说法，周公东征是"一年救乱，二年克殷，三年践奄"（《尚书·大传》），可见周公旦在这场基于文明冲突和旧殷商政权复辟心理下打响的战争中，其行动之迅疾、安排之果断。"周公践奄"是在东征成功之后打响的另外一场战争。奄地在今天的山东曲阜。当时在奄地的一支重要力量是秦人族群，曲阜一带是他们的一个聚居地点。

---

[1] 《中国原生文明启示录》（全三册）第132页，孙皓晖著，中信出版集团有限公司，2016年10月。

[2] 同上。

[3] 《中国原生文明启示录》（全三册）第132-133页，孙皓晖著，中信出版集团有限公司，2016年10月。

当时的秦人族群首领名叫飞廉，大约是因跑步非常快而得名；其子名叫恶来，据说可以和猛虎搏斗。恶来死于武王伐纣的战争中，但其父亲飞廉因为被商纣王派遣出使北方，得以侥幸逃过一劫。在西周初年时，飞廉回到了山东一带，积极联络殷商旧族，暗中密谋反周计划。[1]

在周公旦出兵东征之前，随着周武王的去世，奄地一带的族群开始蠢蠢欲动。当周朝三监和殷商遗民的叛乱爆发后，奄地族群终于开始公开反叛周朝。因此，周公旦平定了三监之乱后继续东征，在曲阜一带平定了奄人的叛乱，并杀死了一度侥幸逃脱的飞廉。[2]

之后周公旦下令，将参与叛乱的奄地族群民众迁徙到周朝的西北边境，即今天的甘肃一带。这些奄地族群的百姓大多属于嬴姓，被周公旦迁徙到西北地区后，他们的主要任务就是防御西北地区的戎人。这些人就是后来秦人族群的祖先。[3]

彻底肃清军事方面的叛乱行动后，周公旦又立即开始谋划稳定大局的战略抉择。周公旦的第一步行动是，迅速安定殷商的王族遗民。[4]

周公旦的选择是殷商王族遗留下来的一个政治人才微子启，他是在商纣王之后担任商王朝遗民首领的人，也是商纣王的哥哥。周公旦封微子启在宋地作为诸侯国，并允许他延续殷商王族的社稷祭祀和血统传承，给殷商遗民和殷商文明保留了一处精神归宿之地。[5]

研究者指出，微子启是殷商王族中非常具有政治才能的出色人才。他曾经以两次重大的政治作为而闻名天下，对周朝稳定大局有相当重要的作用。其政治作为首先体现在，商朝末年由于不满商纣王的暴虐，微子启在多次谏阻无效的情况下逃离了殷都朝歌，这表明微子启主动与暴虐的殷商政权划明了界限；其次在于，当武王伐纣成功时，微子启曾经带着殷商王朝的全部祭祀礼器和贡品，自缚跪行到周军营地。微子启此举既表明了坚定支持武王伐纣的政治立场，又对周人政权表明了自己和殷商暴政的彻底决裂之心。因此，这样一个既具有殷商王族嫡

---

[1]　《中国通史大师课·1》第 87 页，许宏等著，岳麓书社，2019 年 10 月。

[2]　同上。

[3]　同上。

[4]　《中国原生文明启示录》（全三册）第 133 页，孙皓晖著，中信出版集团有限公司，2016 年 10 月。

[5]　《中国通史大师课·1》第 87 页，许宏等著，岳麓书社，2019 年 10 月。

系血统又对周朝政权表明坚定支持立场的人物，自然是周公旦选择统领殷商王族遗民的最佳人选。[1]

除此之外，研究者进一步指出，尽管做出了如此谨慎和妥当的安排，周公旦依然对殷商王族遗民保持着高度的警觉。这一点主要体现在周公旦所封的宋国仅仅是殷商王族的战后遗留人口，而不包括昔日广大的庶民族群。周公旦的这一安排出于以下考量：首先是削弱了殷商王族诸侯国的人口实力，防止其再次叛乱周朝；其次是由于殷商遗民的人口数量众多，研究者经过统计指出，此时的殷商遗民仍然尚存七大族群。如此众多的人口和庞大的族群规模，其具体安置地点、统领人员和管理方式以及防备叛乱等各方事务都需要详加思考，而不能急切地作出决定。[2]

周公旦对殷人族群这一安排更为深刻的意义在于，告诉天下所有曾经追随武庚叛乱而失败的族群，周人政权对叛乱核心的殷商王族尚且能够给予出路和妥善安排，对其余附从势力则更加不会追究和赶尽杀绝。[3]这种恩威并举的政治举措，既是周公旦政治智慧的体现，更是周人政治文明的历史传统。

在《尚书》中有一篇文章是《微子之命》。这篇文章的核心含义在于彰明周朝的政策，是周公旦针对微子启受封诸侯国事件专门发布的一篇文告。虽然现在已经无法看到原文，但是我们可以清楚地知道这篇文章的核心内容就是周公旦在告诫殷商王族的遗民，微子启和宋国的存在就是为了延续殷商的血统和祭祀，这是周王朝对殷商王朝的网开一面和宽大为怀。但是倘若殷人不识时务，最终必然会死于非命。

后来的历史证明，周公旦以恩威并举的举措迅速安置殷商遗民和平定叛乱，是非常符合当时政治环境和政治现实的策略，对迅速安定天下大局起到了至关重要的作用。除了对外的恩威并举之外，周公旦对周朝内部的猜忌和怀疑也立即作出了相关说明，这份说明就是《诗经·归禾》。[4]

---

[1] 《中国原生文明启示录》（全三册）第133-134页，孙皓晖著，中信出版集团有限公司，2016年10月。

[2] 同上。

[3] 同上。

[4] 同上。

其中深刻的历史原因在于，由于周公旦率军常年在外平叛，并且在叛乱平定之后周公旦做出了一系列安排部署，并没有立即率军班师回朝。这难免引起了周朝内部甚至是周成王的猜忌之心。因此远在镐京的周成王君臣，借着唐叔献来的一束名为嘉禾的长大谷穗为理由，以周成王的名义作了《馈禾》一诗，并派遣唐叔为使者远赴东方馈赠给周公旦。周成王之所以选择唐叔作为使者给周公旦送信，是因为唐叔和两人之间都有较为深刻的渊源。

周成王小的时候和弟弟唐叔玩耍，他拿着一片桐叶作为象征，对弟弟说要将唐叔分封为诸侯。周公旦听说此事之后，与史官一同找到了周成王，希望他能够兑现当初对唐叔的分封承诺。后来周成王就将唐叔分封到唐地，之后不久改唐为晋。此事在历史上被称为"桐叶封唐"（《吕氏春秋·审应览·重言》）。

正因为周成王、周公旦和唐叔之间有这样一层渊源，所以周成王才派遣唐叔作为使者向周公旦进行馈赠，并探查周公旦的真心。

周公旦接受了唐叔带来的馈赠之物后，自然明白了镐京君臣的心思，于是他首先回复了《归禾》一诗，向周成王表示不久之后就会班师回朝。紧接着，周公旦又作了《嘉禾》一诗，向镐京上层详细报告了平定东方战争的经过和安定殷商王族和遗民的举措。此后，周公旦再作《鸱鸮》一诗，向周成王君臣说明战后大势之艰难，希望镐京君臣能够戒慎戒惧，保持清醒。这首诗对当时天下的形势具有十分深刻和严峻的暗喻："予羽谯谯，予尾翛翛，予室翘翘，风雨所漂摇，予维音哓哓。"意思是：我的羽毛像枯草，我的尾巴毛稀少，我的巢儿险而高，风雨之中晃又摇，吓得只能尖声叫（《诗经·鸱鸮》）。

我们实在难以想象，作为东征得胜归来的统帅，其内心却有如此焦灼的情绪，可见当时天下形势之艰难。

第四节　周公东征后的举措

周公旦东征胜利，完成安定天下的举措之后，以神圣的礼仪确立了诸侯分封制度。研究者认为，这次周公旦主持的确立诸侯分封制度的典礼，就发生在周公东征胜利归来后不久。周公旦在战后就地分封殷商王族为诸侯国的举措，是为了尽快稳定殷商的势力，同时借此迅速对战败族群作出示范；而周公旦在班师回朝之后的大规模分封典礼，则是为了尽快安定整个周朝的大局。

周朝分封典礼的实质，是周代文明中最盛大、最核心的礼仪。它既是周天子代表上天对各个诸侯完成君权神授的分封过程，也是最高王权对各级权力运行起点的确定，具有十分重大的政治意义和社会意义。[1]

根据相关文献的记载："（周公旦）封建亲戚，以藩屏周……莫如兄弟，故封建之……捍御侮者，莫如亲亲，故以亲屏周。"（《左传·僖公二十四年》）此外，《吕氏春秋》中记载："周之所封四百余，服国八百余。"（《吕氏春秋·观世》）《荀子》中则说："周初立七十一国，姬姓五十三人。"（《荀子·儒效》）

从以上文献的记载中，我们可以确定的是，这次周公大规模进行分封诸侯，主要完成了两个环节的任务：第一是对周武王当初分封的诸侯重新进行权力确认，并对其中部分封国增加了封地和人口；第二是大量分封新的诸侯。[2]周公旦大量分封新诸侯国的目的，文献中说得很清楚：抵御外敌，保卫周王室，为新生的周王朝建立一个巨大的保护屏障。除了这一根本目的之外，大量分封诸侯的目的当然还包括建立有效控制周朝全国的权力机制、有效管理广袤国土和有效发展各地经济等现实需求。[3]

除了以上所说之外，周朝初年的分封诸侯在文献中也称为"授民授疆土"，即通过分封仪式确认将某块土地和土地上的民众以及资源等都分封给受封者。[4]受封者在受封完成之后要回到自己的封地，称为"诸侯就国"。在自己的封国中各地诸侯必须依靠自己的力量进行发展，因此分封制度的实质是授权，而非赋能。赋能和发展诸侯国的任务必须要依靠各诸侯的个人能力来完成，因此分封诸侯的目的也包括对各地诸侯能力的考察。周朝初年许多受封的诸侯就国之后，都

---

[1]　《中国原生文明启示录》（全三册）第135页，孙皓晖著，中信出版集团有限公司，2016年10月。

[2]　同上。

[3]　《中国通史大师课·1》第87-88页，许宏等著，岳麓书社，2019年10月。

[4]　同上。

逐渐建立起了强大的政权。例如姜尚到齐国就任之后，利用当地近海的地理特征所带来的渔盐之利积累了大量的财富，国力获得空前的发展。

大规模地分封诸侯是周公东征胜利回朝之后的第一个重大举措，无论是就分封的权威性、还是所封诸侯国数量的庞大性、礼仪的神圣性等方面来说，周公分封诸侯的根本目的都在于借诸侯之力拱卫周王室，即周公分封诸侯的举措，对周朝时期的政权具有在国家文明发展进程中，实现历史性跨越的伟大意义。这是周人族群真正体系化地确立诸侯联邦制国体的历史开端。[1]

周公大规模分封诸侯的举措是一个重大的文明标志，它标志着周朝早期时代通过分封制度对天下权力的牢固掌控。

周公的这次大分封究竟封了多少诸侯国、各国爵位的等级划分是怎样的、各个诸侯国土地和人口的具体数量是多少等诸如此类的历史细节问题，由于年代的久远以及可参考材料的缺失等原因，已经无法进行具体的考证了。我们现在依据相关史料和文物进行判断，周公大规模分封的诸侯国大概有一千余个；各个诸侯国之间土地的大小和人口的多寡，差别巨大。例如齐国、鲁国和晋国是周朝初年分封的三个特大诸侯国，其国土面积跨越了今天的几个省，可见其幅员之辽阔；有的诸侯国面积则仅有今日的一个县大小，甚至还不如一个县的面积大，仅有几个村镇的面积大小。[2]文献中一般将这种小诸侯国称之为"蕞尔国"（或称"蕞尔小国"）（《左传·昭公七年》）。

至于能够体现周公这次大分封的文物，研究者目前已经发现了不少。例如沫司徒疑簋，研究者发现它与康叔分封到卫国有关；此外还包括在北京房山琉璃河发现的克盉（音禾）、克罍（音雷），在这些器物的铭文记载中研究者发现了召公奭的儿子克被分封到燕地，建立燕国的情形。传世文献中并没有记载燕国首位国君的名字，因此研究者这次考古发现同时破解了一个存在多年的历史谜团。我们根据对克盉与克罍的铭文释读可以确定，召公奭的儿子名叫克，他就是燕国的第一任国君。[3]

---

[1]　《中国原生文明启示录》（全三册）第135-136页，孙皓晖著，中信出版集团有限公司，2016年10月。

[2]　同上。

[3]　《中国通史大师课·1》第89-90页，许宏等著，岳麓书社，2019年10月。

周公分封各国的爵位等级，分为五个层次。由高到低分别是公、侯、伯、子、男。这五个等级的诸侯体制，再加上周天子，就是西周时代六级权力架构下的联邦诸侯国国体。[1]此时还没有郡县制的说法，因此天下国土都涵盖在了各诸侯的封国和周天子直辖的王畿之地内。

在这种联邦诸侯制国体下，权力运行方式一般是这样的：周天子的中央政权直接统领王畿之地，对王畿之地范围内的土地和人口以及税赋等享有完全的所有权。至于周天子王权和各地诸侯国之间，有诸侯国完全服从周天子王权的一面，例如在举兵征伐、国君废立、贡赋缴纳三方面，诸侯国要完全服从周天子的政令；在具体的诸侯国国内建军、治民、设官、理财、政治等方面，则依照中央王权颁布的细致规定独立进行处理。如果有诸侯国违反了中央王权的规定，则要接受周王室不同程度的处罚措施，违反规定者称之为"僭越"。各个诸侯国的权力传承采取世袭制，但是一旦遇到诸侯国内有新君主继位，必须向周王室报告备案，即在程序上要经过周天子的重新确认。[2]但是各诸侯国内继位新君的具体人选，周天子无权干涉，由各个诸侯自行决定。

按照研究者依据现代国家学说的分析定位来看，周朝的封建制度和诸侯制国体极其类似于后世的联邦制国体，即最高中央政权与各地方邦国之间实行分权运行的国家体制。当然，这种分权是在一定条件制约下进行的。研究者认为，周公创造的联邦诸侯制国体是中国早期国家形态进入成熟国家形态的历史坐标。从政治文明的发展来看，周朝的联邦诸侯制国体相比于之前的夏商两代，具有明显的划时代性的历史发展跨越。[3]

相比于夏商时代的诸侯制度，周朝诸侯制度的最大区别在于国境之内的绝大多数诸侯都是基于周天子王权直接分封而成的。即便偶然出现极少数自发性成立的诸侯国，例如楚国，也会第一时间向周王室表示完全臣服，并且同样需要经过周天子的重新权力确认和正式举行的分封仪式，才能够获得诸侯的名号。周王权

---

[1]　《中国原生文明启示录》（全三册）第 136 页，孙皓晖著，中信出版集团有限公司，2016 年 10 月。

[2]　《中国原生文明启示录》（全三册）第 136—137 页，孙皓晖著，中信出版集团有限公司，2016 年 10 月。

[3]　同上。

对天下诸侯强大的控制程度，和精密的联邦制诸侯国体的全面建立，是西周时代文明最集中的标志体现。这意味着西周时代的诸侯国近乎完全产生于最高权力的运行过程中，是周王权意志运行的结果和体现。[1]

西周时代的国家文明制度和权力体系之所以产生了如此巨大的跨越，其最根本的原因在于随着周人政权连续经历灭商行动和东方平叛这两次大规模战争，并获得了完全的胜利之后，其权力体系的辐射范围和辐射强度已经发生了历史性的飞跃。这意味着周王权有能力对周朝范围之内的、所有不愿臣服的独立政权进行军事制裁。也只有当历史发展到这一程度的时候，周王权才能够对天下土地和资源进行重新分配，进而贯彻从上到下的系统性分封制度。根据研究者的结论，周天子王权在联邦制国体中所承担的主要职能是：一是直领王畿之地，统筹天下行政；二是设定诸侯国的框架构成，决定诸侯国的权力范围；三是担任权力裁判角色，对违反运行规则的诸侯国进行处罚。

这一建立在以周天子和周王室为核心的权力运行机制，是真正能够严密有效运作的联邦制国体。[2]

第五节　周公创建的礼治文明（上）

完成诸侯分封制度的确立和精密联邦制国体的建立后，周公旦安定天下大局和稳定各地诸侯领袖的第二个举措是制礼作乐，即创建周朝的礼治文明。[3]在诸多古典文献中都对周公旦这一时期的政治作为有过相关记载，例如《逸周书·明堂解》中记载："周公摄政，君天下。弭乱六年，而天下大治；乃会方国诸侯于宗周，大朝诸侯明堂之位……制礼作乐，颁度量，而天下大服。"除此之外，

---

[1]　《中国原生文明启示录》（全三册）第137页，孙皓晖著，中信出版集团有限公司，2016年10月。

[2]　同上。

[3]　《中国原生文明启示录》（全三册）第137-138页，孙皓晖著，中信出版集团有限公司，2016年10月。

《尚书大传》中记载："六年制礼作乐。"文献中所说的六年是指周公平乱六年，最终成功之后才开始创建周朝的礼治文明。《左传·文公十八年》记载："先君周公，制周礼。"

所谓"制礼作乐"，就是指周公创建礼治文明的具体举措。从字面意思来看，是指制定礼仪规范和乐舞制度。从其实质上看，礼仪规范是指以礼仪制度为外在表现形式的国家政治制度和其运行方式；乐舞制度是以乐舞歌曲的使用规范为核心的意识形态制度。因此，制礼作乐背后的两大制度就是，国家权力制度和意识形态制度。[1]从某种意义上来说，正是因为周公创建了礼治文明，中华民族才会在后来一直被称为礼仪之邦。周公时代创建的礼仪规范即便到了今天，其核心的精神实质依然被人们传承，因此大家也就不难理解所谓礼仪规范的所指。但是由于时代的久远和文明传承方式的重大变革，周公时代创建的乐舞制度成为一种意识形态制度则被当代人难以理解。除了文辞障碍之外，现代人学习古典文献的另外一个重大障碍就是名物制度障碍，这也是学习者不易跨越的险峰。

因此，我们首先要说清楚乐、舞、歌的使用和它们进入国家制度的原因。研究者指出，音乐与舞蹈和歌唱起源于远古时代人群的劳动和娱乐需要，在原生态意义上并没有任何限制。但是，随着时代文明的不断发展进步，尤其是从原始文明时代向国家时代文明的漫长历史跨越时期中，社会文明的整体发展使贵族文化阶层逐渐参与到乐、舞、歌的创作与整理当中。[2]

正是在这一时期，三者的本质意义开始产生根本性的流转。这种根本性的流转最初体现在时代社会不但拥有了精工制作的体系化乐器，而且拥有了超越自发敲打弹奏而专门创作的演奏曲谱。舞蹈则从粗朴的自发无规律动作发展为精心编排的以某种审美意识为指导的美感动作，并且具有了专门从事舞蹈表演的职业人群。歌唱也由无规律状态演进为逐渐被整理和创作出来的、具有丰富内涵的歌词并渐渐传唱，也有了专门从事歌唱的职业人群。[3]

---

[1]《中国原生文明启示录》（全三册）第137-138页，孙皓晖著，中信出版集团有限公司，2016年10月。

[2]《中国原生文明启示录》（全三册）第138页，孙皓晖著，中信出版集团有限公司，2016年10月。

[3] 同上。

　　研究者指出，这种种形式的变化使乐舞渐渐分离为两种社会形态——原生形态和创作形态。从适用的主体来说，又可分为民间形态和官方形态。乐舞和歌唱形式的重大变化，意味着其背后所代表的社会功能发生了重大变化。这种重大变化体现在乐舞歌的存在，已经超越满足劳动之后宣泄情绪的需求，而具有了树立价值观理念和审美意识的新社会意义。早期社会的传播形态也注定了乐舞歌的形式比厚重的竹简书籍更易传播、普及，这种传播方式的便捷直接导致其所承载的新的社会意义更加突出。因为无论哪一种乐歌都具有快速传播并普遍影响人群精神的巨大社会功能。[1]

　　研究者的相关研究结论，直接帮助我们厘清了在早期国家时代乐、舞、歌进入国家制度的原因。它不但有深刻的历史沿袭因素，更具有重要的现实社会功用。

　　根据相关文献的记载和研究者的研究结论来看，这种充满功能性的乐舞歌所能带来的新社会意义并没有被当时的人群自觉认识。研究者作出这一结论的依据是，在周代之前的夏商两代千余年上下，始终没有产生关于乐、舞、歌使用的国家制度和相关规范，更没有官方的推广制度。[2]笔者认为，这一时期的乐舞歌是以一种自发的、朦胧而无意识的状态在流转和发展。

　　这种具有自发的和无意识性的发展状态一直持续到西周初期，因为周王室出于稳定政权和安定天下乱局的政治需要才被重视起来。乐舞歌的社会功用，被周王室认为是一种树立普遍价值观的极佳手段。因此，周公旦借此创立了礼乐制度，乐舞歌成为一种制度的承载体和文明的具体体现，标志着周朝已经成功建立了对社会和文化的一种管理方式。[3]

　　除了制礼作乐之外，周公创建的礼治文明还包括对社会生活方方面面的规范，[4]这些规范化为烦琐的具体行为指向，被具体记载于《周礼》之中。目前学术界的基本共识是，认为现在普遍流传的《周礼》版本，并不是当初周公旦制定

---

[1]　《中国原生文明启示录》（全三册）第138-139页，孙皓晖著，中信出版集团有限公司，2016年10月。

[2]　同上。

[3]　《中国原生文明启示录》（全三册）第139页，孙皓晖著，中信出版集团有限公司，2016年10月。

[4]　同上。

周礼制度的原始文本，而是后人的附会与改编。但是从近年来不断呈现出来的考古研究成果来看，即便今日流传的《周礼》版本并不是当初周公旦所创周礼制度的原初版本，但其依然与周公旦时代的周礼制度具有极大的相似性，甚至于两者在某种程度上是一种前后传承的关系。因此，笔者认为我们今天已经不应该再将传世本《周礼》当成伪作来看待，而应该注意到它与原始本《周礼》在制度等方面的传承关系和其所具有的时代特性等。

　　礼治文明对周代社会生活的规范体现在各个方面，例如《周礼》中的冠笄礼，即古代男子的加冠礼和古代女子的及笄礼。这两种礼的诞生源自古人对生命和生命过程的崇拜，即今天社会中普遍所说的成人礼，在周代之前称之为成丁礼。在周公旦明确制定礼乐制度将成丁礼的仪式进行细节化处理后，这种礼节被正式定名为"士冠礼"。古代男子和女子的成丁礼合称为"冠笄礼"。[1]

　　古代男子的成人仪式在20岁时举行，也称为加冠礼，只有举行过加冠礼的古代男子才能够娶妻成婚。古代女子的成人仪式称为及笄礼，在15岁时举行，一般是在女子许嫁定亲之后举行。冠笄礼不但意味着古代男子和女子的成人，同时还都与其婚姻权力直接相连，因此冠笄礼也被称为结发礼。因此有"婚冠之礼，亲成男女"的说法。无论是古代男子的成人礼或者古代女子的成人礼，都是古人一生中最为重要的时刻。冠笄礼的举行，细致严密，具有庄严、肃穆的仪式感，在正式加冠之前甚至还需要预测日期、确定并通知嘉宾等一系列环节；正式完成加冠、结发之后，成年的男女需要回家拜见双亲、和众兄弟姐妹共同向赞宾馈赠礼物等尾声环节。[2]从这一系列的烦琐流程规范来看，古人对成人礼的重视几乎与婚礼等同，是古人一生中极为重要的时刻。

　　成人礼不但具有明确的年龄指向，更是一种身份标志的重要体现。现代社会中几乎已经没有人举行成人礼了，但是西方文明中依然对其十分重视。

　　除了笔者以上所述之外，礼治文明对周代社会生活规范的方方面面都有十分细致而严格的规定，这意味着礼治文明对周代社会秩序的运转具有严格的规范意义。在这种体系化社会制度的全面普及之下，必然会使以强制力量为根基的法

---

[1]　《中国原生文明启示录》（全三册）第139-140页，孙皓晖著，中信出版集团有限公司，2016年10月。

[2]　同上。

治制度的社会作用范围和作用力度，在一定时间内大幅度减弱甚至是消失。礼治文明在周代诞生初期所产生的巨大社会作用和文明意义，的确是具有普遍和深刻意义的伟大创造，在礼治文明之下的早期周代社会，除了处罚罪犯之外的法律作用，几乎都被礼治文明所替代。[1]正是这样一种前所未有的社会制度所缔造出的社会状态，才使后来的孔子由衷地发出感叹："周（礼）监于二代，郁郁乎文哉！吾从周。"（《论语·八佾》）

　　研究者从礼治的社会普遍性角度出发思考，将周朝开创的这种文明形态称为礼治文明。研究者再度指出，虽然周公时代所创的原始本《周礼》其确切细节至春秋的孔子时代，已经很少为人通晓，但是经过春秋战国时代诸多学者的抢救和西汉时代学者的重新整理，我们依然可以根据史料对原始本《周礼》的大致面貌和其主要脉络进行复原。

　　需要注意的是，原始本《周礼》被时代社会所抛弃早在春秋时期就已经开始，即便是精研周礼的孔子也需要"入太庙，每事问"（《论语·八佾》）。研究者解释其中缘故认为，孔子虽然是当时社会中精通礼乐的学者，但是他所获得的礼乐信息和知识都是从书本上得来的，其实际情况究竟如何，出于谨慎起见，孔子也不敢妄下断言，因此才会向世代传承、真正精通周代礼乐制度的太庙官员虚心请教，以验证自己所学是否准确。还有一种说法认为，孔子此举是在提醒当时的鲁国国君僭越了天子之礼法。

　　但是又有研究者指出，由于鲁国开国之君周公旦的巨大功绩，被周成王特许鲁国后代国君可以以天子礼节对周公旦进行祭祀。孔子深知鲁国的历史法度，自然没有这层含义在其中。

　　其中具体的细节考据情况究竟如何？我们在此不做深究，但需要我们注意的是，并不能简单地将传世本《周礼》定性为毫无价值的伪书。从世界文明发展史的角度来看，中国历史上流传下来的所谓"伪书"其保存历史原貌的价值，甚至远远超过许多民族整理的传说史料。例如三礼——《周礼》《仪礼》《礼记》——虽然都经过后代的整理，甚至还夹杂着后代整理者生活时代的社会语

---

[1] 《中国原生文明启示录》(全三册)第139—140页，孙皓晖著，中信出版集团有限公司，2016年10月。

言，但其基本面的真实性是可信的。[1]最有力的证据就是随着考古研究的深入而被不断出土和研究的古代文献与文物，其与传世本《周礼》高度的相似性使我们更加确信，其记载内容中有关周代礼乐制度的基本框架是真实可信的。周代的礼治文明并没有在文明历史的记忆中消失。[2]

第六节　周公创建的礼治文明（下）

礼治文明之下的周代官制，是西周时代国家政权形态的集中体现形式。周代的官制，是周公旦主持创建的系统化联邦国家官制，也是中国早期国家时代最为成熟和严密的权力结构体制。这一权力架构体制，现在仍然系统化地保留在《周礼》中。[3]

研究者指出，古典文献《周礼》原本名称是《周官》，主要记述周朝的国家官制和周朝中央权力体制的情况，西汉时期王莽政权将其更名为《周礼》。后代学者根据对《仪礼》《礼记》《考工记》等古典文献的研究，系统地整理出周朝诸侯国的官制表，我们现在可以据此了解周代诸侯国的权力体制情况。[4]

周朝的中央官制体系是：周天子之下设立天、地、春、夏、秋、冬六大权力系统，六大权力系统的领事大臣总称为六卿。周天子总领国家事务，六大权力系统分为六大主要区域，全面推行政务和落实周天子的政令。这六大系统的官员编制和职权领域划分是：

天官系统设立官员63位，主管大臣称为太宰，为六卿之首，总理国家政务。

地官系统设立官员79位，主管大臣称为司徒，掌管土地、人口、徭役征发等。

---

[1] 《中国原生文明启示录》（全三册）第140页，孙皓晖著，中信出版集团有限公司，2016年10月。

[2] 同上。

[3] 《中国原生文明启示录》（全三册）第140-141页，孙皓晖著，中信出版集团有限公司，2016年10月。

[4] 同上。

　　春官系统设立官员70位，主管大臣称为大宗伯，掌管各地诸侯国事务，这就是所谓的"佐王和邦国"。

　　夏官系统设立官员76位，主管大臣称为大司马，掌管军政事务，这就是所谓的"佐王平邦国"。

　　秋官系统设立官员66位，主管大臣称为大司寇，掌管司法事务，这就是所谓的"佐王刑邦国"。

　　冬官系统设立官员30位，主管大臣称为轮人或大司空，以后者更为常见，掌管周王室工程。

　　冬官系统的原本记载在历史流传过程中亡佚，后代学者根据《考工记》中的相关记载进行补充，在宋代之前的研究者对此基本上没有异议。[1]

　　周朝的中央官制体系共有官员384人，官员之下的具体吏员即不列入周代国家编制系统办事员的具体人数已经不可考，但想来整体国家政令的具体执行和细致落实必然通过他们来实行，因此周代的吏员人数必然不在少数。通过研究者以上整理内容，我们可以明确发现周代国家中央官制规模的成熟性和具体性已经远超夏商时代，[2]在某种程度上说，周代的国家官制体系具有划时代的意义。

　　除了周朝中央王权之下的官制体系之外，各个诸侯国也分别拥有各自独立的官制体系。但是诸侯国的官员类别设置和人员数量，必须严格按照周朝中央王室所颁布的礼制规定进行严格落实，各诸侯国不具有自行设置官员类别和数量的权力。此外，根据诸侯国等级的不同，其官员设置的类别和具体数量也有具体差别。《周礼》中虽然并没有具体记载周朝各诸侯国的官制，但研究者根据其他古典文献中公爵诸侯国官制的记载依然整理出了各诸侯国官制的大概情形。[3]

　　周代公爵诸侯国的官制分为三个系统，即国君或公室系统、施政系统、文教系统。

　　公室系统官员：29位，国君之下的首席大臣称为太师。

[1]　《中国原生文明启示录》(全三册)第141-142页，孙皓晖著，中信出版集团有限公司，2016年10月。

[2]　同上。

[3]　同上。

施政系统官员：32位，领政大臣称为正卿。

文教系统官员：17位，主管大臣称为太史。

周代的公爵诸侯国，共有官员78人。

除了官制体系的分类和具体构成之外，周朝官制的另外一个特征就是官员等级制度的严密化。这种不同官员层级之间广泛存在的等级制度差异，在从近古时代以来的任何形态政权内均广泛存在。因此，等级制度本身并非周朝文明的独立发明创造。[1]周代官制在文明发展中的意义在于，推动这种久已存在的等级制度走向社会化、体系化和严密化，即进入了一种成熟的文明形态。这种成熟的社会等级制度有两个主要支柱：一是职官等级制，二是血统等级制。[2]

研究者指出，职官等级制度，是自周天子以下的所有官员分为九命即九个不同等级，称为九命之制。九命为最高等级，一命为最低等级，命数越大则意味着等级越高。[3]

九命的具体规制包括：

上公诸侯为九命，其宫室、车旗、服饰、礼仪设置，皆以九数为规格。

中央三公为八命，其宫室、车旗、服饰、礼仪设置，皆以八数为规格。

侯伯诸侯为七命，其宫室、车旗、服饰、礼仪设置，皆以七数为规格。

中央王室之卿为六命，若受命出封为诸侯，则提升一命。

子、男爵诸侯为五命，其宫室、车旗、服饰、礼仪设置，皆以五数为规格。

中央王室之大夫、公爵诸侯国的三公皆为四命，若受命出封为诸侯，则提升一命。

公、侯、伯三等诸侯国的卿，皆为三命。

公、侯、伯三等诸侯国的大夫，子、男爵位诸侯国的卿，皆为再命，即二命。

子、男爵诸侯国的大夫，为一命。

---

[1] 《中国原生文明启示录》（全三册）第141-142页，孙皓晖著，中信出版集团有限公司，2016年10月。

[2] 《中国原生文明启示录》（全三册）第142-143页，孙皓晖著，中信出版集团有限公司，2016年10月。

[3] 同上。

一命以下还有士，也就是吏，即不列入周代国家官制系统的办事员，均称为不命。不命，即意味着周代的士人阶层不列入九命官制序列。

九命等级制度的严格意义，在于它起到实际决定周代所有官员的地位、待遇、生活方式等系列制度的不同。倘若超出自己相应等级的行为，即被认定为僭越之罪，会遭受严格处罚。这既是对违规者个人的处罚，也是对新生制度的有力维护。如此严格细致、交叉均衡的周代等级制度，体现了周人族群史无前例的政治文明创造力。[1]

第七节　周公创建的宗法制度

周朝时期创建的礼治文明另外一个重要剖面，就是对后代社会影响深远的宗法制度。研究者指出，就"宗法"一词的语源来说并非出于周礼，而是近代中国史学在接受西方理论体系的影响之后形成的一种概括。宗法制度的本质是以血缘关系为根本点，进而对家庭血统和族群血统进行确认的一种法度。[2]

研究者将其归纳为三个基本方面：一是对族群内各氏族血统排序的确认；二是对氏族、家庭继承权顺序的确认；三是对王权与族权的划分以及相互关系的确认。宗法制度的三个基本方面主要表现形式和形成的具体制度，包括宗庙制度、族群分支排序制度、嫡长子继承制度、庶子分封制度、族墓制度、姓氏名字制度、族外婚与族内婚制度、族长制度等八个方面的制度体系。[3]

以上是现代研究者对周代宗法制度的基本阐释。但是我们必须清楚，由于宗法制度自身的庞大繁杂和相隔年代的久远，我们今天已经难以探究周代宗法制度的全貌了。研究者的探寻和笔者的叙述仅是根据相关文献材料和考古研究成果，

---

[1]《中国原生文明启示录》（全三册）第142-143页，孙皓晖著，中信出版集团有限公司，2016年10月。

[2]《中国原生文明启示录》（全三册）第143-144页，孙皓晖著，中信出版集团有限公司，2016年10月。

[3]　同上。

对周代宗法制度的几个剖面和其中的关键环节进行最大限度上的厘清。

宗法制是周代社会伦理文明的基础，也是周文明的根基部分，从某种程度上说，周代所有权力运行机制和社会生活方式都是宗法制度的具体演化。其中的关键环节，在于两个方面。

第一个关键环节是，君权至上，即周代的王权君统高于族权宗统。从实际社会运转方面来说，就是国家政权高于家族族权，血缘关系地位在政权关系地位之下。这种地位体现最主要的方面在于，政权的管辖范围是广义上整个社会的所有成员，而族权的管辖范围则仅仅是本族群内的全部成员。宗法制度中的君权，不仅仅是指周天子王权，还包括了诸侯国国君的君权。宗法制度规定，周天子或诸侯国国君的血亲，即使辈分高于周天子或诸侯国国君，也必须以臣下之礼侍奉君主。这就是所谓的"不以亲亲害尊尊"（《春秋穀梁传·文公二年》）、"诸侯之尊，兄弟不得以属通"（《春秋穀梁传·昭公八年》）的实际含义。周代宗法制度的演化虽然将君权推向了至高无上的地位，但是君权也并非不会受到宗法制度的约束。不过这种约束仅限于君主在传承君位和分封庶子的范围之内，从周代社会伦理文明形成的现实基础来看，王权和君权是绝对高于基于血统关系形成的族权的。[1]

研究者认为，周代的王权和君权是绝对高于族权的礼制规范的，是周人政治文明走向高度成熟的表现和核心标志。其中深刻的文明意义在于，成功让国家权力的运转有效超越了狭隘的族群利益，从而具有了对整个社会利益进行统筹均衡的可能性。[2]

但是笔者认为，这一礼制规范制度并没有得到有效的巩固和历史传承，在不久之后的春秋时期儒家文明对这一制度的根本点便有了极大的突破。研究者在郭店楚简中发现的一篇文献《六德》中有"为父绝君，不为君绝父"[3]的记载，其中所体现的基于血缘关系形成的小共同体本位政治观，与周代宗法制中王权高于

---

[1] 《中国原生文明启示录》（全三册）第144页，孙皓晖著，中信出版集团有限公司，2016年10月。

[2] 《中国原生文明启示录》（全三册）第144-145页，孙皓晖著，中信出版集团有限公司，2016年10月。

[3] 《郭店楚简〈六德〉的文献学意义》，李学勤，《国际简帛研究通讯》，2002年1月刊。

族权的伦理文明根基，产生了本质性的冲突。

从世界整体的文明发展进程来看，人类在古典社会条件下，氏族权力对社会权力在很长的历史时期内都起到了决定性的支配作用。[1]甚至于许多氏族权力与社会政权两者合为一体，族权即政权。但是这种以氏族权力为主体的文明传统最大的基因缺陷是，无法兼容其他不同地域和不同族群。[2]因此，周代礼制文明中王权高于族群的规范，虽然在短时期内解决了这种缺陷问题，但是并没有得到很好的发展和延续。

周代的宗法制度使国家权力超越了氏族权力，这一时期内周代的国家权力具有普遍的社会基础和广阔的天下理念。以宗法制度为核心的国家权力体系，对于兼容其他社会族群和扩大周王权所控制的土地与人民具有积极作用，这也是一种内在的强烈追求。从周代宗法制度确立国家权力开始，便摆脱自发状态，进入了自觉的追求状态。[3]

宗法制度的第二个关键环节是，嫡长子继承制度。所谓嫡长子，即在一夫多妻的社会条件下由正妻所生的年龄最大的儿子。嫡长子继承制度的确立，根本意义在于君权继承的明确化。[4]

回溯夏商时代的君权继承，我们可以发现，大多是依靠传统与习俗、顺承与逆取并存的继承方式，并没有明确的继承法度。正因为如此，经常导致夏商时代对王权或君权继承权力的残酷争夺，进而带来深刻的社会动荡和政治危机，甚至一度导致族群和国家陷入混乱和灭亡。[5]笔者在前文所述的太康失国、商代自中丁以下发生的九世之乱等，其根源均在于对王位和君权继承制度的缺失和继承权的争夺方面。

由于长期以来形成的历史经验，周人充分吸取了夏商时代继承权争夺的惨痛教训，因此在周代的宗法制度中明确规定：立嫡以长不以贤，立子以贵不以长

---

[1]《中国原生文明启示录》(全三册) 第 144-145 页，孙皓晖著，中信出版集团有限公司，2016 年 10 月。

[2]　同上。

[3]《中国原生文明启示录》(全三册) 第 145-146 页，孙皓晖著，中信出版集团有限公司，2016 年 10 月。

[4]　同上。

[5]　同上。

（《春秋公羊传·隐公元年》）。研究者认为，这一创造性制度的文明意义在于两个方面：一方面是，由于夏商两代对于妻子的概念定位尚不明确，从而导致其对于嫡子庶子系列的确定和划分也非常模糊，王国维先生甚至认为商人没有嫡庶之别。周代宗法制度，以确定妻和妾的不同开始，明确划分了嫡庶之间的区别，确定了正妻所生之子为嫡系的制度。一方面是，周人自己打破了族群早期曾经实行过的兄终弟及的传统，确立了嫡长子为合法继承人的制度。这一制度的确立在当时条件下超越了自身的不确定性。实践证明，嫡长子继承制度对于周代政权的稳定传承起到了十分重要的作用，对中国古典政治文明的稳定传承也起到了积极作用。[1]

关于周人创立的宗法制度，在之后的春秋战国时代和汉朝时代都经过大规模和大范围的深度讨论。讨论结果认为，周朝宗法制度的确立，除了吸取前代教训之外，还有更为深刻的因素。

战国时代的吕不韦曾经在《吕氏春秋》中指出："先王之法，立天子不使诸侯疑焉，立诸侯不使大夫疑焉，立嫡子不使庶孽疑焉。疑生争，争生乱。是故，诸侯失位则天下乱，大夫无等则朝廷乱，妻妾不分则家室乱，庶嫡无别则宗族乱。"（《吕氏春秋·慎势》）慎子说："一兔走街，百人追之，贪人具存，人莫之非者，以兔未定分也。积兔满市，过而不顾，非不欲兔也，分定之后，虽鄙不争。"（《慎子·定分》）吕不韦最后评论说："故治天下及国，在乎定分而已矣！"（《吕氏春秋·慎势》）

从以上文献记载中我们可以发现，周代宗法制度的确立，还包括定分的重要意义，定分的根本目的则在于防止社会无序争夺的局面重演。因此，从时代文明发展演进的角度来看，周礼的制定和实行具有深刻的文明进步意义，我们难以想象倘若完全按照《周礼》中的规范进行生活，那样的时代社会是处于一种什么状态。在周朝初期，社会节奏必然是缓慢的，处处都弥漫着肃穆、庄重的气息，上到国家政务，下到每个人的衣食住行，都充满着仪式感。

按照传世本《周礼》中的记载，婚礼的仪式要经过六大阶段，具体的细节程式环节将近一千个。除了这种人生大事之外，即使每天都会进行的事项例如吃饭

[1] 《中国原生文明启示录》（全三册）第146页，孙皓晖著，中信出版集团有限公司，2016年10月。

等，也有诸多规矩的约束。

例如，《周礼》中规定，吃饭有"七不食"和"十三不"等周代饮食行为中必须禁止的行为。"七不食"指饭菜腐烂不食，色不正不食，变味不食，刀工割肉不正不食等。"十三不"是指具体的就食礼节，例如不能张开大口喝汤，不能发出响声咂吧嘴吃饭，不能当众啃骨头，不能将已经夹起来的鱼肉或菜等再放回去，等等。[1]现在让我们暂时抛开宗法礼制的约束，仅从现代营养学和健康学的角度来谈，《周礼》中关于饮食方面的规范对于人类文明和体质的发展依然具有重要的意义。但是这种文明意义的传承受到了极大的范围限制，只在贵族间广泛流传和被遵守。除此之外，按照周代礼制中对于饮水的规定来看，《周礼》要求贵族成员必须将水煮沸之后才能饮用。

根据相关学者的考证，自从百年洪水时代之后，又多次历经瘟疫、地震等灾害，至周朝时，能够直接饮用的原生态生水几乎已经没有。因此，为了防止疾病瘟疫的出现，《周礼》要求贵族成员必须饮用烧开之后的水。但是对于周代的普通平民来说，则没有这些琐碎的要求，因此也导致周代平民的寿命普遍低于贵族的寿命。

以上所述周代宗法制度下产生的一系列精密而严格的礼仪制度，在当时社会的贵族阶层之间形成了固定的行为规范和日常教养，培养了后人所说的"贵族气质"。但是周代宗法礼仪制度的诞生，其核心意义绝对不止于此。可以毫不夸张地说，精密而严格的礼治文明制度，使周代的贵族阶层直接成了当时世界上具有最高文明礼仪和最高物质享受的上流文明社会。综观同一时期的世界其他民族，无论是已经处于衰落期的古巴比伦，还是处于荷马史诗时代的古希腊，或者是处于初创时代的犹太王国，以及尚未统一的古埃及王国，还有被雅利安人入侵的梨俱吠陀时期的古印度，他们的社会文明和物质水准，都与西周王朝时代的社会生存状态具有很大的差距。[2]

但就是这样一个精密的宗法制联邦制王权国家，在拥有高度自觉文明意识的

[1]　《中国原生文明启示录》（全三册）第146页，孙皓晖著，中信出版集团有限公司，2016年10月。

[2]　《中国原生文明启示录》（全三册）第147页，孙皓晖著，中信出版集团有限公司，2016年10月。

社会中，却几乎从未得到过安宁。两百五十余年之后，西周王朝和礼治文明就宣告灭亡了。这其中的文明兴替规律和深刻的历史根源性原因，究竟在于哪里？[1]

第八节　周人的生活方式

研究者指出，一种文明的兴起和衰落，其根源性因素一定隐藏在这种文明形态的自身之中。[2]因此，要探究西周时代礼治文明的衰落和灭亡原因，必须要深入了解周代社会以农耕经济为主轴的整体社会风貌。

西周时期，社会的主要人口一般生活在城堡中，文献中称之为"国人"。有研究者认为"国人"是指生活在周王朝首都并拥有井田土地的人。在城堡之外是整齐分割的一片片井田，西周时期延续自大禹治水时代的分配制度，其具体分配数量和方式已经与之前的时代产生了较为显著的区别。具体来看，西周时期的井田制土地分配方式是：一井有九块田地，共平均分配给八户人家，每家实际得田地100亩，另外还有10亩公田，一共需要耕种的总面积是880亩。但是在这880亩土地中，还需要预留出20亩土地作为耕田者的居所，平均每家2.5亩宅地，八户人家各自修建自己的居住房屋，以供劳动时居住。[3]

这种农家自主修建的田间房屋称为"庐舍"，如果没有官府的命令，国人不能私自出城住进庐舍，因此也就无法选择自由耕作的劳动时间。因为农人在野外劳动时的居住区称为"庐"，在城堡内的居所称为"里"，所以《汉书·食货志》中记载"在野曰庐，在邑曰里"。

周朝时期"国人"的生活具有很大的稳定性，一年之中大部分时间都在田间劳作，劳作期间居住和生活都在自家的庐舍内。他们除了冬天根据政府的命令回

---

[1]　《中国原生文明启示录》（全三册）第147页，孙皓晖著，中信出版集团有限公司，2016年10月。

[2]　《中国原生文明启示录》（全三册）第151页，孙皓晖著，中信出版集团有限公司，2016年10月。

[3]　同上。

城居住之外，基本上都是生活在田间庐舍（《汉书·食货志》）。"屋舍之脊相望，鸡犬之声相闻，民至老死不相往来"（《道德经》）说的就是周朝时期人们这种现实的生活方式。

所谓的"老死不相往来"，就是指除了通婚嫁娶和丧礼等重大活动之外，以及在公井中汲水时相互交换剩余物品之外，人们相互之间几乎没有往来。至于少数负责农耕的奴隶，则常年分散居住在主人家的井田里，过着大致相同的生活。唯一明显的区别在于，他们没有"国人"的身份。井田制下的土地不允许自由买卖和转让，只能用作耕种。因此尽管国人的生活非常单调，但是最基本的生活保证是没有问题的。[1]

从商代到周代的社会发展，我们可以发现社会的经济文明形态从开放的商业经济社会转变到封闭的农耕经济社会似乎存在着文明发展的悖论，或者说是文明发展的倒退现象。这种文明发展悖论的产生和商人族群与周人族群之间截然不同的族群性格紧密相关，具有深刻的文明偶然性因素。甚至在周代之后的社会中，几乎历代社会都延续了周人的农耕经济文明，或者是以农耕经济文明为国家发展的主线，而商业经济文明则退居次要地位。这与周代社会在礼治文明下的特殊生活方式具有极大的关联性。

在每年春天适合耕作的特定时日，周朝官府会向城内民众发布命令，国人接到命令才能够出城住进田间庐舍，开始一年的耕作。这种官府统一号令开启耕作的形式，一般称为"启耕"。启耕的最高形式，就是周天子亲自来到归属于周王室的王田之内，亲自扶犁耕耘[2]。周天子亲耕象征着周代社会对农事的特别重视，称为"启耕大典"。[3]这种天子亲耕的形式从周朝出现之后，基本上被后世历朝历代所沿用，体现出农耕民族对耕作的庄重敬慎的态度。

周朝的国人和少数奴隶在井田内度过春、夏、秋三个季节，到了入冬时节接到政府的统一命令之后才能全部离开农田，回到居住的城堡内过冬。在《汉

---

[1] 《中国原生文明启示录》（全三册）第151-152页，孙皓晖著，中信出版集团有限公司，2016年10月。

[2] 《中国原生文明启示录》（全三册）第152页，孙皓晖著，中信出版集团有限公司，2016年10月。

[3] 同上。

书·食货志》中记载："春，令民毕出于野。冬，则毕入于邑。"

在周朝之后的封建社会中，完成秋收后的冬季被称为闲冬，即说明辛苦一年的农人在冬季时节才能够获得几个月的相对清闲的时光。但是周朝的国人却无法在农闲的冬季进行休闲，因为冬天回城居住之后的国人仍然需要忙于各项事务。他们以"邻""里"为基本单元，一邻五家，一里二十五家，修习武备，并且还要开展礼仪教学、读书识字，以及来年的农耕准备活动。[1]正因为农耕文明这一特性的影响，古人普遍流传冬天是读书好时节的说法。

周代社会的国人阶层中，在冬季农闲时节对女子的要求则更为严格。她们除了需要学习养蚕和纺织技术，完成每日的家庭纺织任务和其他家务之外，晚上还必须去以所居小巷之"邻"为单元进行集体纺织工作，一直进行到半夜子时才会结束。因此，周代社会国人中的女子并不比男子轻松，这就是文献中所说的"女工一月得四十五日"。周代社会的女子之所以需要集中在一处进行集体纺织工作，根本原因是为了节省灯火和相互切磋技艺，即"省费燎火，同巧拙，合习俗"（《汉书·食货志》）。

周代社会对农耕的管理十分严格，政府要求国人在播谷时必须五谷同时下种，此举是为了避免灾害影响收成。除此之外，要求耕田之内一律不能种植树木，以免妨碍五谷生长。秋收时节，政府要求国人必须急如星火，如盗寇之至，目的在于防止已经成熟的庄稼因为暴雨等灾害而意外损失。国人在井田内居住的庐舍四周，必须种植桑树、果树和蔬菜等。除了供自家食用之外也可以相互交易，但是也仅限于在井田之内的八户人家之间。《诗经·小雅·信南山》记载："中田有庐，疆场有瓜"所描述的就是这种周代农人自种和相互交易的场景。

除此之外，按照《孟子·梁惠王上》等相关文献的记载，关于猪、狗、牛、鸡等畜禽的繁殖也不能有失时效，砍伐树木必须等到冬天树木枯萎的时节。人只有到五十岁才能穿帛制的衣物，直到七十岁时才能吃肉。但是周代社会的平均寿命远低于这一规定，大部分人能够达到六十岁就算高寿了。

井田制耕作的基本要求，就是必须首先完成公田内的耕作，然后才能进行自家田地的耕作。公田的面积是80亩，需要一井八户人家进行公共耕作。公田之内

[1] 《中国原生文明启示录》（全三册）第152页，孙皓晖著，中信出版集团有限公司，2016年10月。

收入的所有者，是封地的主人。对于生活在王畿之地的国人来说，他们耕作的公田全部属于周天子王田；对于生活在诸侯国之内的国人来说，他们耕作的公田所有者是诸侯国国君或者诸侯国内的贵族成员以及官员。[1]

公田的耕作具有绝对的优先权，每次收到命令出城耕作时，农民必须先完成在公田内的耕作任务。当公田收种完毕，又正好到了规定的时日，农民才能回到自家的私田进行劳作。如果公田没有收种完毕，即便到了规定时间也必须延长时间，先将公田内的耕作完成。无论私田耕作完成所需时间是多少，一旦到了规定的回城时间，不管私田的活是否完成，国人都必须全部回到城内居住。[2]

至于城内贵族社会的生活，则完全与农事耕作沾不上边。他们在严格礼制的规范之下进行日常生活，维持着精细的物质生活享受。农人辛苦耕作的时节，城内贵族则是铺排着权力运行，觥筹交错、往来应和。举凡出兵征战、战胜献俘、会盟诸侯、相互通婚、缴纳贡赋等重大事件，一般都是在太庙内举行，以示对祖先的不敢违背。因此，周代社会中有关军事活动的谋划决策称为"庙算"；男子娶妻称为"告庙"。这就是周朝礼制中要求的"凡公行，告于宗庙"。[3]

礼治文明实行初期的周代社会，无论是郊野农耕还是城市贵族的生活，都是一片井然有序、安宁祥和的景象。研究者指出，这是自从文明发展进入早期国家时代千余年以来，首次在中国大地上实现了消除普遍而长期存在的战乱与争夺，呈现出一片恬静肃穆、事事循礼的社会总图景。[4]这是周代礼治文明的大成时刻，正因为这一社会时代图景既不同于之前的大争夺时代，又不同于之后的诸侯纷争的混乱时代，孔子才说希望能够"克己复礼"（《论语·颜渊》）。其所克者，是普遍爆发的争夺之心；其所复者，是西周初期礼治文明的大成时刻。《易经》中的"往来井井"和《荀子·儒效》中的"井井兮其有理也"，以及后来的成语井然有序、井井有条等都是对这一礼治文明时代下的井田生活所表现出的和谐社会景象的描述。

---

[1] 《中国原生文明启示录》（全三册）第152-153页，孙皓晖著，中信出版集团有限公司，2016年10月。

[2] 同上。

[3] 《中国原生文明启示录》（全三册）第153-154页，孙皓晖著，中信出版集团有限公司，2016年10月。

[4] 同上。

这一周代礼治文明下的社会生活图景，在中国文化的发展和延续中具有十分重要的意义，对中国文化的发展和延续产生了重大而深远的影响，形成了后世社会建立在礼治文明基础之上的周文明崇拜情结。[1]即便是在周文明消逝已久的汉代社会中，也曾一度出现全面复辟周文明的思潮和社会行动尝试，此即后人称为黄老之道、无为而治、天下美矣的文景之治时代。

周代礼治文明下缔造的社会生活图景，不但是时代发展到此时的自然产物，更是为后代社会文明的发展提供了一种可资借鉴的母本文明时代。礼治文明作为文明发展进程中不可或缺的一个环节，对中国的历史走向和文明发展，甚至是中国人的人格养成都具有极为重要的意义。正如孔子所说"郁郁乎文哉，吾从周！"（《论语·八佾》）这非但是对周代社会礼治文明图景的由衷呼唤，更标志着已经远去的周人和他们所缔造的礼治文明在我们民族的历史发展和文明进程中留下的不可磨灭的伟大印记。

第九节　礼治文明的衰落

周代社会在礼治文明下缔造的井然有序的社会生活图景，并没有延续太长的时间便衰落了。研究者为此感到惊讶，不但是因为精密的礼治文明衰落的时间是如此的早，更是疑惑于导致礼治文明如此之快地衰落的根本原因究竟何在。

按照《史记·周本纪》中的相关记载，礼治文明的衰落有几个关键之处，司马迁以一种层层递进的笔法写出了其衰落的过程细节："王道微缺；王道衰微；王室遂衰；诸侯不朝；国人莫敢言"。从这一文献记载的内容来看，礼治文明的衰落并非出现在西周王朝的末期，而是早在西周时代的中早期就已经出现了。

从武王伐纣到平王东迁，整个西周王朝的国祚是275年。但是根据相关文献的记载我们可以知道，礼治文明衰落的政治危机其实早在周昭王时代就已经出现了（《史记·周本纪》）。这意味着周公旦创建的礼治文明仅仅是经过周成王、

[1] 《中国原生文明启示录》（全三册）第153-154页，孙皓晖著，中信出版集团有限公司，2016年10月。

周康王两代的"成康之治"后，便开始走上衰落的道路。

礼治文明的衰落次序和严重程度依然被司马迁原本地记录下来：周昭王时代"王道微缺"；周穆王时代"王道衰微"；周懿王时代"王室遂衰"；周厉王时代则爆发了直接的矛盾冲突"诸侯不朝，国人暴动"。礼治文明的彻底衰落和西周王朝的最终灭亡，则是在第十二代周天子周幽王时代（《史记·周本纪》）。

普遍爆发的政治危机和不断积累的内部矛盾，再加上外有犬戎作乱内部周王室力量衰微，直接引发的后果就是周朝两大京城毁于战火，王畿之地被戎狄族群占领，周幽王仓皇出逃，西周王朝就此灭亡。

此后，继位的周平王东迁洛阳，东周时代全面开启。研究者指出，周平王东迁是周文明和周朝政权全面衰落的标志，历史和文明的发展走向在此时开始发生了缓慢而深刻的裂变。

倘若抛开传统史学认知的权力形式延续八百载的周邦，依据周朝政权对天下的实际掌控和周文明的有效延续来看，周文明在历史发展中的有效时段仅仅只有西周王朝的270余年时间。在这270余年时间中，礼治文明的辉煌仅仅持续了成康之治的数十年便宣告衰微，从文明发展的稳定性和周天子王权的有效性来看，周朝的礼治文明甚至还不如夏商时代的文明延续时间更加长久。[1]

研究者的困惑是，为什么赫赫周邦和风华煌煌的礼治文明经不起历史的打磨和考验，迅速地走向了衰落和溃烂？

研究者从当代文明理念的视角出发，深入探求礼治文明对社会发展的实际意义发现，所谓"治"是指一个时代的国家治理方式或统治方式。在人类政治文明发展史中，每个时代的每个国家都在文明生成的过程中选择了自己的治国方式，或者说确定了国家的统治形态。研究者指出，西方社会文明的发展经历了神治、人治、法治三种治国方式；中国古典社会的文明发展则经历了德治、礼治、法治、人治和无为而治这五种治国方式。按照笔者在前文中的分析，所谓的德治在早期历史和文明发展进程中是并不存在的，而有些研究者的观点则认为德治和无为而治这两种治国方式只有在极短的历史时期内登上过古典社会政治的舞台，不能算作古典政治文明的常态。但是研究者并不排除它曾经在历史和文明发展中的

---

[1]《中国原生文明启示录》(全三册)第154-155页，孙皓晖著，中信出版集团有限公司，2016年10月。

客观存在，并认为这两种治国方式已经在历史的发展中形成了既具有理论性又经过广泛实践检验的治国方式之一。[1]

相比于西方社会的治国理念和文明社会形态，中国古典政治文明对治国方式的选择具有根本性的差异。研究者将这种差异总结为五个方面：

一、中国社会从没有出现过神权统治，从来没有过神权社会。

二、中国历史上曾经诞生过世界古典文明时期独一无二的礼治社会。

三、中国的古典法治社会极其短暂，只有战国时代的秦国和后来的秦帝国这一时间段内曾经出现过一百五十余年的时间。

四、中国的人治社会，占据着历史的绝大部分时段。

五、中国政治文明在治国方式上的内在构成，远比西方社会复杂；各种治国方式的历史选择、相互替代、相互渗透，也远比西方社会复杂。[2]

以上五点是笔者摘录相关研究者对于周朝礼治文明，以及中国古典政治文明和西方社会文明之间差异化的具体认知。对比阅读之下，我们更易探究礼治文明的内在规律和其现实社会状态。

关于礼治文明实际存在的社会状态，研究者首先指出礼治文明是以"礼制"作为国家治理的最高社会规范的。研究者的进一步解释说，"礼治"与"礼制"是两个不同层级的概念，其内涵具有级差性。研究者认为，"礼治"高于"礼制"，"礼制"从属于"礼治"。具体地说，"礼制"是礼和乐这两大制度体系的综合称谓，"礼治"则是国家的治理方式或者统治方式的称谓。每个时代的国家都具有自己的礼乐制度，但我们无法据此认定这个国家就是礼治国家。因为这两者之间的根本区别在于，礼制是一个国家的一种常规制度甚至是备用制度，还是礼制是在被确立为一个国家的统治方式的条件下，这个国家才能够成为礼治国家。[3]

不论在法治国家或者人治国家，礼制依然是客观存在的一种社会规范体系，

[1] 《中国原生文明启示录》（全三册）第155页，孙皓晖著，中信出版集团有限公司，2016年10月。

[2] 同上。

[3] 《中国原生文明启示录》（全三册）第156页，孙皓晖著，中信出版集团有限公司，2016年10月。

但是这时的礼制必须服从于国家的根本治理法则，即法治或者人治。同理可知，在礼治时代下的社会，人治和法治都必须服从于最高礼制规范的根本法则。[1]这就是礼治文明时代的基本情况。

通过考察相关文献中的记载，我们可以发现，礼治文明在西周时代社会中的实际社会功能相当全面，而且具有超越法律的至高无上的威权。《礼记·曲礼》中对"礼"的作用和范围作出了相关说明："道德仁义，非礼不成；教训正俗，非礼不备；分争辩讼，非礼不决；君臣上下，父子兄弟，非礼不定；宦学事师，非礼不亲；班朝治军，莅官行法，非礼威严不行；祷祠祭祀、供给鬼神，非礼不诚不庄。"

从以上记载来看，礼治文明显然在周朝具有十分全面的社会功能，礼的社会地位在法之上。甚至周代社会中法的权威，也要依靠礼来树立和推动。[2]礼制作为周代社会政治文明的根本制度，不但是"定亲疏，决嫌疑，别同异，明是非"（《礼记·曲礼》）的根本依据，同时又是"经国家，定社稷，序民人，利后嗣"（《左传·隐公十一年》）的根本制度。可以说，一切与礼治文明相违背者，均未以礼治文明的规定为根本规范和根本执行法则。

正因为礼治文明在周代社会中至高无上的地位，孔子才会感叹说"不学礼，无以立"（《论语·季氏》）。显然，孔子的意思是一个人在周代社会不学法并不影响生活，但是如果不学礼，则无法在社会中生存。

孔子所说的"无以立"，不但是针对官宦子弟的上层社会人士而言，即便是久事耕作的底层平民，也必须在一定程度上懂得礼法。这一点从笔者前文所述的"周人的生活方式"一章中即可明白。

礼制作为周代国家治理的根本规范性法则，礼治则是周代国家治理的方式，其实际的社会实践和社会推行效果却不尽如人意，仅仅经历了成康之治的短暂辉煌后，便走上了衰落的道路。礼治文明的衰落是从周昭王时代开始的，直至周厉王时代便彻底衰落，那么其衰落的根本原因是什么呢？

文献中记载了这样一件事，可看作是周厉王时代礼治文明衰落后的一个社

---

[1]　《中国原生文明启示录》（全三册）第156页，孙皓晖著，中信出版集团有限公司，2016年10月。
[2]　同上。

会现象折射，从这一社会现象中我们能够推论出礼治文明衰落的根本因素。周厉王时代，由于民众不满于周厉王推行的政策，于是纷纷在郊外道路两旁竖立起高大的"谤木"，并将自己的不满写画在上面，以此来对周厉王和其政策进行抨击和表达种种意见。周厉王得知此事后的反应是，派遣了一个卫国的巫师（一说名叫卫巫的将军）带领士兵前去拆毁了谤木，并且抓捕了在谤木上写画的民众。卫巫又宣布说，对王政有谤言者，告官者有赏，诽谤者杀之。民众于是惊恐地散去（《史记·周本纪》）。

周厉王得知以后，高兴地说自己能够消除诽谤了，让人们纷纷闭嘴。此时召公奭爵位的后代继承者老臣召公对周厉王说了一段非常著名的话："防民之口，甚于防川！……民之有口也，犹土之有山川也……口之宣言也，善败于是乎兴。……夫民虑之于心而宣之于口，成而行之，胡可壅也？若雍（壅）其口，其与能几何！"周厉王对于召公谏言的反应是，不予理睬。周厉王不予理睬的最终结果是，三年之后国人发动叛乱，大举攻入王城，周厉王被迫出逃（《史记·周本纪》）。

以往的学者普遍认为，由于周厉王昏庸无能、刚愎自用才招致国人叛乱、自己被迫出逃的结局。但是这一历史事件的背后却隐藏着深刻的文明逻辑。这一文明逻辑的最终结论是清晰的：周厉王不听谏言，坚持抛弃了礼治，选择依靠强大的国家力量镇压国人的言论。当然，最终在镇压失败之下周厉王被迫出逃于彘，并最终死于此地。

这一事件揭露出来的历史事实是，礼治文明并没有使周朝社会各阶层相安忍让，礼治文明之下井然有序的社会生活图景在数十年之内迅速破灭，随之而来的是各种社会矛盾的大爆发。这意味着周朝人民对周政礼治已经忍让了相当长的时间，积怨很久了，在周厉王时代终于发展到国人相与叛、诸侯不来朝的地步了。[1]

周厉王时代的谤言之风是从上古时代社会流传下来的传统，指下层民众对上层统治者的建议和批评。官府在道路边矗立一个木牌，称为谤木。民众对国家政事的建议和批评都可以写在谤木上，或者画下图形进行表达。这些文字和图形

---

[1] 《中国原生文明启示录》（全三册）第157-158页，孙皓晖著，中信出版集团有限公司，2016年10月。

就是"谤言"，或者称为"诽谤"。官府定期派人收集谤木，作为听取民意的凭据。这种传承自上古时代的批评之风，直到周朝礼治文明时代时发生了彻底的改变。周王室以强硬手段取缔了这一由来已久的古老制度，直接导致的结果就是国人叛乱、周天子被迫出逃、大臣执政的严重政治危机，其根本原因在于礼治文明自身存在着巨大的先天缺陷。[1]

第十节　礼治文明的缺陷

相关研究者指出，礼治文明作为周朝的最高国家规范，自从确立之时起便存在着四个先天性的重大缺陷。第一是，礼治文明的弹性太大，基本不具备明确的可执行性。具体地说，从礼的制定到礼的实行、礼在实际执行中的变通与解释等各个环节中，都充满着巨大的不确定性。例如祭祀祖先的礼仪，按照礼制的规定必须有"三牲牺牲"作为祭品，但是我们却无法确定三牲究竟为何。研究者指出，所谓三牲究竟是猪牛羊还是马牛羊？是否允许替换？各自以多大体型和重量为标准？是整个献上三牲的尸体还是仅献上三牲的头颅？水牛能否代替黄牛？绵羊能否代替山羊？祭品对公母是否有要求？如何执行要求？凡此种种礼仪细节，事实上既无法在制定礼制时便作出详细说明，更无法在实际执行中一一细化。[2]

因此，如此之大的弹性使周礼的继承者不得不作出种种变通，但是变通往往也就存在着变通不当。因此，新衍生出的问题就是如何对周礼进行变通？以什么为变通的依据？如果违反了周礼或者变通不当，如何进行处罚？这意味着从礼制的内容到具体实施的过程中始终充满着不确定性，很难像执行法律那样周密和严格。这是导致礼治文明早衰的第一个重大缺陷。[3]

---

[1]　《中国原生文明启示录》（全三册）第 158 页，孙皓晖著，中信出版集团有限公司，2016 年 10 月。

[2]　《中国原生文明启示录》（全三册）第 158-159 页，孙皓晖著，中信出版集团有限公司，2016 年 10 月。

[3]　同上。

礼治文明的第二个重大缺陷是，其在具体实施和执行的过程中，只能完全依赖相关参与者的道德水准和理性自觉。礼治文明的本质是将一种精神层面的道德标准，作为一种最高目标进行具体的实行，所有体现于外在的具体行为规范都是以实现精神层面的最高目标为根本目的。因此产生的一个问题是，即便一个人完成了周礼要求的祭祀祖先的全部环节，但是仍然无法保证他遵守了礼制的本质，不能保证他达到了"君子有德"的境界。[1]

其根本原因在于，《论语·八佾》所述"祭如在，祭神如神在。子曰：'吾不与祭，如不祭'"。意思是，祭祀祖先，就好像祖先真的在自己面前；祭祀神灵，就好像神灵真的在自己面前。孔子说，我如果不亲自参加祭祀，祭祀了也和没有祭祀是一样的。

这段话所揭露的就是在礼治文明实际执行的过程中，不但要求参与者完全按照礼制的要求和流程进行规范操作，而且要求参与者达到君子有德的境界，即要求礼制的参与者和执行者在外在祭品和行为规范上与内在精神的庄敬上达到统一。正因为如此，礼治文明的根本要求是难以实现的，因为这种要求自身就存在着巨大的矛盾：如果以外在的形式化为标准，则无法确保实现礼治文明的精神目标；倘若以精神目标为标准，则任何人也无法探查一个人在祭祀时庄敬的外表之下，内心真实所想究竟如何。除此之外，如果强调精神目标的特殊重要性，还会导致祭祀者对外在祭祀形式上的疏漏和忽视。

关于这一重大缺陷，周王朝的统治者也无能为力。最终的解决办法，只能通过对礼制行为过程的程式化进行更为详尽和严苛的规范，再寄希望于祭祀者的个人自觉性了。

礼治文明的第三个重大缺陷是，烦琐的礼制细节无法被当时社会的平民所遵守。[2]按照《淮南子》中记载的一则故事，姜子牙和周公旦分别去各自的封国齐国和鲁国上任，两人分别时曾经互问对方将以何种方法治国。

姜子牙率先发问，周公旦回答说："尊尊亲亲。"即尊崇地位高的人，亲近自己的亲属宗族。姜子牙闻言道："鲁从此弱矣。"周公旦反问姜子牙，姜子牙

---

[1]《中国原生文明启示录》（全三册）第158—159页，孙皓晖著，中信出版集团有限公司，2016年10月。

[2] 同上。

回答说："举贤而上（尚）功。"周公旦说："后世必有劫杀之君。"（《淮南子·齐俗训》）

可见，两人的治国理念在根本上具有巨大的矛盾冲突。在礼治文明上，姜子牙的治国理念是"因其俗，简其礼"（《史记·齐太公世家》），周公旦的治国理念是"变其俗，革其礼"（《史记·鲁周公世家》）。从实际的历史发展情况来看，姜子牙的治国理念更加具有历史合理性。

依照周公旦"变其俗，革其礼"的治国理念来分析，其具体实现过程既需要充足的时间和稳定的外部环境，又需要足够数量的财货器物，还需要一批有文化教养、能够胜任礼制传播与普及的工作人员。这三个方面的要求，贵族阶层自然可以轻易满足，但是对于普通平民来说则是奢侈的、难以实现的。[1]

成康之治后的周朝统治者逐渐发现了这一问题，因此他们的政策是对庶人阶层放宽要求——可行则行之，不可行则不行之。[2]

但是如此一来，广大的周朝庶民在事实上即与最高国家规范处于疏离状态，成了所谓的"无方之民"，即未经教化的人。从这一政策的执行开始，庶人阶层社会这种长期疏离于最高行为规范的无序状态，在事实上已经形成了不同阶层之间的深刻对立。整个周朝社会人群的生存状态不可避免地呈现出两极分化，这也是后来引发周人暴动的直接导火索之一。[3]

礼治文明的具体缺陷除了细节烦琐难以执行之外，还包括实际的长期可执行性十分微弱，从某种程度上来说礼治文明是违反人性的，它在特殊的时间段可以得到很好的执行，并缔造美好的社会生活图景，但是一旦将其作为长期执行的治国方略，弊端便逐渐凸显出来。

儒家学者荀子曾经对这一点做过论述："礼者，人道之极也。然而不法礼，不足礼，谓之无方之民；法礼足礼，谓之有方之士。……能虑能固，加好者焉，斯圣人矣！"（《荀子·礼论》）荀子的意思是，礼治，是人道的最高境界。但是很难真正地做到；那些不守礼的人是无方之民；守礼的人则是有方之士。能够

[1]　《中国原生文明启示录》（全三册）第159-160页，孙皓晖著，中信出版集团有限公司，2016年10月。

[2]　同上。

[3]　同上。

做到心中有礼，还能够持之以恒，以自觉守礼为爱好的人，这就是圣人了。

显然，荀子认为礼治虽好，却不具备长期的可执行性。即便是"有方之士"，也是依靠强迫行为使自己遵守礼法。真正能够做到自觉守礼并且以守礼为乐的，则是极其少数的圣人。这意味着烦琐礼制在周代社会的难以执行性，更无法为普通平民所接受和遵守，失去最广大根基的礼治文明，最终的结局只能是走向衰落。

礼治文明的第四个重大缺陷是，在具体实行过程中出现的变异惩罚——诛心。[1]西周时代经常出现这样的现象：包括周天子在内的所有贵族及庶民，只要其言行出现稍有违背礼制规定的地方，即便是无心的失误也会被指责为"不庄、不敬、不诚"，进而引起极大的社会非议。其中的奇怪现象是，社会各阶层中的每一个成员都是"诛心"行为的承受者，同时又是"诛心"行为的发起者。

这种"诛心"行为对周天子来说就是史料中所谓的"王道缺失"；对周代贵族来说是"非礼之心"；对普通国人来说则是"教化无方"。[2]

在这种情况下，周代社会的各个阶层成员都对礼治文明深存忧惧，时刻担心遭到"诛心"之罚。所谓诛心，就是将精神道德的要求置于实际行动之上，只看心理动机，而不看行为效果。例如，在周天子祭祀天地或祖先时，即便他按照礼制要求完成了全部流程，但如果在其中任何一个细小的环节中出现了差错，例如在沐浴斋戒期间吃了块肉、喝了点儿酒等，立即就会受到"诛心"的惩罚。[3]大臣们连连不断的谏言奏章、史书中"王道缺失"（《史记·周本纪》）的定性评判等便会滚滚而来。

诛心之风在西周时代十分盛行，战国时代曾经一度被法治文明粉碎，但西汉之后却渐渐起死回生，以至于在隋唐之后愈演愈烈。诛心之风的盛行，和其作为文明发展进程中的一大痼疾而长期存在，非常容易导致社会评价体系和实际秩序的紊乱失衡。[4]正因为如此，在当代史学研究的理念重构和评价体系的重塑过程

---

[1]　《中国原生文明启示录》（全三册）第160页，孙皓晖著，中信出版集团有限公司，2016年10月。

[2]　《中国原生文明启示录》（全三册）第160-161页，孙皓晖著，中信出版集团有限公司，2016年10月。

[3]　同上。

[4]　同上。

中，经常有学者推翻前代诛心之风下对历史人物和历史事件的不公正评判，依据相关文献和文物重新进行相对客观的评价和论述时，便会有许多实际上的"守旧派"和"保皇派"跳出来对其进行猛烈抨击。由此可见，诛心之风的余毒即便是在文明高度发达的当代社会，依然未能够被全面清除。

翻阅相关史料文献我们不难发现，在西周时代国家最高权力的运转方面，这种诛心之风下的评价歪曲体现得更为明显。例如一旦出现一个在个人作为方面稍微平庸一些的天子，就会出现"王道缺失"的社会评判和史料记载，并将其无限放大为一种重大的政治危机和社会危机。[1]礼治文明在诛心方面的缺陷和最终的崩溃，正如《荀子》中所记载的："（礼治）天下从之者治，不从者乱；从之者安，不从者危；从之者存，不从者亡。"（《荀子·礼论》）

礼治文明虽然具有最高的道德境界，但是却不具有可实际操作的社会可能性，作为国家治理方式而存在的礼治文明，其早衰和消亡几乎是历史和文明发展的必然规律。[2]

研究者认为，虽然由于史料文献的模糊和粗疏，我们已经无法探知周昭王的"王道微缺"和周穆王的"王道衰微"具体所指究竟为何。但其中的基本历史逻辑是清楚的，周昭王和周穆王作为稳定兴盛时代的守成之君，与其他大多数周天子一样是遵守礼制和祖宗成法的。但是周朝的社会混乱却是空前的，虽然周朝也曾经出现过类似商朝盘庚迁殷式挽救周文明下沉和王道衰微的努力，但是其结果却完全不同。盘庚迁殷之后创造出了殷商文明最辉煌鼎盛的时代，但周王室对王道衰微的振兴努力却无一奏效，这意味着周朝文明的真正兴盛只有周文王、周武王、周成王和周康王四代，一旦文明陷入衰微之后，就几乎没有了再次全面振兴的可能。[3]

礼治文明的全面崩溃，由于其自身存在的种种问题和社会的排斥，最终陷入不可挽回的境地。

---

[1]《中国原生文明启示录》（全三册）第160-161页，孙皓晖著，中信出版集团有限公司，2016年10月。

[2] 同上。

[3]《中国原生文明启示录》（全三册）第161-162页，孙皓晖著，中信出版集团有限公司，2016年10月。

第十一节　礼治文明的崩溃

礼治文明的最终崩溃还具有更为深层的历史诱因，是由周朝外部社会环境的诱因开始的，即当时的西周王朝面临着严重的外患。这一历史诱因的产生时代出乎意料地早，在周康王时代便已经出现了。周康王二十五年（公元前996年），当时周王朝周边未向周王朝臣服的戎狄族群开始动荡作乱，导致周康王不得不亲征以平定叛乱。[1]

在周康王之后的周昭王时代，周朝南方的楚人又开始作乱，楚人不服王命，甚至联合楚地周边的一些国家进行公开的反叛。周昭王因此不得不开始南征平乱，我们现在所能看到的周昭王时期的青铜器，很多都和周昭王的这次南征平乱密切相关[2]。

周昭王末年，周朝军队南征平定楚地叛乱结束，楚国被迫表示臣服。在周昭王班师回朝要渡过汉水之时，心怀仇恨的楚人给周昭王进献了一艘船，这艘船的外部十分精美、华丽，但实际上却是用胶粘贴起来的。周昭王等人不察，驾船行驶至汉水中心时，胶液溶化，船只解体，周昭王和他的六师军队，全部落入汉水淹死。周昭王的尸体则被一个名叫辛游靡的将军奋力抢回。据记载，此人臂长力大，善于渡水。周昭王的南征平乱行动最终宣告失败，周昭王身死，文献中的记载是"昭王南征而不复"（《左传·僖公四年》）。大军回到镐京之后，由于周王室对周昭王之死非常忌讳，因此没有对天下宣布其死因，仅说明了其死讯。

在周昭王之后的周穆王时代，周王朝除了面临尚未解决的南方楚地之乱以外，西北地区的犬戎也开始作乱，公开反叛周王室。周穆王因此开始率军亲征犬戎。此次周穆王亲征之战的结果是俘虏了五个犬戎首领，将犬戎地区的剩余人口迁徙至陇东地区。紧接着，周朝东部地区徐国的九夷族群叛乱爆发，他们在徐偃

---

[1]《中国原生文明启示录》（全三册）第161-162页，孙皓晖著，中信出版集团有限公司，2016年10月。

[2]《中国通史大师课·1》第93页，许宏等著，岳麓书社，2019年10月。

王的率领下攻打周朝，一度逼近黄河南岸。周王室在楚国军队的协助之下，对叛军进行两面夹击才最终逼退徐偃王的军队。[1]

数年之后，周穆王西巡天下，徐偃王得知消息后再度发兵叛乱。文献记载，这次突发徐偃王叛乱多亏一个名叫造父的车夫驾车，日夜兼程拉着周穆王赶回镐京，否则极有可能使西周王朝面临更加危险的局面。[2]根据此后的历史发展，我们可以发现，虽然之前周穆王亲征犬戎获得了胜利，但是实际上双方的矛盾始终存在，周穆王并没有解决这个心腹大患，以至于在周幽王时代被犬戎趁乱而入，最终导致西周王朝的灭亡。

关于周穆王后期西巡天下有许多故事流传下来，在西晋时期发现的《穆天子传》一书中就详细记载了周穆王到周朝各地巡游时的情景。周穆王巡游天下当然有其好大喜功的因素在内，但也无法排除由于当时周王朝各地普遍爆发的叛乱和诸多问题，使周穆王不得不亲巡各地。因此，除了好大喜功之外周穆王西巡天下的重要目的在于，企图借天子威权镇服那些或公开或潜在的叛乱势力。

在周穆王之后的周恭王时代，周王朝再次爆发密国叛乱，但这次叛乱最终被成功镇压了。周恭王之后的周懿王时代，周天子王权全面衰落，国人已经开始以唱诗的形式讽刺了。再之后的周孝王和周夷王时代，礼治文明和周天子王权的衰微更加严重。可以说自周成王之后的周天子，代代都面临着叛乱和征伐。周王朝礼治文明的全面崩溃，在这一层递的历史演进基础上，最终爆发于周厉王时代。[3]。

周厉王时代的周王室，由于经历了之前数代周天子时期的动荡和叛乱，直接引发的后果就是周王室的财力已经接近枯竭，周天子的威信也大幅度下降。面临这一现实情况时，周厉王的解决措施是重用了一位长于经济的大臣，此人名叫荣夷公。荣夷公在周厉王的支持下，在周天子的直领王畿之地率先发动了改革行动。具体的改革措施是，宣布收回国人在归属于周王室的山地、河流和森林等地

---

[1]　《中国原生文明启示录》（全三册）第162-163页，孙皓晖著，中信出版集团有限公司，2016年10月。

[2]　同上。

[3]　《中国原生文明启示录》（全三册）第163页，孙皓晖著，中信出版集团有限公司，2016年10月。

区的自由狩猎采集权力，改为由周王室工程部门直接开采经营。对于荣夷公的这一经济改革行动，倘若我们不了解西周王朝之前的一系列动乱和周厉王时代礼治文明逐渐走向崩溃边缘的状况，那么我们无疑就会相信史书中所记载的"（厉王）好利，近荣夷公"（《史记·周本纪》）为历史的真相，进而将一位深具危机意识、顶住重重压力、勇于大胆革新的进取天子误解为一个贪图利益、亲近佞臣的昏君。甚至当代的某些史学研究理念，始终将周厉王的经济改革视为"残酷剥削"，而对当时的社会现实情况却视而不见。这种史学研究理念和在其指导下得出的种种历史研究结论，在某种程度上说，是缺乏历史主义审视的偏见。

周厉王时代进行经济改革更为深刻的时代背景，在更早诞生的《史记》中并没有记载，从一定程度上说这也助长了后人对周厉王的偏见。但是在晚于《史记》诞生的《后汉书》中，却详细讨论了周厉王经济改革的时代背景。《史记》中没有记载的事情，产生年代更晚的《后汉书》却作出了详细说明。这是因为在西晋时期的河南省汲县发现的一座魏国墓葬中，出土了一部魏国的史书《竹书纪年》。《后汉书》的作者范晔是南北朝时期南朝的人，因此他读到了许多司马迁当初没有看到的新材料。所以他在写作《后汉书》时，自然就补充了许多司马迁没有看到与没有了解的历史事件和其背后的历史逻辑因果。[1]

根据《后汉书·西羌列传》和《后汉书·东夷列传》中的相关记载我们可以发现，在周厉王时代周朝西北部的戎狄族群和南方的淮夷部落，再次和西周王朝爆发了大战。战争情况非常惨烈，因此导致周厉王面临着在周朝的西北部和南方同时进行两线作战的局面。这一现实情况是直接促使周厉王好利并派遣荣夷公替他搜刮民众财富、进行经济改革的直接诱因。

其中深刻的历史背景在于，周厉王深知两线作战的艰难，军费开支所需的数目异常庞大。但是由于之前数代周天子发动的多次征伐行动，导致周厉王时代国库枯竭的现状。在这一现实情况下，为了应对战争的需要，周厉王在不得已之下被迫派遣荣夷公向国人搜刮财富，并征集各种物资。周厉王这一行动毫无疑问是取之于民用之于民，但是也正因为如此，直接导致周王朝统治集团和民众之间的矛盾骤然加剧，进而致使周厉王以强力手段取缔了诽谤制度，最终导致国人暴

---

[1]《中国通史大师课·1》第 94 页，许宏等著，岳麓书社，2019 年 10 月。

动。从这一现实社会情况来看，国人暴动的根本原因在于周王朝当时面临的严峻政治形势和外部军事现状，而不仅仅是周厉王本人的性格特征或者其他原因所导致的。[1]

即使退一步说，一个关心国家战事、在最看重礼法的时代将自己的名节丢弃不顾、冒着加剧政权动荡和社会危机的巨大风险，也要以强硬手段进行经济改革的天子，他有可能会是一个只知贪图眼前利益、鼠目寸光的昏君吗？

但是当时坚守礼治文明的贵族阶层和平民阶层却无法理解周厉王的改革。最终导致的结果就是，周厉王的经济改革直接引发了之后的社会大动乱，进而使这一动乱陷入难以挽回的境地。

首先对周厉王的经济改革提出批评的是贵族阶层，一个名为芮良夫的大臣在周厉王面前气愤地抨击荣夷公，指责他："好专利，而不知大难！夫利，百物之所生也，天地之所载也，而有专之，其害多矣！……匹夫专利，犹谓之盗。王而行之，其归鲜矣。荣公若用，周必败也。"（《史记·周本纪》）

芮良夫这番话名为批评荣夷公，实际上矛头直指周厉王。他警告周厉王说，将天下的经济利益据为王室专有违背了王道礼治，平民百姓专有利益尚且被认定为盗贼，如果天子也这样做，国人就会对周王室离心离德。

周厉王的反应是，对芮良夫的进谏不予理睬，反而将荣夷公提拔为卿士，由他负责主持国事。周厉王此举既是意料之外，又在意料之中，因为他没有对芮良夫和贵族阶层作出任何解释。这其中有两种可能性：一是周厉王不屑于对这些守旧派大臣进行解释，即便说了也难以获得他们的认同和支持；二是无法对他们进行解释，根本原因在于深受礼制洗礼的守旧贵族和大臣，难以从思想上认识到周厉王的所思所想。王者之心和臣下之心本身就具有巨大的沟壑，又恰逢礼治文明兴衰交替的历史节点，作为礼治文明坚定卫道士的芮良夫等王室大臣，从根本上难以理解周厉王的种种行为。事后周厉王并没有对芮良夫一派大臣进行处罚，甚至连训诫的记载也没有，唯一的处理方式就是"王不听"（《史记·周本纪》），即不予理睬。这说明周厉王本人并不昏庸，他内心清楚芮良夫一派大臣对旧制度的坚决维护是出于对周王室的忠心耿耿，而非故意和自己作对。因此，

---

[1] 《中国通史大师课·1》第94页，许宏等著，岳麓书社，2019年10月。

周厉王选择了冷处理的解决方式，但这无疑又让周厉王背上了"不纳忠言"的恶名。

第二波社会动乱冲击，来自国人的批评和抗议。当时周朝王都的国人就是以周人族群为主干的自由民。传统的经济利益获取方式被收归国有，必然引发国人的强烈怒火。王室大臣召公再次劝谏周厉王，并严重警告他："民不堪命矣！"（《国语·周语上》）王都人民已经不愿意听从周王室的命令了。

周厉王这时也非常愤怒，但是他深知改革行动不进则废的道理，决定废除古老的诽谤制度，又派出监察诽谤的使者以武力镇压反对言论。其结果是，国人从此不再讲话，路上见面之后只进行眼神交流，这就是文献中所谓的"道路以目"（《国语·周语上》）。更为严重的社会动乱在此时爆发了，天下诸侯不再来朝拜周天子了，这意味着天下诸侯已经在相当程度上与周王室离心离德。在这一社会现实情况下，才产生了那句"防民之口，甚于防川"的著名政治格言。

第三波社会动乱冲击，是国人暴动。经过三年抗议无效之后，沉默已久的国人终于爆发了大动乱。王都的民众攻进王城，直接袭击了周厉王。此时的贵族阶层和天子军队因为自身利益也受到周厉王改革的限制，因此对国人的暴动行为选择了冷眼旁观。周厉王无奈之下只能仓皇逃出镐京，到彘地避难。周厉王出逃后，愤怒的国人无处宣泄情绪，他们找到了躲藏起来的太子静。在国人要杀死太子时，贵族大臣们才终于出面保住了他，这位太子静就是后来的周宣王（《史记·周本纪》）。

第四波社会动乱冲击，是共和执政。在周厉王被国人驱赶出逃之后，天子之位实际上处于悬空状态。贵族大臣暂时平息国人的暴动风波之后，拒绝迎回出逃的周厉王，拒绝的原因是"国人怒"。但是国家大事不能无人决断，在太子静继位之前，由共和执政负责代替周天子处理国家的日常事务（《史记·周本纪》）。

按照《史记》中的相关记载，传统认知中的共和行政，是由当时对周厉王改革不满的贵族大臣共同推举召公、周公两位王族大臣联合主持国政，号称"共和行政"。这时周王朝中的召公和周公，已经是周朝初年始封召公和周公爵位的后代继承者。他们联合执政的结果是废除了周厉王的专利改革，周王朝的政治又回到了王道礼治的老路上来。

共和行政的第一年称为共和元年，是中国历史有确切纪年的开始，这一年是公元前841年。以共和元年的时间点为坐标，在其之后的中国文明历史事件都具有了确切的发生年份，在此之前的事件则没有一个确切的发生年份。共和元年对中国历史纪年的影响十分重大而深远，甚至其文明意义一直延续至今。一个最为明显的事例就是，我们今天所说的共和国，其中的"共和"实际上就是源自共和行政。[1]

按照近年整理公布的清华简相关文献来看，周朝的共和行政是否如同传统文献中所说的那样，是周公和召公共同执掌朝政，这一点非常值得怀疑。依据是，除了《史记》中的相关记载以外，包括清华简《系年》在内其他所有提到共和行政的史料文献记载的都是：在周厉王被暴动的国人赶跑之后，有一个诸侯国——共国——的国君名字叫和，他被周王朝的卿大夫所迎立，代替周厉王执行天子之政。[2]

按照这一说法，在周厉王出逃之后，代替他执政的人不是召公和周公的后人，而是当时一个诸侯国共国的国君——共伯和。共伯和被王室大臣迎立，代天子执政的原因是王室大臣一致认为共伯和的性格非常仁爱，因此得到了王室大臣们的支持和拥立。共伯和执政的时间一直持续到周厉王去世，他的儿子姬静即位为周宣王时才结束。共伯和将天子权力交还周宣王后，就回到了自己的国家。共伯和代替周天子执政的时间，前后共计14年。[3]

以上是新出文献所支持的相关结论。如此一来，关于共和行政的历史解释就出现了截然不同的两种观点。共和行政的真相，究竟是周公和召公两人共同执政，还是共伯和实际代替天子执政呢？

研究者认为，依据现有的材料进行综合判断，我们可以认定，《史记》中关于周公和召公共同执政的说法是不可靠的。其他文献中所说的共伯和代天子执政的说法，是真实的历史情况。近年公布的清华简等相关材料的研究成果显示，也支持共伯和代替周天子执政这一结论。除此之外，我们并没有发现周公和召公两人共同执政的相关记载。[4]

---

[1]　《中国通史大师课·1》第94-95页，许宏等著，岳麓书社，2019年10月。

[2]　《清华大学藏战国竹简（壹—叁）文字编》（修订本）第410页，李学勤主编，中西书局，2020年10月。

[3]　同上。

[4]　《中国通史大师课·1》第95页，许宏等著，岳麓书社，2019年10月。

在共伯和代替天子执政期间，周公和召公起到了两个重要作用：一是在国人暴动时期召公救下了周厉王的儿子太子静，并将他藏在了自己家里。国人来召公家里逼问时，召公将自己的儿子交了出去，代替太子静被愤怒的国人杀死。太子静因为得到召公的庇护，顺利躲过一劫最终登上了周天子的王位。另外一个重要作用是当年共伯和代行天子之政时，周公、召公和众多卿大夫共同拥立共伯和。正因为周公和召公的带头拥立，共伯和才能够完成长达十余年的特殊执政。研究者指出，关于共和行政的历史背后还有许多我们目前无法得知的隐秘，这一结论的得出也是依据现有的相关文献和史料所作的分析判断。[1]

周厉王改革失败的根本原因在于，当时的周王朝上层贵族社会只知道"汤武革命"，还没有经历过社会经济的改革。他们认为拥有至高无上权威的周天子只须要下达一道王命，就能够改变社会利益的分配，就可以解决社会日益激化的矛盾。这一天真的想法，一直持续到数百年之后的战国时代。经过历史的反复洗礼，才使当时的政治家们明白：任何成功的改革必然是要讲究策略的，社会利益的重新分配只能缓步快行，绝不能匆忙草率地一步到位。

周厉王为后人明白这一道理所付出的是丧失王权、实际被流放十四年，并且直到他死去都未能重新回到国都镐京的惨痛代价。在《系年》中的记载是：至于东王（厉王）大虐于周，卿士、诸正、万民弗忍于厥心，乃归东（厉）王于彘，共伯和立。[2]

第十二节　周宣王中兴时期的改革

共和行政十四年之后，当年在国人暴动中受到召公保护而侥幸活下来的太子静即位，成为周宣王。研究者指出，共和行政结束的时间点和周宣王即位的时间点，其背后具有微妙的内涵。研究者的具体所指是，只有在外逃的周厉王死讯确

---

[1]　《中国通史大师课·1》第95页，许宏等著，岳麓书社，2019年10月。

[2]　《清华大学藏战国竹简（壹—叁）文字编》（修订本）第410页，李学勤主编，中西书局，2020年10月。

定之后，拥护共伯和代替周天子进行共和执政的王室贵族，才决定拥护太子静继位为周天子，才愿意将最高权力重新交还周王室。[1]

这一行为的背后，不但体现出周公和召公十分老辣的政治经验，更是意味着大大违背礼治的权力"僭越"。礼治文明最终崩溃的历史诱因，很大程度上源自周朝贵族阶层自身，并且是从最高权力环节开始的。这其中固然有人性对权力欲望天然的渴望，但更无法排除的却是礼治文明自身存在的内在脆弱性。[2]

执掌最高权力之后的周宣王并没有回到王道礼治的旧路上，而是开始了自己实质性的改革。按照文献中的记载，周宣王的第一项改革措施是宣布废除每年开春举行的天子启耕大典，史料中的记载是"宣王不修籍于千亩"（《史记·周本纪》）。

天子启耕大典，就是指每年春天开始耕作的时节，由周天子在归属于自己的王田中耕出天下第一犁。此举意在表明周文明和周人政权延续的农耕民族对于耕作的极大重视。按照清华简《系年》的相关记载，"籍田千亩"这一国策源自当初周武王伐商成功之后，看到"商王之不恭上帝，禋祀不寅，乃作帝籍，以登祀帝天神，名之曰千亩，以克反商邑，敷政天下"。[3]因此，"籍田千亩"在周朝初期具有十分重要的政治意义。它既在社会舆论中制造了"周代商政"的重大事变并非蓄谋已久的政权颠覆行为，同时又借上帝天神的名义，以"籍田千亩"的形式稳固了周人的统治地位。周宣王废除启耕大典的举措，从表面上来看只是废除了礼治文明规范中的一项制度，但是其实际意义在于告诉天下，周宣王要废除国人集体耕作的制度。如此一来，周代商政的合法性也就随之不存了。

天子不再亲耕，这对于依靠农耕文明而兴起的周人族群无疑是巨大的震荡。这一行为背后所传递出的自上而下的文明变革消息，立即引起了周朝贵族和大臣的强烈谏阻。首先表明态度的大臣是虢文公："夫民之大事在农……将何以求福用民？"（《国语·周语》）面对虢文公的坚决劝谏，周宣王并没有动摇。但是

---

[1] 《中国原生文明启示录》（全三册）第164-165页，孙皓晖著，中信出版集团有限公司，2016年10月。

[2] 同上。

[3] 《清华大学藏战国竹简（壹—叁）文字编》（修订本）第410页，李学勤主编，中西书局，2020年10月。

文献中对于周宣王"不籍千亩"的具体改革过程和改革结论却没了下文，[1]很显然，周宣王的改革在贵族阶层与国人阶层共同发起的反对声浪和强大的王道礼治双重重压之下，失败了。

周宣王中兴改革的首战失利并没有使姬静气馁，他转而开始谋划第二项重大改革，即联合天下诸侯国的力量，对多次进犯周王朝的戎狄族群展开有力的反击。[2]

周人族群和后来的周王朝面临戎狄之患是久已有之的事情，早在大禹治水时代双方就屡屡爆发过战争。在周公旦平定东方叛乱之后，周朝反击戎狄族群侵略的战争也发生过许多次。但在周宣王之前的周王室讨伐戎狄战争中，其特点在于一律由周天子的王师亲征，从没有动用过周朝诸侯国的军队。[3]其中的根本原因在于，"国之大事，在祀与戎。"（《左传·成公十三年》）

由于祭祀和军事征伐是周王朝最为重大的两件事，而军事征伐所掌握的实际权力和力量又太过重大，因此不到万不得已时，周王室是不会赋予诸侯国代替天子执行征伐大权的。第二个原因则在于，周王室掌握着对天下任一族群和诸侯国的绝对优势军力，在这样强大力量的加持下，自然不需要周王室之下各个所属封国代替周天子进行征伐。但是这一情况，随着周王朝常年的动荡和平定叛乱的行动，自从周穆王下令楚国与徐偃王的九夷族群作战开始，开启了周王室动用诸侯军力进行征伐的先例。[4]从某种程度上说，联合天下诸侯的力量共同反击戎狄族群并非出于周宣王的本心，而是当时周王室所面临的恶劣环境迫使他不得不这样做。

周宣王在军事改革方面的三个重大实际表现是：一，名义上依然以王师亲征为主要形式；二，动用诸侯国的军事力量共同参与作战；三，联合当时还不是诸侯国的实力强大族群，以王命的形式使其共同参与到反击戎狄族群的作战中来。[5]

---

[1]　《中国原生文明启示录》（全三册）第 166 页，孙皓晖著，中信出版集团有限公司，2016 年 10 月。

[2]　同上。

[3]　同上。

[4]　同上。

[5]　《中国原生文明启示录》（全三册）第 166 页，孙皓晖著，中信出版集团有限公司，2016 年 10 月。

　　根据文献中的记载，周宣王的第二项中兴改革依然失败了。在王室军队和诸侯国军力以及强大族群共同参与的征讨战争中，周宣王发动的亲征先败于南征淮夷，再败于反击猃狁，三败于西征姜戎。由于三次亲征的失败，直接导致的后果是，周王室力量的极度枯竭和天下诸侯对周王权的进一步离散。面对这一严峻的现实形势，周宣王发动了最后一项中兴改革措施，即太原料民（《史记·周本纪》）。

　　所谓料民，就是指对辖地内的人口重新调查登记，是一项人口统计工作。相关研究者指出，周宣王发动的太原料民行动，是中国历史上首次被正史记载的人口调查。其最为直接的文明推动意义在于，周宣王发动太原料民之前，各个阶层仅仅掌握着直属于自己的土地上的封主或者户主的数量，而封主与户主究竟管辖着多少民户，依附着多少耕耘奴隶，以及国人的各种作坊中又管辖着多少奴隶等都无从知晓。因为这些具体的数目都不需要直接向周王室上报，而是由各阶层的直属上级或再属上级掌握。

　　周王室对当时周朝的总体人口掌握情况非常模糊。因此，如果我们仅从文明发展的角度出发对周宣王太原料民的行为进行审视，完全可以说这无疑是推动文明发展和进步的伟大革新。[1]

　　但是倘若回归当时的历史背景之下对周宣王太原料民的行为进行一番考察，我们便会发现这是西周政权进一步衰亡的体现。这一体现的关键之处在于，周宣王决定"料民"的时间节点。周宣王选择料民行动的时间节点是在三次亲征行动战败之后，这意味着当时的周王朝正面临着国家赋税空虚、人丁征发的艰难时刻，这是周宣王进行太原料民的根本原因所在。[2]

　　周天子以来的代代征伐、屡屡战败和急剧大幅减员的王师军队、面临枯竭的赋税现状，等等，都成为周宣王料民行动的诱因。但是由于当时分封制度的现实约束，各地诸侯国对周王室进行的财货纳贡并不是依据各自所拥有土地的大小，也没有固定的缴纳数额，甚至也没有对缴纳贡品的性质进行硬性规定。在这一现实情况下，自然不可避免地出现诸侯国钻空子的普遍现象。诸侯国给周王室上供的贡品缺乏强制性的约束和明确的规范，这直接导致各地诸侯对周王室上贡的贡

[1]　《中国原生文明启示录》（全三册）第167-168页，孙皓晖著，中信出版集团有限公司，2016年10月。

[2]　同上。

品性质出现了定时不定量的情况。因此历史发展到周宣王时代，所谓的诸侯来朝实际上就是各地诸侯对周天子进行不定时和不定量的财货进贡。如果各地诸侯不对周天子进行朝贡，那么周王室自然也就没有了额外的财货收入。[1]

在周宣王时代之前的历代周天子，由于周王室的真实实力并不取决于各地诸侯的进贡，而是取决于天子直领王畿土地的大小和王畿土地上居住族群的耕耘财货情况，[2]因此在天下诸侯对周王室进贡的时间和数量上并没有出现硬性的规定。只要天下诸侯依然对周王室表示臣服，周天子自然也不会将诸侯进贡的具体情况和详细要求进行一一落实。

但是到周宣王时代，由于之前的一系列事件让周宣王痛感当时可以调用的财货和人口十分匮乏，必须要采取一些行动进行扩展财源的改革了。于是，周宣王决定首先在太原这个王族诸侯国——晋国的土地上——开展调查人口的行动。[3]

周宣王太原料民的改革行动，几乎与籍田千亩的改革行动获得了相同的结果。在太原料民行动刚刚展开，仅仅是刚出现了一个形式上的调查做法，立即引起了贵族阶层的强烈反对。大臣仲山甫义愤地警告周宣王说："民不可料也！"（《史记·周本纪》）

究其原因，无外乎如果在精密的等级联邦制国体下，作为最高领导者的周天子，通过料民行动直接掌握了周王朝的天下人口和财货情况，则意味着周天子之下的各级诸侯、卿大夫和士人阶层之间所隐藏的利益将直接暴露出来。料民行动，是从根源上对礼治文明的阶层弊端进行的破除行为。

最初周宣王顶住了压力，在仲山甫进谏之后以某种突然的方式坚持展开了人口统计工作。这在文献中的记载是"宣王不听，卒料民"（《史记·周本纪》）。但是，周宣王的坚决态度终究无法阻挡贵族阶层以王道礼治为借口所带来的重压，料民行动如同"不籍千亩"一样，最终依然不了了之。力图革新的周宣王终究无法阻挡礼治文明的最终衰亡。周宣王所进行的一系列改革尝试尽管都失败了，但是因为其反击戎狄、力图革新的王者意识，周宣王时代依然被传统史

---

[1]《中国原生文明启示录》（全三册）第167-168页，孙皓晖著，中信出版集团有限公司，2016年10月。

[2] 同上。

[3] 同上。

学称为"宣王中兴"的伟大时代。[1]在这场不了了之的中兴行动之后，周朝的灾难终于降临了。与此同时，文明发展的脚步也迈入了新的阶段。

第十三节　西周灭亡的神秘预判

在周宣王的中兴改革不了了之以后，西周王朝终于断绝最后的气数，走向了灭亡。在相关史书的记载中，关于西周王朝的灭亡有三则神秘的预判进入了研究者的视野。

第一则预判，是周宣王神秘而突然地死亡。

按照《史记正义》中引《周春秋》的说法，周宣王下令处死了无罪的杜伯，至于处死杜伯的原因却没有明说。三年之后，周宣王下令会合天下诸侯进行土地核查时，早已死去多年的杜伯身穿红衣、头戴红冠，突然出现在路边。杜伯手挽着一副红色弓箭，一箭射中了周宣王的胸口，周宣王就这样"中心折脊"而死了（《史记正义·卷四》）。

周宣王蹊跷而神秘的死亡既没有被《史记》所记载和评判，甚至在早于《史记》之前的相关文献中，也只是闪烁其词地寥寥提及周宣王的死因。《国语》中对这件事的记载，仅有一句话："杜伯射王于鄗"（《国语·周语》）。研究者据此推断认为，大约是周王室内部对周宣王之死的实际情况讳莫如深，不愿提及。但是周宣王却是死在会和诸侯核查土地的工作过程中，也就是死在了众目睽睽之下。依照当时社会民情言论的开放程度，这件事一定在国人和周王朝内部官员之间引发了轩然大波，被人们看成是西周王朝大大的凶兆[2]。

第二则预判，是大地震灾害和由此而引发的大臣伯阳甫的政治预言。（《史记·周本纪》）

---

[1]　《中国原生文明启示录》（全三册）第168页，孙皓晖著，中信出版集团有限公司，2016年10月。

[2]　《中国原生文明启示录》（全三册）第168-169页，孙皓晖著，中信出版集团有限公司，2016年10月。

按照相关文献的记载，在周宣王死后，西周王朝的最后一代天子即位，是为周幽王。周幽王即位的第二年，也就是公元前780年，周都镐京的所在地关中地区发生了一场大地震。这场大地震所带来的严重后果是，周人族群发迹的岐山崩塌了。除此之外，泾水、渭水和洛水三条关中地区的大河都枯竭了。这就是文献中所说的"三川竭，岐山崩"（《史记·周本纪》），如此重大事变立即引起了国人之间的极度恐慌。

但是事情却并没有到此结束，地震和三川枯竭的事变发生之后，周王朝的大臣伯阳甫针对这件事作出了一段惊人的预判。伯阳甫在预判中得出的结论是："天地失序，阳失其所而填阴，周将亡矣。"（《史记·周本纪》）后来有研究者认为，作出预判的大臣伯阳甫就是当时在周王朝中担任柱下史一职的老子。无论伯阳甫的身份究竟如何，至少这段预判的重要之处已经在此完全体现出来，它告诉人们西周王朝即将灭亡。得知伯阳甫预言周朝将亡的众多大臣和国人，无不陷入深深的恐惧之中。[1]

第三则预判，相比之下更加具有神秘、恐怖的意味。它将西周王朝灭亡的因果延伸到了久远的夏王朝时代。[2]

在相关文献的记载中，为我们揭露出这样一则故事。当周幽王立美女褒姒为王后之际，周朝史官伯阳甫在古代史书中读到了一则神秘的故事。故事的发生年代是在夏朝末年，夏天子政权衰落之时。当时有两条神龙飞到夏天子的宫殿中来见夏王，它们自称是由褒国的两位先君所幻化。夏王命令人进行占卜，希望知道如何处置两条突然而来的神龙。占卜的结果显示，将两条神龙杀掉或者放掉都不是吉兆（《史记·周本纪》）。

夏王无奈之下再次下令占卜，这次问卜的内容是如果用石匮收藏两条龙的吐沫如何。占卜的结果显示是，吉。夏王于是对两条龙宣读了处置文书，再请两条龙吐吐沫，用以收藏。两条龙向石匮中吐了许多吐沫之后，便倏忽消失了。夏朝灭亡之后，这个石匮传给了商朝，商朝又传给了周朝。三代之间1300年上下的时

---

[1] 《中国原生文明启示录》（全三册）第168-169页，孙皓晖著，中信出版集团有限公司，2016年10月。

[2] 《中国原生文明启示录》（全三册）第169页，孙皓晖著，中信出版集团有限公司，2016年10月。

间，从来没有人敢打开这只石匮（《史记·周本纪》）。

但是根据文献中的说法，早在伯阳甫读到这则预判的许多年之前，这只石匮就已经被打开了。那是在周幽王的祖父周厉王时代，被国人驱赶逃奔到彘地并过着幽居日子的周厉王下令打开了那只神秘的石匮。石匮被打开之后，惊人的一幕开始上演：龙沫横流，不可遏止。周厉王下令，让身边的宫女赤裸着身体大声呼叫，希望能够以此镇压妖邪，但是最终却无济于事。横流的龙沫很快便化为一只玄色大龟，并迅速地从周厉王的宫殿中消失。之后，一个尚未举行笄礼的少年宫女恰巧遇见了从宫殿飞出的大龟，并因此而莫名其妙地怀孕了。后来，这个未婚先孕的宫女生出一个女婴，大约是出于对莫名怀孕的恐惧和无故诞生女婴的厌恶，这个少年宫女最终决定将女婴丢弃到宫外的道路旁（《史记·周本纪》）。

到周宣王即位时，一首神秘的童谣开始广泛地流传开："檿（音演）弧箕服，实亡周国！"这意味着，穿着弓箭工匠的衣服而又贩卖桑木弓箭的人，就是灭亡周朝的人。周宣王得知这首童谣之后，立即下令抓捕这种人。当时有一对年轻的夫妇姓姒，他们的工作正是贩卖桑木弓箭。两人闻讯之后连夜而逃，他们路过王宫外边的道路时，听见了那个被少年宫女丢弃在道路上的婴儿的哭声。于是夫妻俩决定救起婴儿，并带着她一起逃亡到南面深山中的褒国去了（《史记·周本纪》）。

之后，周幽王即位成为周天子。其亲信大臣虢石父对周幽王进言说，褒国有美女，周幽王因此下令出兵讨伐褒国。褒国为了避免战祸，便将最美丽的一个少女进献给周幽王。这个美少女正是当年被那个少年宫女丢弃在路边又被卖弓箭夫妇所救的女婴，名曰褒姒。所谓褒姒，是指由一个国家名称再加上本人的姓氏共同构成的社会化名字，其实际含义是——褒国姒氏的女子（《史记·周本纪》）。

这个神秘而恐怖的预判，具有十分浓厚的传奇色彩。按照相关研究者的结论来看，所谓神秘文化是在长久的历史发展时期以来形成的、特定文明形态的精神折光，是近古时代文明与古典社会文明的有机组成部分。研究者指出，以上三则神秘的预言之所以能够被历史所记录下来，标志着在当时的社会中已经形成了一个极其重要的政治评判，即周王室的衰落实际上乃是天意。[1]

研究者进一步指出，周朝时期的社会中风行神秘文化的根本意义，不在于一定相信它的正确性，而在于一种自觉或者不自觉的政治需要。社会各方面接受神秘文化者，必然都存在着各自不同的政治诉求和心理需求。将兴衰成败的根本原因归结于上天的操控和左右，即所谓的天命。[2]

这一行为既方便王权推脱责任，又方便史家解释历史，更为王权的替代者找到了一个完美的借口，同时还使民众获得了一种善恶有报的精神快感。神秘文化在如此肥沃的土壤下，想不旺盛地生长都困难。因此，神秘文化也就堂而皇之地成了国家意识形态的组成部分。[3]

褒姒带着神秘世界的光环从褒国来到了周幽王的身边，周文明的历史性灾难正式拉开了序幕。按照研究者的推测，周幽王大约是被父亲周宣王致力于国家改革却没有取得实际成效的现状所吓到了，又担忧国人和王室贵族大臣的怨气，因此他决定一心一意地享乐，再也不提国家改革的大政了。在这种情况下，西周王朝的国家政治格局逐渐出现了巨大的政治裂缝。按照文献中的说法，这个政治裂缝的首次爆发，与周幽王的王后密切相关。

在周幽王做太子的时候，他的妻子是申国的公主，也就是后来的王后——申后。申后和周幽王所生的儿子名叫宜臼，其身份是嫡长子，也就是周幽王时期的太子。在周幽王即位的第三年，即公元前779年，褒姒从褒国来到了周幽王的身边。面对这个美丽的少女周幽王很快就一见钟情，难以自拔。不久之后，褒姒生了一个儿子，名叫伯服。[4]

按照周朝礼制的相关规定，只有排行最高的长子才能取名"伯某"，这样的名字显然是凸显身份的象征。褒姒的儿子既不是嫡子又不是长子，为他取名为伯服，这一举动显然是违背礼制规定的。但由此也足可见当时周幽王的潜在心思，

[1] 《中国原生文明启示录》（全三册）第170-171页，孙皓晖著，中信出版集团有限公司，2016年10月。

[2] 同上。

[3] 同上。

[4] 《帝王世纪·世本·逸周书·古本竹书纪年》"周纪"第15页，皇甫谧等撰，陆吉等点校，齐鲁书社，2011年10月。

是想立这个刚刚出生的小儿子为王位的继承人。[1]此后不久，中国历史上著名的"烽火戏诸侯"事件发生。

第十四节　西周灭亡的历史真相

　　烽火戏诸侯是中国历史上非常著名的事件，它标志着在文明发展进程中的封建时代，第一次出现了王权以军国大政取悦美人的行为。[2]同时这一事件在长久以来一直被人们视为西周王朝灭亡的真正原因。按照传世文献和传统认知中的相关说法，大约是因为身世原因或者其他某种未知的原因，褒姒的忧郁性格成为她日常的标志。周幽王为了博美人一笑，便有了尽人皆知的烽火戏诸侯的故事。之后，周幽王多次点燃烽火，但是诸侯们却再也不来了。周幽王并没有因此而放弃，他转而任用奸佞大臣虢石父等人主持朝政，又正式宣布废除了自己的原配妻子——王后申后。与此同时，申后的亲生儿子、原太子宜臼也连带被废除了（《史记·周本纪》）。

　　周幽王宣布重新册立褒姒为王后，立褒姒的儿子伯服为太子。被废除的原王后申后和太子宜臼深感恐慌，于是两人便逃到申后的父亲申侯所在的申国去了。周幽王得知申后和宜臼逃跑的消息之后，十分震怒，于是准备调集王师讨伐申国。一场重大的政治灾难就此展开《史记·周本纪》）。

　　与此同时，这一时期由于周幽王的倒行逆施和朝中奸佞当道的乱局，同样深刻地影响着当时整个西周社会。按照相关文献中的记载，周幽王六年即公元前776年的十月，周朝发生了日食，当时的人们普遍认为这是上天对周王室的警告和训诫。《诗经》中收录了一篇《十月之交》，诗作中对周朝的这次日食进行了记录，并借题发挥展开议论，实际上是对周王室的所作所为发出愤怒的声讨：

---

[1]　《中国原生文明启示录》（全三册）第171-172页，孙皓晖著，中信出版集团有限公司，2016年10月。

[2]　同上。

十月之交，朔月辛卯。日有食之，亦孔之丑。彼月而微，此日而微；今此下民，亦孔之哀。日月告凶，不用其行。四国无政，不用其良。彼月而食，则维其常；此日而食，于何不臧。

烨烨震电，不宁不令。百川沸腾，山冢崒崩。高岸为谷，深谷为陵。哀今之人，胡憯莫惩？皇父卿士，番维司徒。家伯维宰，仲允膳夫。棸子内史，蹶维趣马。艳维师氏，艳妻煽方处。抑此皇父，岂曰不时？胡为我作，不即我谋？

……

周幽王对申国的讨伐不了了之，但申国和申侯对周幽王的愤怒与恨意却并没有消失或减少。五年后，即公元前771年，经过一段时期的秘密准备之后，申侯成功地联合另外两方势力发动了一场政变性质的夺位战争。这两方势力，其中之一（按照传统的说法）是生活在今日山西忻州地带的夏人后裔——缯国族群；另外一方则是陇西地区的犬戎族群。三方势力共同对镐京发动了攻击。[1]

从地理位置上来看，申国军队的攻击方向在镐京东南的黄河以南区域，犬戎族群在镐京的西北地带，而缯国族群则在镐京的东北方向。这意味着早已兵力空竭的西周王朝，同时面临着三路大军从三个不同方向发动的进攻。周幽王从镐京出逃的主要路线，基本上已经处于被敌方军力封锁的状态。按照文献中的记载，愤怒的申侯为了这次万无一失的战争秘密准备了三年之久。在交通十分不发达的西周时代要达成如此严密的军事约定，可见申侯复仇的决心何等强烈。[2]

这次镐京政变的结局是明确的，按照研究者的结论，周人族群赖以兴起的根基都城丰邑、镐京在战火中被付之一炬。其次，周幽王和太子伯服在逃跑到骊山时遭到犬戎军队的追杀，周王朝的重要诸侯之一郑桓公因为保护周幽王出逃，也在这次战争中被追杀至死。最后，褒姒被俘虏，周王室人口由于犬戎军队的攻击

---

[1] 《中国原生文明启示录》（全三册）第173页，孙皓晖著，中信出版集团有限公司，2016年10月。

[2] 《中国原生文明启示录》（全三册）第173-174页，孙皓晖著，中信出版集团有限公司，2016年10月。

死伤空前惨重。[1]

　　然而镐京政变的影响并没有到此结束，犬戎军队在关中地区的大肆劫掠对发动这场政变的申侯和太子宜臼产生了新的根本性威胁。申侯引狼入室的后果在他的愤怒平息之后，才真正被其重视起来。一场政变的结局最终演变成为一场亡国的政治灾难，在太子宜臼还没有来得及继承天子之位时，周王朝政权很有可能就要灭亡于这场引狼入室的政变中。[2]

　　以上是传统认知中对镐京事变和西周灭亡原因的说法，自从《诗经》中记载"赫赫宗周，褒姒灭之"（《诗经·小雅》）以后，历代研究者普遍认为导致西周政权灭亡的根本原因在于褒姒身上。《史记》中的相关记载也为人们相信这一说法提供了坚实的事实基础。但是有现代研究者指出，这一传统说法实际上存在很大的问题。甚至有研究者指出，烽火报警制度在西周时代根本不可能存在。[3]

　　从现有的各种材料证据来看，烽火报警制度最初起源于战国时代，经过秦汉之际最终成熟于汉代。这意味着在西周时代末期的周幽王时期并不存在烽火报警制度，因此所谓的"烽火戏诸侯"事件，其性质在根本上就是一场并不存在的乌龙事件。研究者根据相关考古研究结论指出，人们所熟知的烽火报警制度实际上是因为汉代防范匈奴的现实需要，才开始建立并逐渐发展为稳定、成熟的一套报警制度。但是这种烽火报警制度在西周时期是不可能出现的，自然也就不存在所谓的"烽火戏诸侯"了。[4]

　　如果我们确信现代研究者根据考古研究工作所得出的这一结论，就意味着导致西周王朝最终灭亡的原因并不是传统文献中所记载的周幽王为博褒姒一笑而出现的烽火戏诸侯了。那么，究竟是什么原因最终导致西周王朝的灭亡呢？

　　研究者进一步指出，司马迁在写西周灭亡到平王东迁的这段历史时，其实他自身处于一种非常矛盾的状态，所谓烽火戏诸侯的历史记载是他不得已而为之。因为从西周灭亡到周平王东迁的这一段历史非常难写，这段被学者们称为两周之

[1] 《中国原生文明启示录》（全三册）第 173-174 页，孙皓晖著，中信出版集团有限公司，2016 年 10 月。

[2] 同上。

[3] 《中国通史大师课·1》第 97 页，许宏等著，岳麓书社，2019 年 10 月。

[4] 同上。

际的历史由于材料十分匮乏，因此导致记载者很难下笔。[1]司马迁当年写作《史记·周本纪》时的重要依据是《吕氏春秋·疑似》，但是《吕氏春秋·疑似》篇中并没有提到烽火，而是说当时西周时代晚期的军事防备情况：在一些大路上修建了部分高大的碉堡，在碉堡上面放置了一些大鼓，如果发生敌军来袭或者其他特殊情况，人们相互之间以击鼓相告的方式传达讯息。

从这一情况来看，其中存在两种可能性：一是司马迁在写作《史记》时掌握了某些现代研究者没有看到的材料；二是确如研究者所说，烽火戏诸侯的历史记载根本上就是一段伪史，是司马迁在不得已之下所创造的附会之辞。

研究者指出，不但《史记》中关于西周灭亡真相的说法非常值得怀疑，即使《吕氏春秋》中的相关记载，也并不能完全被我们所采信。因为《吕氏春秋》中的记载属于战国时代后期的一个故事，其中的史实依然存在很大的矛盾。研究者引清代学者的相关说法指出，申国的地理位置处于今天的河南省南阳市一带，犬戎族群的所在位置虽然并不十分确定，但其大体上一定是处于今天的甘肃省附近。从地理位置上来看，申国所在的位置处于西周王朝东南部一千多里的地方，而犬戎则处于西周的西北部地区，两者之间的距离十分遥远。倘若依据文献中的说法，申侯和犬戎族群之间联合攻打西周王朝，甚至还要越过周王朝相互勾结谋划，依照当时的条件来看，这几乎是不可能的。[2]

关于申侯和犬戎共同发动战争灭亡西周王朝的另外一个疑点是，依照《史记》中的记载，在西周灭亡之后周平王东迁洛阳建立东周，其东迁的根本原因之一正在于躲避犬戎族群的侵扰。钱穆先生指出，犬戎杀了周幽王又灭了西周王朝，但是对于周平王和申侯来说这是好事。因为犬戎杀了周幽王就意味着犬戎族群和西周王朝是势不相容的，但是对于申侯和周平王来说犬戎族群却是真正的友军，而并非敌人。因此，周平王怎么可能因为躲避友军而选择东迁洛阳呢？[3]

从以上分析来看，西周王朝因为"烽火戏诸侯"的著名事件而亡国的说法在历史上其实并不存在，申侯与犬戎族群的联合亦属子虚乌有。西周灭亡的历史真相究竟是怎样的？历代以来的研究结论相互交汇，简直成了一笔糊涂账。

---

[1] 《中国通史大师课·1》第 97 页，许宏等著，岳麓书社，2019 年 10 月。

[2] 《中国通史大师课·1》第 97-98 页，许宏等著，岳麓书社，2019 年 10 月。

[3] 同上。

如果我们确信以《史记》为轴心的相关文献对西周灭亡原因的记载难以采信，那么我们必须从其他古典文献中进行探寻。西晋时期在河南省汲县的一处魏国墓葬中出土了一批竹简，其中有一部魏国的史书名曰《竹书纪年》。《竹书纪年》中关于西周灭亡原因的记载与《史记》中的说法大相径庭，为我们提供了另一个不同的思考角度。

按照后来成书的《古本竹书纪年》中的记载，褒姒的儿子名叫伯服（或作伯盘），当时申后和她的儿子宜臼逃跑到了西申国，周幽王趁此机会就将褒姒的儿子伯服立为太子。最后周幽王和伯服双双被杀，至于他们的死因却始终是一个谜团。[1]其中与《史记》大不相同的一个关键之处在于，西申国虽然收留了申后和太子宜臼，但是至少在这一时期内，并没有出现申侯因为愤怒而联合犬戎族群共同攻打周幽王的记载。

在周幽王死后，发生了另一件大事，一个名叫虢公翰的大臣出来拥立了另外一个人继承王位，成为新的周天子，这个人就是王子余臣。

依照《古本竹书纪年》中的说法，当时西周末年的天下曾经出现了二王并立的局面，即两位周天子同时存在，同时执政。这两位周天子就是周平王和王子余臣。[2]

二王并立的局面，在短时期之内并没有消失。《古本竹书纪年》中的说法是，这一局面一直持续到了"二十一年"的时候，随着王子余臣被晋文侯所杀，才宣告结束。[3]至于文献中所记载的"二十一年"究竟是指王子余臣在位的第二十一年，还是指晋文侯在位的第二十一年，由于文献记载的模糊性，导致了又一笔糊涂账的形成。

由于相关文献和史料的极度匮乏，历代学者始终无法正面回答这些争论性极强的问题，这一历史疑问也并没有得到解决。这种情况一直持续到2008年，随着清华大学入藏了一批战国竹简，即被学术界称为"清华简"的材料，相关研究者通过对其进行整理和研究之后，这一历史悬案的真相才渐渐浮出水面。研究者在

[1]《帝王世纪·世本·逸周书·古本竹书纪年》周纪第15-16页，皇甫谧等撰，陆吉等点校，齐鲁书社，2011年10月。
[2] 同上。
[3] 同上。

清华简中发现了一部非常重要的历史著作，名曰《系年》。按照清华简《系年》中关于西周灭亡与周平王东迁这段历史的记载，研究者发现了传世文献中疏记的那一部分重要史实。

清华简《系年》中关于这段历史的记载，所透露出来的一个关键信息是，周幽王娶妻于西申国。[1]这一说法直接颠覆了传世文献中，关于申后来自河南南阳的申国的记载。在20世纪80年代，国家考古工作者曾经在河南南阳地区发掘出土了一批青铜器。根据这批青铜器上的铭文记载显示，位于南阳地区的申国其实是南申国，而清华简《系年》中则明确指出周幽王的妻子申后来自西申国。这一新材料的出现直接改写了文献记载中的相关内容，周幽王的妻子申后并不是来自南申国，而是来自西申国。尽管研究者目前还不能确定西申国的具体地理范围，但可以肯定的是，它一定处于周王朝的西北部地区，与犬戎族群的生活区域相邻近。

根据清华简《系年》的记载，这个西申国曾经在周成王时代派人进贡，因此我们综合各种线索可以确定，西申国的真实存在是没有问题的。周幽王的妻子申后来自西申国，申后和褒姒都各有儿子。申后地位崇高，她的儿子宜臼又是周幽王的嫡子，是王位的有力竞争者；褒姒深受周幽王的宠爱，她的儿子伯盘亦具备竞争天子王位的资格。两人之间经过怎样的激烈交锋我们现在已经不得而知，但是最终的结果却是明确的：褒姒因为受到周幽王的宠爱，在周幽王的支持下，褒姒和伯盘最终成功赶走了宜臼。走投无路的宜臼逃到母亲申后的母国西申国，并得到了西申国的保护。[2]

之后的历史记载内容我们又是第一次知道，在宜臼来到西申国的不久之后，周幽王竟然发兵包围了西申国，要求西申国交出太子宜臼。周幽王这样做的目的十分明确，他要杀死宜臼，为褒姒的儿子伯盘成功继承王位扫除隐患。西申国自然不愿意交出太子宜臼，于是双方之间的冲突就不可避免地发生了。在这个时候，西申国的一个盟国——鄫国，鄫国所在的具体地理位置目前仍然不清楚，但是鄫国一定是处于西申国和犬戎族群附近的另外一个国家，甚至很有可能是两者

---

[1] 《清华大学藏战国竹简（壹—叁）文字编》（修订本）第411页，李学勤主编，中西书局，2020年10月。

[2] 同上。

之间的连接国。鄫国看到盟国西申国被周幽王攻打，想要救援西申国，但是自身的实力又不够，最终鄫国决定投降犬戎族群。如此一来，鄫国和犬戎族群的联兵就共同攻向了周幽王。身在镐京的周幽王和伯盘在猝不及防之下被联兵杀死，西周王朝就此灭亡。[1]

以上内容是笔者根据新出土的文献材料对西周灭亡的历史过程进行的重新还原，与传世文献中的记载内容大不相同，其中根本就没有出现所谓烽火戏诸侯的历史背景。在《系年》的相关记载中，导致西周王朝最终灭亡的根本原因在于，西周王朝统治者内部的争权夺利，进而引发的外族入侵战争。在这个过程中，犬戎与西申国和太子宜臼联合，杀了周幽王与伯盘。

---

[1] 《清华大学藏战国竹简（壹—叁）文字编》（修订本）第411页，李学勤主编，中西书局，2020年10月。

第四章

春秋战国时代

吾十有五
而志於學
三十而立
四十而不惑
五十而知天
命六十而
耳順七十
而從心所
欲不逾矩

第一节　周平王东迁

按照传统文献和史料年表中的相关记载，在公元前771年发生了烽火戏诸侯事件之后，随着周幽王的死去，第二年也就是公元前770年，周平王就于当年继承了王位，并将国都东迁至洛邑。因此我们现在所见的所有历史年表，基本上都记载的是公元前771年周幽王被杀，西周王朝灭亡，公元前770年周平王东迁。但是这其中的历史因果逻辑，绝非如此简单。

根据笔者在前文中的叙述，我们依据《竹书纪年》和清华简《系年》等材料推断出，在西周末年的周王朝曾经出现了二王并立的局面。清华简《系年》中的相关记载更为明确，在西周王朝灭亡之后，当时周王室朝廷中的卿大夫官员拥立了周幽王的弟弟王子余臣即位成为新的周天子，当时称王子余臣为携惠王。[1]

因此从严格意义上来说，携惠王才是西周王朝的最后一代天子。清华简《系年》中指出，携惠王即位之后一共在位21年，最终被晋文侯所害。[2]

当周幽王身死，西周政权在事实上处于灭亡状态时，西周政权统治集团内部的动乱纷争和相互之间的争权夺利并没有随之结束。随着西周政权在事实上的灭亡，当时的西周王朝立即陷入了二王并立的局面。这一局面的持续时间相当长，一直延续了21年。21年之后，晋文侯先在虢地杀死携惠王，又在少鄂迎立周平王，结束了二王并立的局面。[3]

目前学术界针对清华简《系年》的相关研究中，有一句话的实际所指到现在为止还没有形成定论。《系年》中有记载说"周亡王九年"，如果按照其字面意

---

[1]　《清华大学藏战国竹简（壹—叁）文字编》（修订本）第411页，李学勤主编，中西书局，2020年10月。

[2]　同上。

[3]　同上。

思来解释，就是说周王朝在九年的时间中都没有天子在位。但是许多研究者针对这一记载，提出了一系列不同的看法，其中不少观点都与从其字面意思的理解截然不同。我们暂且不对这一争论进行评判，按照清华简《系年》中的说法，"周亡王九年"之后，晋文侯才出兵将周平王迎接回镐京。周平王入主镐京三年之后，在晋文侯的支持下周平王才将国都东迁到洛邑。[1]

从这一记载中透露的信息来看，周平王东迁实际上是一个十分漫长的过程。在周幽王被杀之后，西周王朝政权事实上处于灭亡的状态。此时为了争夺王位的继承权，在周平王和携惠王也就是王子余臣之间展开了长期的内战。这一内战的时间可能持续了九年，也可能是在周平王获得胜利之后，其周天子的身份直到周幽王死去的第九年才得到西周王朝内部的认可。

因此，如果按照清华简《系年》中的记载进行推算，周平王最终实现东迁的时间应当是在公元前740年左右。[2]这一结论与此前传世文献记载和学术界普遍认为的公元前771年周幽王被杀、西周王朝灭亡，周平王在第二年即公元前770年就东迁洛邑的说法完全不同。从历史发展的规律和现实社会政权的变迁规律来看，《系年》中的记载更加符合历史发展的规律，更为贴近历史的真实情况。

另外一个侧面证据是，《春秋》和《左传》的记载内容都是从鲁隐公元年开始的，也就是从公元前722年开始记载的。研究者提出的问题是，为什么孔子作《春秋》是从鲁隐公元年开始写起，而不是从周平王东迁开始记载？[3]这一问题在过去相当长的时期内对学术界造成了巨大的困扰，但是随着清华简《系年》的出现，这一问题终于有了可靠的答案。

按照鲁国国君的世系传承来看，在鲁隐公之前还有鲁孝公和鲁惠公。他们在位的时间正好处于周幽王被杀、周平王和携惠王之间相互争权夺利的历史时期，当时整个西周王朝的朝廷陷入一片混乱。孔子作《春秋》的特点是，为尊者讳、为亲者讳，所以他对于当时处于混乱期的周王朝所发生的一系列事件能隐瞒的就隐瞒起来。因此，我们读《春秋》时可以发现当晋文公在城濮之战中获胜、召集

---

[1] 《清华大学藏战国竹简（壹—叁）文字编》（修订本）第411页，李学勤主编，中西书局，2020年10月。

[2] 同上。

[3] 《中国通史大师课·1》第100页，许宏等著，岳麓书社，2019年10月。

天下诸侯会盟要求周天子参加时，《春秋》中却记载说周天子去巡狩了，即周天子出外视察去了，原文所载是"天王狩于河阳"（《春秋·僖公二十八年》）。

另一方面的原因在于，当时的周王朝内部正面临着长达二十余年的内乱，而且出现了二王并立的局面，相互之间争夺王位的继承权。王位争夺战的结果是携惠王失败了，但是由于携惠王受到朝廷中卿大夫的共同拥立，在孔子看来属于"名正言顺"（《论语·子路》）。结果正统的继承者却在王位争夺战中失败了，孔子必然觉得这一段历史写起来非常困惑。从孔子的正名思想出发，如何看待这段历史，如何写作这段历史必然十分棘手。因此，研究者认为孔子作《春秋》之所以始于鲁隐公元年，而不是从周平王东迁的时代开始写起，很可能就是为了避免涉及这段不好处理的历史。[1]

在春秋时代初年的鲁隐公和鲁桓公时期，我们在相关文献记载中经常能够发现周平王向各地诸侯国要钱要车的记载。这一记载从侧面佐证了周平王东迁洛邑，其实是在周幽王死后很久之后的事情。周平王刚刚迁都洛邑时百废待兴，各方面都有所不足，因此经常要求各地诸侯加以支持也是情理之中的事情了。[2]

从以上的记述内容来看，我们现在对于两周之际的这段历史错综复杂的情况了解得仍然不够详细。其中许多细节性的关键内容我们并不十分清楚，过去的文献记载将其简单化了。

在先秦时期的历史文化发展中有三条主线：一是政治格局或战略格局上的东西对峙与融合的关系；二是学术思想嬗递上的分与合的问题；三是文化精神上的文和武的演变。[3]

镐京事变与周平王东迁的史实引发了历史发展进程中极为深远的文明流变，这种变化主要体现在两个方面：其一是，随着西周王朝的灭亡和周平王的东迁，周朝曾经赖以统治的礼治文明进入全面崩溃的阶段；其二是，秦人族群登上了历史舞台，历史和文明的发展进程迈入新的阶段。

在周公开始东征之前，秦文明的缔造者秦人族群便在首领飞廉的带领下，伺机谋反新诞生不久的周朝。周公东征的过程中在曲阜一带平定了奄人的叛乱，并

[1]　《中国通史大师课·1》第 101 页，许宏等著，岳麓书社，2019 年 10 月。
[2]　同上。
[3]　《中国通史大师课·1》第 104 页，许宏等著，岳麓书社，2019 年 10 月。

杀死飞廉。飞廉死后，周公旦将当地参与叛乱的嬴姓民众迁徙发配到西北地区，即今天的甘肃一带。

从周公东征时代开始算起，直到周平王初期秦襄公率兵救援周王室与犬戎族群作战为止，秦人族群在历史中沉寂了将近三百年的时间。

秦人族群在经过数百年的沉寂之后，再度出现在历史和文明发展进程中，新的文明流变在这一时期开始出现雏形。秦人族群东进救援周朝，是早期国家时代一个重大的转折事件。其根本意义早已超越对周朝政权的挽救，而是直接关系到后来秦王朝与秦文明的诞生。按照文献中的说法，在《史记·秦本纪》中有明确的记载："秦襄公将兵救周，战甚力，有功。"

我们在前文中已经确定，烽火戏诸侯事件属于子虚乌有，西周灭亡的根本原因在于二王相争，犬戎族群的入侵是加速西周灭亡的一个诱因。因此，在获知这一新情况之后，我们完全有理由相信秦襄公一族的战功，绝不是仅仅驱逐趁乱而入的犬戎族群那么简单。他们一定是在"二王相争"的过程中，选择站在了周平王这一方并对其鼎力支持。从某种程度上说，秦襄公的率兵救周在整个镐京事变中起到了扭转危局的决定性作用。我们现在已经确定导致西周灭亡的这个根源性因素，并不是传统文献中所说的犬戎入侵，而在于西周王朝内部势力之间的争斗。因此秦襄公的救周行动关键之处，很可能是指在周平王即位为王的过程中出了大力。

当然，这是笔者根据新发现文献材料作出的推断，除了司马迁在《史记·秦本纪》中明确指出，秦襄公是因为和犬戎族群作战得力而立功之外，在其他的篇目中则往往是某种极为简略的记载。例如《史记·齐太公世家》中记载："（齐）庄公二十四年，犬戎杀幽王，周东徙雒。秦始列为诸侯。"

除了与犬戎族群之间的作战得力之外，秦人族群受到周天子重视的原因是因为护送周平王东迁有功。这一说法在某种程度上印证了秦襄公之所以受到周平王的重视，是因为秦人族群选择站在了周平王这一方，而并不是站在携惠王一方。

周平王与携惠王之间的王位争夺战持续二十一年之后，最终以周平王的胜利而告终。胜利之后的周平王在洛阳王城册封秦人族群为新的诸侯国，封地就是整个关中地区。但是这其中的微妙之处在于，关中地区作为周人族群的发祥地，到周平王时代王室却已经失去了对它的实际掌控权。当时实际掌握关中地区的是犬戎族群（《史记·秦本纪》）。因此，我们可以看出周平王对待自己的支持者所给予的回报却是画了一张可见不可得的大饼，至于秦人族群能否将其收入囊中还要看他们自己的本事。

周平王对秦人族群的一纸册封在文明演变的进程中开了两条先河。

第一条先河是，改以往周王室传统的册封诸侯形式为契约式册封。在周平王之前的周天子册封诸侯，一律是将处于自己实际掌控之下的土地，根据受封者功劳、地位等级等条件进行直接的实际性质册封，受封者受封之后即可以直接赴任。但是，周平王对秦人族群的册封却完全不同，秦襄公非但无法直接赴任，甚至还要先替周天子收复失地。至于能否成功就任国君，则完全取决于秦襄公单方面的能力。

第二条先河是，将周王室曾经兴盛的王畿之地，册封给了异姓族群作为诸侯国的封地。从历史上来看，自黄帝时代至西周末年，从未出现过哪个中央政权将曾经的王畿之地分封给异姓族群做诸侯国封地的情况，哪怕这一王畿之地暂时被外敌侵占。周平王将周人族群曾经兴起的王畿之地分封给了秦人族群，即使镐京当时已经不在周天子的实际掌控之中，但是这种做法也无疑是史无前例的最高封国。[1]

周平王做出这一史无前例的封赏之举，实际上是出于多个方面的考量。首先，当然是出于对在王位争夺战中秦人族群坚定地支持自己的回报。其次是，由于镐京经历了二十余年的战乱和戎狄族群的入侵，早已失去了作为国都的实际作用和现实条件。如果顺水推舟封赏给秦人族群，不但周王朝沦陷的失地能够收复，而且还不必周天子调动一兵一卒。再次是，周王室虽然无力自行收回失地，但是也不甘于将自己经营数百年的基业拱手让人，不甘于让秦人族群立即成为强大的诸侯。周平王的如意算盘是，借秦人族群的军事力量收回沦陷的镐京，在这一过程中秦人族群面对犬戎族群必然会尽力拼杀，如此一来周平王既真正地反击了入侵的戎狄族群，同时又削弱了秦人族群的力量，还借此巩固了周王室的地位，同时又平衡了其他老牌诸侯国对秦人的种种非议。除此之外，周平王还获得了秦人族群对自己提供给他们发展机会的感恩戴德，对于周平王来说，可谓一箭

---

[1]《中国原生文明启示录》（全三册）第186-187页，孙皓晖著，中信出版集团有限公司，2016年10月。

多雕。[1]

以秦襄公受周平王之封为基础点，此后经过五百余年的不断发展，秦文明终于成为中国历史进程中一个崭新的元素和熠熠生辉的原生文明坐标。

第二节　春秋时代初期的生产力

随着周王室的东迁，一个崭新的社会文明系统开启了时代序幕。在新的社会潮流涌动之下，礼治文明与王道政治在平稳与动荡中经过了二百七十余个年头，便走入无可挽回的衰亡。相关研究者将其形象地比喻为礼治文明冰河的解冻。[2]可见周公当初创建的礼治文明仅仅经过了成康之治的短短四五十年的时间，便迅速演变为束缚时代和社会文明发展的枷锁。

礼治文明冰河的消融，在历经连续不断的社会动荡和政治动荡之后，以一场巨大的政治灾难为转折点，终于全面解冻了。这场政治灾难，就是我们之前提到的镐京政变和周平王的东迁。周平王东迁之后的社会，王权衰微、礼治文明崩溃，社会的方方面面都发生着深刻的变化。这种变化不仅体现在现实社会政治的变革中，更深刻地体现在时代文明的崭新裂变中。这一历史时期，在中国历史中被称为"春秋"。[3]

在周平王东迁之后的很长一段历史时期被称为春秋时代，源自孔子将自己编写的这一历史阶段的鲁国国史命名为《春秋》。至于孔子以"春秋"命名鲁国国史的含义，研究者多有不同的说法。有研究者认为，鲁国自立国之后的国史均命名为《春秋》，因此孔子只是沿袭这一传统的编史习惯；有研究者指出封建时代社会以农事为最重，对农业文明的特殊重视也是周王朝的深刻传统行为，农事最

---

[1]　《中国原生文明启示录》（全三册）第186-187页，孙皓晖著，中信出版集团有限公司，2016年10月。

[2]　《中国原生文明启示录》（全三册）第188页，孙皓晖著，中信出版集团有限公司，2016年10月。

[3]　同上。

重者即春天播种、秋天收获，因此所谓《春秋》实际是指以当时社会最为重视之事，说明年代变化和更替的迅速。

对于研究者之间的不同说法和相互之间的争论，我们暂时无法作出明确的评判和选择。在没有明确材料证据的支持下，我们依然对这些争论问题持存疑态度。但是我们需要明确的是，从孔子编写《春秋》之后，后世儒家在修撰史书时均沿用了这一名称，即以"春秋"代称这一时代，故此我们也常将这一时期称为"春秋时代"。

关于春秋时期的断代研究，其开端纪年是鲁隐公元年，即周平王四十三年（公元前722年）。

史学界对中国历史中特定年代的分期问题，历来有多种不同的说法。总的来看，比较有代表性的历史分期理论有三种。

第一种分期理论是古典史学中以帝王世系传承的存亡为主要依据的分期方法。如果依照这种理论观点来看，周朝在历史中的存在时间应当认定为867年，春秋时代和后来的战国时代，仅被看作是周王朝的两个不同的历史阶段。但是从社会文明的现实演变与发展来看，这种分期理论则明显忽视了历史的本质性变化，因此我们难以采用。[1]

第二种分期理论是近代史学家以当时时代的研究成果为理论基础，以客观历史史实为根基的分期方法。研究者认为，虽然其在一定程度上对古典史学意识和理论进行了某种革新，并曾经纠正了古典史学中的若干不准确纪年，但是总体根基依然没有跳脱古典史学的传统分期方法，并没有产生大的理念突破，因此我们同样不予采用。[2]

第三种分期理论形成于20世纪40年代末期，并经过数十年的发展完善，被学者命名为当代分期理论。这一当代分期理论以历史的本质变化为根基点，以具有历史转折意义的重大事变为依据对中国历史进行分期。从我们对文明发展演变在不同历史时期内所展现出来的形态规律的探索情况来看，选择这一方法论无疑更为吻合。

---

[1] 《中国原生文明启示录》（全三册）第189页，孙皓晖著，中信出版集团有限公司，2016年10月。

[2] 同上。

因此，按照第三种历史分期理论来看，我们可以确定春秋时代起于公元前740年前后，终于公元前476年，共约264年的时间。春秋时代的起止时间，标志性事件是以周平王东迁这一重大历史事件为开端；以齐国田氏封地超过姜氏齐平公所管辖国土面积的重大历史事件为结束。有关研究者认为，春秋时代的结束应以韩赵魏"三家分晋"并正式成为周朝诸侯的历史事件为标志，如此算来则春秋时代终于公元前403年，共存在约337年的时间。[1]

从文明发展进程的时代节点考察处于变化发端时期的春秋时代，我们首先以其时代的生产力为考察坐标点。只有首先明确一个时代的生产力情况，我们才能更好地探寻这个时代所生成的变化潮流和其特有的时代风貌。

春秋时代的生产力究竟处于什么状况？要明确这一问题我们必须首先回到文献和史料中进行探寻。通过考察这一时期的史料记载我们可以发现，在许多史书中都对春秋时代的生产力情况进行了相关描述。《国语·齐语》中记载："美金以铸剑戟……恶金以铸鉏夷。"《左传·昭公二十九年》中记载："晋赵鞅……遂赋晋国一鼓铁，以铸刑鼎。"《吴越春秋·阖闾内传》则记载："干将作剑，采五山之铁精。"综合文献中对春秋时代生产力情况的描述我们可以发现，春秋时代的社会已经进入成熟的铁器时代，并对铁器的种类和作用等有了明确的分类。春秋时代的生产力，已经在之前时代的发展基础上获得了极大的提高。

除了相关的文献记载之外，考古研究的发现同样为我们提供了关于春秋时代社会更加翔实具体的生产力发展情况。1931年，在河南省浚县出土了商末周初时期的铁刃铜钺、铁援铜戈，这是关于春秋时代生产工具的一次具有实证意义的考古发现。除此之外，自20世纪60年代至20世纪90年代的30余年之间，据不完全统计，研究者发现，中国出土的西周时代至春秋时代的铁器共116件。其中在1972年和1977年分别于河北省藁城县和平谷县（现北京市平谷区），出土了商代中期由陨铁锻铸的铁刃和铜钺各一件。这一考古发现证明了早在商周时期的社会中，对自然铁的锻铸和利用已经处于初步掌握的阶段。因此，有学者指出中国早期的铁器制造与应用时代和冶铁术相对趋于成熟的时代，应当认定为在西周时代的中

---

[1] 《中国原生文明启示录》（全三册）第189页，孙皓晖著，中信出版集团有限公司，2016年10月。

晚期，而不是春秋时代。[1]

经过研究者的相关统计，我们现在可以知道在所有已经出土的早期铁器中，被确认为制造于春秋时代的铁器超过80余件。研究者总结，其结构大致上可以分成四个类型：一是块炼铁，二是块炼铁渗碳钢，三是铸铁与白口铸铁，四是韧性铸铁。[2]

研究者综合其他各种史料文献和考古发现的实物证据进行判断，认为春秋时代已经具有独立的冶铁工场，其性质可能是国营机构，也可能是私人作坊。其铁器制造的具体应用以武器和礼器为主，除此之外铁制农具和日常生活用品也已经十分普遍。而且，春秋时代冶铁技术的发展和铁器的应用是不断处于变化之中的，越是处于春秋时代的后期，研究者发现的铁器制品越多，种类越是丰富。相关资料显示，在研究者对春秋时代各国遗址的考古发掘中，遍布周、郑、秦、燕、鲁、吴、越、楚、蜀等当时地区，以现今地理意义上的南方地区出土铁器最多。这一发现证明，中国早在春秋时代的社会文明中，尤其是春秋时代的南方社会文明中就已经进入铁器普遍、大量地冶炼和应用的时代，并且由于铁器的大量成熟性生产与应用，直接推动了春秋时代的社会生产力发展进入一个前所未有的历史高度。[3]

正是因为春秋时代的生产力水平在极大程度上的发展和提高，才促使了当时社会新兴经济活动和新兴社会阶层的出现，社会新潮流的涌动才具有了深厚的现实基础和可能性。春秋时代生产力水平的大幅提高，是春秋时代变革思潮和后来霸业文明出现的最重要根基。[4]

研究者指出，同时考察世界其他主要文明的发展情况，中国的铁器制造与应用和冶铁术的出现并不是最早的。大约在公元前1万年左右，当时的埃及、印度、古巴比伦等国家已经进入铁器时代。欧洲却直到公元14世纪时才开始出现冶铁制造技术。这意味着中国的铁器文明时代晚于西亚、北非、印度等古老文明国

---

[1]　《中国原生文明启示录》（全三册）第190-191页，孙皓晖著，中信出版集团有限公司，2016年10月。

[2]　同上。

[3]　《中国原生文明启示录》（全三册）第191页，孙皓晖著，中信出版集团有限公司，2016年10月。

[4]　同上。

家大约三四百年的时间，早于欧洲国家两千余年的时间。[1]

让我们一起来看一看文献记载中，以铁器冶炼制造和应用为基础的、体现当时社会生产力的古老传说故事吧。据《吴越春秋·阖闾内传》记载：当时有一个铸剑师名叫干将，他受到越国国君的命令进行限时铸剑，却为冶炼炉中的"金铁不销"而深感焦急。干将的妻子莫邪看到丈夫的样子感到很奇怪，遂问其故。干将对妻子莫邪说，他想不出办法解决这个问题，只记得当年自己的老师遇到"金铁不销"时，老师夫妻二人纵身投入炉中，方便金铁销融，最终成功炼成利器。

莫邪听到丈夫干将的话之后，立刻明白了他的意思。莫邪于是下令让他们的三百个弟子大力鼓风，烧红炉火，自己先是对天下拜，之后便和丈夫毫不犹豫地投身到炉火之中。此后炉火内铁水销融，两口神剑铸成，一曰干将，一曰莫邪。

透过这则充满传说性质的记载，研究者指出在春秋时代的冶铁生产行业，具有三个基本特性。

第一个基本特征是，当时的冶铁技术虽然已经取得了高度的发展，但是仍然属于难度极高的技术，因此具有锻铸者以身殉炉的崇拜传统。这一行业习俗一直沿袭到明清时代，仍然可以见到相关的文献记载。作为一种充满神秘和不可思议的行业习俗，却是一个在文明发展进程中曾经确确实实存在过的冶炼方式。研究者认为，这体现了我们民族的生产思维方式在古典文明时代的社会中，始终没有突破时代文明所限制的最高创造水平，同时也没有突破原生文明中所存在的基本缺陷，甚至在某种程度上出现了严重的文明衰落与文明倒退。[2]

第二个基本特性是，莫邪和干将能够拥有三百个弟子进行冶炼工作，完成鼓风、装炭等基础性工作，说明在春秋时代社会的冶铁业已经发展成为规模很大、组织有序的工场化生产水平了。[3]

第三个基本特性是，春秋时代的铁器制造与生产工艺在具体操作的过程中，已经开始使用大型皮囊式的橐龠（音驼越）进行鼓风。这种橐龠鼓风方式，是一

---

[1] 《中国原生文明启示录》（全三册）第191页，孙皓晖著，中信出版集团有限公司，2016年10月。

[2] 《中国原生文明启示录》（全三册）第192页，孙皓晖著，中信出版集团有限公司，2016年10月。

[3] 同上。

种对大型炉体送风的独特文明创造。至于其创造年代，有学者认为是在西周时期，多数学者则认为应当是在春秋时代的社会大发展时期出现的。[1]春秋时期的老子曾经在《道德经》中感慨说："天地之间，其犹橐龠与？虚而不屈，动而愈出。"（《道德经》）老子借橐龠引申出他对于天地呼吸的哲学想象，从另外一个方面证明了这种鼓风器和送风的方式一直在春秋时代的工业活动中普遍地应用。

研究者进一步指出，春秋时代出现并逐渐成熟的铁器冶炼与应用技术，在近代工业文明出现之前，始终代表着手工业文明时代社会生产力的最高水平。[2]

第三节　春秋时期以降学术思想大观

探究春秋时代在文明发展和流变过程中所起到的重要影响因素，这一时期的学术思想文化的嬗变是不可忽视的关键文明坐标点。德国哲学家雅斯贝斯在其著作《历史的起源与目标》一书中提出了一个重要的概念：轴心时代。所谓轴心时代，是指世界文明在不断积累和发展的过程中，到达一定时间时产生的一种突破。[3]这种突破即在一定时期内，与一定范围内产生的文明的大聚合与新的裂变。

这种文明聚合与裂变体现于多个方面，从时间范围来看，是从公元前800年至公元前200年，尤其是在公元前600年至公元前300年的这一历史时期内。在中国传统文明发展的脉络中，就是指公元前500年至公元前400年的时代，即孔子生活的主要历史时期内。从空间范围来看，主要包括了几个具有代表性的文明突破。例如两河流域，即幼发拉底河和底格里斯河之间的美索不达米亚平原一带，出现了犹太教的先知。[4]

[1]　《中国原生文明启示录》（全三册）第 192 页，孙皓晖著，中信出版集团有限公司，2016 年 10 月。

[2]　同上。

[3]　《中国通史大师课·1》第 108-109 页，许宏等著，岳麓书社，2019 年 10 月。

[4]　同上。

除此之外，在这一时期的古希腊出现了苏格拉底、柏拉图和亚里士多德等哲学家，出现了古典悲剧时代文化思想的大繁荣。

在印度河流域和恒河流域出现了乔达摩·悉达多，即著名的佛教文明缔造者佛祖释迦牟尼。在中国则呈现出一种文明爆炸的发展态势，涌现出老子、孔子、庄子、孟子、荀子等一大批思想家和时代文明的代表人物。[1]

许多学者对这一时期的文明大聚合与文明裂变发出过不可思议的惊叹，人类文明发展的高峰集中体现在一个历史时期。这些人类文明的创造者或推进者虽然在空间意义上相隔万里，至少我们今天按照当时的交通情况来看，他们相互之间不可能产生交流或者任何联系，但是整个人类文明的历史进程在经过长期的积淀和酝酿发展之后，终于在这一时期选择完全爆发，学者们将这一历史时期称为"轴心时代"。[2]

如果我们抛开世界其他民族在这一轴心时代的文明发展情况不谈，仅就中国的文明发展做一番探究，那么我们首先会发现，中国古代各个文明的起源也具有各自的独立性。

让我们暂时将眼光拉回到更为久远的文明起源时期，在东北地区的文明代表是红山文化，山东地区的文明代表则是龙山文化，在陕西与河南一带的文明代表则是著名的仰韶文化，在南方地区的江浙一带产生了河姆渡文化与良渚文化，在四川盆地则出现了巴蜀文化和著名的三星堆文化。我们可以发现，这些起源于中国地区之内的各种代表性文明，各自之间具有显著的地域性差异。它们的诞生与发展完全处于一种各自分散的状态，但是却不约而同地创造了非常灿烂辉煌的时代文明。[3]这与后来春秋时代的文明大聚合与文明裂变是何其相似！

古人云，天下大事，分久必合，合久必分。在商朝灭亡之后，中国历史上出现了第一次文明大整合，即笔者在前文中所述的礼治文明时代。从整体上来看，礼乐文明的建立包括四大依托：一是井田制的生产方式；二是国人和野人分化管理的社会模式；三是权力继承的宗法制度；四是分封建国的统治制度。这四大制度形式共同支撑起了礼治文明，关于这一点笔者在前文已经进行了详细论述。以

[1] 《中国通史大师课·1》第108—109页，许宏等著，岳麓书社，2019年10月。

[2] 同上。

[3] 《中国通史大师课·1》第109页，许宏等著，岳麓书社，2019年10月。

四大制度为依托而建立起来的礼治文明，实际上就是当时周代社会进行的一次文化大整合。[1]

虽然礼治文明时代很早便进入衰落期，但是如果我们跳出时代政治的影响因素来看就会发现，这次文化大整合其实在客观上依然延续着，甚至是随着时代政治的衰落而产生了更加灿烂的文明创造。一个明显的事例是，在西周时代末期到春秋时代，随着井田制的瓦解和礼治文明的衰落，分封制度与宗法制度均受到很大程度的削弱，国人与野人之间明显的阶级分层被打破。在此期间，整体社会的学术思想文化开始呈现出分化的趋势，即学者们常说的长期以来形成的"学在官府"的规矩被打破，学术与文化发展开始呈现出下移的态势，私学即民间学术开始兴起。[2]以私学的兴起为坐标点，标志着春秋时期的文明发展取得了跨越时代的伟大成就。

其中具有代表性的学术思想流派和时代文明派系包括以老子和庄子为代表的道家；以孔子、孟子、荀子为代表的儒家；以商鞅、申不害、慎到为代表的法家；以孙子、吴起为代表的兵家，以及以墨子为代表的墨家。如此一来，百家争鸣的局面便正式形成，这标志着春秋时期的学术思想文明在经过礼治文明时代的文明大整合之后，开始呈现出文明分散的大趋势。但是在两百年之后的战国时代末期，文明发展的态势再次走向了聚合与统一。[3]

战国中后期的时代政治发展主线，就是要终结长久以来存在的诸侯割据、天下纷争的乱局，即由兼并逐渐走向统一。从当时的政治格局来看，战国七雄的战略目标已经出现了统一天下的意识。在相关文献中明确记载了这一时期中社会意识的状态："纵合则楚王，横成则秦帝"，即终结战国乱局的或者是楚国，或者是秦国。无论是哪一国完成了政治格局上的统一，其时代的学术思想文化也必然随之走向聚合与统一。因此，这一时期的学术思想和文明流变开始出现第二次大整合，诸子百家在时代文明的发展过程中不断进行交流互鉴，思想逐渐开始走向统一。[4]

---

[1]　《中国通史大师课·1》第 109 页，许宏等著，岳麓书社，2019 年 10 月。

[2]　《中国通史大师课·1》第 109-110 页，许宏等著，岳麓书社，2019 年 10 月。

[3]　同上。

[4]　同上。

　　一个具有代表性的例子就是荀子，荀子虽是儒家文明的集大成者，但他在继承孔孟之道的同时，又广泛吸收了法家的诸多文明学理。因此在荀子的学术观中，礼治文明和法治文明达到了有机的协调统一，因此缔造了独特的、契合时代文明发展的德治与法治并行的后儒家时代文明典范。荀子所缔造的儒家文明理论并没有经过他本人的躬身实践，但是却在他的两个著名学生韩非子与李斯的身上得到了充分的展现。荀子儒法合一的文明发展理论，不但是诸子百家之间相互进行交流互鉴的具体体现，更标志着当时社会的学术思想文化已经开始呈现出一种由分散、独立甚至彼此之间针锋相对的发展态势，转变为逐渐产生整体性吸纳与聚合的文明发展总趋势。[1]

　　除了儒家文明之外，当时社会的诸子百家几乎都受到时代文明大聚合的影响，开始了与其他学派的文明兼容。以老子开创的道家文明为例，在老子之后的道家文明沿着两条总的路线进行发展，其一是以庄子为代表的原生文明的道家。庄子在某种程度上完全沿袭着老子的思想文明理论，在坚持老子"道"的基本文明观念的同时，更进一步地进行了延展和创新。除了庄子一脉对道家文明的发展之外，在汉朝初年曾经对时代政治文明产生过巨大影响的黄老之学也是对道家文明的一种延伸和发展。黄老之学的最大特征在于，在坚持老子与庄子所缔造的原生道家文明主体性的同时，又充分借鉴和吸收了其他思想学派的理论与内容，进而丰富和发展了道家文明整体上的思想文明体系。[2]

　　道家文明在时代文明大聚合的影响下，对当时天下学派理论的广泛吸收，与在时代社会文明的大聚合的推动下，对其他学派文明的借鉴与吸收，在司马迁的父亲司马谈所著的《论六家要旨》中讲述得非常明确。道家文明的时代文明吸收与聚合具体体现在于"因阴阳之大顺"，即道家文明吸收融合了阴阳家学派的文明理念与内涵；"采儒墨之善"，即道家文明中融合了儒家文明与墨家文明中的优点；"撮名法之要"，即道家文明将名家与法家最精髓的思想理论内涵也借鉴了过来。如此一来，道家文明的效益便达到了最高，即"指约而易操，事少而功多"（司马谈《论六家要旨》），进而在后来的汉朝时代，道家文明演变和适应为一种政治形态上的操作方法。这是道家文明的一种次生形态，是另一种形式的

[1]　《中国通史大师课·1》第110页，许宏等著，岳麓书社，2019年10月。
[2]　同上。

文明整合与文明实践。

事实证明，在时代文明大聚合的影响下，广泛吸收天下学派精微理论而形成的道家文明，在汉朝初年的高祖时代与吕后时代，以及此后的文景之治时代的实际政治实践中起到了巨大作用，使当时的天下从春秋时代以来，甚至是从西周时代中期以来的数百年间，第一次获得了真正意义上的与民休息。这不但挽救了长期处于战乱和文明冲突中的时代政治，更为之后儒家文明在汉武帝时代的登台奠定了稳定而强健的根基。

在兵家与法家的相关著作中，亦体现出了这一时期文明大整合的天下学派文明兼容形态。无论是《司马法》还是《孙子兵法》，都是相对单纯的兵家和法家著作，但是其中已经在一定程度上体现出了文明兼容的雏形。在战国时代后期出现了一部托名为姜子牙所著的兵书《六韬》。相比于《孙子兵法》，我们可以发现《六韬》中无论是其数量或所涉内容等，都丰富了许多。兵权谋、兵阴阳、兵技巧、兵形势等，兵家将当时各个类别和各个学派的思想都在《六韬》中进行了详尽的整合。[1]

在《韩非子》一书中展现出来的时代文明兼容形态体现在：韩非不但将法家原本的法、术、势等相关基础理论进行了丰富和完善，在保持法家文明主体性的同时更进一步地作出了文明整合，韩非将儒家的三纲理论、道家的君人南面之术等均进行了充分吸收利用，在自己的著作中得到了充分的展现。因此，历史上第一个为老子《道德经》做注解的人就是韩非，其著作《韩非子·解老》就是对《道德经》进行的一种法家文明视角下的解读与剖析。[2]

《韩非子·喻老》则是借《道德经》中的理论进行发挥，对法家文明理论在另一种形态下的阐述。因此，《韩非子》一书就是当时诸子百家的学派理论大整合时期在法家文明中的具体体现。[3]

除此之外，在后来的战国时代还出现了一部综合各学派理论的杂家著作《吕氏春秋》，这是在文明大整合作用下催生出的一个新的学派，其主要任务和文明作为就是将当时广泛出现的诸子百家学术文化进行系统的整合，最终形成了"你

---

[1]　《中国通史大师课·1》第110页，许宏等著，岳麓书社，2019年10月。

[2]　同上。

[3]　《中国通史大师课·1》第110-111页，许宏等著，岳麓书社，2019年10月。

中有我，我中有你"的时代文明奇观。[1]

倚若我们将对文明思想流变的考察视角拉得更加长远一些且不仅仅局限于春秋时代的学术文化整合便会发现，在秦朝之后的汉朝时代文明发展的大整合再次涌现了出来。其代表性人物和事件是汉武帝时代的儒家学派代表人物董仲舒，他曾经向汉武帝上"天人三策"，主张"罢黜百家，独尊儒术"，在文献中称之为"推明孔氏，抑黜百家"（《汉书·董仲舒传》）。

董仲舒这一主张获得了汉武帝的认可和支持，如此一来便通过国家力量将学术思想与多样性的文明流变强制性地整合了起来。可以说，董仲舒时代通过国家力量对学术思想和文明流变的集中整合，意味着整个先秦时代思想文明完成了从分到合的过程，是具有划时代意义的阶段性文明整合。

东汉末年时期，情况再次为之一变，由于国家力量的衰微和当时社会中豪强贵族的权力膨胀、土地兼并，以及外戚专权和宦官乱政等现象的普遍爆发，直接导致的后果是这一时期的政治权力由原来的一元开始向多元分化。与此同时，受到时代政治文明的深刻影响，当时的学术思想文明也开始走向分化。这种文明分化最为明显的是体现在当时的时代人物身上，例如诸葛亮既有他"澹泊明志，宁静致远"（《淮南子·主术训》）的受道家文明影响的一面，同时又具有忠于刘备，忠于职守、励精图治这一鲜明的儒家文明立场。除此之外，诸葛亮在治军和治蜀、治蛮的过程中，又展现出他重视使用法律进行治理，强调"治乱世用重典"的典型法家精神特点。[2]

从东汉末年到魏晋南北朝时期，政治权力分裂的社会局面再度出现，这一时期学术思想文明的分化主要体现在宗教的崛起上。佛教自汉朝传入中国以来，在魏晋时代之后迅速在社会文明的诸多流派中发展起来，成为一种和儒家文明并驾齐驱的学派文明。除了佛教文明之外，当时社会的时代文明多元分化还体现在太平道、五斗米道、新天师道等教派的创立上。这些宗教流派的起源无疑属于土生土长的中华文明，在这一时期形成的诸多教派正是当时社会文明形态分化的一种具体体现。[3]

---

[1] 《中国通史大师课·1》第 110-111 页，许宏等著，岳麓书社，2019 年 10 月。

[2] 《中国通史大师课·1》第 111 页，许宏等著，岳麓书社，2019 年 10 月。

[3] 同上。

　　自魏晋南北朝到隋唐时代，在以文中子所著《中说》内所提出的三教合一观点受到社会的广泛认同之后，儒家文明、道家文明与佛教文明再次由分化走向了聚合。但是由于隋代在历史中的存续时间非常短，因此这一时期的文明聚合直到唐代才得以完成，其文明标志体现于唐代学者孔颖达等人编写的《五经正义》的颁布。[1]

　　自唐至宋代，文明的聚合再次走向分化，具体体现在儒家文明内部的学派林立。宋代的学术思想流派包括以朱熹和"二程"为代表的理学，以张载为代表的气学，以陆九渊和明代王阳明为代表的心学，以及以邵雍为代表的象数学派。[2]

　　唐宋时代开始的文明分化持续时间相对较长，一直延续到了清朝时期才再次出现了学术思想的聚合。[3]但是清代的学术思想聚合总让人感到有些变了味，即它不是因为文明发展的自然走向而产生的聚合，而是在中央集权政治的强力干预之下出现的一种被迫式聚合。正因为如此，清代的学术思想文明一直以来多受人们的诟病。清代学术思想文明虽然以考据学和小学见长，主要对程朱理学进行学习和研究，并且确实在时代文明的发展流变中具有一席之地，但是这次被迫式的文明聚合由于在一定程度上违逆了文明发展的自身规律，因此不可避免地出现了一些影响深远的不利因素。

　　民国时代，由于受到西方文明思潮的强力影响，时代的学术思想文明再度出现分化。当时出现了诸如复辟主义、无政府主义、军国主义、资本殖民主义甚至法西斯主义等多种文明派系，中国社会的最终选择是共产主义和社会主义。当然，中国社会对共产主义和社会主义的选择又是一个由分走向合的演变过程，在这一文明思潮的影响下诞生的当代学术文明观，对于今天的人认识中国的历史和中国文明的诞生与发展，具有积极的作用。[4]

---

[1]　《中国通史大师课·1》第 111-112 页，许宏等著，岳麓书社，2019 年 10 月。

[2]　同上。

[3]　同上。

[4]　《中国通史大师课·1》第 112 页，许宏等著，岳麓书社，2019 年 10 月。

第四节　先秦时代的文化精神

先秦时期文化精神上由尚武到崇文的演变，是这一历史时期显著的文明标识。[1]按照传统学术认知中的看法，似乎每当谈到先秦时代的文化精神，人们的印象中总会首先浮现出儒家文明，甚至有些人的印象中还只会浮现出儒家文明。但是从历史文明的实际发展情况来看，这一历史时期的文化精神实际上是极为丰富多彩的，各种文明理论相互交汇，构成了先秦时代标识性的文明思潮。

由于特殊的历史原因，在汉朝之后儒家文明一跃成为百家之首，形成了力压诸子的文化格局。因此，我们要探究这一时期内的文明发展与流变情况就变得相对复杂一些。笔者拟以各家学派文明为独立章节，在后文中进行单独的撰文论述。如此规划的原因在于，希望能够跳脱儒家文明中心主义，相对客观和真实地对先秦时代诸子百家的文明流变及其历史地位做一番探寻。

我们对这一历史时期内的文明流变与发展的考察，虽然摒弃了传统认知中的儒家文明中心主义视角，但这并不意味着笔者否定儒家文明在历史发展的过程中，客观上形成的政治文明中心这一事实。关于儒家文明在历史发展和文明演进过程中的定位问题，历来学者多有争论。我们不以那些烦琐的考据和浩如烟海的理论来困扰读者，因此笔者将这一时期内诸子百家的文明发展情况，及其各自的社会地位与影响力等尽力拉到同一水平线进行考察。尽管如此一来，便在某种程度上违背了诸子百家在时代社会中客观地位的现实差异，但是这对于我们考察其中的文明兴替却并无大碍。

大多数人之所以对儒家文明的印象和记忆相比于其他诸子文明更为深刻，其中最为根本的原因在于"儒"文明始终没有从我们的生活中消失。较为明显的例子是，一个热心公益、有一定文化水平并且经商成功的现代商人，人们往往会冠之以"儒商"的称谓。而且儒家文明中所倡导的礼乐文明，也在现代人的生活中

---

[1]　《中国通史大师课·1》第113页，许宏等著，岳麓书社，2019年10月。

时有体现。因此，传统儒家虽然已经不存，但是儒家文明却深刻地印刻在每一个中国人的灵魂中。尽管从秦始皇时代到现代社会以来的数千年之间，人们对儒家文明的非自然性破坏屡屡发生，并且力度十分之大，然而儒家文明的根基始终没有断绝。

这种文明的长寿性和极强的时代适应性，引起了研究者和关注者广泛的研究和讨论。从先秦时代的历史源头出发来看，传统意义上真正的儒者似乎与我们现代认知中的儒者具有本质性差异。按照相关文献中的记载和研究者的研究结论来看，先秦时代的儒者并非以文人墨客的形象或者儒商的形象出现的，反而是以执干戈保卫社稷的武士形象出现的。研究者甚至认为，先秦时代的学校在性质上都具有军校的色彩，主要教学内容除了礼乐等文化课程之外，最重要的就是对军事技能的学习培训。因此《孟子》中曾经记载说，夏代的学校名称是校，商代则是序，到周朝时称为庠，并指出"序者射也"，即当时的学校主要教学内容是射箭，也就是针对军事技能方面的培训。[1]

《汉书·艺文志》中记载了先秦时代的学科分类，排在首位的是六艺略。所谓六艺是指六项具体技能，即礼、乐、射、御、书、术。也有研究者认为六艺的具体所指是六种文化典籍，即《诗经》《尚书》《礼记》《乐经》《春秋》和《周易》。[2]

除了六艺之外，第二大学科称为诸子略，即诸子百家的学术思想文化。第三大学科是诗赋略，即文学艺术。第四大学科是兵书略，即军事学。第五大学科是数术略，即今天学科分类中的理科相关学科。第六大学科是方技略，即工科。[3]

先秦时代儒家文明中的尚武精神，由此可见一斑。除此之外，在《左传·成公十三年》中记载："国之大事，在祀与戎。"所谓祭祀是强调君权神授，是证明统治者统治地位合法性与合理性的一种手段。另外一件核心大事就是戎，即军事国防方面。先秦时代的国家权力将军事国防与君主权力的合法性问题并列而谈，可见其尚武精神在时代文明中所产生的重要影响。

《诗经·国风·周南》中记载的"赳赳武夫，公侯干城"，体现了先秦时代

[1]　《中国通史大师课·1》第113-114页，许宏等著，岳麓书社，2019年10月。

[2]　同上。

[3]　同上。

在尚武精神文明的影响下，人们对于男子具有阳刚之气的深刻崇拜传统。但是随着时代和物质文化的不断发展，以及精神文明生活的逐渐丰富，先秦时代儒家文明中这种深刻的尚武精神开始消退，取而代之的则是崇文精神。

宋朝时期的学者王圣美曾经提出了著名的"右文说"，即一个汉字的左偏旁表示类别，例如单人旁的汉字一般都和人相关、木字旁的汉字一般和植物有关等。汉字右边的偏旁既属于声符又属于意符，即表示某种意思。例如，水少一般称为浅；指人的地位比较低微称之为贱；小路称之为栈，即栈道的意思。[1]

从以上笔者所列举的三个汉字来看，其右部的"戋"都具有小、少的含义指向。同理来看"儒"字，由人字旁加需组成，意为人人之所需、不可或缺者，即普遍存在于人们的日常生活和行为选择指向中的一系列价值观念和评判标准等。[2]

儒家文明中的这种崇文精神，对历史和文明的发展历程产生过十分巨大的影响。在孔子生活的那个世界文明的轴心时代，人类的文化精神实现了超越性的突破，开始产生了某种程度上的文明自觉意识。当时的人们开始思考人类自身、人与社会、人与自然以及人与世界之间的复杂关系，并综合之前历史时期的经验积累，在这一历史时期内形成了各具特色的价值体系和文明体系。以孔子和儒家文明为重要坐标点的崇文精神因子，构建了人类历史进行自我理解的普遍框架。具体来看，即处在轴心时代的中国所有出现的思想文明流派，以儒家文明为圆点共同构建了之后人类的一切思考和创造的文明本源。

这种形成于轴心时代的文明本源，按照传统的说法应当称之为"返本开新"，即每一次文明创新都是在之前文明发展的积累基础上诱发的文明嬗变，每一次文明创新都是对文明源头的一种回顾。相比于世界其他文明的起源与发展历程，中华文明中存在的一个显著特性是没有出现神教的信仰。中国人所关注的焦点是对社会秩序的安顿和构建，总体的文明发展倾向侧重于讨论人性与伦理的问题，这一点在后代程朱理学与王阳明心学中的集中体现尤为明显。

在轴心时代的春秋战国时期，礼治文明的崩溃被孔子称之为礼崩乐坏。这一时期涌现出来的一大批思想家，对于当时时代文明价值观念的重构和社会秩序的

---

[1]　《中国通史大师课·1》第115—116页，许宏等著，岳麓书社，2019年10月。
[2]　同上。

重建产生了不同的观念。这一差异化文明价值观念重构的客观形成，是导致诸子百家争鸣的根本现实基础。

有研究者指出，在春秋时代大量涌现出来的思想家其重要出处在于"诸子出于王官"，即诸子百家的由来是之前在周王室和各级诸侯国政府中服务的官员。但是随着礼治文明的衰落和时代文明的深刻变革，这些人或主动或被动地失去了原本的官职与权力。在这一现实基础上，他们不得不重新寻找新的社会角色定位，提出不同的社会主张，因此而逐渐形成了春秋时代独特的思想流派和文明系统。正是因为这些人的存在，在礼治文明崩溃的社会大背景之下，诸侯国之间相互侵伐，许多被灭国的思想家变成了流亡人士徘徊于各个诸侯国之间。这些失去之前社会角色定位的人，无奈之下只能依靠自身的专业知识和重新学习再去寻找适合自己的新角色定位。正是在这一过程中，随着社会身份的转换和新旧知识的更替，让这些人逐渐在之后形成了各具特色的独立学派。[1]

但是也有研究者指出以上说法缺少有力的证据支持，更多的是根据时代政治进行的某种推测和想象，无法对这一观点进行有力的佐证。例如儒家学派的创始人孔子：孔子的先人原本是殷商王朝宋国的一个贵族成员，之后其家族家道中落，孔子的母亲无奈之下带领孔子迁居阙里。孔子自己也曾经说过："吾少也贱，故多能鄙事。"孔子的学生也大多都是平民百姓，因此从某种程度上说，最重要的儒家学派就并不是"出于王官"。[2]

尽管如此，因为孔子的先人原本属于宋国的贵族，而宋国又是周王朝允许殷商王朝保留自己先人祭祀的封国，所以从血统的传承角度来看，如果说孔子也属于"出于王官"，似乎又在某种程度上具有历史合理性。因此笔者认为，在孔子时代之前的诸子文明时代，有许多学派确实是出自王官。但是从孔子时代开始，其有教无类的学风思想直接打破了学在官府的古老传统，因此我们很难承认在孔子时代之后的社会思想和文明价值观念的传播依然是"出于王官"。孔子首倡并实行的私人办学、上学下达的文明风气，具有开时代之先的伟大意义。

因此，以孔子的主要生活时代为分水岭，在其之前和之后出现的各个思想流派，其形成的主要原因各异。早在诸子文明时代尚未结束的时候，韩非就已经开

---

[1]　《中国通史大师课·1》第 135-136 页，许宏等著，岳麓书社，2019 年 10 月。

[2]　同上。

始总结诸子文明中各自的思想特征。韩非认为，先秦时代最重要的文化精神是儒家文明和墨家文明，在两家之中又分别以孔子和墨子为最通达者。

韩非子将儒家文明和墨家文明称为"显学"（《韩非子·显学》），即在当时诸子百家争鸣的时代中最为显赫的学派就是儒家和墨家。我们今天可以将韩非的说法看作是对当时社会文明风向的客观现实记载，但是这并不意味着韩非赞同儒家或者墨家的理论主张。甚至在某种程度上来说，韩非此举在一定程度上是在告诫统治者，不能轻易采信儒家和墨家学派的主张。其中原因在于，儒家学派在孔子去世之后分裂为八个学派，墨家学派也在墨子去世之后分裂为三个学派，即"儒分为八，墨离为三"（《韩非子·显学》）。儒家和墨家的继承人各自有不同的主张和理论，究竟应当以哪一派的说法为此家文明的正宗？这一问题非但当时的统治者无法判定，即便是儒家和墨家内部各自的继承者之间都无法统一认识。

在这种现实情况下，韩非子另辟蹊径地指出，统治者选择的政治文明主张应当具有与时俱进的特性，不应该再机械地照搬孔子或者墨子的言论。也就是说，韩非子在某种程度上认为当时的统治者应当听从法家文明的一系列主张。

在《庄子·天下》中曾经记载说："道术将为天下裂"，意思是这个世界上真正的道只有一个，但是由于诸子百家各学派都在试图用自己的理论和主张来分析和解释这个世界，最终反而让大家无法知道天下真正的大道究竟是什么了。天地的纯美和古人的道德全貌不但后世的学者无法看到，甚至道术本身也将被天下人割裂。

庄子的说法可以看作是在百家争鸣的诸子时代，对文化精神的最终选择上的无所适从。甚至我们可以理解为，在文明爆炸的时代人们在精神选择上却是一片荒芜。在庄子之后，司马谈写作《论六家要旨》时曾经引用《周易》中"天下一致而百虑，同归而殊途"一句话指出，百家争鸣时代各个学派的理论主张与文明核心都具有同一根本指向，即都在考虑如何治理好当时的天下社会，并提出了各自不同的治理方案。至于各家所提出的方案正确与否，以及是否具备实际可执行性等问题，则又是新的争论焦点了。

司马谈对各家所提出的文明主张都进行了点评，其所认定各家之优劣不一而足，但是最终落脚于道家文明。司马谈认为道家文明是治理国家的根本理论指导，关于这一点我们暂时不做评判。笔者将在后文中对先秦时代诸子百家所缔造的文明高峰与具体的思想理论逐一进行解析，至于究竟孰是孰非、孰优孰劣，便交由读者诸君见仁见智了。

但笔者在此仍然想要重申的是，百家争鸣原本就是这一历史时期的时代文明特性，一个健康而文明的时代，本来就不应该只有一种声音。正如西方哲人柏拉图所说，如果一个时代的文明只允许一种声音存在的时候，那么可以肯定，这种唯一存在的声音，基本上是谎言。

第五节　儒家文明析古（上）

在孔子和孟子时代之后的儒家学派文明，由于先受秦火焚书的破坏，继而又受到汉代特殊的政治需求的影响，几乎在一定程度上改变了儒家文明的原本面貌和发展脉络。不同发展脉络之间的文明流变，在后人的心目中便留下了不同的文明印记。爱之者赞其圣贤，谤之者指其迂腐，至于儒家学派的本来面目，变得似乎并不重要起来。

据《汉书·艺文志》记载："儒家者流，盖出于司徒之官，助人君顺阴阳明教化者也。游文于六经之中，留意于仁义之际，祖述尧舜，宪章文武，宗师仲尼，以重其言，于道为最高。"由这一记载我们可以看出，儒家学派的精神宗旨是，借前人前事申明自我的理论主张。其学派中的一系列源流人物是由周朝官制体系中负责教化工作的司徒演变而来。儒家学派存在的根本任务是，帮助统治者和顺阴阳以及申明教化，以尧舜和周文王、周武王及孔子为其所推崇的核心灵魂人物。在后代儒家学派的不断发展中，孔子的地位逐渐超越之前的四位，成为儒家文化中的核心人物。

从传世文献中揭示的儒家的文明系统情况来看，尧、舜、禹三代的政治行为和文明价值取向，对于儒家文明的叙事系统来说十分重要。正因为如此，在儒家文明的历史叙事中对于尧舜时代的真实存在毫无疑问。尽管目前仍然有一部分现代学者对于尧舜时代，以及夏朝是否真实在历史中存在表示怀疑，然而这并不影响儒家学者从价值指认意义上确定这几个历史时期在文明发展进程中的真实客观的存在。[1]

　　按照近代以来兴起的"古史辨派"学者的相关理论观点来看，他们从文献学角度和考古学视角出发研究认为，尧舜时代以及夏商周三代的历史都是后人层累塑造起来的。正因为如此，才出现了时代相隔越久远、相关的材料反而越多的怪现象。古史辨派的学者从这一角度思考认为三代并不存在，进一步推论，既然三代的历史和文明并不存在，那么儒家文明中建立在三代文明之治而兴起的理论核心，也就完全失去了历史依据。如此一来则意味着儒家文明理论，和其政治价值目标自然也就没有了。[2]

　　笔者认为，儒家整理的相关文献中关于尧、舜、禹时代事迹的记载，具有十分浓厚的儒家文明色彩。因此我们将其作为历史发生的真实情况进行考察时，必须要充分警惕。例如，儒家文明中以尧舜禹时代的禅让制文明来宣扬"天下为公"的思想，旨在申明天下绝非一家之天下。但是我们在前文的叙述中通过分析，已经否定了禅让制度在历史发展中的客观存在。儒家文献中的记载，其文明价值取向意义远高于历史叙事意义，甚至孔子、孟子等儒家学者对于那些不利于甚至是相悖于儒家文明理论的历史事实，或者选择将其进行部分和全部的隐瞒，或者在一定程度上进行美化删改处理，也已经成为历代公认的事实。

　　其中有力的证据包括，笔者在之前的章节中分析的禅让制度的历史逻辑，以及儒家文明强调通过汤武革命来说明民意是最好的统治依据。[3]将革命与篡夺进行概念上的离分，将一个政权对另外一个政权的替代归结为天命更替，将夏桀和商纣王打造为典型的亡国暴君形象，将商汤伐夏和武王伐纣定性为顺天应人的革命行为而非以下谋上的篡夺，凡此种种均带有十分浓厚的儒家文明色彩。至于在孟子评述武王伐纣的牧野之战时，对于这场被自己和儒家文明定性为"以至仁伐至不仁"的仁义战争，竟然出现了"血流漂杵"的历史记载而深感愤然的质问等一系列行为，无不说明一种文明的产生对于历史的深刻影响，甚至是在一定程度上对历史事实所产生的深刻改变。

---

[1]　《中国通史大师课·1》第 138–139 页，许宏等著，岳麓书社，2019 年 10 月。

[2]　同上。

[3]　同上。

文明与历史的关系是，一种文明潮流的产生必然是基于历史现实的客观存在与发展，但是文明的重要意义在于它要超越历史，合乎一种脉络式的演进规律，而并非是对历史或者历史记述的简单重复。在这一过程中，一部分历史的真相不可避免地要为文明价值的取向进行让位。我们在此书中主要探讨的论题是，文明的流变对于历史发展所产生的影响。我们虽然否定了一部分经过儒家文明重新改造过的历史记载，但是这并不意味着我们要否定儒家文明本身。因此，需要充分引起我们警惕的是，现代社会中依然有许多学者和研究者，在"五四"文明运动结束百余年后、时代文明的主题已经发生深刻转变的今天，依然从自我认定的历史事实角度出发，对儒家文明和天下主义价值观念进行强烈的批判。这些学者和研究者普遍认为，中国古代的社会中根本不存在天下秩序，即便存在也并没有文献记载中的那么美好。凡此种种理论和说法，都是不了解价值原理的产生规律而试图用自我认知中的历史事实，对儒家文明的价值观念进行否定的一种简单粗暴的做法。

其中深刻的历史逻辑在于，拥有远高于一般人的思辨能力和判断能力的学者们，在遇到异于其所接受与维护的文明主张和历史判断时，便自然地产生了一种为维护自我思维中的既有理论主张而进行的反驳批判行为。相应地，一个人对一种文明观念和价值取向接受得越早、坚信的程度越深，那么他在遇到相左的文明理念和理论主张时，接受起来便越加困难。这就是王阳明所说的"破山中贼易，破心中贼难"（《与杨仕德薛尚谦书》），或者说这就是王阳明思想价值的深刻体现。

正是因为儒家文明理论是建立在这一根本的价值取向基础之上，因此研究者普遍认为儒家学派的学者从根本上来看，都是一种绝对的理想主义者。即便是因为坚守自我的理想而在现实社会中碰撞得头破血流，以孔子和孟子为核心的儒家学者也没有放弃过这种理想。但是也正因为如此，在先秦时代残酷的现实政治面前，这些充满理想主义的儒家学者始终无法获得统治者的支持，他们始终无法将自己的理想和主张进行现实化。在先秦时代的诸子百家作品中，我们经常能够看到对儒家学者和孔子的讥讽记载，甚至在儒家的作品《论语》中也不例外。

在《论语·微子》中曾经记载：有两个名叫长沮和桀溺的世外隐士在一起耕田，这时孔子带领弟子经过他们身边，便派子路向他们询问渡口的位置。长沮问子路说那个驾车的人是谁，子路回答说是孔丘。长沮又问，是那个鲁国的孔丘吗？子路回答说，是的。长沮说，既然是孔子，那么他早就应该知道渡口的位置在哪里了。子路无奈只能转身去问旁边的桀溺，桀溺也首先反问子路说，你是谁啊？子路回答，我是仲由。桀溺又说，你是鲁国孔丘的学生吧？子路回答，是的。桀溺继续说，洪水弥漫，天下都是这样，又有谁能够改变呢？你与其跟着孔子，还不如跟着我们一起耕田。说完之后，两人便不再搭理子路，继续不停地把种子撒向地里。子路回来报告孔子之后，孔子失望地说，鸟兽不可以同群（《论语·微子》）。

以上记载明显是道家学派风格的隐士对于儒家和孔子理论主张的一种嘲讽，甚至还明显表现出了要对孔子的弟子"挖墙脚"的行为，只是子路没有被说动。孔子的理想主义使他几乎在一生中都没有能够实现自己的政治主张，即便在逝世后享受后人的祭祀，也只是在孔庙中"吃冷猪头肉"。但是一个十分有意思的现象是，虽然孔子生前难以实现自己恢复礼乐文明和王道政治的终极理想，但是他门下的学生始终非常多。过去一直流传一种说法，认为孔子有"弟子盖三千焉，身通六艺者七十有二人"（《史记·孔子世家》），这就是孔子和孔门三千弟子、七十二贤人的历史由来。

因此，一个悖论就在文明的发展过程中形成了。孔子所主张的儒家文明和相关理论无法在当时的社会中实行，但是却有许多人来拜孔子为师，学习这一套儒家文明理论，这似乎有一种无用之学的意味了。因此，儒家学派在孔子时代，就已经成了先秦诸子百家中最为热门的第一大学派，社会影响力十分巨大。需要引起我们注意的是，儒家学派的巨大影响力并非始于汉武帝罢黜百家、独尊儒术之后，而是早在孔子时代的百家争鸣时期就已经形成了。但是儒家在当时的这种影响力，往往并不是以正面的形象出现的。甚至我们可以从某种程度上说，儒家学派在诸子时代的百家争鸣时期，其现实姿态是一个公共的靶子。[1]

如果我们同时考察这一时期内墨家、道家、法家等其他各个学派的著作和相关理论，便会发现他们各自的理论主张虽然大不相同，但是却出现了一个共同面对的敌人，或者说出现了一个共同的批判对象，这就是儒家。[2]

---

[1] 《中国通史大师课·1》第 140 页，许宏等著，岳麓书社，2019 年 10 月。
[2] 同上。

　　这一现象的产生十分有趣，我们细思之下能够发现儒家学派在当时虽然已经稳坐第一大学派的位置，但是这同时也导致自己成了各家学派围攻的焦点对象。至于孔子本人，在其生活的主要时期内就已经被人们广泛地讨论，他究竟算不算是一个圣人。[1]笔者认为，这种针对孔子和儒家学派具有广泛社会性的大讨论，并不意味着当时的人们把孔子看成了一个救世者，也并不意味着后世儒家学者所认为的，孔子在其生前就已经成了圣人。事实反而与此恰恰相反，这种广泛出现的社会大讨论在某种程度上意味着，当时的人们对于孔子的理论主张和被时代社会抛弃已久的礼治文明所发出的一种深深的奚落。

　　只是这种奚落的呈现方式非常有趣，在汉代的传世文献《白虎通义》中曾经提出过这样一个问题：孔子在世的时期内，他是否知道自己已经成为一个圣人了？按照书中的回答来看，孔子是肯定知道的。理由在于《论语》中曾经记载孔子的话"文王既没，文不在兹乎"（《论语·子罕》），这意味着孔子对于自己身份和传承文化使命的一种自我认定。

　　但是另一方面，孔子也深刻意识到衰落的礼治文明难以在文明发展的进程中出现回暖与复苏。因此他自己曾经感叹说："道不行，乘桴浮于海。"（《论语·公冶长》）孔子的弟子子贡曾经评价孔子的学问和文明主张为"万仞宫墙"，即十分高深厚重，对于其中的精髓之处当时的人难以有所知、难以有所闻，即"不得其门而入，不见宗庙之美，百官之富；得其门者或寡矣"（《论语·子张》）。子贡的话除了说明儒家文明所产生的广泛而深刻的影响力之外，另一方面还指出了当时社会的人们，普遍无法理解孔子思想的高深境界。当然，还有另外一种可能则是，当时社会的人们对于孔子迫切希望恢复礼治文明和王道政治理想的想法不屑一顾。

　　除了政治主张之外，儒家文明的价值观念还深刻体现在孔子的教育理念方面。孔子的教育理念有两个大的原则，一是有教无类（《论语·卫灵公》），二是因材施教。[2]关于孔子有教无类思想的产生，具有深刻的社会现实背景。孔子所处的时代由于当时王道政治的衰落，导致许多士人阶层都失去了原本的职位，因此他们在春秋战国时代这样一个混乱时期便成了游散之士。为了重新获得工作

[1]　《中国通史大师课·1》第140页，许宏等著，岳麓书社，2019年10月。

[2]　《四书章句集注》第57页下"程子曰"，（宋）朱熹撰，中华书局，2016年7月。

机会，这些士人阶层必须寻找重新学习的途径，这是百家争鸣局面在历史中出现的现实基础。[1]

这一现实社会基础在很大程度上决定了孔子的教育理念，并不是仅仅招收贵族成员或者有相当文化教育基础的学生，而是广泛地招收当时社会各个阶层中有学习意愿的人。孔子收取的学费是十条肉干（《论语·述而》），这对于当时绝大多数人来说都是非常容易获得的。孔子的有教无类思想直接促使了学在官府的现状下移到学在民间，为教育的普及作出了巨大贡献，这是在文明发展进程中永远无法抹去的伟大创举。

除此之外，孔子的教育理念主张因材施教，即根据不同学生的特点和学习需求提出具有针对性的教育方法和教育实践。这一创举在孔子时代是教育方面的一大文明坐标，是儒家文明对于教育理念的巨大突破。正是因为突破性的教育理念，才使孔子的弟子比同一时期其他学派人物的弟子多出许多。[2]

第六节　儒家文明析古（下）

虽然孔子开创的儒家文明价值观念在当时社会产生了巨大的影响力，并成功地聚拢了众多的学习者，但这并不意味着人多势众就是儒家学派成为当时社会中影响力最大学派的根本原因。孔子与儒家学派在诸子百家争鸣的时代所产生的巨大影响力，其根本原因在于孔子所提出的一系列文明理念和思想主张。[3]

众所周知，孔子的思想主张集中体现在《论语》之中。如果我们尝试对孔子的思想进行极为精炼的概括，笔者认为应当将其概括为"仁"与"礼"。笔者在前文的论述中曾经对此略有涉及，"礼"这一文明概念和由其衍化而来的具体行为制度的最初诞生，并非儒家文明的原创。研究者认为，这很可能与原始社会文明中某种神圣的仪式有关，而且这种神圣的仪式很可能与某种原始宗教信仰密

---

[1]　《中国通史大师课·1》第140-141页，许宏等著，岳麓书社，2019年10月。

[2]　同上。

[3]　同上。

切相关。经过时代的不断发展和历史的选择，这种神圣的仪式最终扩展到了社会生活的各个方面。李泽厚先生十分强调"礼"的最初诞生与原始文明时代中的"巫"之间具有某种紧密的关联，他甚至认为"礼"的最初诞生，很有可能就是从"巫"的一系列行为仪式中发展演变而来的。[1]

如果我们从"巫"这个汉字的造字规律进行解析，就可以发现，其现代写法是在"工"字的左右两边各坐着一个"人"。由这一规律我们不难推断，假设"工"字上面的一横代表的是天，下面的一横所代表的是地，中间的一竖表示沟通，那么所谓的"巫"其原始含义就是指那些能够和天地进行沟通的人。这些人一方面对天意进行了解，另一方面又负责将天意传达给其他人。这些其他人当然就是指在"巫"字中间左右两边的"人"，它们泛指除了"巫"之外，需要和天地进行沟通的其他人。研究者认为，在原始时代社会中"巫"对天地进行沟通时，所运用和展现出来的一系列行为方法，就是"礼"所表现出来的外在形式的最初原型所在。[2]

因此，研究者强调通过分析"礼"与"巫"之间的关系，以及它们之间紧密关联的程度可以看出，在中国古代社会的生活中"礼"所占据的重要地位。[3]我们在之前的章节中，曾经多次引用过《左传》里的一句话："国之大事，在祀与戎"，即当时社会文明中的两件大事是祭祀和军事，两者之中尤以祭祀为重。

古代社会中的祭祀活动，背后的行为实质就是"礼"，而"礼"的本质则是"敬"，或者说是"诚"。这一本质的具体体现，实际上是指行礼者本人在实际执行"礼"的一系列行为规范和具体流程的过程中，所表现于外在和表现在内心中的客观行为与主观态度。对于前者，他人很容易作出观察和判断；但是对于后者，则只有行礼者本人或者受祭祀者冥冥之中的灵魂（如果存在）才能够知晓了。

因此孔子在谈到礼与祭祀的关系时才会郑重地说："祭如在，祭神如神在；吾不与祭，如不祭。"（《论语·八佾》）所以如果我们从这个意义上来看，祭

---

[1]　《黄帝与中国原创文化的人文精神》韩星撰，陕西师范大学学报（哲学社会科学版），2007 年第 6 期。

[2]　同上。

[3]　《中国通史大师课·1》第 141 页，许宏等著，岳麓书社，2019 年 10 月。

祀活动和相关仪式活动中所表现出来的"礼"的一系列行为规范，其实就是古代政治生活和社会生活的基础。但是"礼"的精神实质则充满了极大的模糊性、不确定性和难以考察性。因此这也是周代礼治文明早衰，以及儒家文明难以被当时时代社会中各国统治者所采用和执行的根本原因所在。

相比于西方文明中对"礼"的概念定位和实际应用来看，中国古代社会中儒家文明所提倡的"礼"与之有很大的不同。这些不同之处首先体现在儒家文明中的"礼"具有人文主义的特性，或者说具有人本主义的文明特性。经过儒家文明修改之后的"礼"，在某种程度上已经开始区别于周公时代的礼治文明制度，开始具有较为明显的儒家思维特性了。因此，儒家文明中所提倡的"礼"具有多样性的含义指向，除了对礼治文明中既有的日常礼仪和典章制度进行承袭之外，还增加了新的观念性的意义。因此，我们一般将儒家文明所提倡的"礼"称为礼乐文明。[1]

一方面是因为"礼"的一系列相关仪式，在实际执行的过程中往往都会配合着"乐"来进行；另一方面则是因为，"礼"的本质在于强调"等差"，也可以称为"差等"，其含义就是指不同社会阶层或相同社会阶层的人与人之间，具有亲疏、尊卑远近甚至贵贱的差别。"礼"的存在，为社会各个阶层人群的行为规范都作出了明确的划分。因此这种由"礼"的等差所造成的鲜明的阶级分层，甚至是不同阶层之间的对立，必须用"乐"来进行化解和相应地调和。所以从某种意义上来说，"乐"之所以存在的根本作用就是，让人们心甘情愿地接受"礼"所规范的社会秩序。[2]

从这个方面来看，孔子所继承和宣扬的就是周公在礼乐文明中所确立的教化思想，只是孔子在其中加入了鲜明的儒家文明特质。进一步思考，儒家文明如何让人们心甘情愿地接受和遵循"礼"的一系列规范呢？除了依靠既成规定、强制刑罚之外，必须缔造一种精神维系"礼"的相关秩序，儒家文明将这种精神称之为"仁"。[3]

需要我们引起注意的是，"仁"的概念出现在《论语》中的意义是十分复

[1] 《中国通史大师课·1》第141-142页，许宏等著，岳麓书社，2019年10月。
[2] 同上。
[3] 同上。

杂的。它既是儒家文明对"礼"的维系的一种具体精神体现，同时在一定程度上来说，也是儒家文明中最高的精神文明追求。相关研究者认为，儒家文明中所谓的"仁"，可以将其理解为"诚"，即内外合一。[1]在笔者看来，"仁"是对"礼"在精神行为层面的进一步阐释，具有丰富的含义指向，研究者的观点仅仅是就"仁"的其中一个方面进行了说明。

　　"仁"作为儒家文明中提出的对"礼"的精神层面进行维系的概念，既具有一系列客观而充满不确定性的规范标准，同时又充分体现出了在"成仁"的过程中，人作为一个单独个体，其自身的主观能动性发挥着极为重要的作用。因此孔子在《论语·述而》中指出："仁远乎哉！我欲仁，斯仁至矣。"

　　对"仁"的追求并不是可知可见而不可达到的，孔子认为一个人能否成"仁"，完全取决于他自身所作出的选择。对于"仁"的追求和是否能够最终达到"仁"的境界这一问题，孟子的说法更为直接和具体，他甚至直接提出了"人人皆可为尧舜"（《孟子·告子下》）的观点。这证明儒家文明认为，每个人都是完全可以通过自我克制和自我完善，最终成为一个真正意义上的人，既成为一个"仁人"。

　　至于儒家文明认为成为一个"仁人"的具体操作方法，则又充满了巨大的模糊性和不确定性。按照相关研究者的观点来看，儒家文明将成为"仁人"的过程归纳为"忠恕之道"。

　　忠，是一个人将自我的个人行为推展到社会行为的高度。按照逐渐扩大的理念分层来看，大致包括以下几个层面：首先是忠于内心，其次则是忠于长辈，再次是忠于职守，最终达到忠于大道天理的高度。

　　在《论语》中的说法是"己欲立而立人，己欲达而达人"（《论语·雍也》）。相关研究者认为这是儒家文明中认可的成为"仁人"的方法之一，除此之外的方法则是"恕"。

　　《论语》中记载，子贡曾经向孔子提问："有一言而可以终身行之者乎？"孔子回答说："其恕乎！己所不欲，勿施于人。"（《论语·卫灵公》）关于"己所不欲，勿施于人"的说法究竟是"恕道"的行为起点还是"恕道"的最高

---

[1]　《中国通史大师课·1》第141—142页，许宏等著，岳麓书社，2019年10月。

准则，历来研究者之间的争论十分激烈。按照《周易》中的说法来看，"忠"的具体阐释是刚健有为，"恕"则是厚德载物。

许多研究者之间共同的认识是，能够达到忠恕之道，仅仅是孔子认为一个人成为"仁人"的起点。至于在达到"忠恕"境界之后的具体发展方向和最终结果，孔子并没有直接作出说明。这意味着孔子开创了以"礼"和"仁"为核心的儒家文明，但是却并没有将这一文明体系发展为一个完整的闭环。不同研究者之间关于儒家文明形成完整闭环的时间节点，具有多种不同的观点。例如有研究者认为是在孟子时代，其他研究者认为儒家文明形成闭环的时间节点应该是在宋朝的朱熹时代，另外还有学者指出应该是在明朝王阳明时代等多种说法。

我们不以这些烦琐的考据来困扰读者，无论儒家文明发展的闭环究竟形成于何时何人，都不妨碍我们从历史发展脉络中，对儒家文明进行相关的探寻。甚至从某种意义上来说，只要人类的社会生活还在继续，人类的相关制度行为还在传承和延续，那么儒家文明就始终处于发展阶段，并没有形成严格意义上的闭环。

在孔子时代之后的儒家文明发展脉络中，有两个派系的理论主张十分著名，在当时和后世都产生了十分巨大的影响力。有意思的是，他们所继承的理论虽然都是源自孔子，但是在具体发展过程中却各自形成了完全不同甚至是针锋相对的文明理论和学派观点。这两派就是主张性善论的孟子和主张性恶论的荀子。

第七节 孟荀时代的儒家文明（上）

在孔子去世之后，儒家文明的后续发展出现了两个重要的继承者和延续者，他们就是被尊为"亚圣"的孟子，以及荀子。

孟子作为孔子之后儒家学派最重要的继承人之一，后世一般将其与孔子并列称为"孔孟"，并认为孟子所主张的文明理论与学说体系，是对孔子思想和儒家文明的完美继承与有力延续。因此人们一般将孔子和孟子的文明理论并称为"孔孟之道"。

关于孟子其人，除了孟母三迁、孟母断织等家喻户晓的故事之外，学术界一般认可的结论是，孟子受业于孔子的孙子子思。也有研究者指出，孟子并非直接受业于子思，而是跟随子思的弟子学习（《史记·孟子荀卿列传》）。无论实际情况究竟是哪一种说法，一个确定的历史事实是，子思和孟子在孔子时代之后，共同构建了儒家文明传承的一个重要脉络，即"思孟学派"。

孟子对儒家文明理论的延续和发展，最重要的体现在《孟子》一书中。孟子在其生活的主要历史时期内，也效仿当年的孔子周游列国，游说诸侯，但是其最终获得的结果一如孔子——孟子的一系列主张并没有被各国统治者所接受。这样的结果孟子是早就意料到的，但是他依然选择坚持对各个诸侯国进行游说，并没有根据统治者暂时的需求而改变自己的主张和观点。[1]这种行为在有些人看来是不明当时的时势，陷入了深刻的理想主义状态。

从当时战国时代社会的实际发展情况来看，孟子的一系列主张的确是不合时宜的，因此难以被各国诸侯所采用也就在意料之中了。按照相关文献中的记载我们可以知道，战国时代几乎所有国家都陷入普遍混乱的战争中，在这种现实背景下，通过一系列的变法行动富国强兵、生存下去就是各国唯一的追求目标。但是孟子的主张却一反时代的大趋势，主张以仁义治国，这显然是一种理想主义，仁义的远水实在是解不了各国统治者正在面临的割据纷争现实局面的近渴。

在《孟子》一书中曾经记载了孟子与梁惠王之间的一段故事，我们可以看作是对孟子的思想主张的一种具体展现：梁惠王问孟子说："老先生不远千里来到这里，您将为我的国家带来什么好处呢？"孟子回答说："大王治理国家何必只盯着利益呢？只要讲求仁义就行了。如果大王您只关注于如何为自己的国家带来好处，您手下的大夫则只关注如何为自己的封邑带来好处，普通百姓又只关注如何才能有利于他们自身的发展，上上下下的各个社会阶层都着眼于争夺利益，那么这个国家就危险了。"（《孟子·梁惠王上》）

国家为什么会产生危险呢？孟子进一步解释说："在拥有万辆兵车的国家里，杀死国君的人肯定是那些拥有千辆兵车的卿大夫；在拥有千辆兵车的国家里，杀死国君的人肯定是那些拥有百辆兵车的卿大夫。如果每个人都想着拥有更大的利益，国家之内就会出现各种各样的叛乱者，他们时刻准备夺取更大的利

---

[1] 《中国通史大师课·1》第 143-144 页，许宏等著，岳麓书社，2019 年 10 月。

益。"孟子劝告梁惠王说："不讲仁的人会遗弃自己的父母，不重义的人则会不顾及自己的君主。大王只需要讲求仁义就行了，如此一来您的国家就会安定下来。"（《孟子·梁惠王上》）

如果我们不仅仅局限于战国时代的现实社会条件来说，孟子的一系列理论主张的确是国家治理的有效法则，尤其是在汉朝之后的大一统王朝时代。但是在战国时代诸侯割据、天下混乱的历史时期，孟子的主张显然不具备现实可操作性。因此，孟子的言论并没有打动梁惠王，儒家文明也未受到战国时代各诸侯国的重视。

孟子游说梁惠王的失败，根本原因在于儒家文明的一系列理论在当时诸侯纷争的社会条件下是不合时宜的。除此之外，我们根据相关史料中的记载进行相互印证可以发现，在孟子来见梁惠王的时期，正处于魏国遭遇巨大失败的时刻。此时的梁惠王急需寻求一个现实可行的办法，来解决魏国当时所面临的困境。

在此之前，梁惠王曾经任用庞涓进行改革，使魏国的军事实力大大增强。但是在马陵之战中，受到庞涓陷害的老同学孙膑大败魏军，直接导致魏国的军事实力彻底衰落，以至于在庞涓兵败身死之后，梁惠王感叹说："东败于齐……西丧地于秦七百里；南辱于楚。"（《孟子·梁惠王上》）可见当时的梁惠王，正面临着来自四面八方的强国的围追堵截。如此现实局面之下，孟子要求梁惠王不考虑现实情况，却反过来关心长治久安的仁义之治，梁惠王当然无法接受孟子的主张了。

但是这并不意味着孟子所提倡的一系列儒家文明主张是毫无用处的。很多时候，文明思想的价值并不仅仅局限于它与现实社会之间的契合度，而在于其超越时代的意义。孟子所提出的一系列文明主张，在汉朝的大一统国家时代才逐渐显露出其伟大的意义，直至唐宋时代之后，才真正达到了这种文明主张所产生的影响力的最高点。[1]

笔者认为，孟子对于儒家文明的重大贡献在于，将孔子罕言的人性问题进行了系统的探究和梳理。《论语》中记载了子贡说的话："夫子之言性与天道，不可得而闻也。"（《论语·公冶长》）这意味着孔子时代的儒家文明，是很少探

[1] 《中国通史大师课·1》第 144 页，许宏等著，岳麓书社，2019 年 10 月。

讨关于人性与天道的相关问题的。无论孔子是出于何种目的而"罕言"人性与天道，对于儒家文明的整体体系脉络来说，如果缺失了这一块极为重要的内容，儒家文明就很难在之后的发展中形成一个完美的闭环。幸运的是，孔子"罕言"的那一部分内容被之后的孟子给补上了。

从《论语》中的记载来看，孔子本人关于人性与天道的论述，只有一句极为模糊的话："性相近也，习相远也。"（《论语·阳货》）孟子根据孔子这一理论主张，将其进行了系统的完善和阐述。孟子强化了人性之善作为人与人之间的基本点，如此一来就以人性本善为根本的区分点，将人与其他物种进行了一个完全的区分。需要注意的是，人性本善的"性善论"在某种程度上说就是孟子最早提出来的，可以将其归结为孟子的一个创见，而不是对孔子思想理论的延续和发展。

其中的原因在于，孔子很少对人性问题发表观点和看法，似乎也不太支持弟子们探讨这些问题。有学者认为孟子的主张是"人性本善"，孔子的主张是"人性向善"，但是从《论语》中的记载来看，孔子的意思仅仅是指出了人性的发展趋势在很大程度上受到环境的影响，并没有表明人性向善的意思。因此明代的王阳明才提出著名的"四句教"："无善无恶心之体，有善有恶意之动。知善知恶是良知，为善去恶是格物。"[1]

显然，王阳明指出的关于人性问题的论述，更加符合孔子理论主张中的观点，因此研究者普遍认为从孔子时代正式发端的儒家学派文明理论，到了王阳明时代才真正形成了一个圆满的闭环。

孟子提出"人性本善"的性善论观点，其中认为人性之善的本质并不是因为后天学习所产生的结果，甚至于也不是受到环境因素的影响，而是一种与生俱来的本能。其中的理论依据就是孟子自己提出的四端的说法，即恻隐之心、羞恶之心、辞让之心、是非之心（《孟子·公孙丑上》）。孟子举了个例子进行具体论述，他说如果人们突然看到一个小孩即将失足跌进水井中，无论是谁在这一刻都会产生恻隐之心，并且第一时间想到的问题是如何去救助这个小孩，而不会考虑他是否与自己有交情，以及随着救人行为可能出现的利害关系等，甚至更加不

---

[1]　《王阳明全集（一）》第 273 页，王守仁著，时代出版传媒股份有限公司 黄山书社，2014 年 8 月。

会想到将这个小孩进一步推入井中。孟子认为人们在这个时刻所产生的救人的本能，就是一种人的良知的体现，也就是人性本善的体现。朱熹引用谢氏注解指出：人须是识其真心。"方乍见孺子入井之时，其心怵惕，乃真心也。非思而得，非勉而中，天理之自然也。"[1]。

基于这一"人的本能反应"，孟子进一步指出每个人都有"不忍人之心"，这就意味着孟子认为，每个人在看到别人的痛苦时，都会在自我的内心中自然而然地产生一种感同身受的反应。

孟子没有直接讲出来的话是，如果按照人性向善的主张来说，这个人看到小孩将要跌落井中的那一刻，虽然也立刻产生了救助的想法，但是却必须首先保证救人者自身的安全，甚至考虑这是否属于他人故意设下的圈套。两者之间的区别在于，"人性向善"是一种具有充分主观意识的自主选择，而"人性本善"则是人的一种下意识的本能反应。孟子认为，这就是人的良知的具体体现。

从这个角度来看，孟子的一系列思想理论对于儒家文明的人格思想理论具有很大的发展，甚至是具有很大的原创文明特性。孟子的许多观点在后世甚至直到今天，依然被人用来描述中国人的理想人格。例如"舍生取义"（《孟子·告子上》）、"富贵不能淫、贫贱不能移、威武不能屈"（《孟子·滕文公下》），等等。

除了对儒家的文明理论进一步完善和发展以外，孟子本人的另外一个显著特征就是，经常和别人辩论。研究者据此认为，孟子是一个"好辩之人"。但是孟子却早就替自己作出了解释，他说："予岂好辩哉？予不得已也。"（《孟子·滕文公下》）既然是不得已，那么孟子又为什么要经常性地和别人辩论？在常年辩论的过程中，孟子的文章似乎也深受这种辩论思维的影响，出现了"引君入彀"的写作特点。

孟子所说的"不得已"，最重要的原因在于他认为在当时时代的众多学派观点中，有很多会对儒家思想和文明系统产生不利的影响，甚至是错误的传播，尤其是那些听上去与儒家思想的观点十分接近的理论。[2]例如墨子的相关主张和观点，孟子就明确提出了对于墨子和杨朱的严厉批判，甚至直接将这种批判上升到

[1] 《四书章句集注》第 221 页，（宋）朱熹撰，中华书局，2016 年 7 月。
[2] 《中国通史大师课·1》第 145 页，许宏等著，岳麓书社，2019 年 10 月。

有悖人伦的道德高度，如此看来似乎颇有些诛心的意味了。

但是在孟子的一系列具有原创特性的文明理论中，也存在一些特别激烈的地方，显示出儒家文明并非始终是以温文尔雅的形象呈现的。

按照礼治文明的规定，如果臣子对君主提出反对意见，就是一个非常重大的道德问题。孟子认为，要首先分清楚君主的所作所为，是否符合一个君王的标准。如果是因为君主自身有失德的地方，导致臣子提出反对的意见，那么过错自然在君主。臣子提出反对意见的行为，应当将其视为忠诚的表现，这是儒家文明对礼治文明的重大发展之处。孟子讲到此处意犹未尽，他更进一步地指出如果君主自身失德，又不能够听从臣子的意见加以改正，那么臣子起来推翻君主就不能算作犯上作乱的行为。按照孟子的说法，这属于一种顺天应人的革命行为（《孟子·万章下》）。

因此，孟子所提出的类似于此的一系列儒家文明观点具有很强的原创特性，既是对孔子思想的继承发展，同时又充分彰显了孟子本人独特的文明观。正因为孟子站在荀子提出的"从道不从君，从义不从父，人之大行也"（《荀子·子道》）的角度出发，对一系列社会事件和处事准则进行思考判断，因此我们说孟子的一系列文明理论在继承孔子思想的同时，具有不可忽视的原创文明特性。

但是也正因为孟子提出的这些具有原创特性却又十分激烈的学派理论，在完善儒家文明体系的同时，不可避免地让他自己受到了统治者的漠视甚至厌恶。

最著名的案例发生在明朝朱元璋时代，根据文献的记载，当时朱元璋读《孟子》看到"君之视臣如土芥，则臣视君如寇仇"（《孟子·离娄下》）一句时，他勃然大怒，下令将孟子的牌位移出孔庙，并下旨说孟子的言论与孔子所提出的君臣之义相违背，因此又下令将这一段话从《孟子》一书中删除。正因为如此，在明代相当长的一段历史时期内，人们所见到的《孟子》一书刊刻版本均为《孟子节文》，即统治者根据自我需求对《孟子》的全文进行了删改，只留下其个人认为正确的部分出版发行。[1]

在这一时期内，孟子所提出的一系列有关反抗强权、强调起义的性质、革命的内容等理论和言论均被统治者进行了删改。可见在帝制时代社会后期，统治

---

[1]　《中国通史大师课·1》第 145 页，许宏等著，岳麓书社，2019 年 10 月。

者明显将孟子的文明主张区别于孔子的文明主张并进行了一系列的删改操作。因此，以今天的学术眼光重新对孟子时代的儒家文明进行审视时，我们不能仅仅将孟子看作孔子的继承者和儒家文明的延续者，必须同时重视到孟子对于儒家文明发展的原创性贡献。

第八节　孟荀时代的儒家文明（下）

孟子的核心思想和他终生致力于在诸侯列国中推广的理论主张就是仁政。孟子指出，依靠权力和武力为根基进行维系的社会秩序基础是靠不住的，统治者必须要以德服人，而不能以力假仁。孟子进一步指出，如果统治者失去了民心，那么其统治者的身份和地位便会岌岌可危，失德的统治者也就不配再成为统治者。[1]

孟子的仁政思想核心观点在于"民为贵，社稷次之，君为轻"（《孟子·尽心下》），他将君主的位置和作用放在民众和社稷之后；又指出如果统治者残暴，被统治者就应该愤然而起进行反抗；以及孟子多次强调的"人性本善"理论。以上文明观念的形成，均与孟子对当时的社会秩序的理解有重大关联。

相比于孟子，被视为后儒家文明时代代表人物的荀子，地位便显得有些尴尬。历代学者一般认为，孟子是直接继承和发展孔子文明思想的正宗嫡系传承者。荀子虽然亦号称儒家代表人物，但是众多学人一般认为，荀子的文明理论不像是对儒家文明的继承和延续，反倒与法家文明有着若即若离的深刻渊源。这种观点所造成的声浪，在宋代和明代之后尤为明显。

宋明之际的学人普遍认为，荀子之所以不像是儒家文明的继承者，其主要原因在于荀子提出的"隆礼重法"思想。周朝初期确立的礼治文明，在孟子那里所展现出来的是礼义教化，到了荀子那里却变成了礼法。[2]礼义与礼法，一字之差的背后，是完全不同的两种文明发展理念，以及这两种理念各自所衍生的一系列

---

[1]　《中国通史大师课·1》第146页，许宏等著，岳麓书社，2019年10月。

[2]　同上。

行为价值取向、政治文明主张，等等。

荀子有两个著名的学生是韩非子和李斯，这两个人都曾经和荀子学习过帝王之术。但是无一例外的是，儒家文明教育出来的学生，最后却成了法家文明的代表人物。[1]因此有许多研究者认为，荀子和其文明理论属于"托名儒家，实则法家"。

这种关于荀子学派文明性质的判断，无论是在当时社会中还是在之后的时代中，都具有很高的认同度和广泛的支持度。但是笔者认为，虽然荀子的文明主张和他的学生所展现出来的文明实践，都无限靠近于法家文明，但是我们仍然应当将其视为儒家文明。

这其中的根本原因在于，孔子和孟子相对来说都是绝对的理想主义者，这不但与他们各自的人生经历密切相关，而且与当时春秋时代"礼崩乐坏"（清·章炳麟《与简竹居书》）的现实社会环境，以及孔孟所处的春秋时代社会特性密不可分。到了荀子所处的时代，荀子等人充分认识到了文明发展的大浪潮势不可当，整体社会对礼治文明的极端反对，导致历史的倒车不可能再一次开回去了。基于这一明确的现实认识，荀子在文明观念上发生了重大的转变。

相比于孟子的道德理想主义，荀子的文明理念更加具有社会现实性基础。荀子的理念是，如果一种思想主张想要在社会中发生实际作用，产生实际性的社会改变和推动效果，最重要的地方在于这种思想主张的现实效率。如果这种思想主张对现实社会的发展不能起到实际作用，那么这种思想自然也就失去了它的实际价值。[2]这是同为儒家学派人物的荀子，与孔孟之间截然不同的文明理念认知。

秦国自从商鞅变法之后，一直奉行法家文明的理念治国。荀子到秦国考察之后认为"入境，观其风俗，其百姓朴，其声乐不流污，其服不佻"（《荀子·强国》）。荀子的意思是，他认为秦国民风淳朴，音乐非常严谨不是俗词滥曲，老百姓的服饰衣着也得体，不显轻佻。之后荀子继续发表议论说："其百吏肃然，莫不恭俭、敦敬、忠信而不楛，古之吏也。"（《荀子·强国》）荀子考察之后认为，秦国的官员具有很强的纪律性，十分节俭忠诚。

关于秦国士大夫的形象，荀子说他们"出于其门，入于公门，出于公门，

---

[1]　《中国通史大师课·1》第146页，许宏等著，岳麓书社，2019年10月。

[2]　同上。

归于其家，无有私事也。不比周，不朋党……古之士大夫也"（《荀子·强
国》）。荀子的意思是，在秦国的这些高级官员走出自己的家门就进入政府的
门，走出政府的门就回到自己的家里，没有个人的私事，而是一心一意地扑在工
作上。而且这些秦国官员没有拉帮结派和结党营私的，就像是古代士大夫的做派
一样。

　　最后，荀子仍然提出了他对于秦国发展的担忧，认为秦国的忧患在于没有儒
者（《荀子·强国》）。但是我们从荀子笔下描述的秦国社会各阶层的现实风貌
来看，在没有儒者的秦国，其国家的民风、官员和士大夫甚至朝廷中的风气，却
一如古代，或者说一如周公时代礼治文明初兴时期井然有序的社会风貌。反而是
那些竭力提倡恢复礼治文明的学者，却始终无法实现自己的政治主张，这的确是
一个值得我们深思的问题。

　　从秦国考察归来的荀子，对他的两个弟子韩非子和李斯进行了部分的肯定，
对秦国变法之后的社会情况和政治情况也进行了有限的肯定。秦国之行，无疑加
剧了荀子对于充满理想主义的儒家文明进行改革的决心。荀子面临的最迫切问题
是，儒家文明和现实社会之间的关联程度。荀子认为任何一种文明理论如果不能
直面现实，不能为解决当下的问题给出切实可行的办法，而只是空谈理想和仅仅
考虑已经过去的时代文明与万世以后的虚幻问题，这种文明理论迟早都将被完全
边缘化，甚至是从历史中彻底消失。[1]

　　从这一点来看，荀子的认识无疑比孔孟更加深刻，也更加实际。

　　从某种程度上来说，如果没有荀子这种"理论联系实际"的文明认知，儒家
文明或许早已亡于战国时代。相比于孟子的理想道德主义，荀子为儒家文明整体
体系的完善注入了必不可少的现实推动力因素。荀子的一系列理论主张一改孔孟
时代的道德理想主义，十分关注于文明理论的现实可操作性层面。

　　荀子一方面强调礼仪的实际作用，另一方面又十分强调法治。[2]从这一点来
看，我们能够发现荀子不同于孟子的文明主张，他颇有一种拿来主义的文明发展
思想，即在坚持儒家文明思想本位的前提下，谁的理论能够切实解决问题，就将
其拿过来与儒家文明相结合，变无用之学为实用之学。

——————————
[1]　《中国通史大师课·1》第147页，许宏等著，岳麓书社，2019年10月。
[2]　同上。

　　在这种思想指导之下诞生的荀子时代的儒家文明，充满了许多现代性学科的文明理念。作为一个十分关注实际的人，荀子的许多分析都充满了实际可能性。例如荀子认为礼在文明发展进程中的出现，有可能是圣人（周公旦）制定的。圣人为什么制定礼呢？荀子认为是因为圣人观察到了人性中存在的某些自私的东西，关于这一点笔者已经在前文中进行过论述。荀子所说的人性中的自私，其根源即来自炎黄时代的天下族群资源大争夺，这种延续已久的争夺之风反反复复地在历史中爆发，从炎黄时代至周朝初年不时地在社会中涌现。在周公创立礼乐文明制度之后，由于近古时代以来形成的长期社会大争夺导致的战争让人们深感筋疲力尽，再加上现实社会中礼乐文明的约束，在这样内外两方面因素的共同促进之下，使得周朝初年的社会一度出现了短暂的和平局面。

　　但是荀子认为，在礼乐文明短暂地终结了大争夺局面之后，很快便失去了其现实的社会意义。再次爆发的混战导致社会和礼乐文明的彻底的动荡与衰落。在这种现实局面之下，必须要将当初圣人制定的礼乐文明制度进行彻底的改革。荀子指出，对礼乐文明制度进行改革的根本指导理念以及所有的儒家文明制度设计，都必须从现实社会的实际需要出发。因此，如果从这个视角来进行分析和判断，在某种程度上来说荀子改变了孔孟以来儒家文明思考问题和探讨问题的根本方式。

　　正因为观察视角和思考方式的截然不同，荀子得出结论认为，人性既不是"人性本善"，同时也不是"人性向善"，而是"人之性恶"（《荀子·性恶》）。在这种文明观念的指导下，荀子从人性恶的角度出发进行思考，推导出了礼乐政治的必要性。荀子指出，所谓的"人性本善"（如后世的《三字经》所表述）或者"人性向善"（《孟子·告子上》）都是人在经过后天学习以后的结果。

　　但是需要我们注意的是，荀子虽然指出了人性具有"本恶"（《荀子·性恶》）的原初特性，但并不意味着荀子认为人们要被动地接受这种恶，而是应该积极地加以改变。荀子认为改变的方法，就是通过学习。他在《劝学》中指出，人如果能踏踏实实一步一步地进行学习，必然能够改变自己"本恶"的天性，最终亦可达到圣人的境界（《荀子·劝学》）。

　　因此，如果我们从大的方向上进行考察就会发现，荀子的文明理论其实与孟子的文明理论是一致的，或者说荀子的最高追求与孟子的最高追求，甚至是与孔子的最高追求都是完全一致的。这种最高追求可以用孔子的话进行概括："修己以敬；修己以安人；修己以安百姓。"（《论语·宪问》）儒家文明的最高追求所要达到的最终目的，在相传为曾子所著的《大学》中有明确的记载，即修身、齐家、治国，平天下（《礼记·大学》）。可以说无论是孟子还是荀子，尽管他们各自提出的理论主张不同，但是最终所要达到的根本目的都是一致的。

因此，孟子和荀子其实是从两个不同的方向对孔子的思想主张和文明理念进行了发展和创新。如果说孟子是高举起儒家理想主义文明的旗帜，那么荀子所强调的就是儒家文明与现实社会之间的关联性，或者说是儒家文明与现实社会之间的契合程度，以及儒家文明解决实际社会问题的可能性。

从历史的实际抉择来看，在汉代至唐代这一历史时期内，从某种意义上来说，荀子的文明理念要比孟子的文明理念更加具有影响力。但是由于荀子的文明理念与法家文明之间，具有千丝万缕的联系甚至是纠缠不清的瓜葛，因此在宋明时代的学人中对它产生了极大的排斥。

当以朱熹为首的宋代理学家重新高举起孟子所代表的儒家理想主义旗帜后，荀子的文明主张就逐渐被排斥在儒家文明的正统阵容之外了。[1]

以今天的文明发展理念来看，我们早已不应该纠结于孟子和荀子谁为正统的问题。一种学派文明的诞生，本身就与其他各家学派文明理念之间的相互影响、相互吸收的作用密不可分。我们更应该关注的是不同学派的文明理念在现实社会中所起到的实际作用。倘若今人仍然执着于对所谓正统问题的深抓不放，那么便完全误解了前人的一片苦心。多年的苦学修行和问道求索恐怕也将沦为一场笑谈。

第九节　道家文明析古（上）

道家文明在形成一种明确的学派文明理论观念之前，最初的代表人物一般是

---

[1]　《中国通史大师课·1》第 148 页，许宏等著，岳麓书社，2019 年 10 月。

古代社会中的隐士。所谓隐士，顾名思义就是指那些将自我的活动范围限定在罕有人烟的高山或者丛林之间，与世无争甚至与世俗没有往来的一个群体。文献中将这一群体的特性归结为"自隐无名"（《史记·老子韩非列传》）。就是这样一个特殊存在的群体，受到了春秋战国时代许多学派的肯定。其中最为著名的就是儒家学派的创始人孔子，他对于道家学派创始人的老子加以肯定和赞赏，将老子喻为难见首尾的龙。"孔老相会"在后世的文明流传中曾经一度传为美谈。

孔子与老子之间其实并没有师承关系，有些研究者和学习者往往将老子看成孔子的老师，自然而然地也就将道家文明看成超然于儒家文明之上的一种文明形态。孔子曾经指出"天下有道则见，无道则隐。"（《论语·泰伯》）。孔子的这句话，可以看作是对道家文明特性的一种概括。在评价道家文明特性的同时，我们同样能够看到孔子在文辞之间隐隐流露出来的那种艳羡与钦慕。

如果仅从外表来看，道家文明是与儒家文明相悖的。以孔子为核心的儒家学派代表人物，致力于恢复王道政治与礼治文明。但是在道家文明中却认为，如果生逢一个混乱的时代，身处在不好的社会秩序之中，就不要出来做官，要将自己的才能和抱负都隐藏起来。具有这种典型的道家文明思维的代表人物，包括我们熟知的伯夷和叔齐，以及尧帝时代的许由和巢父等人，他们身上所展现出来的文明价值取向特性，具有典型的道家文明色彩。例如以上笔者列举的四人中，都曾经获得了成为天下领袖或者诸侯国君的机会，但是他们无一例外地都选择了放弃。[1]

放弃的原因在于，他们所接受的文明价值取向和所坚守的个人原则，即成为国家或者天下的领袖，不符合他们的处世方式和生活态度。正是因为不将权力看成是自我生活中的必需品和最高追求，因此当他们获得成为领袖的机会时，无一例外地选择了弃之如敝屣的放弃。如果将他们的这种文明价值取向和生活态度升华到哲学层面，就是道家学派文明理念的最初由来。[2]

从道家学派文明的传承关系来看，这种淡然逍遥的态度始终贯穿其间，形成了与儒家文明的严格的师承关系迥然相异的发展方式。我们所熟知的道家学派文明的两位代表人物老子和庄子，他们相互之间其实就完全没有师承关系。老子和

[1] 《中国通史大师课·1》第155页，许宏等著，岳麓书社，2019年10月。
[2] 同上。

庄子之间，只是存在一种精神文明的相通与传承的关系。[1]相比儒家文明的孔子与孟子之间的传承，则具有极为明确的师承关系。孟子受业于孔子的孙子子思，子思受业于曾子，曾子则直接受业于孔子，其中严格而明确的文明传承关系一目了然。这既是春秋时代百家学派的一种普遍传承方式，也是儒家文明观念中"名正言顺"（《论语·子路》）理念的具体体现。

道家学派的代表人物是由隐士发展而来，因此即使是在明确形成了道家文明之后的时代社会中，这种隐士的特性依然十分明显。正因为如此，我们很难知道道家学派人物真正的生平。我们通过翻阅相关文献所了解到的事迹，很大程度上都充满了虚幻色彩。有意思的是，我们无法确定老子的真正故里是在什么地方，以致现在许多地方都为老子的故里所在地争论得不可开交。这种行为对于老子和道家文明来说的确是一种讽刺，他们完全不在意也没想过要明确告诉后人的事，后人却为此而争论不休[2]。

在相关的史料文献记载中，我们能够发现有关于老子生平的两件事。这两件事作为传世的为数不多的老子生平故事，依然在后世引发了许多争论。我常常想，倘若老子真的在天有知，见到此种情景的他，究竟是该叹息还是该发笑？

按照《史记》中的相关记载来看，其中提到关于老子的两件事值得我们特别留意。第一件事就是孔子问礼于老子。研究者对此事的关注焦点在于老子的身份，以及孔子与老子之间是否产生了直接的交往（《史记·老子韩非列传》）。第二件事就是，老子所著《道德经》的成书过程。[3]按照近年的考古发掘研究成果来看，我们似乎不应该再将老子的著作称之为《道德经》了。根据长沙马王堆汉墓出土的文献，考古研究证实历史的真实情况，很有可能是《德道经》。学术界目前对于这两种说法依然存在争论，总体来看，支持《德道经》的观点更胜一筹。

按照《史记》中的记载，老子并没有想过要留下什么著作给后人，这种想法也符合道家文明理念一贯的处世思维。但是在老子西出函谷关的时候，却遇到了麻烦。当时有个镇守函谷关的官员名叫关尹，他在得知老子已经退隐，要西出

---

[1] 《中国通史大师课·1》第 155 页，许宏等著，岳麓书社，2019 年 10 月。

[2] 《中国通史大师课·1》第 155-156 页，许宏等著，岳麓书社，2019 年 10 月。

[3] 同上。

函谷关外之后，便邀请老子将他的一生所悟，以及他对这个世界的认识和体会写下来（《史记·老子韩非列传》）。按照某些好事者的猜想，大约是常年驻守函谷关的关尹难得遇到这样一位大学者，因此他以收取出关费为借口，带有强制性地请求老子写下了这部著名的《道德经》。老子交不出出关费，只好洋洋洒洒地为关尹写下了五千言，他最终才得以顺利出关。老子在关尹请求之下留下的这部《道德经》，据说如今已经成为世界上流传最广的中文著作。

出关之后的老子，从此在全部的史料和文献中失去了踪迹。有研究者认为老子西去到了印度一带，并且化胡为佛。早期道教将老子作为最重要的创始人，尊其为创教祖师加以尊崇。我们现在可以确定的是，在老子生活的时代，他非但没有创立道教，甚至于道家学派这一概念，也并不是老子本人直接提出的。

老子姓李名耳，唐朝的皇帝也姓李，为了政权的稳固和人心的归附，唐朝的皇帝就想给自己找一个知名度足够高的祖先，老子就这么莫名其妙地做了别人的祖宗。因为政治需求的目的，唐朝时期非常推崇道教，道教文明也因此得到了巨大的发展。[1]但是我们需要注意的是，这一时期的道家文明已经明确变成了道教，老子的道家文明与道教文明，其实完全属于两个不同的领域。总的来看，老子的理论和道家的文明理念属于哲学范畴，道教文明理论则更趋向于宗教学领域。

胡适先生认为老子是中国哲学的鼻祖，冯友兰先生认为孔子是中国古代哲学的鼻祖，这是儒道文明之间延续数千年的现代之争。按照胡适先生的观点来看，如果认同孔子是中国哲学的鼻祖，那就是儒家的道统观念在作怪；在冯友兰先生看来，我们现在所看到的《道德经》在很大程度上都是对孔子和儒家文明的一种负面回应。[2]

如果我们将目光拉高，超越单纯的儒道之间的学派争论便可发现，在春秋时代礼崩乐坏的社会现状面前，老子和孔子都产生了对于时代现状的不满。但是他们对于这个时代混乱出现的原因，各自的分析和主张是完全不同的。老子认为，儒家文明所坚持的那套礼乐文明秩序早已经被时代文明所抛弃了。

甚至于老子认为，正因为有礼乐文明的存在，才导致社会出现了人性的

---

[1]　《中国通史大师课·1》第 156 页，许宏等著，岳麓书社，2019 年 10 月。
[2]　同上。

堕落、人性的虚假的现象。针对儒家文明的一系列观念，老子指出"大道废，有仁义；智慧出，有大伪；六亲不和，有孝慈；国家昏乱，有忠臣"（《道德经》），即老子认为儒家文明对于"仁义"的强调，是对人的自然状态的一种背离。只有在大道废弃的时代，仁义才会被强调；只有在道德沦丧的时候，孝和慈这些品性才会被不断地强调。以上的观念都是老子对于儒家文明观点的质疑。在老子看来最重要的目标就是恢复自然的状态，即老子所强调的"道法自然"（《道德经》）。

在老子的自然观念中，人的自然生活状态应该按照人本来的样子生活。那么人本来的生活状态应该是什么样的？这就是问题的关键所在。在老子看来人的生活的本来状态，就是自然无为、小国寡民的状态（《道德经》）。老子认为，如果人们都生活在一个有组织、有秩序的社会中，当然就会背离自己原本所处的自然状态。因为人们必须要适应这种组织和秩序，在这个过程中必然要遵循某些规则。如此一来，人们为了遵循规则和秩序，就难以避免地违背了自己原本的意愿，就要受到现实社会中的种种约束和制约。

老子指出，如果人们想要实现自由的生活必须"绝圣弃智"（《道德经》），即抛弃那些圣人言论和历史发展所积累的种种经验。除此之外，还要"绝仁弃义"（《道德经》），即不再提倡仁义；"绝巧弃利"（《道德经》），不要挖空心思设计各种各样奇巧奸诈的事情。可见老子所提出的这几个主张都是针对着儒家文明的种种主张来说的，因此也就不难理解后代学者往往将儒道两种文明进行对立研究了。

老子十分提倡和向往恢复自然化的社会状态，从某种意义上来讲老子所说的"为道"，就是希望能够恢复这种自然无争的社会状态。针对"为道"，老子将儒家学说中的一系列文明主张和观念描述为"为学"（《道德经》），并且他认为如果一个时代和社会的主潮流是提倡"为学"（《道德经》）的，那么随着人们掌握的知识越来越多，离大道和自然的距离就会越来越远。与之相反，如果一个时代和社会文明的主潮流是提倡"为道"的，那么随着人们掌握知识的越来越少，就会逐渐回归到婴儿时期的状态。

从这个意义上，老子提出了"人法地，地法天，天法道，道法自然"（《道德经》）的文明理念，并且认为这种"为学日益，为道日损"（《道德经》），最终完全回归自然的生命状态，才是人们应该向往的生活。

在老子所提倡的自然化生活状态和生命状态中，人的生命变得十分重要。因为在这种自然化的状态下，人们所考虑的是自己的自然生命的延续。因此老子的书中有许多关于养生的论述，例如老子指出"专气致柔"（《道德经》）、"以其不自生，故能长生"（《道德经》）等。在后来的社会发展中，以老子的这些理论为根基，甚至逐渐形成了气功学派的理论源头。

长期以来，历代的学者认为老子主张恢复的自然状态社会，就是指周公时代的初期礼治文明社会图景下，井井有条的社会秩序和生活状态。但是也有研究者并不认可这种观点，认为老子主张恢复的社会状态应当是在炎黄时代之前，天下族群尚未进行大聚合，仍然处于各自为政、各自进行发展的近古文明时代。

无论历史的事实究竟是哪一种观点，以上的所有说法我们都可以将其归纳为处在"变乱为治"的总体框架之下，即认为老子的文明主张无论从多少种不同的视角下进行解读，终究是归属于一种自然清净的正面状态。但是至少从司马迁时代以来，人们对于老子的文明主张渐渐读出了不一样的味道。

老子提出"上善若水，水善利万物而不争"（《道德经》）的观点，他在十分强调水德的同时，认为人应该像水一样，正因为其不争，所以能成其大；老子又说："夫唯不争，故天下莫能与之争"（《道德经》）。从表面意思来看，老子似乎是想要告诉人们不争，但是听上去又不像是要完全回归自然的状态。许多研究者认为，老子的本意其实是想告诉人们柔弱胜刚强的道理，其中的一个"胜"字几乎贯穿着《道德经》的全文，只是这个"胜"的方式非常地特别。[1]

因此，有些人认为老子的文明主张是最积极也最具有谋略意识的。老子的这种谋略意识，甚至于让有些人将老子当成了一个阴谋家。老子以水德为喻，指出了人们应当效法水装作柔弱的样子，其实根本目的在于战胜别人。[2]如此看来，道家文明的出发点和运使手段几乎和兵家的"诡道"没有什么区别了。

按照这种观点，儒家文明强调从刚健的角度行"堂堂正正"的大道。老子对东周时代社会的深刻体察，使他意识到儒家的文明主张其性质和方式都很难行得通。因此老子转换策略，通过强调无为而无不为，指出人们在当时的现实社会中

---

[1] 《中国通史大师课·1》第157页，许宏等著，岳麓书社，2019年10月。

[2] 同上。

应当选择韬光养晦，以退为进。

老子这种充满策略意识的迂回战术，被司马迁敏锐地察觉到了。因此他在《史记》中，将老子和法家的韩非子并列放在了同一篇传记中（《史记·老子韩非列传》）。

有关老子所提出的一系列文明主张，其中最为根本的属性问题，历代以来都是众说纷纭、莫衷一是。我们对老子和道家文明的解读与阐释，必然也会随着时代社会的不断发展和文明理念的不断完善与创新，不断迭出新意，针对其文明内涵作出最为符合时代文明发展的新解读。这就是所谓的常读常新，也是文明典籍经久不衰的独特魅力之所在。

第十节　道家文明析古（下）

在老子时代之后最为著名的道家学派人物就是庄子，后世一般将两人并称为"老庄"。司马迁在《史记》里，直接将老子和庄子合并列在同一篇传记之中进行记载（《史记·老子韩非列传》）。这一点说明，至少在西汉时代，人们已经普遍认可庄子是在老子时代之后的道家文明传承者。

据文献记载可知，庄子是蒙地之人，名为周，曾经担任漆园吏。根据研究者的结论，所谓漆园吏很有可能就是指庄子早年曾经担任过负责制造油漆的园子的官吏。庄子的主要生活时代大致与梁惠王和齐宣王同期，其学无所不窥。但是尽管庄子的学问十分渊博，其根本学理仍然是以老子的道家文明思想为根基，因此司马迁认为庄子的文明思想"然其要本归于老子之言"（《史记·老子韩非列传》）。

现代学者对庄子的道家文明思想进行考察和探究，最重要的文献依据就是传世本的《庄子》，也称《南华真经》。司马迁认为庄子著作的重要特点也就是与老子的著作《道德经》最具区别的地方在于，他非常善于讲故事。或者说司马迁认为，庄子非常善于通过讲寓言故事来阐发自己的文明观念（《史记·老子韩非列传》）。

关于《庄子》的这一特性也得到了庄子本人的认可，他曾经说明自己写文章是运用寓言、重言、卮（音知）言，即通过打比喻和编造一些十分具有可读性的故事来阐发自己所想要表达的观点。有关研究者认为，庄子之所以选择这样一种轻松诙谐的方式表达自己的观点，一方面是浓厚的道家文明思维使然。另一方面，庄子其实是在试图以这种语言表达方式为切入点，重新解构儒家经典。[1]这其中其实也隐含了庄子对于儒家学派的"克己复礼"（《论语·颜渊》）主张的"哂之"，就是庄子对于儒家经典作品中所传达出来的儒家文明主张，进行了一种嘲笑和品评。当然，庄子的品评是站在道家文明视角进行的一种观点阐发，大多都是带有戏谑意味的。

如果我们对庄子的文明观念进行一种相对系统的考察，就可以发现，在庄子时代的道家文明依然与儒家文明之间形成了一对儿"冤家"。庄子在他的书中，首先为人们揭示出了人存在的困境。按照儒家文明中的相关观念认为，儒家十分强调人存在的终极意义，在于要在世间建功立业。这种观念在儒家文明的相关典籍中具体体现为"修齐治平"，即修身、齐家、治国、平天下（《礼记·大学》）。《孟子》中明确记载："孔子三月无君，则皇皇如也，出疆必载质。"（《孟子·滕文公下》）可见儒家文明中的功业心之重。

但是庄子却认为，儒家所提倡的这些文明观念和人生追求，都不是人存在于世间最好的生活方式。庄子巧妙地讲述了一个寓言故事，以此来表达他所赞同的人生态度：庄子有一次带领弟子在山中行走，大约是在道家所向往的自然中游学。庄子看见山中有一棵枝繁叶茂的大树，但是每一个经过大树的伐木工都没有对它进行砍伐。庄子就问伐木工为什么不砍伐这棵大树，伐木工回答说没什么用。这时庄子说道，这棵树正因为无用，所以才可以躲过砍伐，一直存活（《庄子·山木》）。

庄子发表完感慨"夫子出于山，舍于故人之家"，即走出大山，带领弟子们来到了他的老朋友家里做客。这位老朋友见到庄子到来十分高兴，于是他安排仆人"杀雁而烹之"。这时仆人问道："有一只雁能够鸣叫，有一只雁不能鸣叫，请问杀掉哪只？"主人吩咐说："杀掉那只不能鸣叫的。"（《庄子·山木》）

庄子和弟子们享用完美食，第二天弟子便向庄子请教说，昨天在山中遇到

---

[1]　《中国通史大师课·1》第158页，许宏等著，岳麓书社，2019年10月。

的那棵大树因为它没有什么用，所以没人去砍伐它；但是如今主人家的大雁却因为不会叫而送了命。那么我们活在世界上，究竟应该选择什么样的生活态度呢？弟子这个问题背后的核心意识是，究竟应该选择怎样的方式才能让人们生活得更好？庄子的回答是，应当活在"材与不材之间"（《庄子·山木》）。

这是庄子的一个非常有名的生存策略，从某种意义上来说，与儒家文明中的中庸之道具有异曲同工之妙。儒家文明认为，"不偏之谓中，不易之谓庸"，中庸之道的智慧在于为人处事行恰到好处，既不过刚，又不过柔，根据所面临现实环境和具体情况的差异，选择合适的处事准则。因此，无论是道家文明还是儒家文明都指出"圣人无常法"；可以被言说和进行概念限定的"道"，都不是真正恒长的大道。

那么，应当如何拿捏"材与不材之间"的这个度呢？庄子指出，我们可以采用的一种方法是"以物观物"，另外一种方法则是"以道观物"。所谓"以物观物"，就是指通过观察一个物体的自身情况，以及它与选择者之间或其他有关联的物体之间的契合程度和需求程度来进行选择。这也是我们在看待这个世界时所应当采取的一个基本态度。[1]

以道观物，是指选择者站在一个更高的境界，对世间的事物进行观察和抉择。例如一个人站在山顶或者极高的楼层往下望去，下面行走的人无论怎样的穿着和打扮，甚至是下面的某个个体或物体在经历怎样的兴衰成败的过程，都与这个站在高处观察的人并没有直接的关联，或者说这些情况都已经不在这个观察者考虑的范围之内了。庄子为我们指出，如果一个人能够达到"以道观物"的境界，那么他对于之前的追求，或者对于其他没有达到这个境界的人对某些事物的追求、对某些目标的执着等，就都不认为存在什么意义了。用一句比较现代的话来表述就是，当一个人拥有了更大的格局和人生理想，那么他对于那些微小和浅白的追求自然就不屑一顾了。

在这个意义上，庄子进一步提出了"齐物"（《庄子·齐物论》）的概念。所谓"齐物"就是指，将"有"和"无"这两种概念进行相对化的区分，这是庄子文明思想中的重要之处。庄子认为每个人在对世界进行观察的时候，都是站在自己的角度获得相关认知和作出相关判断，而这种认知和判断往往并不准确，甚

---

[1] 《中国通史大师课·1》第158页，许宏等著，岳麓书社，2019年10月。

至有可能从一开始就错得离谱。因此庄子认为，人在认知周围世界的时候，最好的选择就是让自己站在一个没有角度、没有立场的点上（《庄子·齐物论》），按照西方文明中的观念，就是当人站在上帝视角对这个世界进行观察、判断和认知时，人们就能舍弃人世间种种充满虚妄性质的追求，成为一个真正自在逍遥的人。

庄子提出的"齐物"思想，在某种程度上来说既是对老子思想的继承和发挥，同时也是比老子思想更为深刻的发越。"齐物"思想的关键在于，它对于任何一种确定性都加以否认，但是这种否认并非无的放矢，而是建立在充分的道家文明理论系统的基础之上。庄子认为，如果人们对一种事物的确定性进行强调，那么自然就会被这种确定性所束缚。因此庄子指出，齐物思想就是"物无非彼，物无非是"（《庄子·齐物论》），即世间的任何事物都没有什么差别。庄子的这种文明观念与道教经典中"不有中有，不无中无"（《洞玄灵宝升玄消灾护命妙经》）的观念具有一脉相承的相似性。两者之间共同的文明根基在于，无论使用任何语言和方式，对一种事物来进行表达和描述都是具有局限性的。这个被表达的事物也始终都是处于变化过程中的。因此人们的表达自然也就不是针对这个事物来进行的。

正因为具有这样的文明观念，老子和庄子才会对孔子、孟子对于礼治文明的维护，以及他们极力主张对旧有制度、既成文明观念的恢复而感到轻视和不屑。道家文明认为，孔子和孟子等儒家学者不明世间万物的变化规律，对于事物的某一种形态产生了极为固执的坚守。因此道家文明和儒家文明在历史的发展进程中呈现出一种相爱相杀的关系。

这一点我们在庄子的书中能够得到充分的印证。作为继老子之后道家文明的继承者和发展者，庄子在表述自己文明观念的众多寓言中多次提到了孔子。甚至有研究者进行统计后指出，在庄子的著作中"出镜率"最高的人并不是老子，而是孔子和他的弟子。只是在庄子的书中，孔子与其弟子的出现已经呈现出一种被寓言化的形象。[1]

庄子借被寓言化的孔子来表达自己想要说明的文明观念，在这一过程中孔子便成了一个经常进行自我反思的人，或者是孔子在被老子或其他隐士教导之后，

---

[1]　《中国通史大师课·1》第159-160页，许宏等著，岳麓书社，2019年10月。

总会认为自己原本的想法是错误的。我们在前文说过，由于孔子时代的儒家文明在当时的社会中产生了巨大的影响力，因此庄子将这样一个形象的孔子放进自己的书中，一方面是出于对儒家文明主张的戏谑，另一方面也是借以申明道家文明主张的影响力。

在《庄子》中记载了这样一则故事：孔子有个朋友名叫柳下季，柳下季有个弟弟名叫盗跖（音直）。传说盗跖是当时社会中有名的大盗，麾下有九千名部属，经常打家劫舍，危害四方。他从来不考虑父母兄弟，也不祭祀祖先。盗跖身上的种种行为自然是儒家文明中最为鄙夷的。因此孔子就对柳下季说，做父亲的一定要教导自己的儿子，做哥哥的也应该劝说自己的弟弟，这就是所谓的孝悌之道。如果父亲不教导孩子，哥哥也不能劝说弟弟，那么谁还看重父子兄弟之情呢？柳下季告诉孔子，做父亲和兄长的要教导自己的儿子和弟弟，但是如果他不听从教导该怎么办？孔子见柳下季不愿意去劝说他的弟弟，便决定亲自去劝说盗跖。盗跖听说孔子到来，心中十分气愤，他命令手下说：他不就是鲁国那个狡诈虚伪的孔丘吗？你替我告诉他，如果他再随便乱讲话，再随便标榜文王、武王，戴着帽子到处乱晃，我就把他杀了，拿他的肝当下酒菜。孔子听闻，只能离去了（《庄子·盗跖》）。

由此可见，在庄子的作品中，孔子和儒家文明的形象经常是以这种面貌来呈现的。除此之外，在其他诸子百家的作品中，孔子的形象也大致如此。至于其中的具体原因，我们在前章中论述儒家文明时已经进行过详细的分析，在此不再赘述。

庄子文明主张的一大特性，是讲述人对于自我的超越，以及事物与人之间、事物与事物之间的关系。庄子认为，如果一个人想要超越自我，就必须以一种合适的方法找寻到事物与事物之间的本质区别或者内在的本质关联性，然后再超越它。[1]这种文明观念在庄周梦蝶的故事中进行了充分的展现。之前已经说过，庄子文明理念的核心在于告诉人们，对于任何一种确定性都应当加以否认，不被任何事物的任何确定性所束缚。但是需要注意的是，庄子文明主张中的相对主义，并不是要完全否定事物与事物之间的客观差别，而是要找到一种认识事物内在本

---

[1]　《中国通史大师课·1》第 160 页，许宏等著，岳麓书社，2019 年 10 月。

质的方法，通过这种方法认识到事物与事物之间存在的本质区别，然后再超越这种区别。

如果我们单纯地对庄子的文明主张加以剖析和实践，那么很可能落入唯心主义的思维怪圈不能自拔。但是这并不意味着以庄子思想为代表的道家文明在现实社会中便毫无用处，庄子文明思想是在传统中国古典人格养成的过程中必不可缺的重要一环。它为人们指明了如何面对自我、如何面对事业、如何面对世界甚至宇宙，以及如何面对生死等重大文明理念中的一系列问题。对庄子思想和道家文明的深刻洞察与体悟，让人们内不惑于心、外不惑于物，进而在不断变化的世间能够明心见性，具有通透豁达的人生理念，最终真正享有逍遥自在的人生。

从这个意义上讲，庄子的文明理念是对儒家文明思想最重要的修正和补充，是中国人人格养成的重要一环。笔者在前文中多次强调，今天的我们必须要跳出简单而单纯的二元思维模式，打破文明和学派理念之间的隔膜与冲突，真正建立多元化、系统化的文明人格。

在庄子的书中，记载了他对于自己理想中的人的描述。与儒家文明中有所不同的是，庄子没有将这种具有自己理想人格的人称为圣人，而是将其称为真人。并且庄子认为真人的存在是先于真知的，他在《庄子·大宗师》中对真人的形象和特质进行了详尽的阐发。因此庄子在后来的道家文明系统中被尊称为南华真人。因此对于修道有成的道家人物，人们一般也沿袭庄子所创立的称号，将其称为某某真人。例如对道教全真派王重阳的尊称是王真人，对道教武当派张三丰的尊称是张真人，等等，这是庄子在道家文明发展过程中的一个重大贡献。后来的道家人物沿用庄子创立的这一称谓，这一称谓的沿用也意味着，后世道教对于庄子的尊崇和对于庄子所创造的道家文明理念的沿袭。

第十一节　墨家文明析古（上）

在春秋战国时代诸子百家争鸣的浪潮中，墨家的存在显得有些"另类"。相比于儒家文明和道家文明，人们对于墨家文明的记忆是非常模糊的。甚至于大多数人对于墨家文明的这点儿模糊记忆，也完全是由于儒家和法家两大"显学"对于墨家的不断批判而存在的。由于墨家文明在春秋时代以及之后整体的文明发展进程中十分微弱的存在感，一度让人们有意和无意地在诸子百家时代传承和延续下来的文明脉系中忽视了墨家文明。

事实上，在先秦时代终结之后，墨家文明已经在客观上处于消亡的状态。通过综合考察不同的历史文献，我们可以发现，墨家文明在文明发展史中的地位与它在后世的传承情况完全不同，甚至是完全相反。在百家争鸣的先秦时代，墨家文明一度成为与儒家文明齐头并进、相互角逐的著名思想流派。在当时的社会中，墨家文明与儒家文明被并称为两大"显学"。[1]

考察这个曾经十分辉煌后来又销声匿迹的墨家文明学派，最重要的依据当然是《墨子》一书。按照《墨子》中的记载来看，墨家文明学派的内部组织架构与当时其他各家都具有明显的差异性。这种差异性具体体现在，墨家学派的内部组织架构是一个拥有严密纪律性的团体。这个团体的内部凝聚力，可以说是其他各家无可比拟的。按照《淮南子》一书的记载，可以发现墨家学派的这种内部凝聚力与其他各家学派之间的差异所在："墨子服役者百八十人，皆可使赴火蹈刃，死不还踵，化之所致也。"（《淮南子·泰族训》）

从这段文献中的记载来看，我们可以发现墨家文明的两大特性。其一是墨家学派的组成人员数量，相比于其他各家学派尤其是儒家学派的"弟子三千"，显得十分稀少，仅仅只有百八十人。第二个文明特性是，墨家学派成员的这种赴汤蹈火、以死效命的空前凝聚力，是其他各家学派都不具备的。以如此之少的学派成员数量和无比严密的纪律性与凝聚力构成的墨家学派，竟然能够和拥有三千弟子的儒家学派，在春秋战国时代的文明社会中平分秋色，这不能不说是一个文明发展史上的奇观。

墨家学派的首领被称为"巨子"，巨子之下的各级成员都具有严格的层级划分，因此墨家学派的内部拥有十分严密的内部组织架构。在后代学者对墨家文明的研究中，一直将墨家学派的成员与侠客联系在一起。金庸先生在他的小说中借郭靖之口指出"侠之大者，为国为民"。在相当长的一段历史时期内，传统意义

---

[1]　《中国通史大师课·1》第 149 页，许宏等著，岳麓书社，2019 年 10 月。

上的学术认知，将武侠小说排除在了严肃学术的范围之外。但是从实际的文明发展演变过程来看，墨家文明实际上扮演了武侠文明在历史中的角色。

后世的许多研究者认为，墨家文明与侠客文化之间的关系始终非常紧密。从侠客文化的历史源头来看，侠客这一群体的最早出现就是在东周列国时代。侠客的历史责任是为国排忧、为民解难，因此越是在社会处于巨大动荡的时期，所涌现出来的侠客便会越多。如果说春秋战国时代文士的代表性特质是"尚游说"，那么武士的主要代表特征就是通过战争，甚至是通过暗杀来达到某种政治目的。这些负责执行暗杀一类特殊任务的武士，就是侠客的最初原型。[1]

这些武士的特点是具有浓烈的尚武精神，崇尚义气，为报答知遇之恩甚至可以毫不犹豫地选择英勇赴死。侠客文化最早的代表人物，包括众所周知的荆轲、专诸以及聂政等（《史记·刺客列传》）。墨家文明的精神实质与当时社会中盛行的侠客之风关系密切，甚至可以在某种程度上说，正是因为侠客这个群体和他们所缔造的精神特质，在春秋时代社会中的客观存在与蓬勃发展，在一定程度上才造就了墨家学派的核心文明理念。

但是另外一方面，正因为侠客群体在春秋时代社会中的地位很高、作用很大，因此当时有许多人出来激烈地反对这一群体的存在。他们认为，侠客群体的存在，在一定程度上破坏了正常的社会秩序。[2]

在这些对侠客文化的激烈反对浪潮中，最著名的当属韩非子，他对于文士和侠客这两类群体持极端反对的态度。因此，批判儒家和墨家的声音经常是由韩非子发出的。[3]

从墨家文明的精神实质来看，它确实具有和侠客文化极其相似的一面。例如，墨家文明中特别主张"兼爱非攻"，发扬伸张正义、扶危解困、反对强权的侠义精神，这一点几乎与侠客文化的核心特质完全吻合。因为广泛存在的侠客群体，使墨家学派成为先秦时代社会中具有巨大社会影响力的一个学派。但是墨家的一系列文明主张，在某种程度上几乎是与法家文明"以法治国"的精神特质完全违背的，因此法家对于墨家的激烈反对和强烈的针对性也就显得并非

---

[1]　《中国通史大师课·1》第 149-150 页，许宏等著，岳麓书社，2019 年 10 月。

[2]　同上。

[3]　同上。

那么突兀了。

　　墨家除了提出一系列文明主张之外，其成员也实际参与到政治和军事生活中，并不是单纯地坐而论道。在广泛的参与到现实社会中这一点上，墨家与儒家的选择是一致的。有关于墨家文明的社会实践，虽然留存下来的记载并没有儒家文明那么多，但是从有限的材料来看，两者之间所存在的一个显著的差别是，孔孟时代的儒家文明实践往往是以失败告终，墨家文明的社会实践虽然记载较少，但却往往是以成功结束的。

　　关于墨家文明的实践记载，最著名的一篇文章是《公输》，文章记载了墨子成功阻止一场诸侯战争的事件。当时公输班为楚国建造了云梯，云梯的作用是帮助军队进行攻城，楚国建造云梯的目的在于为攻打宋国做准备。墨子听说此事之后，从齐国出发行走了十天十夜终于赶到楚国的都城，并在此见到了云梯的制造者公输班。单从墨子的这一行为来看，他为了阻止一场并非本国所面临的又和自己并没有切实利害关系的战争，不惜赶路十天十夜，墨家文明中"兼爱"的文明特质在墨子的这一行为中得到了最佳的诠释。

　　《墨子·公输》记载，公输班见到远道而来的墨子时便说，先生对我有什么吩咐呢？墨子说，北方有一个侮辱我的人，我希望借助你的力量杀掉他。公输班听完很不高兴，墨子又说，我可以给你酬金。公输班说，我奉义而为，绝不杀人。这时墨子站起来说，我在北方听说你制造云梯，要用它来攻打宋国。你既然不肯杀一个侮辱我的人，却要在此帮助楚国杀掉宋国的许多人，这种行为难道是仁义之举吗？

　　由此可见，墨子在此处虽然以仁义为说辞，但是却充分体现出了墨家文明中的"兼爱"特质。不但如此，在阻止楚国和宋国战争这件事上，同时深刻体现出墨家文明中"非攻"的文明特质。公输班在这之后和墨子进行了一系列的语言较量，发现无论如何墨子都能够破解公输班的攻城器械和攻城策略，最后说得公输班无言以对。公输班只好说，现在还有一个办法，那就是将墨子杀掉，这样就没有人能够阻止他用云梯进行攻城了。墨子却早料到了公输班这一手，于是他在来到楚国之前早已将破解方法告诉了自己的所有弟子，并且让弟子们告之宋国。墨子最后说，现在的宋国不但知道了破解云梯的方法，而且还早就组织好了防御的军队。最终楚国和公输班只能作罢（《墨子·公输》）。

从这个记载来看，墨家文明中达到"非攻"的具体策略是让别人攻无可攻，不能得到丝毫的利益，最终迫使对方不得不放弃。这种理论主张和现实策略并用的方式，是墨家文明中的一大特性。相比于孟子对梁惠王所说的"何必曰利"，以及孟子从单纯的仁义教化角度来说，墨家文明的现实性和可行性极高。如果说儒家文明是单纯的理想主义，那么墨家文明就是在理想主义之外加入了现实可操作性的具体方法，即墨家文明是一种具有可行性的理想主义。

从核心的文明理念特质方面来说，墨家文明和儒家文明在某种程度上具有亲缘关系，儒家文明和墨家文明的最高精神特质具有某种共通性。但是在共通性的最高精神特质之下，其各自衍化出的一系列文明理念却又不同。

例如，儒家文明主张子女在父母过世之后要守三年之丧，但是墨家文明却认为这是固执地遵守烦琐的礼制规定，并非是达成美好政治的行为。而且这种烦琐规定无论是对于平民，或者帝制社会的上层人物来说，都很难具有现实层面上的可操作性。因此在后世的帝制社会礼制规定中，普遍采取"以日易月"[1]的方法，将三年之丧的三十六个月的实际执行时间，改为用三十六日代替三十六个月的三年之期。如此一来，既与现实社会的客观情况相符合，又尽到了为人子女的孝道。这既是后世帝制社会对儒家文明的一种变通，同时亦可看作是墨家文明在历史发展中理论主张的一种实际应用。

第十二节　墨家文明析古（下）

在之前的章节中笔者曾经指出，经过长期的历史发展和众多学派之间的交流互鉴，在春秋战国时代纷纷绽放光华的诸子百家早已形成了你中有我、我中有你的现实局面。除了前章中所述道家和儒家之间这种"相爱相杀"的关系之外，这一点也在墨家文明与儒家文明不断的交锋与互鉴中有充分的体现。

《韩非子·显学》中曾经记载这样的说法："孔子、墨子俱道尧、舜，而取

---

[1]　《二十四史简体字本·史记》（全六十三册）第306页注释8，中华书局编辑部编，2015年2月。

舍不同，皆自谓真尧、舜，尧、舜不复生，将谁使定儒、墨之诚乎？"在这一说法中，固然存在韩非子一贯的法家文明主张色彩和对儒墨两家进行攻击的策略，但是我们可以据此得出一个结论，或者说据此得出一个春秋战国时代的儒家文明和墨家文明两学派之间一个具有结论性的观点，即儒家的孔子和墨家的墨子都将自己的理想政治目标上溯到了尧舜时代。

但是墨子认为，自己和墨家学派才是真正的尧舜文明传承者，儒家学派和孔子对尧舜文明的推崇和复古是假的。墨子给出的理由是，儒家文明虽然托名尧舜言事，实际上却是致力于恢复周朝的礼乐文明制度，并不是彻底地恢复尧舜时代更为古老的政治制度。[1]这一点从孔子自己说的"吾从周"便能够得到印证。因此墨子明确指出，儒家文明所谓的怀古，其实所怀念的是周朝初期由周公旦所创立的礼乐文明制度，至于儒家每每托名更为久远的尧舜时代进行相关阐发，则是体现出了儒家文明中的一种虚伪的本质。

因此，墨子所提出的主张几乎都是针对孔子和儒家学派的，其原因固然与儒家学派在当时时代中无与伦比的社会影响力相关，但是更为深刻的原因其实在于不同学派之间文明观念的冲突。

孔子和儒家文明特别强调恢复曾经的礼乐文明的政治制度，墨子就据此针对性地提出了"非乐"（《墨子·非乐》）的理论主张。墨子认为，过于繁杂的礼乐制度既不符合现实社会的实际应用，又造成了一种社会资源的浪费。孔子主张"乐天知命"（《周易·系辞上》），墨子则针对性地提出了"非命"（《墨子·非命》）观念；孔子认为对待鬼神应当采取"敬鬼神而远之"（《论语·雍也》）的现实态度，墨子又据此提出了自己"明鬼"（《墨子·明鬼》）的理念。墨子所说的"明鬼"，就是强调鬼神在世间的客观存在。

墨子之所以强调鬼神的客观存在，一方面是因为与儒家文明之间的"宿怨"，另一方面则是借冥冥之中的鬼神让世间之人心存畏惧，进而去恶为善。由此可见，墨家和儒家之间虽然在基本的文明观念和文明形态上存在巨大的冲突，甚至于两者之间是一种论敌关系，但是他们各自的根本理想与追求却多是一致的。

---

[1] 《中国通史大师课·1》第 151 页，许宏等著，岳麓书社，2019 年 10 月。

　　以《墨子》一书为核心所揭示出的墨家文明理念有十条核心的教义，即"尚贤""尚同""兼爱""非攻""节用""节葬""天志""明鬼""非乐""非命"。墨子和墨家学派的成员在各个诸侯国中，对墨家文明的核心教义进行了大力传播。墨子对于各地弟子的要求是，让他们根据所到国家的实际情况，尽力宣传墨家文明的相关理念。[1]按照今天的观念来看，这类似于基督教或佛教在世界各地进行传教的行为。

　　在墨家文明所宣传的十条核心教义中，又以"兼爱"思想为根本，这一点就更加与基督教文明有所契合了。但是墨子提出的"兼爱"思想，同时遭到了儒家、道家、法家等学派的共同围攻。从这一情况来看，墨子的文明理念在某种程度上具有超越时代性的特质。我们应当注意到的是，从近古时代的资源大争夺战争爆发以来，以"兼爱"为核心的文明特质到墨子时代才首次被明确下来。墨家文明与残酷的近古时代社会以来的文明时代，究竟在什么程度上具有关联性，目前我们仍然不方便下结论。但是笔者认为，以春秋战国时代的社会现实情况为基础，墨家文明所提倡的"兼爱非攻"的核心理念绝非无源之水，它一定具有某种隐秘的文明传承，甚至是单纯的观念传承。

　　儒家文明认为"爱有等差"是一个核心的原则性理念，一个人对父母的爱和对没有血缘关系的人的爱是绝对不同的。这种文明理念的产生，本质上是源自周朝初期基于血统制建立的宗法社会制度。从更为久远的文明发展图景来看，等差之爱的观念其实形成于近古时代血统制传承的权力法则的基础之上。因此，我们也可以将它理解为是人性在一种本能状态下的自然选择。

　　墨家学派对于这一等差之爱的文明理念提出了坚决的反对，并认为如果一个人根据与自己关系的远近和亲疏来确定爱的不同程度，甚至是只爱那些与自己关系亲近的人，那么无异于是对公共利益的漠视和自私的体现，甚至于会进一步造成党同伐异的局面。墨家学派认为，人们只有做到"兼爱"才能避免这种危害的产生。

　　墨子进一步指出，做到"兼爱"的方法是"视人之国若视其国，视人之家若视其家，视人之身若视其身。"（《墨子·兼爱》）对此通俗的理解是，兼爱思

---

[1]　《中国通史大师课·1》第 151 页，许宏等著，岳麓书社，2019 年 10 月。

想的具体体现在于将别人的国家当作自己的国家来维护，将别人的家庭当作自己的家庭，将别人的身体当作自己的身体。从墨子的这一理念来看，他是一个比儒家更为彻底的理想主义者。从墨家的一系列文明主张中我们可以发现，墨子为了公共的目标可以舍弃自己的国家、自己的家族，甚至是自己的身体（《墨子·兼爱》），墨家的这种行为追求可以说是绝对意义上的"大公无私"了。

在以"兼爱非攻"为根本的思想指导下，墨子能够急行十天十夜赶到楚国，去阻止一场和自己毫无关系的战争的行为便可以被我们更进一步地理解了。从现实社会的实际运行模式来看，墨子的兼爱文明主张在一定程度上具有丰富的现实意义。甚至可以说，墨子的文明思想对于后代社会中屡屡爆发的自下而上的反抗战争具有某种程度上的指导意义。

除此之外，墨子还提出了"尚贤"（《墨子·尚贤》）和"尚同"（《墨子·尚同》）的文明理念。所谓尚贤，就是指让贤能之人承担更多的社会责任，同时让更多的人通过学习的方式进阶为社会中的贤者。关于"尚贤"的文明主张是墨家和儒家所共同推崇的，"尚贤"的核心目的也基本是相同的，但是墨家和儒家关于"尚贤"的动机却完全不同。在儒家文明看来，"尚贤"的核心推动力在于强调"亲亲尊尊贤贤"的社会伦理观念，为了维护礼治文明下一种井然有序的社会秩序而采取的一种现实行为。墨家文明认为，如果"亲亲尊尊贤贤"，就很难达到真正意义上的"尚贤"（《墨子·尚贤》）。

墨子提出的"尚同"理念，就是让天下之人具有共同的理想和追求。在这一核心理念的指导下，墨家十分反对儒家学派在礼治文明原则下的奢侈行为，反对儒家学派提出的关于"民""人""士""君"等不同社会阶层所具有的不同理想追求、社会责任，等等。同时，墨家还反对儒家文明在礼治文明下的等差意识中所提倡的一系列行为、制度等，认为儒家文明是"繁饰礼乐以淫人"（《墨子·非儒》）。

在批判了儒家文明中的一系列理念之后，墨家学派提出了自己的主张，认为治理社会应当采取"尚同"的核心治理理念，最终达到天下的"富之、众之、治之"（《墨子·节用》）。墨家文明认为，要想达到理想的社会状态，首先要"富之"，即先让整个社会富裕起来，再让社会中的各个成员能够互相分享富裕的财富，不藏私、不为盗。当社会中的成员达到共同富裕的状态，并且能够相互之间分享富裕，这个国家才能够长治久安。

墨家学派认为，如果人们都按照儒家学派的理论主张去做，在三年之丧期间不从事劳动生产，同时又过着极为简朴节制的生活，必然会导致人们精力和生产力的大幅度损耗。如此一来，礼乐文明制度反而成了阻碍社会发展和人们改善生活的绊脚石，因此墨家学派对于儒家文明所提倡的礼乐文明制度十分反对。

墨家文明与儒家文明之间的矛盾对立，还体现在对事物进行判断的价值观念中。儒家文明认为，民心和民意是评价政治合法性的根本标准，但是墨家文明认为应当先对古代的那些圣王进行系统的考察，判断一下他们是否做过那些事情，当时的百姓是否对这些事情表示欢迎和拥护，最后还要考察老百姓是否在这一过程中得到了切实的利益。基于这种客观而严谨的、具有实证精神的考察理念，墨家文明提出判断一种政治学说或现实行动是否具有正当性，应当从三个标准进行考察。

墨家提出的这三个标准分别是：首先从历史经验出发进行判断，看看那些圣王是不是真的做过这些事情；其次是从现实根据来判断，圣王们所做的那些事情是不是符合天下百姓的实际需要；最后就是从实际效果进行判断，看看圣王们作出的那些历史行为是否对当时的老百姓产生了实际的效益。[1]

从墨家提出的一系列文明主张来看，墨子更像一个生活在自己世界中的理想主义者，甚至是一个空想主义者。研究者认为，儒家文明之所以能够在传统中国取得巨大的成功，根本原因是因为其奠基在最为真实的人性基础上，尤其是儒家对于血缘亲情所具有的特殊性的强调。这种对礼治文明观念的延续，在墨子看来十分不具有正当性。因此他的一系列主张和学说，就是要致力于摧毁这种宗法制度观念，其政治哲学中的"尚贤"主张就是针对于此所采取的举措。[2]

很显然，墨家的文明主张并没有取得成功，儒家文明之所以能够对中国人传统人格的形成产生的巨大的影响，其中的根本原因正在于儒家的文明理念，十分贴近中国人建立在血缘情感基础上的那些情绪。墨家文明的主张，恰恰是要否定这种客观存在的血缘情感，甚至是将这种血缘情感进行一种同化处理，在这一前提下墨家所提倡的一系列文明理念，自然也就失去了现实根基。

---

[1]　《中国通史大师课·1》第152-153页，许宏等著，岳麓书社，2019年10月。

[2]　同上。

在此基础上笔者认为，墨家学派在历史中的迅速消失，墨家文明的一系列理念与当时社会中极具根系的现实文明脉系产生了本质性的冲突，这就是墨家文明早衰的原因所在。

有研究者认为墨家学派在历史中昙花一现式的繁荣与消逝，是由于墨家学派内部组织架构过于具有组织性所导致的。因为墨家学派这种极具纪律性和执行力的组织性，导致当时社会中许多政治团体都对墨家学派心生忌惮，甚至在某种程度上将墨家学派视为传播歪理邪说的"外教"，担心墨家学派的存在会成为阻碍其进行统治的现实障碍。面对现实政治权力的强力围剿，墨家学派在历史中的迅速消失也就顺理成章了。[1]

除此之外，另有研究者指出墨家学派在历史中的迅速消逝，是由于他们太过于具有侠义精神。在侠义精神的催使下，墨家学派的成员无不具有为理想而慷慨赴死的豪情和追求。如果巨子因为某些原因自杀了，那么墨家学派中的其他人往往也会跟随着自杀，从某种程度上来看，这似乎是一种十分执着的非理性信念。在墨子时代之后，"儒分为八，墨离为三"（《韩非子·显学》），墨家学派分裂为三个派系。三个派系都得到了墨子的真传，他们称呼其他学派为别墨，即不属于墨家的派别。

从整体的历史发展进程来看，墨家学派的强盛时期处于战国时代的中后期。根据传世本《墨子》的相关记载来看，我们可以确定的是，在墨子之后墨家学派分裂出来的三个派系都参与了《墨子》一书的编纂工作。

墨子在阐述墨家文明理论的时候，往往会与儒家文明的一系列主张进行辩论。墨家在某种程度上和名家较为类似，十分注重辩论，认为辩论的本质就是"明是非、审治乱、明同异、察名实"（《墨子·小取》）。在这一基础上，墨家学派建立了"以名举实"的一套辩学体系，这也是中国古代逻辑学的重要起源。从这个方面来看，墨家文明中的相关主张对于名家学派的理论诞生与发展，具有十分重要的指导意义和先驱意义。

墨家文明在历史和文明发展进程中的迅速崛起和衰亡，引起了历代学者的关注和探究。班固在《答宾戏》中认为"孔席不暖，墨突不黔"（《文选·答宾

---

[1]　《中国通史大师课·1》第 153 页，许宏等著，岳麓书社，2019 年 10 月。

戏》），即班固认为导致墨家学派迅速消亡的根本原因在于墨家学派的成员太忙了，忙到了住的房子中烟囱还没有被熏黑，人就已经离开或者去世了。

这种以苦为乐、兼爱天下的伟大情怀，无论是古代还是现代能够做到者确实是少之又少，因此墨家文明的快速消亡注定具有其历史必然性因素。在战国时代之后，墨家学派文明沉寂了数千年，直到晚清时期的学人开始再度注意到了这个消逝已久的学派。

梁启超认为在墨子的一系列思想理论中，既具有劳动人民的朴实情怀，又具有基督和"大马克思"舍己为人的态度。孙中山进一步指出，墨子所提倡的兼爱和基督教中耶稣所讲的博爱具有同质性。[1]

近代以来，由于特殊的历史原因导致儒家文明和孔子多次遭到批判。但是与此同时，人们却将墨子的"兼爱非攻"思想加以肯定，甚至将其树立为劳动人民的代言人。从历史发展的客观规律来看，这既是一种物极必反、否极泰来的自然现象，同时又清晰地展现出墨子和墨家文明思想在不同历史时期内和不同的思想评价倾向下，会产生一种奇特的变化。这种奇特的变化对于我们考察不同历史时期的文明嬗变和所选取的观察与评判视角来说，具有很大的启示意义。

第十三节　法家文明析古

在中国封建时代社会和帝制时代社会中长期的古典政治传统中，时代文明所确定的政治模式往往是"阳儒阴法"。其具体所指即中国古典政治的运作模式采取的是，外在表面上选择儒家文明的一系列主张，但内在实质上奉行的却是法家文明的相关理论。之所以这样操作，是因为其与法家文明理论的实用性具有密不可分的关联。对于先秦时代各国的执政者而言，快速接受这种理论模式并采取普遍实行的政策，是一种必然的选择。

通过对法家文明的一系列主张进行考察和探究，我们可以发现，法家文明在

---

[1]　《中国通史大师课·1》第 154 页，许宏等著，岳麓书社，2019 年 10 月。

时代政治实践中的实用性和有效性程度之所以如此之高，是因为它掌握了两个人性的根本弱点——恐惧和好利。[1]法家文明的代表人物对各国君主进行游说的核心说辞，无外乎是对这两个根本点的具体阐述和发微。建立在人性本恶的根本认识基础之上，法家人物告诉各国君王，如果想要将国家治理好，就必须充分利用人性的弱点。人们普遍存在的心理认知是对于权力的天然恐惧，作为统治者要做的就是，利用严刑峻法将这种普遍存在的天然恐惧无限放大。如此一来，广大的被统治群体畏惧于刑罚的威慑力，自然也就不敢轻易地犯上作乱了。从文明脉络的传承源流来看，法家文明的这一主张延续了大禹时代的威权政治传统，并将其进行了具有时代性的细化和深化改革。

另一方面，法家文明抓住了人性好利的这一特性，趋利避害非但是人类所共有的本能，它还是几乎所有物种的自然选择。法家文明认识到，趋利避害是人性中的一个固性观念，这几乎是绝大多数人的共同选择。当利益和危害展现在人们的面前时，人们自然地就会去追寻那些对自己有利的事物。法家人物普遍以这一人类所具有的核心共性为说辞，对各国君主进行游说时，抛出的中心议题也都围绕它进行展开。例如如何才能建立强有力的统治，如何才能富国强兵，如何才能快速让国家强大起来，等等。[2]

这些由法家人物提出的核心议题，不但是他们自身的精通之道，同时也十分契合当时急需在诸侯争霸的局势中取得成功的统治者的心态。从时代社会的政治文明发展趋势来看，儒家和墨家作为当时社会中的显学学派，虽然拥有巨大的追随者数量，但是其根本政治主张均是以上古尧舜时代的政治图景为最终政治目标。笔者在前文通过分析已经指出，儒家文明所宣扬的尧舜时代的政治文明图景，在很大程度上其实是一种经过美化式的政治构想，它是否在历史中真实地存在过仍然具有很大的疑问。笔者在前文中已经作出了相关分析说明，单从文明发展脉络的视角来判断，这种断崖式的政治文明飞跃和政治文明跌落的发展趋势，本身就是一个巨大的历史悖论。

因此，儒家和墨家的政治主张难以获得时代政治的青睐，几乎是一个历史的必然。儒家文明提出以道德教化的力量，通过树立政治典型与道德标杆模范的形

[1]　《中国通史大师课·1》第 161 页，许宏等著，岳麓书社，2019 年 10 月。
[2]　《中国通史大师课·1》第 161-162 页，许宏等著，岳麓书社，2019 年 10 月。

式，潜移默化地对人和社会进行塑造。这种固本的行为虽然具有巨大的文明飞跃特性，但是却与当时的时代社会背景完全背离，因此各国诸侯对待孔子和儒家的态度往往是"敬而远之"。一方面诸侯们尊重孔子和儒家文明的一系列主张，认为这种理想政治模式在无事时谈谈与想想都无妨。但是另一方面，并没有哪个诸侯愿意以自己的国家作为儒家文明政治理想的试验田。因此，以孔子和孟子为代表的儒家人物虽然多番游说、各国奔走，但是始终收效甚微，其中的原因是十分复杂和深刻的。

有意思的是，这种理想化的政治模式并不仅仅是儒家文明一贯的选择和坚持。即便是法家文明的代表人物商鞅，最初也曾经试图以儒家的政治理想去游说秦孝公（《史记·商君列传》）。从这一点来看，儒家文明所提倡的理想政治模式并非空穴来风，它一定具有某种可靠的现实来源，并且曾经在某一段历史时期内被人们深刻地信仰和执着地坚守。我们现在已经可以明确，这个历史时期就是周公旦完成制礼作乐之后将其付诸实践的礼乐文明时代。这种理想政治的确曾经在成康之治的四十余年间短暂地出现过。

由此可见，正是由于这种理想化的政治模式曾经在历史中真实而短暂地出现过，并且一度缔造了王道政治理想的美好现实图景，因此在春秋战国时期的变法时代，儒家、道家和法家等各个学派人物都曾经试图用其来游说统治者。所不同的是，儒家文明在时代政治的考验中愈挫愈勇，始终坚守这一理想化的政治模式。但是法家文明学派的商鞅在游说秦孝公遭到挫折后，善于观察形势和体察文明脉络演变的商鞅立即主动转变了旧有策略，将之前的固守"儒"术改为尊崇"法"术，这一改变也顺利赢得了统治者的信任（《史记·商君列传》）。

时代社会政治的变革和其对社会模式的重新选择，是促使法家文明思变的第一个推动力。在赢得统治者信任后的法家，为了与当时的显学儒家和墨家抗衡，首先从理论上强调儒家和墨家所塑造的复古思潮体系是不切合实际的。商鞅指出，古代的圣王们都是根据其各自面临的实际情况和具体问题，经过分析后作出的不同决策，这种决策的产生绝对不是一成不变的。在不同的历史时期和不同的现实问题面前，必须采用不同的方式加以应对。韩非子以惯常的反讽语气指出，如果我们今天还要像燧人氏那样钻木取火，还要像有巢氏那样在树上筑巢而居，岂不是让那些先贤们笑掉大牙？所以，真正的圣人不应该抓住以前的经验不放手，不应该抱住祖宗的成法不懂得变通，而是要根据具体的现实情况加以改变（《韩非子·五蠹》）。

在法家的一系列文明观念中，虽然有许多地方与儒家的文明理念相违背，但是这并不意味着法家文明对于儒家文明采取了一种简单的否定态度。具体地说，法家文明认为应该根据不同时期所面临的现实情况，采取不同的应对观念和具体措施。

从相关法家学派代表人物的著作中我们可以发现，他们对当时的社会历史条件拥有自己独特的判断。韩非子认为："上古竞于道德，中世逐于智谋，当今争于气力。"（《韩非子·五蠹》）即韩非子认为，在尧舜禹时代人们的主要竞争方式是依靠道德；在中世，即夏商和西周时期的人们竞争方式主要是运用计谋；在今天的时代，即韩非子所处的战国时代以及更早的春秋时代，竞争的方式变成了角逐谁的力量更大、实力更强。出于对现实社会情况变迁的深刻体察，韩非子认为在战国时代，世人对于仁义的赞美和在实践中的追求非但无益，反而还是有害的。韩非子给出的理由是，实行仁义的政策就会导致亲亲尊尊，最终导致赏罚不明，使无功劳者得到恩惠，应当受到惩罚的人却得到逃脱。如此一来，必然助长人们有所依仗便无所畏惧的心态，长此以往国家难保不会灭亡。从这一角度出发进行判断，韩非子认为儒家提倡的一系列理论主张与国家利益之间存在着根本性的冲突。[1]

韩非子在他的著作中引用了一个具体的事例来详细阐述这一观点：楚国有个人名叫直躬，他的父亲偷了其他人的羊，直躬就到官府检举揭发了自己的父亲。官府的官员接到举报后，却要杀了直躬，至于杀的原因是"直于君而曲于父，报而罪之"（《韩非子·五蠹》）。官员认为，直躬因为父亲偷羊而将他送到官府接受制裁，这种行为虽然是出于对君主的忠诚，但是却背叛了自己的父亲，也就是背负上了不孝的罪名，因此应当将直躬杀死。通过这件事韩非子认为，按照儒家文明的立场，如果一个人是君主的忠臣，那么他就有可能是父亲的逆子，这就是所谓的忠孝不能两全（《韩非子·五蠹》）。

韩非子又讲了另外一件事，鲁国有一个人跟着国君去打仗，打了三次都输

---

[1] 《中国通史大师课·1》第 163 页，许宏等著，岳麓书社，2019 年 10 月。

了，孔子就问这个人为什么打输了。那个人回答说，我家里还有老父亲，如果我战死了，我父亲就没有人来奉养了。孔子听后认为此人是个孝子，便向上级推荐了他。韩非子认为，如果一个人是父亲的孝子，那么他就很有可能是君主的叛臣（《韩非子·五蠹》）。

韩非子通过以上两个事例，揭示出了儒家文明在公私层面所存在的自我矛盾，最终强调统治者不应该听从儒家文明的相关主张。因为按照儒家的理论主张行事，必然会导致忠孝难两全的情况出现，这本身就是人为地制造出来一个对君主和国家不利的因素。

在经过一系列的思辨分析之后，法家文明否定了儒家文明的相关主张。由于对相关问题认识的出发点和最终理想的差异性，导致法家的政治策略和主张与儒家有着根本的不同。儒家文明强调仁义教化，法家文明则强调"抱法处势"（《韩非子·难势》），即应该根据所面临的客观现实要求，作出不同的决策。在这种核心思想理念的指导下，法家学派在不同的历史时期内逐渐形成了以"法术势"为核心的思想体系。法家的这种思想体系的形成，是在不断的历史实践和现实发展中逐步完善起来的，在这一发展过程中有三个代表人物：早期时代的商鞅是以法为主，中期的申不害是以术为主，后期的韩非子则是将法、术、势进行了完美的融合。法家文明体系发展到韩非子时代，已经形成了成熟的"抱法处势"形态，是法家文明在先秦时代的集大成体现。

对于以法术势为核心思想体系的法家文明进行考察，我们不能简单地将法家文明理解为现代意义上的法律。在家族主义盛行的先秦时代，法家文明所强调的其实是一种规则，主张在这种规则面前人人平等。正因为法家文明的这一主张，极大地促进和顺应了时代文明由封建制度向郡县制度转化的政治格局，[1]这也是战国时代许多统治者相对更加接受以法家文明理论为治国原则的原因。其中的核心要素在于，法家文明顺应了时代文明嬗变的潮流和趋势，并以一系列的策略完成了法家文明由理论化走向现实化的转变。

这种策略的核心之处，就是法家文明对于"术"和"势"的强调。所谓术，我们已经可以将其看成是后代君主的"帝王之术"和"驭下之术"。从某种程度

---

[1] 《中国通史大师课·1》第 164 页，许宏等著，岳麓书社，2019 年 10 月。

上来说，法家文明学派的人物其实是一种阴谋政治的推崇者，他们认为统治者不能轻易被其他人看穿，因此统治者要通过"术"来伪装自己。例如装作什么都不懂，让臣下无法探知君主的真实想法，只有这样才能真正有效地控制下属。但是这种方式在具体的操作层面拥有巨大的弹性，如果君主自身没有足够的能力和根基，则非常容易被别有用心之人篡夺权柄。

法家文明对于"势"的强调在韩非子的阐释中，是君主或一个善于领导的人对其他人所产生的威慑。这种威慑可以是有形的，例如刑罚等；也可以是无形的，最典型的就是所谓的"上位者气息"。法家文明认为，当一个人掌握了足够大的权力时，必须要将权势进行集中和巩固，让其他的被统治者无法产生反抗的行动，甚至是无法产生反抗的意念。从这个意义上来看，法家文明颇有些"阴谋为体"的意味。

事实上，儒家文明也非常强调君主自身的权威性。但是与法家文明有所不同的是，儒家文明认为，君主的权威性主要是来自其对民众的关注，和君主对于百姓福利的强调以及对于教化的普遍推广。[1]

研究者指出，法家文明与儒家文明之间的根本差异性体现在：法家坚持认为，现实政治需要和儒家的亲情伦理之间存在巨大的矛盾，即亲情伦理会成为妨碍现实政治统一标准实施的巨大障碍。除此之外，法家文明对于君主绝对权力的强化和维护，与儒家文明中将权力与责任义务相结合的尊君观念具有很大的差别。如果按照现代政治学中的相关理论来剖析，法家文明更为注重将政治的公共领域和私人领域进行区别，儒家的亲亲尊尊观念则是将公共领域和私人领域相混同，以至于制约了政治效率。[2]

从历史发展的现实情况来看，法家文明的一系列主张无疑取得了成功。秦国经过几代法家人物的辅佐，最终从一个籍籍无名的边陲小国发展为最终统一六国的第一强国，其强劲的政治实力和军事实力有目共睹。政治、经济和军事，可以说是支撑秦国崛起的"三驾马车"，三者之间既相互依存又相互成就。带有浓厚法家文明色彩的商鞅变法让秦国的风貌焕然一新，它所采用的"励耕战"政策和法规面前人人平等的策略，以及军功爵制的确立和全面实行，极大地激发了秦国

[1]　《中国通史大师课·1》第164页，许宏等著，岳麓书社，2019年10月。
[2]　同上。

人战斗的热情和悍不畏死的勇气。法家文明通过这种直接的改革方式让秦国平民和社会各级阶层明白，忠实地拥护和执行新的政策才是他们改变命运或维持命运的唯一道路。[1]

但是法家文明中存在的一个不容忽视的弊端是，它的刻薄寡恩，甚至是"同门相轻"，以至于带有"反目成仇"的意味，最终导致同门相残的情况。从整体的文明发展方向来看，法家学派内部的整体观点是具有相似性的，但是法家学派人物之间的关系却并不好。一个最著名的例子就是韩非子与李斯。

韩非子出身于韩国贵族，李斯是后来的秦国丞相，两人早年都曾经受教于荀子，学习帝王之术。韩非子与李斯都擅长刑名法术之学，都是战国时代法家学派的重要代表人物。在李斯被秦王政任用之后，秦王政看到韩非子写的《孤愤》《五蠹》等篇章后大为赞赏。韩非子与秦王政交谈之后，秦王政对于韩非子提出的一系列法家治国之道深感认同。但是李斯嫉妒韩非子的才华，又担心他受到秦王政的信任和重用之后影响到自己的地位。按照《史记》中的记载，李斯进谏秦王政说："韩非者，韩之诸公子也。今王欲并诸侯，非终为韩不为秦，此人之情也。今王不用，久留而归之，此自遗患也。不如以过法诛之。"（《史记·老子韩非列传》）

李斯认为，韩非子是韩国的贵族，如果秦王政决定吞并六国，韩非子帮助韩国而不帮助秦国乃是人之常情。如果秦王政不准备任用韩非子，却久留他，万一让他回到韩国就是给自己留下了一个隐患。秦王政听后认为李斯之言有道理，于是下令关押了韩非子。后来李斯趁机派人给狱中的韩非子送去毒药，逼迫韩非子自杀。韩非子想要面见秦王政申辩，但是李斯根本不给他机会。韩非子最终服毒自杀。

从这个历史记载来看，李斯和韩非子的同门相残以及商鞅的作茧自缚，都是法家文明不容忽视的重大弊端。秦国在法家文明的指导下短短十年就完成了统一六国的大业，但是仅仅传至二世便灭亡了。在汉代社会中曾经兴起了关于秦朝灭亡原因的大讨论，主要讨论的议题是为什么秦国在法家思想的指导下实现了迅速的崛起，为什么又在完成统一大业之后迅速地走向覆灭？汉代学者得出的结论

---

[1]　《中国通史大师课·1》第 164 页，许宏等著，岳麓书社，2019 年 10 月。

是，秦朝一贯执行的法家思想策略太过于刻薄寡恩，虽然秦国能够在马上得天下，却难以在马上治理天下。如果要治理天下，还是应该遵循儒家文明思想。[1]因此当代学者王立群曾经针对秦制过于严苛的特性作诗指出："兴勃亡忽殷鉴远，攻守势异须宽仁。"

从整体的文明流变和历史选择来看，法家文明虽然因为其巨大的实用性得到了统治者的偏爱，但其实它也是一把双刃剑，如果用得不好，非但无法使统治者实现国家长治久安的宏伟构想，反而有可能导致国破家亡的悲剧。因此在后代的历史发展和政治传统中，统治者普遍的选择是"阳儒阴法"的统治策略。法家文明在暗中对封建时代的文明变迁产生着实际影响，儒家文明则在汉代之后取得了独尊的地位。

第十四节　阴阳家文明析古

相比于儒家、道家和法家而言，人们对于"阴阳家"的印象是既熟悉又陌生。说对阴阳家熟悉，主要是因为阴阳的观念长久以来一直出现在人们的生活中；至于陌生，则是因为大多数人并没有真正对阴阳家的一系列文明理念有所了解。

按照《史记·孟子荀卿列传》中的相关记载，阴阳家被司马迁列在了六家之首，可见阴阳家在当时春秋战国时代中的地位，与后人对阴阳家文明模糊的印象截然不同。系统考察相关的古典文献我们可以发现，"阴阳"这一概念并不是阴阳家首创的，在最早的典籍《易经》中已经明确出现了这一观念。

与"阴阳"观念相伴的另外一个重要观念是"五行"，五行观念的最早记载是在《尚书》中。无论"阴阳"还是"五行"，我们可以确定的一点是，它们各自产生的时代一定早于《尚书》和《易经》的成书年代。在更为久远的近古时代甚至是远古时代，阴阳五行观念已经在文明史中出现了。经过长期的历史发展和

[1]《中国通史大师课·1》第165页，许宏等著，岳麓书社，2019年10月。

酝酿期之后，阴阳与五行逐渐合流，形成了一种新的、系统的文明观念模式。

在战国时代出现的以阴阳五行为核心理念的学派，被汉代学者命名为"阴阳家"，是先秦时代诸子百家学术源流中的一支。由此可见，阴阳家这一名词在春秋战国时代并没有形成。根据《汉书·艺文志》的记载来看，阴阳家文明主要研究的是星象历法一类的学问。《汉书·艺文志》认为阴阳家的一个重大缺陷是"舍人事而任鬼神"，这与儒家文明中"尽人事远鬼神"的文明观念完全相反。从文明发展的客观现实逻辑来看，在春秋战国时代的乱世社会中，人们普遍对不可测和不可知的力量形成了一种深深的畏惧和依赖心理。这种普遍存在于人们内心中的畏惧和依赖，成了阴阳家借以发展的根本动力。

根据相关文献的记载，阴阳家的代表人物邹衍受到当时各国统治者的信任。邹衍周游列国时，梁惠王听到他将到自己的国家，便亲自跑到郊外去迎接。燕昭王则直接拜邹衍为师，各国诸侯想要见到邹衍，甚至要采取提前预约的方式，邹衍还不一定能安排出时间来。[1]

从这些记载内容来看，阴阳家在春秋战国时代的地位一度成了比肩法家的存在，甚至是在某种程度上力压了法家。统治者们一反常态地亲近阴阳家，不外乎阴阳家文明为他们所带来的巨大需要。阴阳家文明的核心理念包括三个方面，[2] 一是与天有关的方术，例如天文历法、占星望气、式法选择、龟卜筮占、风角五音等。通过总结古人关于天象的知识，阴阳家学者推测出了宇宙变化并衍生出一系列趋吉避凶的方法。趋吉避凶，是包括统治者在内的所有人的共通理想与追求。第二个方面是，与地有关的方术，例如形法，主要是研究如何建宅修墓。由阴阳家的这一核心文明理念，在后世衍生出了"风水学说"的核心理念。

尽管从现代科学的角度来说，风水学说未必完全贴合相关的科学理念，但是从文明的发展逻辑来判断，古人尤其是古代统治者的现实需求和内心期望催生出的这种文明观念，必然在很长的历史时期内得到了人们广泛而虔诚的信奉。

第三个方面是，与人有关的方术，例如占梦（解梦）、招魂、厌劾、服食、房中术、导引术等。[3]在观察和探索这些与人相关的现实问题时，阴阳五行的观

---

[1]　《中国通史大师课·1》第 167 页，许宏等著，岳麓书社，2019 年 10 月。

[2]　同上。

[3]　同上。

念逐渐被人们确立起来，成为中国人解释宇宙和各种自然与超自然现象的基本理论。随着时代的发展，这一套理论逐渐被人们所重视，并由此衍生出了与现实社会需求紧密相关的一系列理念。

阴阳五行是中国古代文明思想的基本结构，春秋战国时代有一批人借这一理念发展出了一套和宇宙及人事相关的"五德终始说"理论，因此受到了许多人的追捧。其中相当多的一部分追捧者是统治者，因为这一理论成功地为他们解决了统治地位来之不正的麻烦。阴阳家所缔造的五德终始说，是借阴阳五行的客观运行来推演人世治乱的变化规律的，这一特性是处于危机时代的各国诸侯对阴阳家及其相关理论进行追捧的另一个重要原因。

《吕氏春秋·应同》中的相关记载，是能够反映阴阳家文明思想的客观记录。从这一记载来看，秦朝之前的王朝更替历史被描述为木克土、金克木、火克金、水克火和土克水。克即胜也，在五德终始的循环中，具体所指就是具有土德的黄帝被崇尚木德的大禹和夏朝取代，文献中曰"木气胜"；崇尚木德的夏朝又被崇尚金德的商朝所取代，文献中曰"金气胜"；崇尚金德的商朝则被崇尚火德的周朝所取代，文献中曰"火气胜"；最后就是崇尚水德的秦朝取代了崇尚火德的周朝，文献中曰"水气胜，故其色尚黑，其事则水"。在秦朝灭亡之后，新一轮的循环又开始形成（《吕氏春秋·应同》）。

司马迁认为，阴阳家发展"五德终始说"的根本动机在于，通过总结和阐释朝代兴亡的经验，希望统治者能够产生警惕和忌惮。冯友兰先生指出，阴阳家学派的成员是古代的贵族阶层，他们所提供的一系列阴阳五行理论其实质是一套历史哲学。随着后来的历史发展和政治形态的深刻变革，这些贵族成员被迫流落民间，靠卖技艺为生，逐渐沦为了方士。冯友兰先生的观点，仍然属于对"诸子出于王官"说法的具体化阐释。[1]

冯友兰先生认为，阴阳家的文明思想其核心之处在于，揭示了自然界变化与人类活动之间的关系。这也是从另一种层面上进行的"推天理以明人事"。在《礼记·月令》一篇中说明了在不同的时间和空间范围内，人们应该如何采取行动。冯友兰先生认为，《月令》属于一部小型的历书，它的核心观念在于以极其

---

[1]　《中国通史大师课·1》第169页，许宏等著，岳麓书社，2019年10月。

精练和概括的笔法，告诉君民应当按照不同的月份做不同的事，其根本目的是与自然力保持协调。在这部书中所描述的宇宙结构完全是按照阴阳家的相关理论进行的，《月令》认为宇宙的结构既是时间的，又是空间的，即宇宙的结构具有时空特性。[1]

从现代地理学的相关理论来看，位于北半球的中国古人自然地认为南方是热的方向，北方是冷的方向。因此阴阳家将四季和四方有机地结合起来，夏季配南方、冬季配北方；春季配东方，因为东方是日出的方向；秋季配西方，因为西方是日落的方向。阴阳家学者进一步指出，除了宇宙中四季的变化规律之外，昼夜的交替现象也属于四季变化的小型表现。早晨是春季的小型表现，中午是夏季的小型表现，傍晚则是秋季的小型表现，夜间是冬季的小型表现。阴阳家的这些观念，已经具有了"天人合一"的文明内涵。[2]

从整体的文明嬗变规律来看，阴阳家的一系列主张与《易经》中的相关理论是一致的，认为人要和天时、时序、自然规律保持一致。阴阳家文明提倡的各种方术与大道之间的关系，其核心以不违背时空的根本规律为前提。因此，从这个意义上来看，阴阳家文明为我们以一种理性的眼光来认识和看待各种神仙方术提供了一个可资参照的底本。[3]阴阳家文明的核心现实意义在于，它为人们观察世界、认识世界和适应世界提供了一个方向，或者说提供了一种可能。因此，在某种意义上我们无法简单地将阴阳家文明和其思维方式当作迷信，而应当将其看作是科学探索的先驱。[4]

第十五节　名家文明析古

相比于阴阳家来说，名家在大多数人印象中的"存在感"似乎更加微弱。名

---

[1]　《中国通史大师课·1》第 169-170 页，许宏等著，岳麓书社，2019 年 10 月。

[2]　同上。

[3]　同上。

[4]　同上。

家文明的核心始终围绕着辩论学展开，两个著名的代表人物一是惠施，一是公孙龙。名家在战国时代及之后的历史发展中，影响力远不及儒家、道家和法家等诸子学派。我们今天探究名家的思想理论所能依据的文献，一般是《庄子》和《公孙龙子》等寥寥数种。从这些文献的记载中，我们首先可以了解到名家的一个重要理论：白马非马（《公孙龙子·白马论》）。

在春秋战国时期，赵国的马匹感染了一种具有传染性的流行疾病，很快赵国的马匹就开始大批量地被传染了。秦国得到这一消息后，为了防止疾病传入本国，贴出告示禁止赵国马匹进入函谷关。正在此期间，公孙龙骑着一匹白马来到函谷关，守关的官员对他说，人可以入关，马不能进去。公孙龙辩解说，我骑的是白马，不是马，为什么不能入关？官吏反问说，白马怎么不是马？公孙龙说，"马"是一种名称，"白"是一种颜色，名称和颜色是两种不同的概念。如果一个人需要的是马，那么无论给他黄马、黑马都可以；但是如果一个人需要的是白马，那么给他黄马、黑马就不可以。由此可见，白马和马不是一回事，白马和黄马、黑马也不是一回事，所以白马不是马（《公孙龙子·白马论》）。

守关的官吏被公孙龙一通忽悠给绕糊涂了，最后同意让他入关。事后公孙龙据此写了一篇文章《白马论》，将他的"白马非马"观作了进一步阐释。

公孙龙认为，当人们谈论"马"的时候，实际上是针对马的形状而言；当人们说"白"的时候，则是指一种颜色。因为形状和颜色是两种不同指向和不同含义的事物，所以在这一基础上公孙龙认为白马不是马。公孙龙进一步指出，如果让人们去找一匹马，无论找到的是黄马还是黑马都可以；但如果指定要找一匹白马，那么如果找到的是黄马或者黑马则都不可以。这就是说马的名字和马的外延是不一样的，所有颜色的马都属于马，但是只有白色的马才属于白马。白马并不能涵盖"马"的所有外延，因此从这个意义上来说白马不是马。公孙龙更进一步地指出，所谓"马固有色"，每一匹马都有颜色，因此才能区分出"白马"。倘若马没有颜色的区别，那么自然也就不存在白马、黑马或黄马的问题了（《公孙龙子·白马论》）。

"白马非马论"的言外逻辑是，所谓"马"就是所有的马共有的性质，颜色的区别只是一种人为的命名或定称。换句话说，倘若人们在最初的时候将"黑"这种颜色的名称设定为"白"，而将"白"这种颜色的名称设定为"黑"，那么现如今的"白马"自然就不能再称为"白马"而要称为"黑马"了。

与"白马论"相类似的还有公孙龙提出的"坚白论"，两者的论证逻辑是完全一致的。"坚"是指石头的质地坚硬，强调触觉感受；"白"是指石头的颜色，强调的是一种视觉感受。因此公孙龙认为可以说"坚石"或"白石"，但是不能说"坚白石"，因为触觉感受和视觉感受是两种完全不同的感官感觉，因此"坚"和"白"不能并存。

这种观察问题和说明问题的方式与逻辑，听起来好像有点儿无赖的意味，但是实际上它就是战国时代诸子百家共存共论的一个核心问题，即"名实之辩"。与名家的不同之处在于，除了后期墨家之外的各家虽然也非常重视"名实"的问题，但却并没有像公孙龙和后期墨家那样以这种方式讨论问题。这样的思考方式在西方社会的发展中，最终催生出了"逻辑学"这一现代学科。[1]

《汉书·艺文志》记载"古者名位不同，礼亦异数"，认为名家出于礼官，所以要讨论名与实的问题。但是名实之辩的理论缺陷也是相当明显的，例如老子在《道德经》中就曾明确主张"无名"；庄子则认为公孙龙和桓团等名家代表人物的缺陷在于"饰人之心，易人之意，能胜人之口，不能服人之心"（《庄子·天下》）。庄子认为名家虽然能够通过言辞上的"诡辩"改变人们原本的意思，却难以让人们发自内心地信服，这种"胜人之口"的理论和行为在庄子看来是相当不屑的。

除此之外，荀子对名家也颇有微词：不法先王，不事礼义，而好治怪说，玩琦辞，甚察而不急（《荀子·非十二子》）。荀子认为名家的理论听起来好像很高明，谁都说不过它，但是却没什么实际用处，只是在"欺惑愚众"（《荀子·非十二子》）。从这个角度来看，名家理论虽然通过这种充满诡辩色彩的"名实理论"获得了辩论上的胜利，但是却失去了人情。[2]

研究者普遍认为，作为名家学派代表人物的公孙龙，其著作中最难解读的文章是《指物论》。《指物论》主要讨论的问题是，作为名称的"指"与作为对象的"物"之间的关系。冯友兰先生认为公孙龙以"物"表示具体的、个别的物，以"指"表示抽象的共相。"共相"这一概念由西方哲人柏拉图提出。具体来

---

[1]　《中国通史大师课·1》第172页，许宏等著，岳麓书社，2019年10月。

[2]　《中国通史大师课·1》第173-174页，许宏等著，岳麓书社，2019年10月。

看，"指"有名称的意思，即手指头；当"指"作为动词时，就是指明的意思。公孙龙以"指"表示共相，正是借用这两种意思。[1]

公孙龙认为，如果没有"指"，就无所谓"物"，因此他认为"物莫非指"（《公孙龙子·指物论》）。通过"物"抽象出来的"指"，并不是实际意义上的"指"。即当我们说"指"这个名称时，并不是指具体的手指头，而是指由手指头抽象出来的那个对象，所以说是"而指非指"（《公孙龙子·指物论》）。由此可见，在公孙龙的"指物论"中，概念与具体对象之间的复杂性得到了充分的体现。这种指物关系的讨论，对先秦时期的思想家中也深有影响。例如《庄子·齐物论》中有："天地一指也，万物一马也。"此处的"指"即概念的意思。庄子认为天地之间就是一指，万物就是一匹马，到此为止庄子的思想和公孙龙的思想是一致的。但是庄子随后立即指出，关于"指"和"物"的概念区别本来就是多余的，庄子认为世间万物都是变化无穷的，是非难定也根本无法辨别清楚的。不辨是非，任其自然，在天地自然中感悟万物的纷繁，就是"道"的体现。[2]

在诸子百家争鸣的时代结束之后，后代关于名辩之学的继承和发展情况并不乐观。由于名家理论学说的诡辩色彩浓厚，实用性功能和社会性功能弱，在汉代之后名辩思想的发展几乎完全停滞。这种情况一直持续到东汉明帝时期，随着佛教东传才逐渐改变。但是从根本上来说，即使佛教东传入汉，印度的佛教思想也没有因为佛教的传入而在中国得到吸收和发展。在儒家文明和法家文明成为时代文明的主潮流之后，人们越来越注重政治和理论的实用性和可操作性，对于抽象的名家理论一直不加重视。[3]

近代以来，随着西方逻辑思想的传入和西方文明的强力侵入，人们才渐渐认识到名家文明的大概面目。由于特殊的历史原因，当时的知识分子为了让更多的中国人了解西方思想文明，尽快实现救亡图存的目标，发明了一种说法普及于当时的广大国人。他们指出这些西方思想其实并不产生于西方，而是起源于中国，因为当时在中国得不到合理有效的发展所以传到国外去进一步发展。当其发展成熟之后，又再度传回中国，因此大家学习的并不是西方思想，只是被"请回来"

---

[1] 《中国通史大师课·1》第 173-174 页，许宏等著，岳麓书社，2019 年 10 月。

[2] 《中国通史大师课·1》第 174 页，许宏等著，岳麓书社，2019 年 10 月。

[3] 同上。

的中华文明。名家思想和西方逻辑学，自然也就成为这些人主张"西学中源"的最好例证。[1]

其实无可否认，名家思想和逻辑学的共性是，二者都不具有理论实用性和政治实操性。因此在中国古典文明时代的现状之下无法发展壮大，也是当时的历史趋势使然。

有学者认为，"五四"时期的学者普遍认为，所有西方科学思想的根本基础就是逻辑，如果没有逻辑就不能发展出科学。据此推论，如果古典中国文明中没有逻辑学，那么也就没有一切科学思想的基础了。在这一理论的影响下，名家文明和后期墨家文明就成为近代以来学者心中的"救命稻草"了。[2]

这样一种观点自然有其合理性，但是从当代社会的实际发展情况来看，我们仍然没有完全继承和发展名家思想和逻辑学思想。例如许多不讲逻辑的演说、文章和评述等，在我们的现实生活中依然常见。另一方面，事物的发展自有其规律，但是规律并不是一成不变的。以历史研究为例，历史本身存在一种发展逻辑，这是我们了解历史和认识历史的一个重要途径。但是历史发展自身也存在很大的偶然性和复杂性，甚至冲突性。因此，进行历史学研究时，有时候我们不得不"违反历史发展逻辑"来体察历史，这样才能在更大可能上探察到隐藏在历史深处的基因密码。

有学者指出，读史即读人，读人即读心。人性和人心的复杂必然会导致人的行为的复杂，人的复杂行为则会导致历史的复杂。这样一种历史逻辑是贯穿本书的核心思想，历史研究绝不是进行一种脸谱化程序和对号入座式的编排。我在本书的开篇即说过，我的写作和读者的阅读，都不是为了提供和追求获得唯一的正确答案。事实上没有人能够获得，也没有人能够提供这样一种答案。因此，简而言之，我在此想要说明的是，当我们过度注重一个事物的发展逻辑，甚至因为某个事物的发展不符合既定认知中的所谓"正确逻辑"而断然对其加以否定乃至批判，这种行为本身，就是最大的不讲逻辑的体现。

---

[1]　《中国通史大师课·1》第 174 页，许宏等著，岳麓书社，2019 年 10 月。
[2]　《中国通史大师课·1》第 175 页，许宏等著，岳麓书社，2019 年 10 月。

写在后面的话

　　跌跌撞撞地从盘古时代一路走来，爬梳各种文献和史料，探索其中文明兴替的隐秘规律。在这一过程中沾染了一路的风尘，沉重的历史气压让人不禁发出深深的喟叹。我不太相信一些人包括一些作家所说的，写作是一个轻松、潇洒的活计。从我个人的写作体验来看，其中绝无潇洒可言。看似轻松、惬意地随笔挥毫，其实却是一个和自己过不去的劳累活。

　　正视历史的冷漠和现实理性的严峻，我想任何一个真实的文明人都会自觉和不自觉地在个人心理中过着多重年龄相重叠的生活，我在多年前便有了这种深切的体验，有时像蹒跚的孩童，有时像充满朝气的青年人，有时则像迷茫的中年人，还有时像参破一切的老年人。在这种重叠的生命体验中，我感受到了生命自身存在的活力和多样性选择。不同的年龄在心中交织重叠，仿佛寻不见真实的自我。

　　在自我真实的生命基调中，我一直期待以最大的勇气和最宁静的姿态，穿越人生中最为险峻的峡谷。历史学是时间的学问，历史学本身也是时间流转的集中体现。在浩瀚的文献史料和新的考古发现、新材料的利用和社会科学方法的引入中不断进行搜索探寻，这部作品并非以传统视野和方法写作的学术作品。

　　过去的研究者进行历史写作的意识十分注重"通"，从司马迁时代开启"究天人之际，通古今之变"（《汉书·司马迁传》）这一理念开始，"通史"理念成为中国传统史学意识中的核心观念。但是综观现当代的学术作品，以一人之力讲通一部中国史的学术现象近乎绝迹。这并不意味着现代学人在学术能力上不如前人，甚至完全相反，这意味着学术研究的发展进入了一个新的高度。在学术研究高度专业化细分的当代社会中，历史研究分化出政治史、社会史、经济史、外交史、学术史、科学技术史等诸多门类，每一个研究方向随着新的考古发现和新材料的出现都涌现出了大量的新信息。

在这一现实环境下再进行通史的写作，必然会让人产生一种难以为继的感觉。所谓通史，关键之处在于"通"，即选取一个角度将散乱庞杂的史料进行有机的选择与整合，而非单纯的材料排列与叙述。在这些零散并具有巨大偶然性而留存下来的史料中，彼此之间究竟存在着什么关联？换言之，我们应当选取什么视角对庞杂的史料进行相对系统的阐释？

在我看来，所谓"通古今之变"在于将久远的历史因果进行规模性的阐释，在具体阐释的过程中必然依靠一条主线来进行论述，其目的在于保证历史叙事的丰富繁杂却不错乱的特性。读者在阅读的过程中，自然也就更易理解时代变化的法则和自然与人事因果的规律。

我所选取的这条主线，就是文明发展的客观规律。从文明的诞生开始写起，依据文明在时代社会中的客观发展和演进规律为线索，对史料进行有机的选择、整合与叙述，是这部作品的最大特性。杨照先生认为，"通史"之"通"在于建立一个有意义的观点，帮助读者从中国历史中看出一些特殊的贯通变化。因此，不同的人在表述历史和文明发展史时，会自然地凸显不同的重点，提出不同的解释，历史常读常新的魅力也在于此。

以文明发展的线索为纲领一面呈显历史，一面解读历史背后的内在逻辑，是这本书的基本特征。诚然这本小书未必能够承担如此重任，但我仍然期望它可以使读者看到，在整体的文明形态变迁以及价值取向的选择中，中华民族长久以来的选择和坚守。

中华民族的历史源远流长，知识浩瀚无边，本书中的观点和思考仅代表个人观点，书中如有参考未备、论断不当及其他不足之处，敬请广大读者、学人不吝赐教，批评指正。

路凌霄

2022年4月30日